当代世界德育名家译丛
杨晓慧　主编

Thomas Ehrlich
托马斯·欧利希
文集

法律教育的新方向

Herbert L. Packer　　Thomas Ehrlich
[美] 赫伯特·L. 帕克　[美] 托马斯·欧利希 ｜著
钱宇丹　王峙焯 ｜译

生活·讀書·新知 三联书店

Simplified Chinese Copyright© 2024 by SDX Joint Publishing Company.
All Rights Reserved.
本作品简体中文版权由生活·读书·新知三联书店所有。
未经许可,不得翻印。

图书在版编目(CIP)数据

托马斯·欧利希文集/(美)托马斯·欧利希主编；王小林等译. —北京：生活·读书·新知三联书店，2024.7
 ISBN 978-7-108-07520-8

Ⅰ.①托… Ⅱ.①托…②王… Ⅲ.①社会科学—文集 Ⅳ.①C53

中国版本图书馆 CIP 数据核字(2022)第 182153 号

总　序

一

马克思说:"一个时代的迫切问题,有着和任何在内容上有根据的因而也是合理的问题共同的命运:主要的困难不是答案,而是问题。"比较思想政治教育的兴起既是世界多极化、经济全球化、社会信息化与文化多样化背景下的必然之举,也是学科发展到一定阶段进行观念反思与议题创新的应然选择。

历史从哪里开始,思想进程也应当从哪里开始。和平与发展是当今时代的主题,世界多极化不可逆转,经济全球化深入发展,综合国力竞争日趋激烈。实现中华民族伟大复兴是近代以来中华民族最伟大的梦想,随着中国特色社会主义逐渐迈入新时代,社会矛盾发生深刻变化,提出并推进人类命运共同体思想是在新时代的历史方位中实现中国梦的战略需要。通过挖掘和利用国际合作与交流工作的基础性、前瞻性和引领性的潜力和特点,努力加快宽领域、高层次国际合作与交流步伐。

思想政治教育理应与时代同行,与实践同行,思时代之所思、问时代之所问、急时代之所急,并在最新的实践命题中提取理论命题,在最新的社会实践中检验理论生命力。值此百年未有之大变局,思想政治教育需要从本学科视角出发审视时局并明确自身的使命担当。加强对学生思想政治教育的重视,是立足于新时代教育对学生德育教育的重视的教育内容,是学生成长和发展的重要基础。对于学校而言,思想政治教育的有效开展是促进学校教育改革的重要方式;对于国家及社会的发展而言,思想政治教育有利于保障人才培养的品德修养,是培养德才兼具型人才的重要教育内容;对于学生自身而言,思想政治教育是保障其符合新时代社会发展需求的重要方式,是促进其身心健康、持续发展的重要保障。

拥有宽广的国际视野,对思想政治教育研究者和工作者来说,是不可逆转的发展要求,也是比较思想政治教育在新的发展态势下找准生长点、走特色人才培养道路的必然选择。在对外人文交流中确立比较思想政治教育研究的角色既是实践经验的总结,也是发展模式的探索。开展国际间思想政治教育比较研究对于认识和把握人类社会发展规律具有重大意义,可以指导人们更好地进行社会实践活动;比较的目的在于辨别事物的异同关系,谋求背后的一般规律,以服务于社会现实需要;进行比较要以共同点为前提,立足各国事实情况,不能回避和掩饰问题的实质;在具体的比较过程中,既要以联系的眼光综合运用纵向比较与横向比较,又要以整体性思维处理好比较中的整体与部分、一般与特殊的关系。

二

思想政治教育学是一门研究思想政治教育现象、问题并揭示思想政治教育规律的科学。在这个"历史向世界历史转变"的时代,只有通过比较的研究方法对思想政治教育研究进行时间与空间双重维度的拓展,深入解析不同历史时间和空间地域下的思想政治教育实践的具体样态及其生成发展规律,才有可能深刻把握思想政治教育演变发展的一般规律,为思想政治教育创新发展提供理论基点,探寻现实进路。

党的十八大以来,思想政治教育理论研究与实践创新取得很大成绩。但随着国际形势深刻变化和国内经济社会发展,新情况新问题新挑战层出不穷。思想政治教育要跟上形势变化、更好发挥作用,必须强化人本意识、问题意识、实践意识,不断开拓创新。思想政治教育比较研究的价值追求不止在于寻找异同,更在于透过现象看到其背后蕴含的本质性规律,深入理解、借鉴和反思世界各国思想政治教育实践活动。思想政治教育的比较研究进行得越是深刻和精准,我们越能接近思想政治教育的本质规律。以深入开展思想政治教育比较研究为主要切入点,我们亟待提升以"比较思维"为核心的思想政治教育研究格局,超越单一视域的思维阈限,拓宽传统思想政治教育学的认识边界,进一步强化思想政治教育在理论上的学理性和在实践上的适用性。

思想政治教育学自1984年确立以来,其主干学科逐渐由"三足鼎立"(原理、历史、方法)的结构体系演变为"四维驱动"(原理、历史、方法、比较)的发展态势。为了使国际比较研究与其他基础理论研究形成正反馈机制,就必须更加全面、深刻、科学、高效地借鉴。基于此,根据学界业已形成的丰富成果与思想观点,从认识论与方法论的视角体察探究思想政治教育国际比较的借鉴问题就显得至关重要。只有积累了一定的国别研究成果和比较研究成果，才能进一步探讨借鉴问题。当比较思想政治教育学科发展到一定阶段后，只有探明借鉴问题，才能更好地展现出其对于促进思想政治教育学科议题创新与观念反思的重大价值。在对外人文交流中确立比较思想政治教育研究的角色既是实践经验的总结，也是发展模式的探索。

总之，无论是从时代背景、文化背景，还是学科背景出发，思想政治教育国际比较的借鉴问题研究都势在必行。

三

我国比较思想政治教育兴起于20世纪80年代中后期。经过多年的建设，比较思想政治教育的发展已经初具规模。2016年5月17日，习近平在哲学社会科学工作座谈会上指出："观察当代中国哲学社会科学，需要有一个宽广的视角，需要放到世界和我国发展大历史中去看。"2019年3月18日，习近平在学校思想政治理论课教师座谈会上又强调，教师的视野要广，包括知识视野、国际视野、历史视野，要能够通过生动、深入、具体的纵横比较，把一些道理讲明白、讲清楚。拥有宽广的国际视野，对思想政治教育研究者和工作者来说，是不可逆转的发展要求，也是比较思想政治教育在新的发展态势下找准"生长点"、走特色人才培养之路的必然选择。比较思想政治教育学的研究成果丰硕，包括著作译介、事实描述、要素比较与因果分析，对于比较后借鉴的可能、立场、内容与方略等问题的研究则显得相形见绌。

新时代背景下，开展思想政治教育比较研究具有很强的指导意义，同时也极具挑战。首先，"比较"应当甚至必须作为一种科学的研究方法,应用于哲学社会科学和自然科学研究领域之中。其次,"比较"不仅是一种具体的研究方法,还具有重要的方法论意义。比较研究为人们分析不同历史时代和不同社会的意识形态及其教育提供了科学的认识工具。最后,"比较"更是一种思维方式,这种思维方式理应贯通于整个思想政治教育研究的过程之中。"比较"不单从方法工具层面,更是从思维方式层面赋予了思想政治教育比较研究重要的价值意蕴。

从思想政治教育的时代背景和学科立场出发,我们精选国外思想政治教育相关领域较具权威性、代表性、前沿性的力作,推出了具有较高研究价值与应用价值的系列翻译作品——《当代世界德育名家译丛》(以下简称"译丛")。该译丛是东北师范大学思想政治教育研究中心(以下简称"中心")推出的"比较思想政治教育研究"系列成果之一。我们秉承"以我为主、批判借鉴、交流对话"的基本原则,"聚全球英才、育创新团队、塑国际形象"的建设理念,对国外著名学者的研究成果进行了深度透视与全面把握,意在拓展原有论域,进一步深化学术研究、强化学科建设、服务国家需要。

译丛作品的原作者均在全球范围内享有学术盛誉,具有深厚的理论功底和丰富的实践经验,将这些国外德育名家的研究成果集中翻译并结集出版,高度体现了中心以全局性、世界性的眼光认识问题,致力于推动人文社会科学研究的范式创新与人文社会科学的繁荣发展。

译丛主要面向四大读者群:一是教育学、政治学、社会学、思想政治教育学等领域的科研工作者,二是教育主管部门决策者、高校辅导员、政府相关部门等行政人员,三是思想政治教育、道德教育、比较教育等相关专业的本科生与研究生，四是广大对相关主题感兴趣的学者、教师，以及社会各界人士。

  译丛在翻译过程中特别注意原作者真实观点的阐释，同时立足于马克思主义根本立场、观点和方法，坚持中国特色社会主义道路的行动指南，对所选书目及其内容进行甄别。译丛在翻译过程中，由于需努力精准呈现原作者的思想，难免涉及国外的价值取向和意识形态，请所有读者在研习的过程中加以辨别，批判性地进行阅读和思考。

杨晓慧

2024 年 1 月于长春

中文版前言

一

1979年1月1日,中美建立外交关系,这一天对两国来说都是一个重要的日子。当时我在吉米·卡特总统领导下的政府工作,负责直接与总统对接美国的双边和多边对外援助政策。担任这一职务时,我并没有涉足中美关系,但我确实亲身体会到了卡特总统是一位多么杰出的领袖,特别是他在外交领域的作为。

在任期间,我访问了非洲、亚洲、拉丁美洲和南美洲的许多发展中国家。在访问过程中,我看到中美两国为了改善贫困人民生活,特别是在农业、粮食、能源、卫生和人口等领域所做的诸多努力。

我记得曾经在其中几次访问中设想过,如果中美两国能够开展合作,对发展中国家的贫困人民会有多大帮助。多亏了邓小平先生和吉米·卡特总统的领导,两国才走向了合作之路,我衷心希望今后两国之间的关系能够更加牢固。

1985年,在中美两国建交六年后,我和妻子埃伦访问了中国,出席上海交通大学和宾夕法尼亚大学的一个联合项目的庆祝仪式。在那次访问中,我们看到了中国是一个多么了不起的国家,包括它的规模、人口、经济以及历经几千年历史的文化。

二

在我第一次访问中国之后的几年里,中国逐渐在世界舞台上占据一席之地。当我和女儿伊丽莎白再次访问中国时,看到了中国取得非凡进步的有力证据。这次我是应东北师范大学校长的邀请,前来与生活·读书·新知三联书店签订协议,出版我在过去几十年里撰写、合著或编著的11本书,所有这些书都将被翻译成中文。主导这件事的是博学而亲切的蒋菲教授,她是东北师范大学思想政治教育研究中心道德与公民教育比较研究室的主任。

这11本书,连同几十篇文章,承载了我一生在诸多领域的学术研究成果,也反映了我在四所高校担任行政人员和教师以及在美国政府担任四个职位的多年经验。

我一生中担任过14个不同的职位,我妻子开玩笑地说我工作永远做不长久。我的第一份工作是担任勒尼德·汉德法官的书记员,他后来被公认为是美国在世最伟大的法官。当时汉德法官已经八十七岁,和我写这篇序言时同龄。他是一位极富经验的法官,在法官的岗位上工作了五十年,同时也是我的良师。

在担任汉德法官的书记员后,我曾短暂地从事过法律工作,因为我认为在担任法律专业教师前,最好先了解一下律师的日常工作,这也是我自己一直想做的事。但在从事法律工作不到两年之后,我认识的一位前哈佛法学院的法学教授艾布拉姆·查耶斯邀请我加入约翰·F. 肯尼迪政府。查耶斯教授是当时的国务院法律顾问,是我的另一位优秀导师,我们后来共同编写了一本关于国际法的三卷本著作,主要是根据我们在肯尼迪政府和后来在林登·约翰逊政府的经历撰写的。

查耶斯教授回到哈佛大学后,我和副国务卿乔治·W.鲍尔一起工作,他是我的另一位宝贵导师。像汉德法官和查耶斯教授一样,鲍尔先生向我传授了有关公共服务的宝贵经验,这些经验到现在仍使我受益匪浅,也引领我将公共服务视为一项崇高的使命。

幸运的是,斯坦福大学法学院邀请我做教师,讲授国际法,我不假思索地接受了,因为学校为我提供了我正想要的教学和写作的机会。五年后,我被选为学院院长。在任期间,我发现自己对一样事物十分享受,我称其为"制度架构"——有机会成为一个机构的领袖并使其发展壮大,且在机构中工作的人们可以得到所需的支持,以充分发挥其能力。

作为一名院长,我观察了美国各地法律服务的提供情况,发现在美国有相当一部分人在需要民事法律救助时孤立无援。杰拉尔德·福特任总统期间,美国正在组建一个新的政府实体——法律服务公司,我被选中担任这个机构的负责人。在这个职位上,我有机会学到了一门重要课程——领导力。与我做院长时一样,这份工作同时也让我了解到了美国贫困人口现状的严峻形势。为卡特总统工作的这几年,让我从全球视角进一步丰富了自己的经验,这有助于我理解发展中国家的严重贫困问题。

这些经历使我确信,我想为领导一所高校贡献力量。宾夕法尼亚大学给了我这个机会,校方选聘我为教务长,即首席学术官。这个职位让我了解到了一所优秀的大学是如何对教学、研究和服务提供支持的。在工作中,我也致力于培养学生具备公民参与所需的能力,这一承诺在我之后担任的职位上一直延续着。

在宾西法尼亚大学工作多年后,我开始意识到,如果有机会,我想领导一所著名的公立大学。当我被聘为印第安纳大学校长时,这个机会来了。印第安纳大学有 8 个校区,有超过 10 万名学生,其中位于印第安纳州布卢明顿的主校区有 4.3 万人。幸运的是,布卢明顿校区有一个规模巨大的亚洲研究项目,使我对中国及其邻国有了进一步了解。

在我担任印第安纳大学校长时,乔治·H. W. 布什总统选择我作为委员会成员加入一个临时的政府实体——国家和社区服务委员会,主要负责为美国所有年龄段的公民参与他们社区的公民工作提供支持。

后来我成为该委员会的主席,并帮助威廉·克林顿总统的政府制定法律。我在该委员会工作之余,又建立一个永久性的新政府组织——国家和社区服务公司。迄今为止,国家和社区服务公司最大的项目"美国志愿队",每年在全美 21 000 多个地点招募约 75 000 名男女公职人员参与公共服务。我在这个组织的委员会工作了八年,这份工作进一步加强了我鼓励每一个美国人参与公共服务的决心,无论是作为一份职业还是作为业余爱好。

我和妻子于 1995 年返回加州,我以杰出学者的身份在加州大学系统任教了五年,还帮助完善了该系统所有 23 个校区的社区服务学习项目。长期以来,我一直大力倡导将学术学习与社区服务联系起来的课程,如果能把这门课讲好,学术学习和社区服务都会得到加强。我在一个名为"校园契约"的全球性协会担任领导职务,并协助创立了另一个协会——美国民主项目。这两个项目都注重教育大学生积极参与公民活动,以改善其所处的社区。服务学习课程是这类教育的主要组成部分。

由安德鲁·卡内基创立的卡内基教学促进基金会于1997年迁入斯坦福大学校园,我以资深学者的身份加入了这一组织,并获得了与一群亲密的同事一起撰写学术书籍和文章所需的支持。

最后,在卡内基基金会度过了11年美好的时光后,在这个系列的第6本书出版时,我回到了斯坦福大学。这次是在教育研究生院任职,在这里我讲授高等教育领导与管理、高等教育中的教与学、慈善事业、美国民主等课程。我还为许多学生提供了咨询,包括一些中国学生。其中一个学生是我上一本书《公民工作,公民经验》的合著者,她的父母来自中国,但是她出生在美国。这本书在蒋菲教授的帮助下译成中文,并由该系列图书的出版社出版。

三

我坚信美国"公共参与奖学金"的重要性,这是一项学术工作,直接关系到未来公共政策和实践的形成,或对过去公共政策和实践的理解,包括教育学生具备在了解这些政策、参与这些实践中需要的知识、技能和素质。

我所有的书都在试图帮助美国政府决策者及其工作人员,或大学政策制定者及其教师和学生。这些书也反映了我在美国政府和三所不同大学——我先后成为院长、教务长、校长的大学里——收获的经验和见解。

这些书分为四大类。首先,有两本书是关于国际法的影响,其中包括我从美国国务院的职业生涯和斯坦福法学院的教学经历中获得的见解。第二,有两本书是关于法律教育的,借鉴了我在斯坦福法学院担任院长的经验。第三,有三本书是关于高等教育的,反映了我在大学教学和管理方面的职业生涯。第四,有两本书侧重于讲授道德、公民和政治责任,基于我自己在这个领域的教学、领导校园契约协会和美国民主项目,以及我任职国家和社区服务委员会委员和国家社区服务公司的经历。最后,有两本书是关于慈善和教育的,不仅反映了我的高等教育经历,而且也反映了我在美国两大慈善基金会董事会的工作,这两个基金会分别是公共福利基金会和理查德罗达·高德曼基金会。

四

我非常感谢东北师范大学和杨晓慧教授、高地教授、蒋菲教授,他们给了我很多殊荣。首先,他们邀请我去东北师范大学进行学术访问。第二,经由他们安排,我的著作得以被译成中文,我也非常感谢为此做出努力的生活·读书·新知三联书店王秦伟先生和成华女士,以及诸多译者,他们的辛苦工作保障了这项工作得以顺利进行。我希望这些做法有助于加强中美两国间的关系。我现在,以及会永远感受到,我与中国之间有一条特殊的纽带相连。

托马斯·欧利希,2021 年

目 录

前言 *1*

序言 *1*

致谢 *1*

第一章 法律职业:过去、现在和未来 *1*
第二章 法律职业未来的若干面向 *6*
第三章 法律教育问题简述 *24*
第四章 诊所教育:法律判例教学 *42*
第五章 多元化的新方向:卡林顿报告述评 *54*
第六章 大学法学院 *64*
第七章 资助法律教育 *72*
第八章 高等法学教育的学制:一些临时建议 *89*

延伸阅读的建议　99

附录一:《卡林顿报告》　101

附录二:法律公共职业培训:美国法学院协会报告(1971年)
　173

附录三:法律现实主义的局限性:历史的视角　351

索引　415

参考文献　422

前　言

现如今，法律教育已然被越来越多的人视为水平先进的通识教育。从法学院毕业的学生不仅能够进入私人律师行业，同样能胜任许多其他的职业。正是由于法律教育达到这种新的高度，申请法学院的人数也在迅速增加。美国教育考试服务中心（American Educational Testing Service）的理查德·E.彼得森（Richard E. Peterson）针对43所法学院的一项委托调查显示，1970至1971年间，法学院的申请人数增加了51%。

作者在这篇针对法学院行为的评论中指出，学生们对美国法学院的看法已经和过去有所不同：首先，学生认为美国法律教育的当务之急在于增强教学模式的多样化，尤其是目前盛行的判例教学法（Case method）模式急需被替代；第二，他们支持在法律行业扩大对非专业人员的培训和选用，并为此改变规则和程序；第三，他们建议减少学生在校准备进入法律职业所需投入的总时间。要做到这一点，可以把进入法学院之前的学制要求缩减到三年，或者把法学院的学制减少到两年。这一建议与卡内基委员会（Carnegie Commission）倡导的在所有专业领域减少正规高等教育所需时间的一般性建议相一致。而卡内基委员会的提议本身也是基于资质优秀的专家组通过彻底调查和审议结论提出的。

克拉克·克尔(Clark Kerr)

卡内基高等教育委员会主席

序　言

本研究针对法律专业的最新发展和未来趋势及其对法律教育的影响进行了分析,在审视法律教育存在的结构性问题的基础上,提出了具有针对性的改革建议。这里所说的"结构性"并不意味着法学院其他方面的教育规划无需修改,而是针对所有法学院的共性进行的强调。尽管结构上的调整会对法律教育的多个方面产生较大的影响,但我们依然认为,课程修改必须根据某一特定法学院的资源、需求、能力从内部进行。因此,本研究对法学院的课程或教学方法的细节不做关注。

我们并不认为这项研究有多么的详尽无遗,而是试图脱离高等教育的其他领域,尽可能简单扼要地针对法律培训所特有的和主要的问题进行研究。这些问题中的每一个都可以被单独拿来讨论,并且有所收获。此外,若干当今法学院和法律教育工作者都极其关注的问题并不在我们本次研究的讨论范畴之内。例如少数民族和妇女群体在法学院中人数不足就是这些问题中比较典型的一个,但在我们看来,尽管这个问题十分严峻,却是所有高等教育的通病,缺乏和法律教育的密切相关性,在此项研究中便不加以讨论。

但是,我们也有必要明确指出:法律行业应当吸纳更多少数民族和女性律师。为了平衡比例问题,必须对这些群体接受法律培训进行鼓励,在本科阶段便提供适足的训练,同时给予资金支持。近些年来,第一个问题已经取得了重大改善,而本科训练和资金支持的问题也取得了一定进展,但仍然还有许多的工作等待着我们。

另外,本研究所基于的"研究"方法不包括实地研究、问卷调查和民意调查。相反,我们采取的方式是先请咨询委员会(Advisory Committee)提出一些尖锐的问题,然后针对可能出错的方面给学者们一些建议。简而言之,我们试图甄别并思考那些关乎法律教育的当下以及未来的问题。

致　　谢

我们发现要一一列举出所有为这项研究提供过帮助的人是十分困难的。首先,请允许我高度赞扬咨询委员会的成员,他们为我们最初的选题提供了很大帮助,并在随后的撰写过程中对我们的草稿提出了各自的看法。我们的研究结论有时与委员会成员中的一位或几位的观点有所差异,但我们依然非常感激他们做出的回应。他们是亚利桑那大学法学院院长查尔斯·F.阿雷斯(Charles F. Ares),波士顿大学法学院前院长、美国众议院议员罗伯特·F.德里南(Robert F. Drinan),耶鲁大学法学院院长亚伯拉罕·S.戈德斯坦(Abraham S. Goldstein),美国律师协会(American Bar Association)前主任、耶鲁大学法学院法学教授杰弗里·哈泽德(Geoffrey Hazard),加州大学洛杉矶分校法学院院长默里·F.施瓦茨(Murray F. Schwartz)。

如果可以的话,我们想把研究成果献给外交关系委员会主席、斯坦福大学法学院前院长贝利斯·曼宁(Bayless Manning),正是他鼓励卡内基委员会进行了这项研究。作为同事,我们十分感激他在法律教育方面给予的启发和展现出的兴趣,这项研究同样深植于他的思想。

我们感谢斯坦福大学的同事们,感谢他们对法律教育问题的兴趣，并愿意以严谨和建设性的方式解决这些问题。我们特别感谢作为美国法学院协会（American Association of Law Schools，简称AALS）课程委员会主席、斯坦福大学法学教授的查尔斯·A.比尔兹利（Charles A. Beardsley）对本研究提出的许多建议；感谢法律教育建设性改革的领导者，斯坦福大学前法学教授、现任杜克大学法学院院长、美国法学院协会主席约瑟夫·斯尼德（Joseph Sneed）；感谢曾任斯坦福大学法学院副院长，现任劳伦斯学院副院长的托马斯·黑德里克（Thomas Headrick）。黑德里克于1968至1969年协助完成的一项有关斯坦福大学法律教育结构的研究，激发了我们对许多问题的思考。

我们从斯坦福大学法学院众多同学的建议中获益匪浅，特别是那些参加了1969—1970年法律教育研讨会和1968—1969年结构研究的学生。我们特别感谢斯坦福1968届法学博士理查德·T.威廉姆斯（Richard T. Williams）准备的法律教育优秀参考书目，以及斯坦福大学1970届法学博士萨利·舒尔茨·尼利（Sally Schultz Neely）帮助我们整理思路和资料。

还有很多来自其他机构的学者为我们的工作做出了贡献，包括密歇根大学法学院的保罗·卡林顿（Paul Carrington），宾夕法尼亚大学法学院的罗伯特·戈尔曼（Robert Gorman），耶鲁大学法学院的罗伯特·斯蒂文（Robert Steven）和加州大学伯克利分校法学院的普雷贝尔·斯托尔兹（Preble Stolz），他们的努力将会让法律教育方向的学术研究受到更多重视。

另外，帕克先生的前任秘书琼·韦伯（Joann Weber）为研究保持活力提供了多方面的帮助。我们的合作者，耶鲁大学法学院1973届的学生斯蒂芬·佩珀（Stephen Pepper）提供了相当多的帮助使研究成为可能。

最后,我们要对南希(Nancy)和埃伦(Ellen)表示特别的感谢。

赫伯特·L.帕克
托马斯·欧利希
1972年3月

第一章　法律职业：过去、现在和未来

建国伊始，无论是在法律界内部，还是公众对法律的态度上，都存在着精英主义和民粹主义。尽管如此，律师行业的动向依然普遍反映着中产阶级的价值观和问题。正如威拉德·赫斯特（Willard Hurst）所言，"多年来，律师界同美国中产阶级所持有的宗教、种族和民族偏见别无二致"。[1]

在共和国成立初期至内战之前，美国律师主要以个体执业者的身份从事不动产和商业方面的业务。内战结束后，包括工业公司和铁路行业等美国工业发展带来的趋势改变了律师实务的焦点。最初，伴随着大型公司的发展，律师实务主要集中于大城市；时至1900年，"华尔街律所"模式已经确立。随着律师事务所的成长和为工业、铁路、银行和其他金融机构等客户提供服务，律师身份更接近于法庭上的顾问而不是辩护人，纽约、费城、波士顿的大型公司以及后来中西部、西部的大都市，都成为律师精英主义实践的大本营。与此同时，城市化迫使大批律师涌入城市。不动

---

[1] Hurst(1950, p. 235)。迄今为止赫斯特的书依然是美国律师的最佳参考资料。

产、不动产交易及其纠纷产生的诉讼等商业相关的业务,以及人身伤害、离婚和刑事相关的业务,通常被视为非精英主义业务,主要由个体执业者承担。

与此同时,另一种强大的影响正在显现,政府对经济的调控创造了新的实践领域。本世纪初,税收、反垄断、劳资关系和政府对贸易行为的监管变得愈发重要。罗斯福新政增加了诸如证券交易委员会(Security and Exchange Commission)、国家劳动关系委员会(National Labor Relations Board)、联邦通信委员会(Federal Communications Commission)和民用航空局(Civil Aeronautics Board)等大量的政府行政机构。各州也纷纷成为这一发展的领头羊,随后对经济的各个方面进行了越来越多的公共干预。尽管与对普通律师日常工作的影响相比,它对中型的和精英律师事务所发展的贡献更大,但这些举措无疑极大促进了律师行业的发展。

1966年,美国的30万律师中有一半以上在人口超过20万的城市执业,其中只有差不多一半的私人执业律师是个体执业者,而在1947年,这个比例约为四分之三。位于纽约、华盛顿、芝加哥、洛杉矶等地的最大的律师事务所可能拥有多达30或40名合伙人以及100名助理律师。至于律师们的收入,显然与公司规模有所关联。1965年,律师的年均净收入约为1万美元(而当时美国工薪阶层平均年收入为7 000美元)。合伙律师的平均薪酬为2.2万美元。大城市的大公司合伙人的平均薪酬甚至可能达到了3万美元。[1]

这些发展透露出的最奇怪的事情在于,到目前为止,法律教

---

[1] 本段数据来自美国律师基金会(1970年)。

育、律师业和律师组织的准入通过早已过时的实践模式结合起来,至少在表面上迫使律师行业进入一种同质的执业模式。这极大抑制了人们正式承认(甚至有时即使是认识到)律师职业的非同质性,更遑论让他们对此发自内心地予以认可。在第三章,我们将会进一步说明和解释对这种同质性的认知扭曲。我们认为,所谓的同质化并不存在,包括法律教育在内的律师行业发展必须直面现有的多样性需求和更多的压力,同时认清律师专业化和律师助理职业化的必要性。这些讨论在之后的部分将会再次出现。

如今的美国约有32.5万名律师,其中超过20万人从事"私人执业"。正如我们所倡议的,私人执业采取了不同的形式。美国有4万名律师在联邦政府、州政府和地方政府等各级政府为公众服务。其中,由各级政府机构雇佣的,为公民利益发声的律师的人数迅速增加。例如,经济机会办公室雇佣了2 000多名律师为穷人提供法律服务。地方政府部门和私人经营的法律援助办公室也雇佣了许多律师作为公共辩护人,主要服务于那些"穷困"的刑事被告人。还有大约1万名律师担任全职法官。企业雇佣着至少3万名律师担任"内部法律顾问"。超过2 500名律师是全职教师,另有1 500多名兼职教师。另外,律师还可能是保险代理人、股票经纪人、银行信托官员等等。

律师在选举产生的公职人员中一直占据优势,还有很多律师担任非法律任命的职务。1970年,67名参议员、多数众议员和4名内阁成员是律师。州长、市长、校董事会成员、市议员和他们的助手通常都是律师。自1900年以来,大约有四分之一的州议员是律师。律师作为公共职务的杰出成员,常常扮演外交官、大学教师和基金会管理员等重要角色。信托委员会、大学、基金会等公共利益机构以及私人公司的董事会，也常有律师的身影。

这样突出的例子简直不胜枚举。德里克·博克(Derek Bok)、金曼·布鲁斯特(Kingman Brewster)、罗本·弗莱明(Robben Fleming)和爱德华·利维(Edward Levi)都是在校园内外具有广泛影响力的大学校长，我们有理由相信，这种影响力能够深植于他们的法律教育之中。伊莱休·鲁特(Elihu Root)、亨利·史汀生(Henry Stimson)和迪恩·艾奇逊(Dean Acheson)等律师对我们过去和现在的公共生活做出了显而易见的贡献。其共同点在于，他们作为公众人物所做的每一件事都印刻着原则性很强的实用主义烙印。公允起见，必须要指出的是：想要找到律师声名狼藉的例子也并非难事。律师们来自各行各业和几乎所有的社会阶层，他们当中的有些人要么已经丢弃了实用主义的原则性，要么从未得到过。

展望未来，以下趋势、前景和问题似乎值得我们进一步探索：

1. 法律领域中包括刑法、贫困问题、消费者问题、环境问题、地方政府部门改组等等不论新旧的问题都在迅速发酵。每一项问题都需要法律服务。这些服务如何筹资？这些服务由谁提供？

2. 对于该行业新的机制和组织形式而言，无论是内部还是外部都存在着不断增大的压力：法律行业内部的专业性要求正在不断增加的同时，获得外界承认的压力也在增加。这些压力带来了专业许可方面的问题。团队式法律服务需要面对的压力和实现的可能性同时增加。应当如何安排和资助这些服务？

3. 随着团队式服务和专业化的发展，专职助理的需求开始出现并不断增长。随着这些新机制的出现，围绕"未授权行为"的争议将会减少。

4. 法律教育应当做出相应的，安排针对上述发展趋势加以适应。谁来培训专家和专职助理？这些新的培训形式应当出现在哪个教育阶段？法学院是否具备处理这些问题的能力，抑或只是敷衍了事？我们培养出的律师是否已经过剩？

5. 法律系统和法律教育面临的几个具体问题是：法律能否充分融汇社会科学？我们所谓的宏观法律结构是否具有研究前景？法律学术能否做出贡献？在高等教育中，非专业人员是否有学习法律的一席之地？

6. 无论将来法律教育的结构如何，我们如何为其筹措资金？

我们认为，法律教育的未来与法律职业的未来密不可分，而法律职业的未来又在很大程度上取决于法律和法律机构在未来的地位。未来神秘莫测，谁都无法预知。但我们可以确认的是，对法律教育新方向的研究至少应该对我们提出的一系列问题进行考量。

第二章　法律职业未来的若干面向

发展中的法律需求

在我们的文化中有几种对律师的刻板印象：一种是由电视剧塑造出来的法庭上辩护律师滔滔不绝的形象；另一种是以阿瑟·特雷恩（Arthur Train）的图特先生为代表的那样为客户提供咨询的小镇律师；还有一种是华尔街或者华盛顿律师抄起电话就向对方开始施压的样子，拉尔夫·纳德（Ralph Nader）本人坐实了这种形象。

所有这些形象都是现实中碎片化观点的整合。然而，真实生活中律师的很多方面都和这些观点截然不同。当代现实生活中，法律服务的可得性潜伏着各种危机：人们对法律服务需求、范畴和成本的忽略相当普遍；律师不近人情；律师和潜在客户之间缺乏沟通。几乎所有法律和法律程序都朝着对法律服务的需求日益增加的方向发展，但是这些服务超过了我国大部分人口的实际经济能力。本章节我们试图对未来需要完成的法律工作以及可能发展出的法律工作机制进行概述。我们称这种法律需求的发展形态为涵盖了大量领域的"法律需求"。

随着国家城市化、后工业化、服务化程度的稳步发展,法律工作在质量和数量上都会有明显的提高。这里的法律工作是指那些理论上属于律师职权范围的工作,但不是说这项工作一定要由接受过法律教育的人来完成,这种安排已经被律师协会所接受,正所谓约定俗成。换言之,法律工作至少意味着律师作为秩序的缔造者和倡导者所能做的所有工作,对调和人民和机构的利益有所助益。对于那些帮助建立机构和程序以服务和适应不断变化的社会制度的人,我们称之为秩序的缔造者,代表利益的人则称之为倡导者。我们不排斥民选的立法者、民选的行政人员和民选(或经过任命)的法官,因为法律教育恰恰是胜任这些职位的主要因素。这些人既是秩序的缔造者,也是"公共利益"的代表,仅仅因为"一个人的公共利益"可能只是别人的利益而将公共利益的代表排除在讨论之外,显然是目光短浅和徒劳的。不管是公共利益还是私人利益,我们的重点在于倡导所有利益。

作为对法律服务可得性危机的一项必要反应,我们看到一系列事态发展正在使法律服务更有效和更普及,从而更普遍地可得。律师秘书和律师助理、团队式法律服务以及认证专家的发展是应对危机的主要对策。正如人们所希望的那样,律师协会将不得不针对目前阻碍这些对策的一些规则进行改变。我们针对发展情况调查时发现,这些对策显然不是必须做出的唯一应对,但可能是效果最突出的。

我们可以从向被指控犯罪的"穷人"提供服务开始我们的法律需求清单。从现在已牢固确立的宪法基础能够越来越明显地看出,调查服务、专家证人等都属于必须提供的服务。由此可见,提供必要服务所涉及的职业应当包括律师秘书和律师助理。虽然目前对于"贫困"的宪法定义非常的局限,但我们可以看出对法律意义上的贫困的普遍接受。贫困人群是指那些无力支付代理费的中产阶级。我们期望可以看到一种为这些人提供法律服务的义务感(尽管不一定是宪法意义上的义务)的出现。正如我们现在已经习惯了医疗贫困的概念一样,我们也希望在刑事领域看到法律贫困的概念出现。在这一章随后的部分中,我们将会有更多关于如何惠及中产阶级的内容。我们所说的法律代理的范围正在逐步扩大,包括审前工作、定罪后补救、惩教服务、帮助有前科的罪犯重新回到社会所需的各种服务,以及与精神健康、青少年犯罪等有关的准刑事诉讼程序等。通过上述法律需求的例子可以发现,我们的讨论可以从多个方面进行延伸:需要代理的人的种类、他们所需要的代理方式、法律服务构成的多样性,以及为提供这些服务而发展新的职业。

在民事事务中也可以追溯到类似发展的端倪。显然,法律需求并不局限于诉讼。无数的合同问题、侵权行为和财产纠纷都可能是普通人接触到的法律问题,需要谈判和咨询方面的帮助。离婚和破产这两个领域的程序应当被简化和分解成若干部分,交由各种专家进行处理,而这些专家主要是律师秘书和律师助理。这样的程序已经在有关人们生前和死后不动产、个人财产转移的案件中出现了,也显然已经出现在人身伤害的案件当中,而这些变化能够使人们看到一种制度的萌芽:除保险公司以外,受害者也将由律师助理进行代理和索赔。

许多针对此类交易的监管规则的实质内容可能正在发生变

化。国会或者更多的州立法机构可能会通过立法,以无过错责任制度取代目前的过失赔偿制度,即以自己的保险人取代第三方的责任保险人作为赔偿的主要来源。[1] 这项发展必然会对负责处理人身伤害诉讼的那部分律师的收入造成一些影响。据估计,有15%~20%律师的收入来自人身伤害诉讼。加州的一个司法管辖区已经率先实施了无过错离婚。一些州的立法机构正在对影响财富代代相传的法律进行修订,也就是律师们所说的遗嘱继承工作。实体法的这种变化必然会对律师工作造成一定的影响。事实上,其中一些变化的目的是减少人们对律师服务的依赖。无论是否有意为之,这些变化会减少客户对普通法律工作者提供的直接帮助的需求,增加对法律专家的规划、监督和帮助的需求。至于对律师工作和收入的影响,显然取决于人们对法律职业组织方式变化的反应。

环境问题、消费者保护和隐私等新兴利益也应当纳入这一法律需求。如今的趋势是通过立法或者司法裁判的方式使起诉变得容易,从而迫使人们进行私下和解。我们想到的方式是放宽诉讼资格、规定最低限额违约赔偿金、规定律师费用、合并索赔等。举例来说,受到空气污染影响的人可以向汽车制造商提起集体诉讼,如果胜诉便可在合理的范围内讨回最低限度的违约金和律师费。(这里需要指出的是,这种让法院大门更加敞开的政策与完善内部机制的需求之间存在冲突。现如今不论是民事还是刑事方面的司法系统都已经捉襟见肘,需要处理的听证太多,案件办

---

[1] 马萨诸塞州已经根据基顿(Keeton)教授和奥康奈尔(O'Connell)教授的计划制定了这样的法规(1966 年)。

理时间过长。如果我们要想让起诉变得更容易,就必须要做一些能够使程序更快捷、更高效的事情。)[1]

无论"有组织的"律师采取的后援活动多么有力,作为提供法律服务的另一个发展趋势,如何对专家认证这件事不应当久拖不决。(专家的认证也必然会带来专职助理数量的增长,这将在本章后面的部分进行讨论。)

这些扩展的法律服务可能通过公私机构混合进行提供。就像已经开始对穷人提供法律服务那样,如果要向所有人提供法律服务,就必须超越穷人范围得到更广泛的支持。如果中产阶级自己的需求被忽视,他们根本不会为穷人买单。将由政府财政支持的法律代理和多种税收的"噱头"相结合将是必要的手段。作为向低于或接近贫困线的人提供法律援助的代价,相对富有的法律服务消费者会要求更全面的法律援助。最有可能的实现途径是由公司、大学、教育系统以及其他包含公共雇员的众多机构为各自系统内需要法律服务的雇员购买并支付费用的集体法律服务。例如,一名教师在与保险公司协商领取医疗补助金时,会要求索赔代理人作为他的代表。如果把这种情况乘以目前无人能够成功承担的数百万种类型的索赔,这种形式的反补贴力量显然是举足轻重的。(应当顺便指出的是,法律需求的增加应当使律师有可能从集体执业中获益,同时鼓励认证专业和准专业职业发展。)

简言之,只要本节中简要概述的法律需求能够取得进展,就能为法律服务的急剧拓展以及同样发生巨变的、提供这些服务所需的技能奠定了基础。这反过来又会对法律教育产生深远的影响。

---

[1] 参见梅因(Main)(1970年,第111页)。

提供法律服务和法律教育的形式,在很大程度上是由有组织的律师协会通过其《职业道德准则》、正式和非正式成员的管理方式以及吸纳规则来规定的。因此,律师协会和法律制度决定了我们所说的法律服务危机的具体应对措施。律师协会的壁垒将不得不改变:一些费用分成的限制、广告禁令和"未经授权执业"的禁令将不得不取消;专业、准专业和副专业职业以及全面的预付法律保险将不得不出现。在这种新制度的背景下,专业人员所需的教育理念和内容也必须随之改变。从现在的情况来看,有太多从法学院毕业的年轻人将无法在职场中有效发挥他们所学的技能。

我们并非想要提出一个本质上属于认识论范畴的问题作为研究的中心,而是要坦率承认问题的核心在于,"法律职业"究竟是什么?一方面,法律职业的概念并不是一成不变的;另一方面,我们的教育很可能正在培育出过多的老派律师。要让市场来决定法律行业的规模和形态,就需要我们在市场意识方面做出相当大的改变。在不知道供给或需求是否充足的情况下,我们也很难谈论法律教育的未来。

由于我们对于法律专业的定义有了很大的改变,按照当前定义解读的话,如今全国约有 32.5 万名已经取得律师资格的律师。我们认为律师可以而且应当被定义为"接受过法律教育的人"。按照我们现在法学院学生数量的增长速度,这个数字在未来 15 年内几乎会翻一番。我们相信,如此庞大的律师数量并不会影响专业能力的发挥,也愿意相信,随着法律需求的增长和律师行业的日益多样化,我们将在一个比今天更高的水平上实现平衡。

要建立这样一种平衡,显然需要律师行业将自己重新定义为一个不那么单一的实体。面对日益恶化的供求关系，如果采取放任自流态度的话，律师协会将试图通过对律师身份的获取施加额外限制的方式，阻止新人的加入。如果律师的数量由这种"行会"性质的应对方式所决定，社会将因此而变得更加贫穷。

从本质上讲，我们需要把思想从类似本章最开始勾勒的那三种传统的印象中解放出来。

法律职业专业化和律师组织变化

正如我们所提到的，专业化在法律界是既成的事实：许多律师——即使并非大多数——集中在特定的领域执业。专业化可以按客户、按地域、按法学理论领域、按任务或按机构设置等条件进行分类。客户可以是政府，或者某一家公司，或者诸如药品或汽车等某一特定行业；地点是指例如一个城镇或社区等包含所有类型的居民的限定区域；法学理论的领域可能涉及劳动法、商标专利和遗嘱等内容；任务包括谈判、游说和诉讼等；机构设置包括联邦贸易委员会，某一特定法院，立法机构，等等。这种专业化已经确确实实地成了法律职业的一部分。[1]

有点类似医学专家的认证，专业化最具争议的方面在于法律专家的认证。专家认证可以通过要求特定时长的专业实践并通过考试来获得。在讨论专业化时，首先应当明确区分专业化的两个基本功能。第一，处理收款、无过错离婚等大体量案件类型更

---

[1] 参见约翰斯通（Johnstone）和霍普森（Hopson）中关于专业化和标准化的良好讨论（1967）。

第二章 法律职业未来的若干面向

加的高效;第二,在高度复杂的事务方面有卓越的专业技能。第一个功能通常表现为准专业主义。第二个功能通常表现为超级专业化。第一种类型的法律专家力求像一名优秀的全科医生,但是价格较低。另一方面,处理复杂事务的专家力求比全科医生做得更好,但要对他支付更高的对价。

专业认证中的另一个问题是以禁止广告宣传形式出现的专业内竞争。因为披露认证身份将被视为违反了律师组织的广告宣传禁令,律师便不能联合起来为自己建立专业认证。除非律师像医生一样可以在电话簿黄页上标明自己的专业,或者至少在律师内部作为一种方便转介的手段,否则专业认证将形同虚设。加州已经在试验性的基础上使正式认证合法化,其他州也可能很快就会跟进。

认证律师专业化只是向潜在消费者提供良好法律服务的一种方法。另一种方法是把潜在的消费者聚集在一起,被称为团体法律服务。团体法律服务通过某种团体(如工会、公司、教育机构或政府单位等)建立律师与客户的关系,其所有成员都同意将其法律业务交给一家或多家律师事务所。因为涉及广告宣传、引发法律争议以及干涉律师与委托人关系等原因,这种业务安排被长期禁止。然而,到目前为止,各州律师协会的反对在很大程度上阻碍了对《职业道德准则》进行以允许团体法律实践为目的的修订。反对意见的瓦解和准许并规范团体法律肯定性规则的制定似乎只是时间问题。这类规则现在已经在加州生效。法律实践团体化的趋势似乎比专业化的趋势发展得更快,但两者几乎肯定会齐头并进。

为了说明这一点,在这里有必要对这两个事态的发展做出更详细的解释。在专业化方面,加州的经验既说明了专业化认证制定计划存在的问题,也证实了在争取律师同意尝试实行这种认证计划时遇到的障碍。1968年,一个成立于1966年6月的专业化委员会,在州律师协会成员中进行了一次关于专业化的调查。该委员会于1969年5月20日提交了一份最终报告,建议开展试点项目(稍后将会介绍)。而在1969年的州律师协会会议上,委员会提出的计划被否决了。其后,州律师协会理事会迅速批准了一项试点项目,目前正在进行当中。

调查结果如下:

- 专业化与事务所的规模密切相关,53%的个体律师事务所从事专业化工作,超过80%的事务所拥有10名以上从事专业化工作的成员。
- 近75%的受访者表示希望未来能够实现专业化。
- 约75%的受访者希望专家认证能使公众受益。
- 66%的受访者认为,认证将改善律师行业的公众形象。
- 少数人认为,公众需要一个认证制度来识别专家的身份。
- 近75%的人认为应该由州而不是国家或地方机构来进行认证。
- 超过75%的人认为3~5年的工作经验是必备条件。
- 仅有超过60%的人赞成教育背景的要求。其中,46%的人赞成必修课程的设置,30%的人赞成由律师协会对继续教育进行管理,只有16%的人赞成由法学院管理。
- 超过75%的人赞成通过考试来获得认证,其中超过60%的人认为应该同时进行笔试和口试。

尽管这些看法在普遍意义上是有益的,还有一些声音则认为:

- 略多于50%的人认为,认证会损害全科律师的利益。
- 超过84%的人认为,不应将执业范围限制在律师的专业领域。
- 超过86%的人认为,不应该将未获认证的律师排除在执业领域外。

这些结果可能充分反映了目前法律专业人员对专家认证有些矛盾的态度。委员会提议的试点项目是为反映调查中所表达的这些态度而精心设计的。虽然该试点项目并没有阐明该计划的教育细节,而是将其交给了拟议的"法律专业委员会"(Board of Legal Specialization),但该计划最显著的特征是:第一,要求五年的执业经历;第二,规定"不溯既往条款",允许在某一专业领域已经拥有十年执业经历的人员无需考试即可获得认证。委员会在最后报告的末尾明确指出了团体法律服务与专家认证之间的联系。

阻碍专家认证和集体执业发展的主要因素在于律师行业的《职业道德准则》——也是得到州法律支持的行业的指导性规则。其中的一个障碍就是禁止"未经授权的法律执业"准则。美国律师协会于1908年首次采用了沙斯伍德的《职业道德准则》(在此之前的行为准则往往是不成文而且有些模糊不清的),并且直到

1928年才补充了主要内容。正如赫斯特所说,"这些准则表达的是一种良知,但它充其量只针对个体之间的荣誉关系,而对律师在职业共同体中扮演的角色毫不关心"。换句话说,这些准则是围绕着那些众所周知的、平易近人的小镇律师形象建立起来的,重点在于强调律师的独立性以及他们对当事人的主要义务——而这种形象早已经过时了。阻碍团体执业一般是那些处理"未经授权的执业""中介"等问题的准则,强调律师在追求客户利益方面的独立性,从理论上来说会受到集体执业的威胁。

我们认为,尽管律师协会中存在一些阻力,但团体法律执业和专家认证几乎肯定会出现。这可能需要十年或整整一代人的时间,但我们必须面对这些发展对法律教育的影响。目前,我们很难想象将会发生什么,因为法学院作为我们法律教育的主要工具当前呈现出的状态,并不适合塑造律师的专业化。法学院教育传授的内容很少,针对"如何去做"的培训也许更少;相反,他们专注于传授各种普通"技能",如法律文献的研究、法律推理和"像律师一样思考"。此外,如今法律专业学生在法学院学习的那些年里,根本无法决定自己想专攻哪个领域。专业化只有在年轻律师进入执业环节时才开始显现。相比之下,我们这里所指的经过认证的专业化基本上涉及理论知识"形塑"和经验丰富的律师所具备的实际专业知识。因此,引用加州试点项目的三个例子,与法律教育出的天才是格格不入的,因为法律教育的目的是促进"培训"以"养成"在税法、工人补偿法或刑法领域的专家。也许法学院可以在实践几年后再招收学生,但是这不意味着法学院已经准备好教授这样的专业。虽然法学院的现状并不明朗,但我们并不是要对法学院应该或不应该参与专业人才培养做出判断。我们将在后面的部分中指出,目前法律教育的第三年可以提供一个过渡性的机会,向高年级学生和重拾律师事业的人员提供专业培训。这可能会使法学院能够以合理的、协调的方式将部分资源分配给专业培训。

至少在人口最多的州,有组织的律师协会看上去最适合开展专业教育。在加州和纽约,这一领域已经分别由律师协会的继续教育机构和执业律师协会(Practicing Law Institute)占据了。这些机构由执业律师指导,并由执业律师和独立的法律教师共同管理,因此很可能有权决定大多数专业培训的课程。当然,法学院校在专业学生的继续教育方面也大有可为。有些法学院已经为执业律师开设了暑期班或夜校。由于许多州的律师协会既没有资金也没有管理机构来效仿加州和纽约模式,它们将不得不与法学院建立某种合作关系来完成这种继续教育。然而,至少对于我们在这里讨论的"如何"式的专业培训而言,法学院目前还无法承担起规划和管理继续教育的重任。它们最合适的角色可能是对现有的、潜在的各种继续教育计划进行"学术性"的补充,而继续教育的主要责任则落在了律师协会身上。

准专业主义:律师辅助职业的兴起

律师助理早已不是新兴职业了,他们提供税务咨询、起草房地产文书、处理遗嘱认证、管理信托、调查诉讼案件的事实、谈判和解保险索赔……这个清单可以无限扩大。虽然律师秘书和律师助理的区别不明显,但区分这两种类型很有意义。"律师秘书"是指在律师的直接监督下工作。而我们所说的"律师助理"

是指那些尽管可以,但并不需要在律师直接监督下工作的人。律师秘书是典型的离婚专家,他们按照流水线般的程序在法律服务办公室筛选无争议的离婚案件并准备必要的文件,所有这些都是在律师的监督下进行的。对比之下,保险理赔员就属于专业的法律助理,他们既可能在律师的监督下工作,也可能不会。

律师助理特别容易招致律师协会的愤怒,他们要么以"未经许可的法律执业"为名抵制,要么屈服于律师协会与会计、银行、房地产和保险等其他行业谈判来的"条约"达成共存。律师助理和律师秘书都具备以下特点:第一,他们所从事的工作在过去可能完全或主要由律师来完成;第二,他们没有接受过系统的法律教育。

美国经济机会局(U.S. Office of Economic Opportunity, OEO)的法律服务计划,该计划授权国立大学司法与执法研究所(National Institute for Justice and Law Enforcement of the University Research Corporation)编写了一份题为《法律服务计划中的专职助理:可行性研究》(Paraprofessional in Legal Services Programs: A Feasibility Study)(以下简称法律服务专职助理)的报告。该报告详细记录了法律服务处各办公室对专业辅助人员多种使用方式的实际情况,详细讨论了担任离婚问题专家、索赔理算员、案件处理员、调查员和社区工作者等职位的律师秘书和律师助理。报告建议将这些职位制度化,并制定培训方案来填补空缺。专业辅助人员可以通过培训,担任那些只需最低限度地或根本不需要律师监督的职位。作为制定培训计划的主要依据,法律服务专业辅助人员提出使案件负担愈发沉重的经济问题:当穷人的法律服务需求既没有得到满足,又被视为占用有限的公共资金时,这一考虑显然具

第二章 法律职业未来的若干面向

有带有调控意味的重要性。

对于超负荷的专业律师事务所来说,重视推动准专业主义发展的出发点显然是截然不同的。他们也非常希望把成本降下来,这不仅为了增加利润,同时想要让目前因费用高昂而无法获得法律服务的大量非贫困人士能够获得法律服务。然而,律师事务所往往强调法律专业领域的发展,而忽视了专家级律师助理的作用,这些律师助理的工作模式类似英国初级律师的办事员。代表这种趋势的一个例子是,英国律师协会在1968年任命了一个后来改名为法律助理特别委员会(Special Committee of Legal Assistants)的"律师非专业援助特别委员会"。该委员会的主席李·特纳律师(H. Lee Turner, Esq.)在律师协会内被形容为"这个新兴思想流派中无可争议的领袖"。1971年6月,特纳的委员会发表了一份题为《美国律师事务所对法律助理的利用:律师解放》(The Utilization of Legal Assistants by Law Firms in the United States: Liberating Lawyer)的报告,这份报告记录了这样一个事实:全国各地大大小小的律师事务所现在不仅在行政管理方面使用了非律师人员,在诉讼、信托和遗产等领域的法律工作方面亦是如此。报告指出,提高效率和生产力可以通过更多地利用专职助理从事现在由律师执行的日常的、重复性的工作来实现。

匪夷所思的是,最近发展起来的相关资料对法律服务方案之外的律师助理培训没有给予足够的重视。如前所述,这些人包括保险理赔员、房地产经纪人等。此外,法律助理的传统用途也值得研究。例如,一个需求和困难都十分突出的领域是刑事法庭,最高法院的"正当程序革命"提出了一系列程序性要求,尤其是每个被逮捕的人都有权享有的、我们称之为法律代表的米兰达规则(Miranda rule),这大大增加了刑事法庭的工作量。根据估算,如果让律师向警方和被逮捕的人提供有关米兰达规则的咨询,甚至可以消耗掉律师协会的所有资源。有没有理由让辅助人员提供这方面的辩护呢?当然,这样做的困难在于:第一,警察和检察官不愿意安排非专业代表进行辩护;第二,关于非专业代表是否能通过宪法审查也存在一些问题。对此,现存的需求和困难都是显而易见的,并投射出更为广泛的需求和困难。在今天所谓分配正义的流水线上,我们必须正视熟悉的抗辩程序所带来的影响。假释和精神健康诉讼程序很可能是非专业人员可以填补我们法律制度中明显空白的领域。

如果法律助理和法律秘书的培训不是通过学徒计划在工作中进行的,那么培训的大部分内容将会并且应当在社区大学进行。法律助理特别委员会在其报告《关于律师事务所人员培训的课程建议》(Proposed Curriculum for Training of Law Office Personnel)中,建议为法律助理提供两年制的大学课程,为法律行政人员提供四年制的大学课程。每个方案都将传授"若干法律领域内的广泛知识",要求修读信托、遗产、商业协会等科目的法律专业课程(每门课程9个季度学分)。虽然这项建议似乎为法律助理培训提供了一个健全的模式,但这似乎并非是唯一的健全模式,于是在专职助理尚处于萌芽的时期就认为其他培训模式不够适合还为时过早。例如,对具有学士学位的专职助理的需求量可能很大。此外,如果这一工作的潜在劳动力(例如,刚从大学毕业的女性,家有学龄儿童又受过高等教育的母亲和失业的航空工程师)已经拥有学士学位,或者某些大学没有为专职助理设立培训方案,那么就有必要设立其他的培训方案。为期几个月的强化课程可能为受过高等教育的人提供了一个合适的替代性方案。事实上,至少有两个这样的方案已经开始实施了。此外,强化课程方案也可能是将有经验的法律秘书提升为专职助理的适当手段。

目前,另一个应该保持开放态度的问题是,专职助理需要在一个还是多个法律领域接受培训。《关于律师事务所人员培训的课程建议》建议采用后者。然而,法律服务处和律师事务所(尤其是大型律师事务所)可能更倾向于前者。而且,虽然小律师事务所在任何一个实务领域的业务量都未必需要雇用一名全职专职助理,但由专职助理兼职或由全职专职助理组成的团队将其服务外包给众多小律师事务所也未尝不可。当然,专职助理的职业阶梯可能会受到他或她究竟是专业人员还是普通人员的影响,但即便如此,专业人员无论在薪水还是职责方面的潜在晋升前景究竟如何,依然不甚明朗。

在任何情况下,法律教育推广工作最恰当的做法都是将个人和机构的努力结合起来,协助其他机构制定方案。这种援助可以通过就课程设计和教学材料提供咨询的方式进行。此外,我们必须将一些稀缺的学术资源投入同法律专业辅助人员教学团队成员的合作当中(法学教授本身很少会参与专业辅助人员所需的"如何做"技能的教学活动)。通过直接向社区大学借调学术人才,或者在法学院内部为那些对社区学院教学感兴趣的人制定教学计划,是否能更好地实现这一目标还有待观察。最后,法学院还可能在诸如"诊所课程"中找到机会,使法学院学生了解准专业的作用和用途以及准专业对法律专业和提供法律服务的潜在影响。

从长远来看,法律教育的作用和其他因素一样,都取决于律师协会本身如何对专职助理的需求做出反应。正如美国议会最近的报告"法律与变化中的社会"(Law and the Changing Society)所再次强调的那样,法律教育与律师协会之间的联系密不可分:

> 我们有必要对向社会各阶层提供的法律服务进行创新,包括培训和雇用专职秘书和专职助理,并在完全适格的律师的监督和负责下酌情行事。法学院应与律师协会合作,共同制定教育计划以及专职秘书和专职助理的培训。

让我们通过提出一个对本书的非法律读者来说应该是显而易见的结论来结束这一节:专职助理和专职秘书可以比全科律师更好地完成他们的工作。在某种程度上,这种说法的基本原理也适用于其他领域。出于完全相同的原因,一名称职的专家亦可比一名全科律师更好地完成自己的工作。

通常情况下,人们并没有把这一点牢记在心。法律职业虚假又单一的固有形象给律师和公众都造成了"律师是万能的"以及"只胜任法律工作"的印象。由于他们共同的教育背景,共同通过了"律师资格考试",以及缺乏对多样化(认证专家或训练有素的专职助理)的明确区分,至少从外界看来,所有的律师似乎都是万金油一般的存在。我们将在第三章指出,至少截至目前,法律教育的本质只是对学生进行一些基础知识(分析、法学理论、知识导图等)的训练,结果导致学生从法学专业毕业却不见得能胜任任何事情。经验才是真正的老师,在律师庞大的工作领域中,经验永远多多益善。因此,一名律师通常只能胜任少数领域,而在其他领域,真正能胜任的工作则十分有限(往往压根是不称职的)。因此,专家和专职助理可以把工作更好地完成:"整整一天,日复一日,花在向遗嘱认证法庭递交文件的这些时间会让一个原本好端端的申报者生不如死。"而训练有素的离婚专家会比全科律师更好地完成没什么争议的离婚案件。不可避免的情况是,专业化和准专业主义的发展趋势将减少普通律师、全科律师的工作和数量。这种趋势其实已然成为事实。我们认为虽然称谓方面可能会有一些含蓄的变化,但全科律师依然会占有一席之地。不过我们可以毫不犹豫地预测,全科律师的"杂而不精"将会越来越多地被视为"一窍不通",而且在经济收入和其他方面都会捉襟见肘。

第三章　法律教育问题简述

尽管法律教育在过去50年来一直通过行之有效且自洽的方法源源不断地培养出许多"律师"来填补目前体制内的需求,但隐忧不振和不满情绪却在我们国家精英法学院[1]的师生中弥漫开来。现阶段,这种隐忧感大概在我们的文化中普遍存在。虽然本研究的重点在于法律教育存在的问题,但我们有必要强调的信念是:如果法律教育能够发挥其最佳作用就再好不过了。

---

[1] 精英这个词需要做出一些解释。在美国律师协会认可的大约125所法学院中,有25所被认为是行业内的领跑者。我们不会通过任何测试来说明我们自己对哪些法学院是"精英"做出结论,而只是采用沃尔科夫(Warkov)在其1965年为国家意见研究中心所做的研究《律师的诞生》中提出的定义。沃尔科夫和泽兰(Zelan)对大学四年级和一年后参加法学院入学考试(LSAT)并随后进入法学院的大学生进行了研究。他们根据学生在法学院入学考试中的分数对他们所就读的法学院进行分类。第一阶层的学校是其学生在法学院入学考试中排名最高的学校。有8所被描述为"国家顶级法学院的非专业目录的常客"的学校占据了第一阶层。第二阶层有16所学校,他们的入学学生在法学院入学考试中的分数次之。其余的一百多所法学院都被放在第三阶层。由于不知道第一阶层和第二阶层的具体构成,我们假设这种分类与我们的主观估计相吻合。虽然第一阶层被描述成外行眼中的顶级学校目录,我们相信如今这个目录包含的至少20所法学院的每一所都应当被视为"精英"法学院。

我们认为,问题确实存在且很严重。然而,在理解这一结论之前,我们必须对其背景有一定的了解:法律教育的目的、目前开展法律教育的过程以及这些过程的产生方式。

法律教育的目的

法律教育的目的在其最基本层面上无疑是为"公共法律职业"做好准备,也是目前法律问题的核心之一。教师和学生通常对职业的含义只有模糊的概念,而这些模糊概念往往并不一致。以下是从几个不同来源总结出的职业特征列表。

1. 它具有高度复杂性的知识体系,可以通过长期的教育获得。

2. 由于自身具备的复杂性,这种知识的运用在很大程度上很难被外行人理解和检验。

3. 客户是弱势群体,专业人士的首要职责就是维护客户的最大利益。因此,所有的职业都有自成一体和自我约束的道德准则。

4. 由于专业人员靠工作谋生,自然会被卷入利益冲突当中。他必须将客户的最大利益置于自身利益之上。

许多人可能并不完全同意这一描述,但它至少为我们提供了一个审视法律教育的角度。列举出法律教育试图在学生身上烙下的特征清单,将为我们提供一个更具体但也需要谨慎对待的视角。对于这份特征清单,教师和学生通常被蒙在鼓里,理想的烙印过程同法律教育的真实过程之间的联系简直不堪一击。关于法律专业人员的特征,已经有很多人尝试进行更细致地界定。以下是前任院长贝利斯·曼宁(1969)最近指出的例子。

1. 分析技巧

这里所指的分析技巧,是指律师在区分 A 问题和 B 问题、区分相关问题的和不相关问题、将纠缠不清的大问题整理成易于处理的小问题、从微观或宏观角度随意检视问题、从多种不同角度围绕问题进行调查等方面的特殊能力。

2. 实体法知识

每一个杰出律师都懂得若干法律,也对他所从事领域的实体法理论有所了解。当然,与整个法律知识体系相比,没有律师能够在自己专攻的特定领域或相关领域之外还能做到博闻强记。但是,每一个杰出的律师都能在实体法的框架内准确定位自己和当事人的问题。

3. 基本工作技能

一流的律师通常具备很多基本工作技能,日常工作大多涉及信息的收集和沟通的熟练运用。一流的律师深谙如何写作、利用图书馆、辩护、倾听、起草文书、审问以及如何找出他认为自己需要知道的东西之道。

4. 熟悉制度环境

对于一个律师来说,仅仅是对问题有一定的了解,对法律有一定的认识,并能写出一份关于该问题条理清楚的文件是不够的。一流的律师还必须熟悉并能够在问题产生的制度环境中推进自己的工作。他必须能够与人打交道,能够沉着冷静地谈判,能够在法庭上立住阵脚,也能够在法院、行政机构、立法机构和其他法律机构的繁文缛节中脱颖而出,游刃有余。

5. 对整体非法律环境的认知

这里所说的认识,是指一流律师对所处理问题的非法律环境的理解能力,对影响结果的非法律因素的评估能力,以及调动和发挥非律师知识和洞察力的能力。每一个法律问题的产生,都有其独特的背景,和经济、政治、历史、心理等方面的影响因素;每一种法律情境都会带来数据积累、排序和权衡问题。法律程序是庞大社会的缩影,一流的律师从不忽视大局:他知道何时以及如何去拜访会计师、精神科专家、医生、经济学家、市场分析师、社会学家、统计学家或其他能以专业知识帮助他和他当事人的专家们。

6. 良好的判断力

虽然很难抽象地描述,但当我们说"某某律师有良好的判断力"的时候,大家大致上都心知肚明:良好的判断力是一流律师一大显著的特征。

曼宁院长的名单包括一条关于"受过良好教育的一流律师"的告诫。我们可以假定,作为一种理想的陈述,他的说法会得到大多数法律教师和学生的普遍赞同。当老师和学生进一步考虑如何更好地在法学院实现这一理想时,疑惑和困惑也接踵而来。

今天的法律教育具有单一性的特点。正如我们所注意到的,法律教育与法律专业是密不可分的,而法律教育的单一性又与法律职业的统一标准密不可分。简而言之,我们将探讨一系列导致目前这种情况的、有些偶然的事件。在对出现差异的领域进行研究之前,我们在不否认教育质量存在很大差异的前提下可以说:所有的法学院都大同小异。这并不是说名校与排名靠后的法学院所提供的法律教育是一样的,但所有这些学校都有相同的结构特点,并受此结构约束。所有这些学校的毕业生,都以大致相同的比例和同样的方式进入法律行业。我们认为法学院的普遍结构特点如下:

(1)它们的主要任务是教育学生如何进入法律行业。

（2）没有教师专职从事研究工作。

（3）没有学院参与本科教育。

（4）没有学院提供短于三年制的法学学士或法学博士学位。

在本章后面的章节中，我们将详细描述介绍这一结构。我们要解决的主要问题之一在于，它是否是实现本章前述所列目标的合适结构，这也是目前法学界所弥漫的隐忧感的根源之一。尽管如此，这个结构仍然是一段共同历史的共同产物。

法律教育的近代史简述

教育、招生政策和组织结构交织在一起，形成了美国律师协会的主要特征。（Hurst，1950）

如果赫斯特是对的（我们也相信他是对的），那么谈到法律教育就不能不考虑"招生政策"以及"组织结构"。要了解法律教育的历史，我们还必须了解律师组织的作用和规范律师准入方面的政策。

杰克逊式的平等主义在美国内战时，成功消除了除获得律师资格以外所有的繁文缛节。无论是像英国那样要在一个组织严密的律师事务所当学徒，还是像欧洲大陆那样在大学里当学生，我们废除了任何需要花费数年时间进行律师培训的要求。当时，有组织的律师协会并不存在。也没有律师接受过多少培训，但律师们都倾向于在律师事务所进修……法学院最初作为律师事务所培训的一种补充而存在，后来又成为了其替代品（Stolz，1971）。

从内战结束后开始,法律教育和律师的录取逐渐失去这种民粹主义特征,向大学法学院过渡,并于1900年前后加快了转变速度。哈佛大学显赫的地位确保了这一运动符合哈佛的模式(我们稍后会进一步评论这种模式)。哈佛模式在当下的重要性在于,它最终成为一种信条:法律教育应该是三年制的、全日制的,而且应该在此之前先完成四年制的本科教育。尽管依然有很多法学院(有些甚至是函授学校)对生源毫无要求,就算有也不过是要求高中以上学历而已。由各州自己制定的律师资格要求通常对教育的程度和性质都没有做出规定。于是,法律教育的标准仍然大相径庭,新手律师的素质往往很差。

提高律师资格要求的压力来自许多方面,其中最重要的一个原因,是希望对卡内基协会委托的亚伯拉罕·弗莱克斯纳(Abraham Flexner)进行的医学教育调查结果的效仿。该调查于1910年发布,产生了戏剧般立竿见影的效果,将劣质的医学院校逐出门外,并将剩下的医学院校与大学捆绑在一起。医学院的数量从1899—1900年的160所下降到1929—1930年的76所,医学院学生的绝对数量有所增长,但在总学生数量中所占的比例却下降了。弗莱克斯纳报告的结果受到了律师代表们的称赞,他们认为这种做法值得被法律教育效仿。

美国律师协会始建于1878年,与代表州和县协会的美国医学会(American Medical Association)不同,无论过去还是现在都是主要由个体律师组成的组织。到了1900年,其成员仅占全国律师的1.3%;到了1920年,这个数字已发展到约9%。律师协会的领导人对弗莱克斯纳报告印象深刻。1913年,由法律教育家领导的美国律师协会法律教育委员会写信给卡内基协会的总裁,建议对法律教育进行类似于弗莱克斯纳的研究。卡内基接受了这一建议,并任命非律师出身的 A·Z·里德(A·Z·Reed)进行调查。

里德先生于1921年发表的报告,并没有成为另一份弗莱克斯纳报告。时至今日,他这篇优秀的作品仍然值得一读,其主要内容——法律教育史的部分——仍然被认为是极具权威的;然而他的建议并没有得到采纳。里德认为问题的关键在于,是通过强迫每个人进入哈佛毕业生模式(四年制大学加上三年全日制法律教育)来提高专业质量,还是通过建立律师的差异化培训来提高质量,例如通过公务员类的考试强制进行多项能力检查,据此让不同的成员接受不同领域的培训。(里德强烈建议只专门设置两种课程:一种适合兼职学校或夜校毕业生,另一种则适合更全面的哈佛模式毕业生。)这场冲突,是在有着拜占庭式复杂性的美国律师协会的政治对抗中解决的,身为法律教育领导者的"学界人士"和律师协会的"精英成员"希望(按照弗莱克斯纳报告的例子)将非全日制和夜校法学院赶尽杀绝,而这些边缘学校的代表及其身为律师考试官的合作伙伴,则迫切希望维持现状。

1893年,美国律师协会成立了第一个常设委员会,专门负责法律教育和招生工作,向任何有兴趣的人开放。至少在最初的几年里,这个部门基本上是由学界人士组成和控制的。在这一部门的倡议下(也是试图为实现自己的目标建立一个友好的支持者),美国法学院协会于1900年成立。从一开始,美国法学院协会就规定了会员的标准:会员学校只能录取拥有高中文凭并至少学习过两年法律课程的学生入校。1905年,这一要求被提高到三年。律师协会分会和律师协会之间一直存在着密切的关系,这种状态持续到1919年美国律师协会根据新宪法重组之时。从一开始,这两个组织的领导人就积极致力于提高法律教育和律师资格的标准,但它们在美国律师协会广大普通会员中遭遇失败。

1919年,在"忧郁和普遍的绝望"之中,宾夕法尼亚州的W.德雷珀·刘易斯(W. Draper Lewis)向美国律师协会提出了一项咄咄逼人的一步走策略,正是其中最终取得成功的那部分塑造了今天的法律教育。刘易斯和他的盟友们认为,美国律师协会完全可能被操纵,于是领导能力显得至关重要,而律师协会对法律教育的漠不关心可能反而不是什么坏事。他们促使美国律师协会在1920年的会议上通过了一项决议,成立了一个特别委员会专门研究法律教育问题,并在1921年的会议上做出报告。这一战略中最关键的要素在于选择一个合适的领导者。这一选择最终落在了前国务卿、美国律师协会前任主席、70多岁的老政治家伊莱休·鲁特身上。鲁特委员会(The Root Committee)提出了一个折中方案,并于1921年的美国律师协会会议顺利获得通过。(值得注意的是,这次很可能引起辩论的会议是在里德报告广为传阅之前举行的。然而,鲁特委员会当时已经获得了第一批报告的副本。)该折中方案的主要内容如下:

(1) 任何州的候选人在被录取为律师之前,应具备以下条件:

　　a. 从符合一定标准的法学院毕业。

　　b. 通过了公共当局的健康状况检查。

(2) 获得经认证的法学院为期三年的全日制法律教育,或者在更长的时间内接受过同等学时的非全日制学习。

（3）法律教育和律师资格认证理事会应认证哪些法学院符合适用标准，并应不定期公布符合和不符合标准的法学院名称。

里德提出的关于律师资格差异化的建议（除了在鲁特委员会内部）几乎没有得到任何支持。在辩论中，委员会暗示其建议与里德的建议一致，而实际上并非如此。当然，美国律师协会的决议也并没有法律效力。一段时间之后，又赶上了大萧条时期，各州才接受美国律师协会的要求。第二次世界大战开始时，除了少数几个州，几乎所有的州都要求两年的大学教育，加上三年的全日制法律教育或相当于三年非全日制的同等学历作为获得律师资格的先决条件。同时，律师资格考试几乎成为一项普遍要求。主要的例外是，一些州（主要是南方的州）给予州内某些法学院的毕业生"文凭特权"。基于学徒制的录取方式几乎绝迹。这一切昭示着美国律师协会说服各州的任务几乎胜利完成了。美国法学院协会的成员往往与获得美国律师协会批准的法学院保持一致，尽管他们在某种程度上更具有选择性。

就这样，法学院的组织、录取乃至法律教育本身才有了今天的规模。无关好恶，所有法学院都具有我们列出的结构特征。我国统一的法律教育与统一的法律职业准入标准有着千丝万缕的联系。争论孰因孰果毫无意义。在一个日益发展的国民社会中，法律教育的统一结构在律师之间形成了某种共同文化，这种文化无疑是律师行业的重要基础。然而我们认为，文化的保存不必拘泥于形式上的统一。美国律师协会在1921年奠定了一种至今仍决定着法律教育的模式。里德认为，法律教育不应该完全照搬哈佛模式；学界人士对此自然是不赞同的，也正是这些人成功地操纵了1921年的会议。

共同的结构与目标

现在,我们可以继续探讨法学院如何利用其共同的结构来达到我们所讨论的目标。大多数学校在第一年都有一个共同的课程,基本科目包括民事诉讼、合同、财产和侵权。在许多学校,人们发现在第一年的课程中加入行政法、宪法和刑法等一些公法科目是可取的。第一年的课程通常被称为"法律方法""法律概论"或"法律程序",目的是让初学的学生对法律和法律机构有一个概括性的认识。大多数学校还在第一年提供法律写作教学。通常来说,第一年的课程都是完全规定好的。

在学生与专职教师的比例不超过25∶1的学校,第一年大部分教学都是通过判例教学法进行的,在这种情况下,教师扮演着苏格拉底式的角色。世纪之交之前,哈佛大学的兰德尔(Langdell)提出的判例教学法包括了对上诉法院判决进行研究的内容。在苏格拉底式教学中,先由教师提出问题,再由全班或少数成员参与对话。尽管该习俗经常被打破,但它仍然是第一年法律教育的基本模式和特色方法。老师从不"讲"课,身为法学院老师,说教一直是个忌讳的字眼。

苏格拉底式教学法在一年级时的效果还算不错。在一些名校中,一年级班级的平均规模超过100人,若不是亲眼所见,那些受过良好教育的一年级学生的兴奋度和求知欲简直难以置信。一年级学生的学习曲线通常是陡峭的,以过去几年的数据来看,在全日制法学院的前几个月里,那些正在接受启蒙教育的学生的学习兴趣确实非同一般。相比之下,非全日制学校的学生通常年龄较大,对于第一年的学习也不怎么兴奋。通常,虽然他们第一年的课程几乎与国家和地方学校的课程完全相同,并减去了法律写作、法律和法律机构等"虚饰"的课程,但老师们采取的往往都是直接讲授的教学方法。这些学校更多强调对规则的认识,而不是像名校那样强调分析和方法。

以全国性和地区性的全日制大学法学院为单位,让一个来访者蒙着眼睛坐在其中任何一所学校一年级的侵权行为课上,几乎可以保证他分不清自己正处于哈佛、耶鲁、哥伦比亚、芝加哥、斯坦福等大学还是某偏远地区的学校。课堂对话的水平高低取决于学生和老师的素质,但除去这个因素,我们假设的这位蒙眼访客决然不可能在方圆千里的范围之内辨识出学校的确切位置。这正是美国法律教育第一年的优势而非劣势,律师们据此获得了共同的文化基础。地区差异对教学的影响并不大;无论一所法学院是否标榜自己是"全国性"的,都试图教给学生学说分析和方法,而不是特定辖区的法律。

从曼宁关于受过教育的一流律师的特质清单来看,学生在法学院的第一年至少在实质上应当掌握其中的第一项和第二项:分析能力和实质性的法律知识,并应当熟知第三项和第四项:律师基本工作技能和法律制度环境的实质性部分。总的来说,这种努力是比较成功的。

然而,我们开始听到关于第一年其他影响的严重和强烈的抱怨和批评。据说课堂气氛是充满敌意的,那些具有明显距离感的冷漠老师会在课堂上就对学生表现出敌意。作为一个非常聪明又善于言辞的群体,法学教授往往会忽视情感和内在层面的交流。在任何情况下,学生都可能遭受严重的自尊心丧失,甚至出现身份危机。此类案例中,苏格拉底式教学方法的目的都被解释为,是为了让学生适应"法律推理"或"像律师一样思考",意图使其结果合理化。然而,我们很难看出心理上的伤害和这些既定目标之间的关系,而且人们常常会觉得,背诵"像律师一样思考"已经变成了一种为正在发生的某些事情进行辩护的护身符,而非明确的教学计划。有些人会反驳说,像"自尊的丧失""身份危机""精神损害"这样的措辞也同样起到了护身符的作用。

除了对苏格拉底教学法的情感结果进行批评,我们现在还听到这样的说法:这种方法损害了学生的智力主动性和想象力。课堂讨论的范围完全由教师控制:他们的假设构成了讨论的框架;他们的疑问也被考虑在内。据称,学生习惯于在一个"给定"的框架内思考,而不是自主建构自己的框架。大多数教师会更多地同情对情感因素的批评,而不是对智力因素的批评。

除了这些顾虑,第一年对大多数学生来说仍然是一段令人兴奋的、十分艰难的、具有挑战性的、开阔眼界的经历。尽管学习曲线在第一学期之后可能停止了它的快速增长,但是第一年仍然被普遍认为是教学上的胜利。第一年的教学任务很抢手,任何教师中的佼佼者都倾向于教授第一年课程的现象可能并非偶然。正如我们所说,如果曼宁的六项素质中的前四项应该在第一年全部或部分传授,那么第二年和第三年的法律教育,除了进一步完善这些项目外,该如何实现其他内容,实现对整个非法律环境的认识和良好判断力?

对于第一年以后的课程我们必须非常谨慎地安排。过去十年,我们所称的"领头羊"学校大多都在第一年后放弃了僵化的课程。一般来说,他们的学生在二年级和三年级可以自由选择他们想学的课程。在法学院学习生涯的后半段,已经出现了一种向研讨会和其他形式小组教学靠拢的普遍趋势。此外,鼓励(甚至要求)书面作业的趋势同样明显。直到最近,这类工作通常采取学生编辑法律期刊的形式,也成就了少数幸运地参与过"法律评论"的学生在法学院的独特经历。根据一年级的成绩,那些有资格参与法律期刊项目的学生被挑选出来并加入一个精英机构,成为纯粹的精英教育范例,可能代表了对"最优秀"学生最好的教育形式。最近出现了一种趋势,即法律期刊通过为研讨会准备论文的方式,向那些没有通过普通方式取得参与资格的学生开放。在一些学校里,选拔学生不再以成绩为依据,而只是以提交的论文质量为依据。

另一个趋势是鼓励学科之间基础性的合作:法学与社会学、法学与精神病学、法学与商业、法学与几乎任何学科之间的合作。有时这涉及到两个学位,例如法学博士和法学硕士,或法学博士和政治学硕士。在这些课程中,学生既要学习法律课程,也要学习他感兴趣的其他专业领域的课程。

再一个新趋势是"诊所"项目的推进。这一项目在很大程度上要归功于福特基金会(Ford Foundation)资助的一个方案。该组织由美国法律教育专业责任理事会(Council on Legal Education for Professional Responsibility, Inc., CLEPR)的基金会拨款资助,曾是福特基金会法律教育领域的项目官员的威廉·平卡斯(William Pincus)领导并促进了项目的发展。到目前为止,刑事辩护办公室和与贫困有关的社区法律援助办公室是他们的主要舞台。我们将在第六章中对这一发展情况做更多的介绍。在这里,我们只需注意到,"诊所课程"的发展有助于填补法学院第二年和第三年的空白。

除了这些趋势的影响,大多数学生对第二年,特别是第三年的法律课程往往都会感觉到繁重、无聊。已经有很多学生发现,在第一年的时候看似一个班上有 75~100 人进行"苏格拉底"式的努力,而实际在最后两年里,这种努力呈现出一种致命的急转直下的态势。大多数课程都被当作入门课或调查课来对待,枯燥乏味的判例教学法仍在继续。(必要的分析技巧在第一年或第一年之后不久就已经被学生掌握了,而苏格拉底教学法又是一种极其低效的信息传递方式,所以有些老师在过去两年里根本不知道自己教了些什么。)税务、信托、公司等知识的教学统统通过看起来别无二致的方式进行。大多数学校都没有提供专门化或深入学习的机会。没有一个法学院的教师能在第二年和第三年的教学改革中成功地消除单调乏味的教学气氛。不管这些努力有多么巧妙,学生们仍然认为,过去两年的法律教育还有很多不足之处(即便不是大多数学生的共识,至少也可能是许多法律教师私下的看法)。显而易见的事实是,第一年(有时甚至是第一年之后)的大班教学往往是一片学术的荒原。学生在这片荒原上不仅喝不到水,甚至不能被成功引导到水源处。

尽管如此,他们的教学表现(尤其是第一年)仍然是法律教师的最大优点。然而我们必须承认,他们的研究成果相当之少。截至目前,法律写作一直趋向于以理论研究为主,而且主要依靠法律图书馆进行研究。就法律教师的著作而言,这些书往往是关于学说主题的专著(通常是多卷本)。他们发表在 80 余种法律期刊上的文章,通常是纯粹从理论和分析的角度对一般性法律问题的论述。造成论文出现这种高度集中又无建设性的原因是多方面的,这既与法学院的财政结构有关,也与法学院作为专业学院和研究生院的双重性质有关。我们将在第六章和第七章详细讨论这些问题。

不过,目前这方面的情况也在不断发酵。大多数法律教师把教学功能放在首位的情况正在开始改变。许多人主要受到行为科学的影响,试图走出图书馆对法律的实际运作进行实证研究。这种趋势与人们对法律和某个领域的兴趣发展是相辅相成的。一个人可以用任何诸如经济学、社会学、心理学的行为科学来填补上面的空白,或者至少这些被认为是他们理解自己感兴趣领域的关键。许多人被他们认为是行为科学的严谨性所吸引,试图将其与城市法、济贫法、惩戒法和(最近的)环境法等新兴专业结合起来。还有一些人,可能因为他们认为行为科学倾向于为琐碎的问题寻求严格的解决方案而将其"拒之门外",把法律视为一门人文学科,倾向于把兴趣转向历史和哲学等领域,通过这些领域更好地洞察法律的作用。如果用"群体"这个词来形容的话,这群人文主义者可能只代表了严肃的法律学者中的少数。

无论他们偏向于科学主义还是人文主义,多数严肃的法律学者已经放弃了撰写专著、编写教材(法律学者一种常见的创作形式)以及在法律期刊中撰写理论文章。为了取代这些创作形式,学者们开始转向诸多法学院因缺乏研究支持而几乎完全没有准备好的实证研究和人文研究。

纵观这些问题,我们发现学生们常常不确定成为一名专业人士究竟意味着什么,而当他们发现真相时往往会感到失望。认为律师是被雇佣的人和认为学生进法学院是为了得到社会改革入场券的观点之间存在着冲突。当然,这两种观点都有一点虚浮,

第三章 法律教育问题简述

但各自反映的现实情况也都足以引起冲突。学生们往往会发现老师对法学院的办学目的明显地含糊其词,顾左右而言他。

法律教师经常对法律教育及其由于律师资格要求、专业组织和法学院的相互作用而被迫采取的形式感到困惑。他们不清楚法律教育的第二年和第三年的目标,常常在治学方面感到沮丧,对自己的专业和学术角色感到迷茫。越来越失望和不耐烦的学生与越来越沮丧和困惑的教师互动,得到的是七拼八凑的专业教育和对自己作为专业人士的矛盾看法。

虽然有关隐忧的想法不是这项研究的中心,但随着我们的进步,找出思想病灶的话题避无可避。我们的总体建议不仅是对这一弊病的主要回应,而且是对我们认知中的当前时代的核心思想和学术弊病的回应。[1] 我们认为,世俗化是当代法律教育思想隐忧的主要原因。在接下来的段落中,我们将首先尝试给世俗化下个定义。[2] 然后,我们将试图解释为什么世俗化在法律本身思想史上的这一确切时刻会成为一个令人困扰的问题。

在过去的200年里,法律经历了这样一个过程:它不再被视为神圣的谜团,而被视为一门科学。这个过程最初由威廉·布莱克斯通爵士(William Blackstone)引领,他在18世纪启蒙运动时期出版的《评论》是英国学者第一部以理性主义为标志的法律著作。随后的19世纪下半叶,担任哈佛法学院院长的C.C.兰德尔在确立法律是一门归纳性科学的观点方面产生了巨大的影响,他认为法律是一门只有能从已决案件中提取原则的学者才能研究的归纳性

---

[1] 详细说明,请参阅第6章。
[2] 这个解释很大程度上借鉴了伍达德(Woodard)(1968)的观点。这篇重要的文章作为附录B再版。

科学。在1870—1920年的半个世纪里,法律开始被视为一门学科。在接下来的20年里,对兰德尔法则的反抗浪潮主要来自我们现在称为法律现实主义者的那些人。他们取得了两个成就,一个是消极成就,另一个是积极成就。他们推翻了兰德尔判例教学法的大部分内容,表明法律主要不是一套原则,而在很大程度上是对决策者行为的预测。他们试图通过将法律转化为一项与行为科学相结合的技术研究,让法律变得更有用。当然,以上所述的很多内容都被过度简化了。但今天生活在一个后法律现实主义世界里的我们,正试图将法律现实主义者的教训进一步发扬光大。

法律现实主义者所揭示的困境可以用几种不同的方式来说明。我们更愿意将其表述为这样的问题:当一门非科学的研究不以科学知识为基础,如何能被视为一门技术?或者说,如果说法律是一门技术,那么法律是否仅仅是一套没有任何目标的技术手段?今天法律教育的定位正介于现实主义者所认为的社会工程和对社会政策尚未确定的关注之间。

有人问,社会政策的目的是什么?如今,学生们在人们对法律制度和法律程序不但充斥着不足而且建立在错误的前提下的这种批评声中进入法学院学习。人们对法律制度和程序的普遍抗议描绘了一幅比现实更为严重的不公正盛行的画面。来自右翼和左翼的攻击从社会目标的角度界定了这些不公正。这些攻击不可避免地对法学院的学生和教职人员造成了伤害,他们被教导要么将法律视为独立于教学目标之外的东西,要么就服从于被社会广泛认同的那些隐性目标。在社会政策上缺乏共识导致了我们所说的"隐忧"。在目前这样一个充满压力的时代,隐忧或许是不可避免的。但是我们认为,它们中的一部分实为一种误读。许多学术界的律师为我们社会问题的攻坚战做出了英勇的贡献。学生们往往看不到这些贡献,反而强调课堂上讨论的很多东西都是无关紧要的。这样一来,他们确实是法律现实主义者的继承者;他们要么知道法律的目标是什么,要么希望被告知法律的目的是什么。在这两种情况下,他们关心的都是"如何",而不是"为什么"。关于"目标"的教条性陈述不可避免地曲解了许多处于不同抽象层次上的方法和目标之间的关系。我们断言,法律不是一门科学,而是一门艺术,一门手艺。

我们同意伍达德教授的观点,即法律的更高目标是正义,而这一目标从未真正实现过。我们假定他也同意我们的看法,即把正义作为目标太过抽象,无法真正发挥任何作用。他确实提出了一个有用的说法,即法学院的课程可以而且应该从三个方面促进对正义的关注:

> 第一,通过服务于个人的需要("实践方面");第二,处理过于复杂或过于深远的问题,而不能以零敲碎打的方式解决("整体方面");第三,鼓励对法律的性质和作用进行各种形式的推测("哲学或理论方面")(Woodard, 1968)。

迄今为止,法学院的课程主要集中在伍达德所说的"实践方面"。我们认为,无论是在课程中还是在法律学术方面,都需要更多地关注"整体方面"。现在是法律教育工作者对法律施以更多关注和更广泛、更富哲理的探究之时了。

第四章　诊所教育:法律判例教学

在前几章中,我们已经概述了法律职业的现状和未来可能的发展。第三章主要介绍了法律教育发展的现状,以及我们对法律教育发展过程的简要描述。我们眼下亟需思考法律教育的新发展、法律教育的价值及其前景。虽然法律教育的结构保持不变,但在这一结构内的法律教育却在不断变化。尽管老师和学生们可能不理解这种不适感的本质,但在"不用尝就知道鸡蛋烂了"的前提下,师生们迅速提出了解决方案。作为对这些不满的回应,近来出现了大量关于法律教育的根本性、全局性变革以及课程改革和方法改革的讨论。对基本上已经被人们误解的问题提出看似具有启示式的解决方案,很难让人充满希望。针对那些被误解的问题,容易得到答案的主要场域在于:法律专业学生应该在实践中学习,应该走出枯燥乏味的课堂,进入正常运转的法律制度的活跃氛围中去。这便是老生常谈的"诊所教育"。

有三个原因有助于解释目前诊所教育的流行。首先,绝不仅限于法学院,所有教育都应当更加"切合"预期的社会需要,并且有助于为穷人和社会中没有代言人的群体提供更好的法律服务。其次,诊所教育是一种独立的活动,本质上是从法学院中脱离出来的,直到现在都基本上是课外活动。因此,可以在课程中增加一些小规模的法律诊所课程,这并不需要对法学院的生活进行根本改变,更重要的是不需要对大多数教师的生活进行根本性改变。第三个原因是法律职业责任教育委员会的存在,这是一个由福特基金会资助的慈善组织。法律职业责任教育委员会一直在为法学院实验性的临床教育项目提供小额资助,该委员会的补助金通常只持续半年到一年,因此不会为任何正在进行的项目提供永久性资助。尽管如此,由于这种资助和宣传组织的存在,再加上学生的兴趣,至少已经足够让他们迈出一小步,甚至还可能迈出一大步。通过这个渠道,美国法学院的不满和不安情绪所产生的负能量得到了释放。正如一位观察家所言,"学术背景下的法律诊所培训融入美国高等教育是时代的要求……"[1]法律诊所教育正在小范围内进行。对我们来说,问题仍然是:"这是法律教育的最佳方向吗?"

诊所教育指的是在实践中学习:通过让法律专业的学生实际地履行律师的职责来进行教学。正如我们所描述的那样,传统的法律教育:(1)在规模相对较大的课堂,采用老师提问和学生回答的苏格拉底式方法分析"案例"(通常是上诉法院的意见);(2)研讨会的主题使用了多种材料且与在大课堂上讨论的主题相去甚远;(3)主要内容集中于法律评论或为法律评论而进行的独立研究。我们将在下一章中更多地讨论法学院课程的一些其他的新方向。传统上,除了上面提到的分类之外,任何内容都必须是课外的。

---

[1] 基奇(Kitch)的《诊所教育》(1969年)。这本书是由芝加哥大学法学院和法律职业责任教育委员会合著的论文撰写的,对诊所教育中的问题有一个很好的概述。

正是在这样的背景下,我们必须对诊所教育及其主张进行审视。

积极的参与是诊所教育的基础。现在作为一名律师要承担的任务可谓五花八门,随着越来越多项目的发展,诊所教育的定义陷入了"律师的任务"这一词组中固有的模棱两可之中。诊所教育的广义定义是指在法学院正式课程结构之外的参与或观察。从这个意义上说,这个术语包括对一些法律或社会机构(例如监狱、医院、法院或行政机构)偶然的观察或者是系统的观察,以及对这些机构中某一角色的参与,还包括模拟某种法律角色(面谈、谈判等)。有些人,比如法律职业责任教育委员会的官员,坚持认为只有律师与当事人关系中的现实生活要素才是真正意义上的诊所教育要素。"诊所教育的要义是专业人员为需要其专业技能的人提供专业服务。它是在教师的指导下,以学生的身份进行的专业实践"(Pincus,1970)。根据这一定义,只有当学生为需要法律服务的当事人执行某种真正的专业任务时,课堂外的教学才属于诊所教育的范畴。

无论定义如何,"诊所"这个词本来就是对医学教育的一种类比。然而这个类比并不特别恰当,因为法律上没有类似于医院的东西,因此也没有类似于教学医院的类比。在法律秩序中,即使是在教学医院和诊所的有限范围内,也没有任何机构能够提供所有服务。仅此事实就削弱了诊所概念在法律中的吸引力。

大体上可以遵循三个方向来评价诊所教育:首先是参与性,即学生接触到的经验的程度;其次是监督性,即学生在多大程度上受到负责人的监督;第三是学术整合性,即该经验与学生课程其他方面的融合程度。在一种极端情况下,参与性可能是固定的。而在另一种极端情况下,可能每周只有几个小时的参与。监督可能是非常不稳定的,也可能是非常具有目的性的。学术上的融合可能非常紧密,比如当这种体验与正在进行的课程联系在一起时;也可能是非常松散的,比如当学生被告知他必须以某种方式将这种体验与其他教育内容结合在一起时,或许他能据此完成一篇《我是如何在一个贫困的办公室度过我的夏天》的论文。

诊所教育运动所追求的目标是多样化的,并不总是相辅相成的。通过广泛的参与、监督和学术整合,诊所法律项目可以追求的目标高度多元化。为了回答诊所教育是否应该成为法律教育的主导形式这一问题,我们认为必须首先回答以下问题:(1)它是否增加了法律服务的供给?(2)它是否对法学院的其他课程有实质性的投入?(3)它是否提高或增加了学生的技能?(4)它是否增加了学生对社会的体验和了解?(5)它是否增加了学生的职业责任感?(6)如果前5个问题中的任何一个答案是肯定的,那么诊所教育与其他形式的法律教育相比,其成本如何?

提供法律服务

"有一天,我们坐在一起讨论法律服务和法律教育的整个问题,以及它们之间是否有联系,或者说应该有联系……在这里,我们尤其应当将法学院与提供法律服务和法律援助结合起来。"[1] 法律职业责任教育委员会的主席威廉·平卡斯在这里谈到了法律职业责任教育委员会的前身——法律诊所委员会的成立,所以很显然,提供法律服务是现代诊所教育运动早期的一个基本目

---

[1] 作者档案中未公开采访威廉·平卡斯的笔录。

标。这个目标一直延续到今天。美国律师协会的学生执业示范规则的序言包括这样的声明:"作为向代表着无力支付此类服务的客户的律师们提供帮助的手段之一……通过以下规则。"[1] 显然,学生代表了一个巨大的、未开发的法律服务潜力库,可以为我们的法律服务危机做出重大贡献。当然,学生们有大量的时间和精力投入这个领域,他们中的很多人都有这样做的强烈愿望,而且他们中的大多数人都具备一定的法律知识和专业知识。但问题是,诊所教育是否能成功地将这种资源从潜在的状态转化为主动的状态。

在法律服务问题上,参与的轴心似乎极为重要:当学生不受课程正常要求的干扰进行全职工作时,他们的价值要远远大于被课程、考试、假期等事情打断而只能兼职时的价值。监督的轴心也很重要:当学生基本上无人监管时简直是一场灾难,他们只会提供劣质的服务(当学生有正常课程的干扰时,这种劣质还会被放大)。另一方面,烦琐的督导工作也会占用督导者的时间,督导者经常发现那些过分的要求降低了他接待客户的效率。学生的存在除了可能给督导者在职务晋升过程中带来或多或少的压力外,他们本身是否等同于法律服务的经济来源仍然是一个很大的问题。除了坊间传闻外,没有任何研究能证明法学院的学生能够成为这样的经济来源。

将教育投入回馈到法学院的其他课程中

法律教育的第二个目标几乎没有什么问题。诊所教育课程

---

[1] 引用《诊所教育》……(1969 年,第 15 页)。

似乎以极大提高学生学习兴趣和积极性的形式为法学院提供了包括传统课程在内的巨大教育投入。1970年11月,这个议题在南加州大学举行的课程改革与诊所教育研究所会议中一次又一次地得到了重申。"我们从回来的学生身上能看到明显的进步"。正如耶鲁大学的戈德斯坦院长所言:"在我看来,过去的诊所教育最有效的作用,就是让那些被以各种方式拒之门外的学生接受教育,并为他们将一些非常抽象的东西具体化。对于他们中的许多人来说,这使他们能够以一种非常非常有效的方式回到学术实践当中。"[1]

虽然这可能不是诊所教育的主要目标之一,但无疑是主要的好处之一。无论是学生短暂地参与或完全地参与诊所教育,也无论其是否与课堂融合,这种现象几乎在我们所说的三条轴线上的任何一个环节都会经常出现。当然,各方的反应并不一致。良好的效果虽然显然是诊所教育带来的好处,但其本身很难自主证明诊所教育的合理性。相反,我们应该首先以批判的眼光来看待课程中一个明显需要注入动力的缺陷。威廉·平卡斯(1970)在为大学专业诊所教育辩护时指出:

> 教育工作者往往忽视了在校园里如此之多的限制对人格的腐蚀作用。学生的角色是被动的。他不是商品、服务甚至思想的生产者,而是一个消费者,从这个意义上说,他与世界其他地方是隔绝的。他长大成人后仍然受到尤其来自大

---

[1] 作者档案中未发表的与亚伯拉罕·S.戈德斯坦(Abraham S. Goldstein)的会议记录。

学和教职人员各种来源的各种灌输,除了他的同学,他也接触不到多少人。学生最多只是偶尔有机会成为某个经验领域的观察者。他无法找到任何属于他的独特东西作为对这个世界的贡献,会越来越强烈地感到成就感的缺乏。学生性格中最基本的一部分在成长过程中恰恰是迟钝的——但也正是这部分使我们在生活中至少有一种小小的安全感,而这种安全感来自这样一种认识,即我们可以在大千世界中为他人做一些有意义的事情。

显然,诊所教育是解决这个症状的一剂良方。经过多年的学习,学生发现"诊所经验"如同一股清新的空气,让他可以暂时回归教室和图书馆,再次发现他研究的意义和兴奋点。传统教育体系的激励性投入无疑是诊所教育宝贵的"副作用"。

技能培训

在诊所教育中,技能培训常被认为是核心问题。"如果法学院不教学生如何成为律师,你怎么能叫它法学院呢?"对于律师事务所来说,法学院以向他们输送一群不懂法律的年轻人而臭名昭著。如今的法律教育很少强调"实践"技能的培养,只提供阅读方面的培训;偶尔写点东西,偶尔说说话。而通过诊所教育可以获得的额外技能包括:客户面谈和咨询、案件事实收集和筛选、具体问题的法学研究、替代策略的决策、谈判、具体案件道德准则的应用、法庭上的辩护、"包装"业务安排或社区发展项目等等。在诊所教育中,这些技能被认为是在真实环境下通过实践获得的真实技能。大多数课程要么由经验丰富的律师或教师监督,要么对可能遇到的问题进行预先准备和指导。

然而不幸的是,"完成那些对技能有一定要求的任务并不等于掌握了这些技能。从经验中能学到好的习惯同样也能学到坏习惯"(《诊所教育》,1969年,第13页)。事实上,与模拟教学相比,真实生活的压力似乎会导致学习状况变得更糟糕。密切监督是技能培训真正必要的条件。不过,尽管它是成功的必要条件,却不意味着是成功的必然保障,曾经尝试过"传授"技能的人都可以证明。

传统上,技能训练并不是法学院课程的重点。法学院主要的重点是培养学生各种心理素质,即"像律师一样思考",为学生的执业打下良好的专业技能基础。如果我们想把技能训练作为法学院教育的重要组成部分(这是一个备受争议的问题),诊所教育不但不是唯一的途径,甚至可能不是最有效的途径。目前在课程和方法上进行诸如模拟教学之类的变化,可能也能起到同样的效果。

对社会的经验和理解

"模糊的目标"指的是这样一个事实:法律专业的学生往往来自狭隘的中产阶级,要了解法律、社会制度和贫困问题,他们需要对贫困的真实含义和意义有一些实实在在的经验。这意味着,如果没有亲身经历过"第一手经验",学生就无法获得真正的知识。然而,接触带来的经验是否可以被真正理解抑或只是激发了一些强烈的感受,并不容易确定。我们在诊所教育支持者的言辞中发现了一股强烈的救世主意味,这种救世色彩不仅关乎诊所教育,还关乎这种教育方式在处理国家所面临的最紧迫问题方面体现出的有效性。如果有人认为诊所教育的贡献充其量也只能算是微不足道的,他们或许希望找机会饶有兴致地与那些通过参与诊所教育而对穷人问题产生情感敏感度的学生讨论一些改变社会结构性特征的手段以及结论等问题。在某种层面上,这是对尚未正面回应过的法律教育支持者们发出的辩论请求。如果缺乏这种思想上的严谨性,我们怀疑通过诊所教育经历变得敏感化的那些学生是否能保证他们在一些深层问题上"经受住考验"。我们认为,由于我们的天性和所培养的人在法律教育中对知识性非常的重视,如果不采取措施确保获取经验的同时还能达成积累知识的目标,诊所教育的本身便是不完整的。

职业责任的发展

这项诊所教育最后一类的目标再次将我们带入当代法律教育问题的中心。正如我们所指出的,在实践、学习的过程中,坏习惯和好习惯一样容易养成,而在培养职业责任的场合似乎也是如此。

在这一方面,有两类学生需要特别注意。首先,许多学生多年来一直认为高等教育是"人往高处走"的驱动力,他们仅仅是将法学院和法律职业看作向物质意义上的"成功"又迈进一步的跳板。他们从来没有被迫考虑过这个行业所蕴含的服务性成分。这也不是什么新鲜事,多年以来,这种态度也是律师职业声名狼藉的原因之一。其次,那些积极分子式的学生往往在本科时就对各种各样的改革感到失望,其后他们来到法学院本质上是为了成为"一流公民",拿到成为社会改革家的入场券。一种越来越危险的现象是,这些连客户都没有的学生硬是把自己想象成了律师。而偏偏许多人认为诊所教育是一种让这两种类型的学生乃至其他任何类型的学生从思想上了解职业责任最基本意义的途径。

例如,美国法律教育专业责任理事会也许正是由于这个原因才坚持对诊所教育采取狭义定义,要求将律师与当事人的关系纳入其中。

> 在面对那些让世界上每个人都感到头痛的问题时,诊所教育将教育过程变得人性化。它告诉我们,尽管专业人士的智慧可以驾驭更宏大的问题,并将个人困境置于更大的视域之中,但专业人士的奉献精神和技能并非用于解决那些重大问题,而必须用于解决个人问题。学生通过对自己另一个人格的不断要求,意识到对自己的私人倾向进行约束的必要性:找出超越自己固有倾向的恰当方法,抑制那种将答案强加于他人的傲慢(Pincus, 1970)。

虽然同意这一观点,但我们也认为,除了简单的律师与当事人的关系之外,更广泛地应用"诊所"的概念也可以达到上述目的,例如进行立法实习。在立法部门实习的学生可以扮演各种不同的角色。有时他们可以担任立法委员的私人助理,协助他处理日常事务、研究、评估等。有时他们可以协助委员会或其成员的工作,经常和同学们一起工作,起草法律草案。

我们认为，与其他目标相比，培养职业责任感是当代法律教育的必要条件。然而，诊所教育能否达到这一目标还远远不能确定。诊所教育项目的不确定性和稀缺性——尤其是在监督方面——使我们无法实现这一目标。尽管我们持怀疑态度，但在这个问题上也持有开放的态度。

在另一个问题上我们也不愿妥协。鉴于许多诊所教育项目都涉及为贫困客户提供服务，我们对某些客观事实的印象并不好：此类案件往往涉及大量重复的、无需太多智慧进行处理的工作，而且很少有法律专业的学生能够从中获得承诺的专业责任感。

成本

如果得到适当的监督，诊所教育的成本要高于"传统"法律教育，其主要原因在于通常情况下诊所教育环境中的老师指导的学生数目较课堂上的学生更少。正如一位批评家（《诊所教育》，1969年，第21页）所言：

> 这里的核心困境在于，监督是诊所教育区别于实践经验的一种特质。但是，如果要有良好的教育监督，就必须付出高昂的代价。首先，监督的比例必须更小一些。如果一个老师在课堂上可以教导60个以上的学生，那么20个学生似乎是一个诊所教育老师督导的上限。其次，诊所教育老师享受不到那些吸引法律教师投身学术生活的许多非金钱利益。在实践中，诊所教育的教授将承担着为客户提供服务的责

第四章 诊所教育:法律判例教学

任。他必须在客户的问题上投入执业者持续的情感和智力能量。此外,他还将承担起教师的特殊责任:将自己的经验转化为对参与项目的学生有益的经验。如果项目为满足各种案例的需要而包含了持续服务的内容,那么长假很可能等同于天方夜谭。在这个项目中,他每天都会被要求执行高难度的法律任务,而这些任务在实践中往往会得到很大的回报。

综上所述,鉴于高昂的成本,我们对诊所教育的相对价值持怀疑态度。我们的担忧集中在这一命题上:我们怀疑诊所教育是否像许多支持它的人所宣称的那样是一种解决方案,或者它是否应该成为未来法律教育的主导趋势。我们还担心,诊所教育的反智倾向对学生和一些不惜任何代价追求"相关性"的老师产生诱惑力。诊所教育不是未来法律教育的试验品。虽然我们认为诊所教育在整体法律教育中可以发挥有益的作用,但它的作用并不是唯一的。我们更倾向于认为改进的路径应当是,对包括诊所教育在内的很多项目进行适度的尝试。我们将在下一章中对其他一些观点进行探讨。

第五章　多元化的新方向：卡林顿报告述评

近50年来，一篇向美国法学院协会提交的题为《法律公共职业培训：1971年》(Training for the Public profession of the Law: 1971)的报告(即《卡林顿报告》)是对法律教育研究最重要的贡献之一。该报告发表于1971年9月7日。因为该报告在法律教育领域中的重要性，也因为其为检视我们自己的观点提供了一个极好的工具，我们在此对其进行详细地研究。该报告是美国法学院协会下属一个委员会的工作报告，该委员会由多位多年来对法律专业和法律教育问题感兴趣的法律学者组成，密歇根大学法学院的保罗·卡林顿教授是该委员会的主席，也是设计和起草报告的主要人物。

该报告包括一个示范课程公告及其基本原理和一套教学大纲。报告中明确指出，示范模式并不是为任何法学院全面采用而设计的。人们推断采用这种教学手段一般出于三个原因，包括一个显性原因和两个隐性原因。显性原因在于，给出示范的详细内容是为了对报告的结论进行说明并促进对报告重点的讨论。隐性原因之一在于，这份报告是美国法学院协会设立的课程委员会的产物。该协会是一个由几乎所有法学院组成的组织，其成员学校在办学质量和教育志向方面有着很大的差异。与许多委员会一样,该协会由众多来自名校的教师组成,是唯一可供学术律师使用的论坛,并且它不像美国历史协会(American Historical Association)、美国政治科学协会(American Political Science Association)和美国社会学协会(American Sociological Association)那样是由个人学者组成的协会,因此其赞助给这份报告的通过带来了相当大的阻碍。在该协会的会议上,每个成员学校都有一票否决权。而隐性原因之二在于,这种形式与学术律师的思维习惯相吻合。具体提案的出现比其他非法律学科的学者认为适合的那种笼统、抽象的报告更能吸引他们。

本报告以对一般性目标的说明开始,具体内容如下:

1. 法律教育应提供与公众对法律服务的各种需求以及与广大学生的不同抱负相一致的培训。

2. 为了实现这一目标,每个成员学校都需要重新审视自己的课程及其中每一个教学单元,以确定为实现这些不同的教育目标所付出的人力和财力成本是否完全合理。

3. 每所成员学校都应考虑自己的教学内容应当在何种程度上与以下不同目标有所关联:

(a) 培养一般的执业律师;

(b) 培训希望在特定执业领域掌握特别技能的律师;

(c) 培养能够进行跨学科研究的学者;

(d) 培养从事法律服务的专业人员;

(e) 为受求知欲、职业目标的不确定性或其他学科的职业目标驱使的学生提供法律方面的培训。

只要每一项都被认为是某一学校的特定目标,其课程设置就应连贯地与这些目标相联系。

4. 在追求这些目标时,学校不应受到与其职能无关的那些公众认知的限制。具体而言,学校不应受下列传统约束:

(a) 所有的毕业生必须培养成全能型人才;

(b) 所有的学校必须追求相同的总体目标;

(c) 大多数课程或教学单元必须以理论为核心,并具有训练学生"像律师一样思考"的一般功能;

(d) 所有学生必须接受长期的本科训练;

(e) 学生如果不在法学院学习三年,不能获得法律专业的第一学士学位。

5. 为了鼓励此类检视,并促进成员学校的多元化,协会应重新审查协会的现有标准,以衡量这些标准在多大程度上妨碍了学校对公众和学生提供更好的服务。

这些一般性结论与本研究报告迄今为止所阐述的内容是一致的。随着对《示范课程》的深入研究,我们面临的问题将是:《卡林顿报告》作者的工作究竟在多大程度上与我们认为法学院世界正在发生的事情(或者说我们的预期)相符。我们认为,这些普遍结论充分代表了当今许多法律教育工作者的观点。在今后几个月和几年内,人们对示范课程的细节能够达成多少共识还有待观察。[1] 从某种意义上说这并不那么重要,重要的是报告

---

[1] 在详细讨论这些范例之前,应该注意到构架方面的一个主要困难。范例的前面是解释性的注释,后面是理论基础的陈述。我们也不清楚是什么原因导致报告作者采用如此这般可能给理解带来巨大障碍的陈述结构。在下文中,我们将初步评论和理由说明与针对每一门示范课程的讨论结合起来,同时将标明初步意见的页码、范本的说明性文字和理由。

能否在法律教育界人士中获得普遍支持。

第一种模式是作者所说的"标准课程"。[1] 它的目的是取代目前大多数法学院普遍采用的作为培养"律师通才"的课程。第一年的课程完全固定的,除了一些重新"贴标签"的个例之外,这些课程与今天许多法学院所教的课程相差无几。如果作者不是简单地进行标签的改变,而是明确地指出那些内容与当前现状之间的差异就再好不过了。一个明显的变化体现在第一年的法律辩护课程,这个为期一个学期的课程结合了许多旧有的民事诉讼程序课程和侵权行为基础课程的内容。"还注意到对抗性程序的社会效用和通过私人或社会保险进行索赔管理的其他替代性方法之间的比较,这些方法的发展是为了赔偿一些本应由对抗性诉讼处理的损失"。

目前,民事诉讼法和侵权行为课程中的许多内容无疑会因为教学重心的转移而被遗弃,这听起来不仅仅是对旧教材的重新洗牌。很多旧有的学习内容能够不被改革牺牲实在令人怀疑,不过我们还是迫切希望看到有人能够按照我们建议的思路进行尝试,牺牲那些实质性的知识来实现对该领域风险分配视野的拓宽。我们甚至怀疑苏格拉底式的方法在教授风险分配和程序相关问题时的系统化方法是否非常有用。一些法学教授展现出对努力改变自己教学方法的意愿可能表明新的尝试不无可能。对于"成功"是否可能的问题,少数学校的实验只能提供有限的答案。鉴于法律教师的多样性以及他们的能力和背景各不相同,我们认为这种努力很可能成为"示范课程"的典型。其细节的设计解放个

---

[1] 原书页数第 8—11 页,第 16—23 页,第 37—50 页。

别法律教师,并让他们重新审视自己的方法。

第一年的课程旨在协助通才教育。我们认为由于可能采取的方法五花八门,对示范课程这一方面进行的试验不大可能在短时间内形成统一。相反,对这一标准课程的某些方面进行实验,很可能会使课程比现在更加多样化。法学院的学生会因此失去他们今天所拥有的共同文化基础吗?我们对此表示怀疑,因为至少在新一代教师更新换代之前,法律教师队伍可能仍将由那些具有相同文化基础的人组成。即使第一年课程内容的共同性被侵蚀,我们也不认为更复杂的多样性会对法学院学生共同的文化基础产生什么实质性的影响。

我们同意《卡林顿报告》作者的看法,第一年的课程目标确实需要一个新气象。和他们一样,我们相信,表面上的改变或重新"贴标签"是远远不够的,对第一年的目标进行调整势在必行。正如我们之前所强调的,第一年是学生形成法律观念的时期,因而至关重要。该报告的最大优点是更多地强调了那些可能被视为宏观问题而不是微观问题的学说。示范课程的任何变化都会引起老师和学生对这些宏观问题的关注。这种重点的改变是否能够在不牺牲第一年法律分析训练的前提下进行,不失为一个好问题。我们并没有看到答案,但依然希望一些学校能为此做出努力。

一年级后的课程分为密集式和广泛式两个类型。密集式教学是针对人数有限的小班教学,对相对狭窄的题目进行相当详细的教学。广泛式教学则是通过讲座或某种视听方法,根据教学大纲讲授的题目要求学生接受对自己知识掌握情况的考试。从这两类教学的题目清单中,我们几乎没有看到用来划分密集式教学和广泛式教学区别的标准。按照我们对这一分类的解释,密集式

第五章 多元化的新方向:卡林顿报告述评

教学基本上遵循研讨会的模式,而广泛式教学则涉及到大组教学。

在关于强化教学的讨论中,报告的作者对诊所教育提出了一些意见(第41—42页),他们的批评主要集中在美国法律教育专业责任理事会所主张的狭义定义上(见第4章),这本身也是《卡林顿报告》引起许多争议的原因,而且在我们看来,这个特点正在被用来作为攻击该报告的靶子:报告建议在两年的学习时间内获得基础专业学位。不过,我们把它称为"两年制建议"实在是有点过于简单化了。事实上,报告并没有明确指出法律教育应该花费多少时间。考虑到学位的要求,作者断言"一些学生将能在两年内完成标准课程,而大多数学生则将在三年内完成。"(第44页)。为了支持缩短法律教育所需的时间,作者指出需要更多地提供法律服务,并减少目前对服务时间的要求。他们还指出,将更多的职业教育负担放在取得学位后的培训中是可取的,并对获取信息是法律教育的主要价值这一假设进行了否定。他们认为目前法律教育对案例法的依赖是一种"对于通才来说毫无价值的、挖空心思抠细节式的阐述"。最后,他们驳斥了关于"三年制是维持专业收入水平的必要条件"这一观点。我们将在第八章讨论两年制专业学位的问题。

下一个主要建议和高级课程有关,[1]这既是一种可以维持运作的模式,也是将法学院部分资源投入法学博士后专业培训的基础。作为一种持续控制模式,高级课程为学生提供了一种对现行律师协会随波逐流规定出的那些服务要求进行满足的途径。

---

[1] 原书页数第11—13页,第24—26页,第51—55页。

示范模式包括与美国法学院协会现行标准背道而驰的律师资格审查课程。与作者一样,我们认为法学院没有理由考虑向学生提供这些显然有损其尊严的服务。

不应再把非全日制学生的教育视为是与法学院校风相悖的存在。我们支持报告所持的学位后培训的立场。许多法学院已经开设了各种各样的学院、暑期课程等等,我们认为这些额外的步骤完全符合法学院和法律职业的最佳利益。我们与报告的作者一起总结如下:

> 法学院颁发出的证书应该足以加强人们对专业成就的认识,但又不要过于浮夸,以免它成为某种"证书竞赛"的牺牲品。法学院不需要通过自诩为公共许可机构来证明其作为法律专业守护人这一毫无根据的身份。但是也不意味着我们有理由认为,法学院的专家考试不能与认证制度共存。

报告中的另一项建议是开放课程,其中一项内容是为本科生开设法律课程。我们将在第六章中讨论这个问题。开放课程的另一个特点是思考准专业职业的出现,报告称之为"专职"(Allied Professions)[1],也是我们在第二章已经讨论过的内容。这一议题已经引起了不少主要争议,这些反对意见集中来自于某些少数族裔代表,他们认为设置联合专业将诱使少数族裔学生成为二等公民。如作者所述:

---

[1] 原书页数第 14—15 页,第 31—34 页,第 62—68 页。

第五章 多元化的新方向:卡林顿报告述评

第二和第三种反应来自妇女和少数族裔成员,他们很快就把拟议的方案看作一种几乎不加掩饰的"跟踪"系统,将使黑人、奇卡诺人和妇女在向贫困客户提供二等服务的过程中沦为二等执业者。

我们赞同作者给出的如下回应:

对于那些可能受到影响的人来说,真正的替代选择是从事法律以外的职业(或者说根本没有职业这一概念层面的禁锢)和在不提供法律服务或只提供他们能力范围内的服务之间做出选择。这种敌对意识因单一化律师的浪漫幻想而变得更加强烈。造成这种错觉的原因在于,所有律师现在都以同样的方式接受同样时长的培训;任何熟悉律师协会的人都可以证明,这只是一个假模假式的平等主义外壳。维持这种平等的假象对公众并没有好处。它阻碍了有利用价值的职业不断发展,也导致服务成本远远高于其真正所需。当然,我们也没有多少选择的余地。这种模式并没有对那些想要成为新职业成员的人的不适情感置若罔闻。但它也承认,如果要服务于人民的真正利益,就必须承担这种痛苦。

此外,我们还想说,如果一些新的职业被认为是可能的,为什么法学院就可以不进行探索呢?我们认为,关于法学院不应该插手这类事情的争论,实质上相当于一种论点,即法学院不应该参与任何可能会限制律师人数或律师净收入的运动。这种论点是我们已经表示反对的,公会对法律界看法的另一种表现。我们认为,只有少数法学院愿意投入资源来发展辅助职业,而提供教学的主要负担将落在社区大学身上。[1] 尽管如此,我们确实看到了一些法律教师应该能够发挥的领导作用。

我们希望,对《卡林顿报告》的这一粗略回顾已经表明了它具有创造性的新趋势。正如其作者自己所说,它基本上是一份保守的文件。它揭示了律师应有的样子。我们想引用报告的最后两段[2]能够体现其保守性的内容:

> 尽管示范模式的某些特征看起来有些激进,但它在两个重要方面是保守的。第一,示范模式遵守了(它所认为的)课程规划的适当管辖范围。它并没有对我们应该生活在怎样的社会提出任何宏伟的设计,而是只有当这些社会问题与促进学生和教师实现个人目标的教育使命交织在一起时才会与它们对峙。在这方面,示范模式假定了法学院拿不出任何合适的程序来确定社会的最终目标,还假定任何致力于对此问题进行探究的机构都不应试图得出一个笃定的结论,这样做会使其"先入为主"。示范模式表达了这样一种信念:法学院可以通过延续大学教育中那些包含着理性、宽容和思考的优良传统来提供最佳的服务。同时,它也对法学院是否可以被用作改变宏观社会目标的有效手段表示怀疑:那些通过法学院教育来推进的改变,并非不可以通过其他手段来有效完

---

[1] 特别参见卡内基高等教育委员会的出版物《更少的时间,更多的选择》(1971)。
[2] 为了给那些不会阅读完整报告的人。

成。应该承认,这显然是一种值得商榷的保守主义。例如,托马斯·杰斐逊(Thomas Jefferson)就将他的大学法学院规划为前后好几代志同道合的杰斐逊派人士孵化器一般的辉格党学院。为了抵制这种操纵,这个模式可以说比杰斐逊本人更"杰斐逊主义"。

示范模式的保守主义还体现在,它对法律教育机构及其一直引以为豪的严格理性传统表示了信任。事实上,它正试图将这一传统转化为一种力量,为了"像律师一样思考"法律教育的问题,这种模式热情地拥抱着传统,赞美之情溢于改革意识之上。

第六章　大学法学院

我们认为,当前法律教育的现状与我国高校普遍面临的知识困境有许多共同之处。我们在第三章已经指出,世俗化如何导致了许多关于法律混乱状态的思考,对价值或目的的理性研究已被大多数学者视为禁区。那些不肯对目的费心分析的学者充其量是只关心手段的技术人员,只能完成一些微不足道的工作。只有法学研究方向的学者会如此关注目的的研究,因为只有通过手段和目的的互动方可使法律体系达成任何目标。对目的的理性研究,等同于对价值的研究,同时也是一项非常困难的事业。然而,学者们是时候开始努力研究他们所关心问题的手段与目的之间的互动关系了,没有哪一门学科比法学更需要学者们倾注这样的心血。

法律学者在大学里并不是知识发酵的中心,但他们却能为学生的通识教育做出不少贡献。在美国大学中,没有哪一门学科像法律这样具有如此广泛的用途。这种优势能否继续取决于法律教育是否能够成功地应对手段与目的关系中价值理性研究所带来的挑战。我们将在以下三个方面讨论法律教育将如何迎接挑战,加强其作为美国大学通用研究领域的地位:包括通用学位、法学研究以及法律程序和相关机构的本科教学。

法律通识学位

"如果大学里有那么一所学院能够让它的学生们学会如何把愿景和理想付诸实现并获得实际效力,它的名字便是法学院"(卢埃林,1971,第34页)

尽管卢埃林(Llewelleyn)的这条起源于法律现实主义全盛时期的格言强调的是手段而不是目的,但它却体现了过去一百多年来美国大学法学专业研究的特点。让我们来看看法学院的新方向将如何巩固这一传统的传承。冒着我们将在本章后面谈到的许多风险,法律现在被大多数教师认为是一种历史的、哲学的、心理的、社会的、政治的、经济的和宗教的多维度现象。随着这些趋势在法律课程中得到更充分的体现,法学研究将成为一种日益强大的综合性研究,其他学科也将成为其中的一部分。

同样,法学法律教师将继续被当作"个人如何为有益的社会改革做出贡献"的榜样。教师参与公共服务活动的内容可能包括:为影响公众的案件撰写案情摘要;协助立法机构、政府官员或任何促成立法的组织(如美国法学会)起草立法草案;仲裁纠纷;为官方机构做背景研究。这些活动赋予了他们许多可以传授给学生的经验。我们把法律教育作为一种"高级通识教育"的良好声誉归功于这一传统。我们认为,如果高等教育对"相关性"的需求能够持续,法学院将处于既可以保持其提供高级通识教育的首要地位,又不会被迫牺牲知识严谨性的有利地位。对上述教育的需求可以从以下事实中得到证明:过去三年来,参加法学院入学考试的人数几乎增加了一倍。与此同时,法学院的招生总人数增加了约30%。毫无疑问,人们对法律兴趣的增加很大程度上源于法律的诱惑力:它为通才跨入为社会制定、执行或改革政策职业的门槛提供了机会。虽然今天人们对法学的狂热不见得会持久,但也不代表这份热情只是一时兴起。美国律师协会主席表示,越来越多的法学院毕业生可能不会选择成为执业律师,而是从事"其他职业"。我们无法做出这样的预测。但是,对于那些不确定自己想从事什么职业的学生来说,法律教育可能成为一种高级通识教育的主张是不无道理的。

学术的作用

尽管一些热心人士发出了鼓舞人心的呼吁,但备受瞩目的法律与行为科学的结合尚未发生。总的来说,这段恋情没有促成永久的结合并没有使我们失望。诚然,法律方面的学术研究还没有达到经济学或心理学等学科所特有的定量精度。不过,虽然关于法律学术没有那么的精确,但也绝对不是微不足道。在我们看来,行为科学领域中熟练的工作者最糟糕的、琐碎和无关紧要的一面,反映在博士学位对高等教育的束缚上。[1] 到目前为止,我们很高兴法学学者没有受到这种束缚。

我们认为,法律不是一门科学,而是一门艺术和手艺。然而,

---

[1] 对于博士学位的看法,请参见帕克(Parker)(1970年)。

法律急需不断拓宽以吸纳那些行为科学的最佳见解,因为用《卡林顿报告》的话说,它补充了"专业带给官方决策以直觉的、审慎的价值"(第56页)。像《卡林顿报告》所倡导的课程改革那样,法律教师需要重新调整自己,努力在教学中融入对行为科学各方面的广泛认知。我们认为,任何在法律学术中大规模尝试使用相关学科的见解都应该放在上述努力之后。假设法学学术研究仍然是法律教师的专利,我们将无可避免地得出这样的结论:只有影响他们的教学,影响他们向未来可能成为下一代法律教师的学生们所传授的内容,法律学术才会有更广泛的基础。这一趋势已经开始了。当今最年轻的一代法律教师不仅接受过普通的法律教育,也已经在经济学、心理学、历史和哲学等领域进行了高级研究。(事实上,现在有若干法学院的教师都拥有相关学科而非法学方面的高级学位。)

我们认为法律学者正在探索的一个方向是阿尔弗雷德·康拉德(Alfred Conrad)教授(1971)所称"宏观正义"的跨学科研究:从系统分析等新学科角度出发,探讨如何对实施正义的制度进行改进。法律组织的发展情况对于开展这类研究已经足够成熟。

我们可以很容易地举出许多例子,借助从相关学科借鉴的知识或方法来研究这些问题。《卡林顿报告》在倡导研究性教学计划(第56—57页)的部分中强调了跨学科工作的重要性。举例而言,我们认为法律学术可以为大学作为一个社会系统所进行的研究增添不少内容。考虑到现在大学面临的众多问题,这难道不应该成为跨学科团体研究的重点项目吗?常言道"慈善始于家庭",我们极力主张法律学者应该带头制定和研究影响大学的重要问题。

我国的法律学术研究经历了两个阶段。第一个阶段是兰德尔式对科学原理的探索,即通过对上诉判决的分析和归纳来收集科学原则。在第二个阶段,法学研究的重点是通过方法论扩大研究范围,以现实世界的事实为中心,寻求和实现目标的手段相关问题的答案。这一阶段,我们可以称之为法律现实主义阶段,陷入了只关心手段而排斥目的的死胡同。它使律师变成了纯粹的技术人员,而现在的挑战无疑是使法学研究集中于其技术所指向的目标。如若开展手段、目的关系的研究,可以将第二阶段的范围扩大到第一阶段的原则探索当中。在这一点上,相关学科有助于法律成为一门更能接受其他领域观点的学科。因此,我们希望法律能够得到它应有的地位,能够作为一门由独特工艺支撑的艺术而不仅仅被当作一门科学。换言之,就像如今大学里的一些法学教授已经所具备的能力那样,法律学术能够解决任何具有社会背景的问题。

法律在本科教育中的作用

在过去的一百多年里,由于上述客观发展情况,我国的法律一直是研究生和专业教学科目。以前的情况并非如此,大多数西方国家现如今也并非如此。随着哈佛模式成为美国法律教育的一种模式,本科课程上被留下这样一个漏洞:在大多数大学中,法律不是本科课程的一部分。

许多人认为,民主社会特别依赖于对法律的普遍理解。然而,即使是受过教育的公民似乎也认为法律是一种神秘的手艺,其中的奥秘必然不可被知晓。从根本上讲,我们的大学毕业生往往对法律程序和制度一无所知。目前,本科阶段的文科课程中没有任何内容可以让学生弥补这一缺陷。

当然,有许多单独的课程都与法律有关。政治学系提供的宪法和国际法课程就是比较常见的。商法类的课程也是大多数本科课程的一部分。社会学院系有时开设法学和社会学的课程,人类学院系可能讲授法律和人类学的内容,但这些通常是社会学和人类学的课程,而不是实实在在的法学课程。一些大学开设了通常被称为"法律与社会"的课程,试图向学生介绍一些法律程序。但这些课程中很少有能让学生深入了解美国法律体系的规范和制度,更不用说其他国家的法律体系了。

《卡林顿报告》为本科生提供了示范课程。[1] 报告对此类课程提出了三重基本理由:

1. 应将法律环境作为一个基准,对"稳定与变革、自由与安全、历史与逻辑、理想正义与实践正义之间的紧张关系"等普遍存在的问题进行知识层面的探究(第59页)。

2. 法律对社会公民的重要性日益增加。

3. 给学生一个测试自己兴趣和能力"先发制人"的机会。

虽然我们承认公民理由也很有吸引力,但我们将更多地对知识性理由进行强调。虽然很多人会认为"先发制人"的实现值得付出努力,但它本身充其量只是一种猜测。

由学术律师利用基本的法律材料讲授或设计的课程可以实现两个有价值的教育目标。首先,它可以传达对法律作为事实和艺术品的认识和理解:一幅法律作为制度和程序及其各种运作方

---

[1] 原书页数第13页,第27—31页,第59—61页。

式的图景。第二,它可以传达对各种有用的思想方法的见解和实践:介绍一些我们同一名好律师相关联的属性。正如保罗·弗罗因德(1968,第110页)在他自己的序言中列出的,学院派律师可以传授给本科生的宝贵特质:

> 这种艺术是将法律材料放在双重焦点上:从利己的角度出发强调它们的重要性,是人类某些领域中经验合理化的发展,本身也是理性证程的例证,对学生知识风格(例如使用一些自命不凡的短语)的养成具有更广泛的意义。

法律作为事实和人造事物的研究立场将学生的注意力集中在法律制度的概念上:谁在其中运作,它们如何运作,它们产生了什么影响,制度如何变化,制度对我们社会其他元素的影响,等等,反之亦然。这些努力是为学生传递法律作为一种社会过程的概念,包括它所履行的职能,所涉及的制度,以及变化是如何发生的,至少让学生对社会塑造、组织个人、群体行为的努力中所涉及的结构和过程有一个初步的认识——把法律看作是一个有序的过程。

法律作为思维方法的研究集中在几个复杂的理性过程上。在这个过程中所涉及的能力包括:分析语言信号和信息的重要性;利用沟通作为规划和控制机制;捕捉行动方案的后果;消化和合成问题以及将问题分解成各个部分并重新组合。不同于社会和自然科学中普遍使用的那些重点,以上述内容为重点学习法律,能够让学生接触到一种涉及价值观和价值选择的思维方法,并将它们直接与导致行动的决策联系在一起。

随着这两个重点领域的结合,学生将深入了解人类经验中有关秩序和无序的实际问题。本科生通常无法理解构成了未来人际关系和交易框架的决定实际上是如何做出的。在法律的双焦点研究中,这一空白是可以填补的。法学研究揭示了社会目的和手段如何相互作用的问题,以及试图创造或重建一个正在运行的社会制度所涉及的复杂性。理论与实践相遇并互动,价值、目的、手段、信息和理论都是相互交织的。这种法学研究与其说是另一门学科,不如说是探讨具体的社会问题、各种来源的知识、不同思维模式之间关系的一种教育形式。

总结

在对法学院在大学中的作用进行思考的过程中,我们认为法律教育已经是一种通用的、高级的教育形式,需要在宏观正义方面提高学术研究水平,法学作为本科生的一项人文研究具有巨大的潜在价值。从这些具体情况推断,有必要研究那些与专业研究没有严格联系并与其他学科密切合作的法律。引用罗伯特·M. 哈钦斯(Robert M. Hutchins,1934年,第511、518页)近40年前所说的话:"缓慢地,非常缓慢地,法律可能会再次成为一门丰厚的学问。"

第七章 资助法律教育

法律教育的经费是值得单独拿出来进行长时间研究的重要问题。[1] 法律教育改革的主要限制因素在于：由于当前的教育成本如此之低，导致几乎所有我们考虑过的改革都会增加单位成本。这是一个非常复杂的问题。私立法学院和州立法学院有不同的资金提供机制。在成本结构和收入可能性方面，国家级名校与那些地区或城市学校截然不同。独立的法学院与那些从属于规模庞大的、大学结构的法学院也有所不同，有不同的需求和机会。这些方面呈现出的多样性只是一个开始，因为如果法律教育遵循我们在本研究报告中所敦促的模式（我们相信这种模式已经开始并处于运行当中），那么法学院将不再具有哪怕是结构上的相似性。法律教育将分布在从培养专职助理到超级专家的不同层次上，而法学院本身也将以各种方式实现专业化。

如果要全面研究法律教育的经费问题，就必须对目前存在的问题和可能发展的问题的每一个维度进行探讨。我们只能对这

---

[1] 我们想到了一些与拉希·费恩（Rashi Fein）和杰拉德·韦伯（Gerald Weber）（1971）的《医学教育筹资》相类似的研究——这项研究专门研究资助和医学教育方面的专家所做的筹资。

个问题进行初步评估并提出一些可能的解决办法,重点将是法学院的综合模式。有时我们会以私立的、与大学有关的法学院展开讨论,现如今正是这些机构陷入了最严重的财务困境。然而只要稍加限定,我们所说的内容也适用于那些国家支持的法学院。

传统上,相对于其他类型的研究生教育来说,法律教育一直是价格低廉的。因此,它既没有提供大量财政资助的支持者,也没有建立能够提供大量财政支持的机制。这种经费不足的传统一直延续到法律教育发生变化并变得更加昂贵的时代。此外,如果法律教育要在未来具有生命力,也只会变得更加昂贵。许多有影响力的人现在持有的法律教育概念与我们在这项研究中所勾勒的发展不一致。不论是传统法律教育的成本还是开发新方向的成本都处于不断上升的趋势。目前我们还没有找到新的收入途径来应对这些不断上升的成本,因此,必须为今后的法律教育建立大量的资金来源和稳定的机制。

传统的资助

法学院的办学成本很是"低廉",这片国土上的法学院曾经属于私有的营利机构。正如我们许多最古老、最著名的法学院最初所做的那样,其中一些学校至今仍被大学管理者视为可以使用大学名称的专有学校。法律专业的学生需要支付高昂的学费,而他们的预期教育的成本则不会太高。实际上,直到今天法学院仍是自负盈亏的。[1] 的

---

[1] 请参阅史蒂文斯关于法学教育财务方面的精彩讨论,以及所有与我们一直讨论的问题相关的有趣见解和原始材料。我们本章中的讨论对这些内容的依赖度非常高。

确,有人怀疑在那些资金不太雄厚的私立大学里,法学院对成本进行了相当高比例的补贴。法学院的传统模式之所以能够以这种方式运作,是因为庞大的班级规模,有限的图书馆需求,学生狭隘的专业教育愿望,以及教师专注于教学而非研究。大多数研究生院系的师生比例通常约为1∶5,医学教育的师生比例为1∶2或1∶1;法律教育的师生比例通常为1∶20或更低。例如,哈佛大学法学院的全职教师约为65人,学生总数为1 750人,比例为1∶27。在哈佛的判例教学模式下,学生与教师的比例非常高,教材的成本往往很低,教职人员的研究工作无足轻重(即使想要努力也肯定得不到支持);学生被期望能够支付他们可以接受的全部费用;其他方面则没有什么大的变化。新课程的开展和新教材的撰写也进展缓慢。对于尤其是目前的法律界人士在内的大多数应该关注法律教育的人来说,这种形象仍然占据主导地位。国家和地方、公立和私立法学院都被认为"不需要资金"。

法学院缺乏学术或"研究"(我们不喜欢这个词,但因其普遍使用而选择采用)的外部支持只是这个问题其中的一个方面,尽管这个问题本身就十分戏剧化。在斯坦福大学,最近一年大学用于研究的总支出超过3 700万美元;其中超过1 000万美元被用于医学研究,而用于法学研究的费用不到2万美元。这样的研究经费比例在全国范围内同样具有代表性。

法律教育只得到很少的基础支持,可以说基本上没有得到联邦政府的支持,这种情况在美国高等教育领域中当真是独一无二的。在1966—1967财年,总预算约为220万美元的耶鲁法学院只有约600名学生从联邦政府那里获得了一笔微不足道的资金,而州政府则几乎没有提供任何资助;同年,总预算约为2 300万美元、约400名学生的耶鲁医学院从联邦政府获得了约1 430万美元的资助,从州政府那里也获得了约110万美元的资助。就人均而言,耶鲁大学给法学院的预算在所有法学院中是非常高的。这些精英学校的学费可能只能支付学生实际教育成本的一半,甚至更少。例如,在斯坦福大学,如果学生支付全额学费的话,他的法律教育需要获得大约7 000美元的补贴,或者平均每年获得大约1 460美元的补贴。法学院仍然是"廉价办学"这一事实在不久的将来可能成为一种会造成巨大损失的约束力。

有人会感兴趣吗?

贝利斯·曼宁(1969)对法学院在寻找资金时面临的困境做出了最恰当的描述:

> 从表面上看(在某种意义上也是事实),法律教育的财务困境源于缺乏有兴趣的支持者。
>
> 在一所现代大学里,法学院从来没有得到像物理科学系和工程学院得到的那些国家科学基金会、联邦研究基金以及各种合同的大力支持。
>
> 如今,医学院之所以能够运作,无非是因为联邦政府提供了大量的直接援助,一旦得不到这些援助,它们也会立即关门大吉。而法律教育并没有得到联邦政府的支持。
>
> 来自广大公众的遗嘱遗赠构成了现代大学包括医学在内许多部门经费的主要基础。法学院很少收到遗赠,即便有,也大都来自于律师。

> 大学的宗教、音乐、美术和表演艺术课程在很大程度上依赖于它们的狂热支持者。法学院可没有这样的外部支持者。
>
> 非律师人士对我们法学院的问题漠不关心,这既不奇怪,也不构成公正批评的理由。非律师人士往往认为:律师协会里的大律师们从事着那么有学问的职业,既对自己专业领域的教育有兴趣,又普遍比较富裕,完全有能力而且已经在好好照顾自己人了。
>
> 但事实是,律师协会基本上不为法律教育提供任何财政支持,对法学院内部发生的事情也只有一知半解,他们对法学院正处于财政困境的事实和原因一无所知……

我们已经描述过法律教育与律师执业之间是如何脱节的。尽管那些已经发生的和即将发生变化有很多,律师们还是普遍相信法律教育的功能和40年前一模一样。他们没有意识到"廉价"开展法律教育的不足之处。因此,法律教育既没有赞助者也没有相应的资助机制,对资助的需求将很快达到一个危险的临界点。

法律教育成本的变化

有两个因素共同导致了当前法律教育的经费危机。第一个因素是近十年来所有高等教育普遍面临的经济萧条。[1] 第二个原因在于法学院在没有改变传统法律教育结构的情况下发生的

---

[1] 参见凯特(Cheit)(1971)进行的有启发性的讨论和调查。

第七章 资助法律教育

那些变化。在许多方面,这些转变都是实质性的,而且代价高昂。然而,在旧体制的伪装下处于发展中的这些项目往往没有引起人们的注意,而且已经面临资金不足的问题。我们在本研究报告中一直建议对法律教育的结构和内容进行实质性的改革,也将使这一问题大大加剧。

对于我们的许多学术律师读者来说,我们的建议并不奇怪。我们的大多数想法都不怎么新奇,而且许多机构已经对此饱受压力了。正如我们所强调的,与大学的其他部分相比,法学院的资金相当不足。然而,大学本身已经到了无法继续为其运营提供资金的地步。成本的增长比收入的增长快得多,而且似乎看不到任何缓解的迹象。因此,即便只是针对目前资金不足的情况,法学院都已经很难维持下去了。

凯特教授在他为卡内基委员会所做的题为《高等教育的新萧条》(The New Depression in Higher Education)的研究报告(1971年,第9页)中说:"在某些选定的机构中,用于系部教学和研究的开支几十年来一直以平均每个学生7.5%的惊人复合年增长率增长。通胀仅占这一增幅的四分之一左右。"在未来的十年里,这7.5%的年增长率很有可能会持续下去。根据凯特教授的定义,在他研究中的27%的机构处于财政困难之中。在这些学校里,教育和一般支出增长得更快:平均每个学生的复合年增长率达到了9.5%。我们没有理由相信:一旦法学院的发展基本上停滞不前,它们成本的增长就会随之大幅降低。因此,即使"廉价"教育的传统没有改变,法学院也会陷入严重的财务困境。因为这一传统正在发生变化,问题也愈发严重。即使在结构没有改变的学校,法律教育也不再符合传统模式。许多新的法律领域已经发展起来,现代课程涵盖了在古典朗德利安时代无法想象的那些课程。美国法律经历了一个亚扩散的过程,传统的物权类别已经分裂为分区、土地使用控制、城市更新、房地产融资、水资源、石油和天然气、财产保护和许多其他子类别,而所有这些发展都反映在课程中。许多长期被忽视的法律领域也经历了类似的发展。就拿刑法来说,它分裂成许多刑事诉讼程序的种类,例如警察相关的法律、惩戒相关的法律、青少年相关的法律等等。这种发展同样催生出了许多课程。现如今我们生活中产生的法律要比一个不那么复杂的世界多上许多。这个拥有2亿多人口的国家,出现了越来越多的诉讼,受制于越来越多的政府监管,拥有越来越多紧握权力的管理机构和法庭,拥有越来越多对立法毫不犹豫的机构,所有这一切结合在一起产生了一个对律师高度依赖的社会。对于今天的法学教授来说,要想在其细分严重的领域保持领先地位,还需要拓展一定程度的关注、进行多种多样的探究以及提高在过去法学世界中不为人知的专业化程度。

  这些并不是传统模式的唯一变化。法学院学生的职业目标比过去更加多样化。法律教育运动的势头似乎越来越好,教师和学生的学术研究所占的时间比过去大得多。这些运动背后的制度和道德推动力是如此强大,以至于目前对实现这些运动的最大阻碍在于所要付出的代价。旧结构内部已经发生了变化;与此同时,旧形象的延续却对发展那些潜在的支持者产生了阻碍。甚至在资金不太雄厚的法学院也没有出现新的进展。维持或发展这些新方向的资金是法学院在未来几年不得不承担的额外开支。

  如果法律教育的结构发生根本性的变化,而这种变化又超越了目前主要法学院的发展,那么法律教育的成本将会进一步增加。我们已经讨论了打破法律教育单一模式的必要性,也曾讨论过法学院内部和各法学院之间的学科专业化问题,讨论了基本课程和教材改革的可取性。诸如专职助理、专业人员、超专业人员和学术人员,各个层次新的职业道路都是需要发展的。我们将在下一章考虑改变法学院教育的时间长度,并为不同类型的学生提供多样化的课程轨道。所有这些都要付出昂贵的代价。奖学金就是昂贵的。而且也许在最基本的层面上,法律教育许多领域的师生比将不得不大幅下降,这也是相当昂贵的。所有这一切都将是昂贵的,尽管它们中的许多变化已经初具雏形,但对它们的资助基本上依然是一片空白。

因此,从某种程度上说,我们讨论法律教育改革简直如同在吹牛。在所有可能性中最突出的可能便是,我们至少在短时间内甚至也可能在更长时间内,进入并处于高等教育的萧条期。在这个萧条期之前,法学院即使具备一些明确可行的创新理念和理由,也因为穷困潦倒而无法创新。《法律教育》杂志如同一座思想坟墓,作者们从来没有考虑过传统法学院财政限制的问题。

资助的总额

法律教育仍将是一项相对廉价的工作。通常来说,法学院对昂贵设备或仪器的需求不会很大(虽然对它们的需求在未来会比现在高一些)。法学院的规模也相对很小——美国目前只有大约3 000名全职法律教师,即使把教师队伍扩大一倍,人数依然不是很多。如果国家增加1亿美元的法律教育投入,就能使我国法学院目前的预算总额翻一倍。而把我们的年度开支增加一倍其实是一个非常适中的目标。因此,相对于医学之类的学科,所需的绝对数额是非常小的。只有当人们意识到目前的资金来源有多么匮乏时才会觉得数额巨大。

资金从何而来?

鉴于目前资金来源几乎处于完全缺乏的状态,为今后的法律教育筹措资金将不是一项简单的任务。我们预计了法律教育经费的三个重要潜在来源:(1)发展各种支持群体;(2)发展促进学生个人借贷并使之合理化的机构;(3)发展机构借贷机制。这三者并不是独立的,在许多方面,每一项都将依赖于并成为其他几项的一部分。因此,支持群体也将是借款的潜在支持者。每种来源和手段在这一环节都值得单独阐述,而且在大多数情况下都必须单独开发。

支持者

第一:法学院校友

假设每一个法学院的毕业生在经济条件允许的情况下自己承担起责任,向他的法学院支付相当于培养一名法律学生的成本费用与实际学费之间差额那么多的费用,从而就像有人使他有可能接受法律教育一样地使某个学生能够接受法律教育——光是这一步就会大大解决我们法学院面临的财政问题(曼宁,1969,第1127页)。

这种对法律教育的支持现在在法律界还并不存在。许多法学院现在都在强调恢复法学院学生在校友资助项目中获得的补贴。我们认为,每一所法学院显然都有必要制定有关补贴的统计数据,并通过宣传加以强调。

第二:法学院毕业生的雇主

今天,每一位从一流法学院毕业的年轻人都代表着一笔宝贵的资产,并受聘于一家律师事务所或公司。这种资产不仅会转化为相关毕业生的高收入,还会为雇主带来收入。如果没有年轻律师的供应,这些雇主就无法从事销售法律服务的业务。因此,试图教育他们对资金的需要产生认知,然后从他们那里筹集资金去支持法律教育,似乎并不是没有道理的。

第三:律师的主要捐赠

很少有律师会让法学院成为他们慈善事业的主要受益者。其实许多律师在经济方面确有能力进行大手笔的捐赠。当然,偶尔也会有这样的捐赠,如果没有的话,私人资助的法律教育早就消失了。然而,这并不多见。在这个问题上对律师进行更大力度的教育会是有帮助的。[1]

第四:非律师捐赠

律师通常可以建议委托人将慈善机构作为受益人。每所主要大学都经常收到通常是由律师建议的、遗嘱形式的捐赠。令人惊讶的是,这些资金很少被用于满足法学院的需求。这可能是因为这些律师不愿意被认为是在为自己的学院敛财。但是,法律教育缺乏捐赠可能是律师对法学院面临的财务问题缺乏认识的结果。

---

[1] 最近建立的法学教育发展中心可能是朝这个方向迈出的重要一步。

公众普遍不了解法律教育、法学研究与社会秩序之间的关系。而医学院在让普通公民对自己有所了解的方面做得更好。如果公众意识到法律教育和研究对社会基本运作的重要性,大量的捐赠就会开始涌向法学院。

第五:企业捐赠

企业每一天都把自己的声誉和成功交到律师的手中,它们必须拥有训练有素的律师。企业界也在很大程度上依赖法律界来管理企业。我们认为,支持企业向法律教育提供捐助的理由与目前支持商学院提供捐助的理由一样充分。企业界不能对社会状况漠不关心,而一个健康的社会将依赖于健康的法律机构,而法律机构又直接依赖于法律教育。这里的问题仍然集中于沟通环节和向有关各方通报实际情况的途径。

第六:基金

美国的法学院需要一个庞大的、私人资助的基金会来进行法律教育和研究。在为法律教育的创新提供试点资金方面,一个新的基金会可以在以下方面发挥重要作用:(1)为法律教育的创新提供试点资金;(2)支持有价值的研究项目;(3)作为法律教育的信息交流中心、情报收集单位和通信网络。比如职业责任法律教育委员会在内一些基金会的功能其实非常有限。但没有一个基金会能满足法律教育的一般需要。

第七:联邦支持

到目前为止,联邦政府还没有对法律教育表示过支持。但我们认为,帮助本身是必不可少的,而且因为法律与政治和政治争议密切相关,联邦支持必须通过确保不受政治干涉的机制进行提供。其中一种形式是我们接下来将要描述的、以学生贷款为主的贷款项目类型的支持,但至少还有其他三种重要的可能途径存在着。

（a）卡内基高等教育委员会(1968、1970)建议建立一个向学生提供联邦奖学金的制度,该制度与对学生就读的大学的直接补贴和学生参加国家贷款的方案挂钩。这基本上是一个《退伍军人权利法案》(GI Bill)法案的模式。我们非常赞同这些有关法律专业学生的建议。

（b）项目资助是联邦对高等教育的传统援助形式。在过去十年里,许多高等教育项目已经通过赠款和合同使某些特定教授转入特定领域的研究当中。这种援助方式的弊端有很多:私人领域可能会扩张;严重依赖这些资金的机构可能会发现无法规划或控制自己的发展方向;对学者认为重要的新知识课题的探索可能会转变为学者对官僚认为重要的课题的探索;因为薪水和声望吸引了许多拥有赠款或合同的研究人员,导致大部分援助资金可能由小部分名校获得。这些危险是真实存在的,但也是可以克服的,而且它们的客观存在不应模糊这样一个朴素的事实:法律教育和法学研究可以从扩大对法学院的项目支持中大大获益。美国国家科学基金会(National Science Foundation)和国家人文基金会(National Endowment for The Humanities)已经表示愿意提供帮助。遗憾的是,这些机构并不支持我们想象中的那种特别适合法律学术研究的项目。联邦政府对宏观司法项目的大规模支持可能需要我们对现有的支持机构重新定义。

（c）整笔赠款按照规定以特定的方式直接向大学一次性支付。这种安排避免了项目支持的危险。但整体拨款的模式也有缺点:它通常不是十分可靠,而且它更有可能为所有学校提供一些帮助,而不是为一些学校提供重大的支持。然而,这个来源依然可能是非常有用的。

上述七个潜在支持群体中任何一个的发展显然都将是法律教育的重大收获。然而,除了联邦奖学金的支持,这些支持者不太可能为大多数学校必须取得的进步提供额外的支持。他们可以支持不同领域新的研究,帮助各种特殊项目的发展,并提供一些支持以帮助一些法学院渡过难关。然而,对于改变法律教育结构所需的大部分资金而言,即使这些支持者发展起来,经费可能依然短缺。在我们发展法律教育新的自身结构的同时,必须设计法律教育新的经费结构。我们认为,大部分法律教育的新经费应该通过学生借款以及机构借款的新机制进行供给。

学生贷款

除法律外,大多数其他领域的研究生院都提供涵盖学费和生活费的助学金。唯独法学院从来没有向学生提供过多少支持。

传统上,不管是变得富有还是有在工作或是能够借到钱,法学专业的学生都需要自己支付学费。然而,私立学校的学费开始向每年3 000美元推进(这还不包括生活费、书本费和交通费)。最近,好一点的私立法学院一年的最低学费大约是4 500美元。州立学校则开始通过向学生收取高昂的生活费和书本费变相征收学费。鉴于这些开支,至少在私立学校,没有一个法律专业的学生能够用他目前的收入来支付自己的教育费用。把进入法学院的机会限制在那些能够负担得起的人(比如富人)的范围内是一种不受欢迎的前景。剩下的选择便是学生贷款了。

法律教育是一项投资。平均而言,这种投资以大幅提高终身收入为形式具有很高的回报率。贷款计划已经存在于一些学校了，但在大多数情况下，付款必须在学习停止后一年内开始偿还，所有贷款必须在 5~10 年内还清。这样一来，开始付款时就没有多少喘息的空间了，对于职业生涯的初期来说是相当大的负担。对于越来越多的法学院学生来说，这个问题尤为严重，他们被迫为本科教育和法学院阶段的教育借钱，毕业后成为负债超过 1 万美元的律师。这样的债务负担会极大地限制毕业生可以选择的职业机会。随着学费上涨和大多数大学助学资源的减少，这种情况将变得更加普遍。当我们正在试图将法律服务的范围扩大到中下层阶级的时候，当我们讨论的恰恰是由学生为这种尝试提供动力的时候，这种对职业选择的限制是不幸的。（更糟糕的是，对于中低产阶级的学生来说，这往往像是一种阴险力量的组合，将他们推向了为特定利益服务的方向——需要受雇于大型的、高薪的集团式律师事务所。）

尽管存在这些问题，我们相信，学生向法学院支付的专业教育费用可以而且应该成为这些学校的一大收入来源。但是，这种收入只能来自学生毕业后的职业收入。如果学校要获得用于当前教育目的的资金，这些资金必须由学生借贷并在一段时间内偿还。即使按照我们的建议设立了联邦奖学金，法学院——尤其是私立法学院——也必须给这些学生合理安排，从他们的职业收入中为法律教育的高额费用提供更多的资金。

建立新学生贷款计划最先遇到的一个问题是，许多人非常不愿通过负债来资助自己的高等教育。然而，随着越来越多的学生在大学毕业时就已经有过贷款的经验，以及大学的财政紧缩降低了向学生提供助学金的能力，这种不情愿正在被克服。

这方面更为复杂的问题涉及在贷款方案中可以使用的、各种不同机制的选择。值得一提的是,三个相互关联的变量要求我们认识到每所学校的特殊问题都需要大量的人为调整。首先,贷款项目可以由一所学校单独实施,也可以由法学院联合实施,还可以由一所或多所大学的专业学院联合实施,还可以由整所大学或大学联盟实施,或者以一些更广泛的形式实施。其次,该方案的周转资金可能来自如银行或保险公司等单一的私营实体,也可能来自这些实体组成的财团,来自联邦甚至是州政府,或者来自在有限公共担保下的私人借贷等某种私人和公共资金的组合。第三,学生可能借贷的具体条件在几个关键方面可能有所不同。所有影响常规贷款的不确定因素自不必说。此外,未来收入的偶然性可以从两种方式中的一种或者全部两种方式来考虑。一方面,至少一部分贷款还款率可能取决于学生的未来收入。[1] 另一方面,实际支付的金额可能会随着学生的未来收入而变化。[2]

我们并没有针对所有法学院,甚至所有私立法学院提出任何具体方案。事实上,我们期望在项目安排方面可以进行一些试验,尽管我们认识到通过集合安排可以获得杠杆作用和分散风险的优势。无论如何,对可能的安排进行详细研究已经超出了本研究的范围。然而,我们确信,大量的学生贷款计划必将成为未来法律教育融资结构的主要部分。

---

〔1〕 例如:某学生借款1 000元,必须偿还1 000元加固定利息,但在其收入低于10 000元的任何一年中还款都可以被推迟,或者按照介于10 000元至20 000元档收入的0.4%和20 000元以上一档收入的0.6%计算。

〔2〕 例如,一个学生借了一定数额的钱,在固定的年限内(如35年)用其收入的一定比例(如每千美元债务的0.4%)偿还。随着时间的推移,收入高的人支付的费用远远超过债务加利息,而收入低的人支付的费用较少。基金通过经验的积累发挥作用。

第七章 资助法律教育

机构贷款

至少对于私立大学和法学院来说,直接的机构借贷在我们看来也是一个很有前途但目前被忽视的资金来源。虽然因为可以由大学进行借款,这条路在很大程度上也是最有希望的,但我们没有理由认为现有的那些法学院不应该把借款的机会利用起来。在引领潮流的私立大学中,"借款"已经成为一个粗鄙的字眼。这似乎是一种不合理的现象。举个最简单的例子,为什么某某大学或某某法学院不能从银行或银行集团获得信贷额度?正如铁路公司所做的那样,大学可以指定一些资产作为抵押。只要能按时支付利息,将贷款本金再融资应该不会有什么困难。人们还会认为,大学或法学院应该享有最优惠的利率。

还有一个重要的附加因素。无论是银行、保险公司还是其他机构贷款人,放弃的利息支出可以作为慈善捐款扣除。考虑到这一因素,大学的利息成本可能非常低。即使需要支付大量利息,推迟支出的机会成本往往更大。

至少可以把这个观点再往前推一步。为什么只在货币市场上借钱呢?为什么不发行债券并向公众开放?如果把这个论点再往前推一步,立法机构是否愿意把免税特权扩大到私营机构?这一步所涉及的法律问题是多方面的。但是,私立大学可以利用这一特权,根据各自的信用状况发行免税债券,是否纯粹是一种乌托邦主义的期待?

机构借款最适度的用途将是作为促进学生借款的一种机制。对于那些对机构借款感兴趣的大学和法学院,我们建议将其作为第一步。

结论

  前面的章节已经强调了法律教育的问题，法律教育与提供法律服务之间的关系，以及这些服务对我们整个社会健康的重要性。能够获取大量新的资金将直接决定法律教育的未来发展。我们已经指出，现有的资金来源几乎完全缺失，同时概述了一些必要的和今后可能实现的资金来源。最终我们认为，在联邦政府支持下的借贷是主要的资金来源。我们讨论过的其他支持者和机制的发展也是必不可少的。

第八章 高等法学教育的学制：
   一些临时建议

当前的制约因素要求我们必须处理好目前的问题，而不是冒险去预测高等法律教育的未来形态。因此我们必须假定，目前的法律教育仍将是学士后教育。但是，似乎没有任何理由要求所有学生都要花7年的时间来完成。在目前的结构中，为了将高等法学教育的时间减少一年或两年，有两个适度的改变是具备可行性的：

（1）将大学预科的最短时间缩短为3年。

（2）将在法学院的最低学习时间缩短为两年。

我们认为，这两者都应该成为一些学校学生的选择。

三年大学

目前，大多数学生完成学士学位需要四个学年，法学学位需要三个学年。按照目前美国律师协会的标准，并没有对7年做出要求。美国律师协会和美国法学院协会都允许学生在大学三年后进入法学院学习。现在绝大多数法学院的学生在开始读法学院之前都会先拿到学士学位。我们对三年后进入法学院的本科生有一些接触经验,这些经验使我们相信大学三年对很多学生来说已经足够了。

学士学位证书对学生来说似乎意义重大。正如许多大学长期以来按照"专业选择"顺序授予的那样,该学位可以在法学院第一年结束时授予。另外,学士学位的最低学习时间要求也可以减少到三年。我们之所以有胆量考虑这种可能性,是因为卡内基委员会(1971)已经得出了这一结论。

学士学位四年制能延续下来的部分原因在于专业的教条,前两年是"普通教育",后两年是"集中教育"。这种模式可能适合那些知道自己打算从事什么职业的学生,那些打算在本科课程所代表的领域("学术"而不是"专业"领域)进修的学生可能适合这种模式。通过主修一个学科可以使他们在研究生工作中获得一种先机。除了少数学生的这种优势,选择一个专业的理由非常分散,例如选择跨学科专业和强调"自己动手"的专业趋势就是明证。

优秀的法学院学生需要通识教育。而法学院理所当然地最不愿意限定通识教育的内容。更何况,它们也不愿意限定一整个专业。我们认为,读、写、说的基本能力是法律专业学生所需要准备的主要技能。弗朗西斯·培根对参加这些活动需要具备素质的看法是正确的。此外,我们推荐一些经济学(这是最直接适用于法律的社会科学学科)、历史学(因为它具有解放性的视角)和"硬"科学(因为它是如何追求科学知识的例子)的研究。这个列表类似于普通教育阶段的年份分配要求。

第八章 高等法学教育的学制:一些临时建议

我们建议法学院允许本科生在学习三年后被录取。这意味着,目前一些大学允许自己的本科生在三年后进入法学院的做法应当扩大到所有本科生。我们建议法学院改变其招生要求的宣传方式。

法学院两年

美国律师协会和美国法学院协会的综合权重将一个人完成法律教育的时间牢牢固定在三年。我们认为,这种对所有法学院的所有学生进行的绝对要求是令人遗憾和毫无道理的。在今天,对许多学生来说,两年的法学院学习已经足够了。对于三年的教育长度,似乎从来没有人给出过任何合理的、有说服力的论证。人们第一次遇到这样时间要求是在早期的学徒制时代[1],然而在杰克逊式民主的压力下,这些漫长的等待期早已消弭。类似时期在 1878 年再次出现,当时兰德尔领导下的哈佛大学是第一所要求三年法律教育才能获得学位的学校。兰德尔显然从未解释过为什么他认为三年是合适的。

最后,在 1921 年具有决定性意义的美国律师协会会议上(我们在第三章中描述了会议的政治准备工作及其重要性),哈佛模式被打造为法律教育的基本结构,而三年的法律教育也被正式批准。多年来,这一要求被各州所采纳。兰德尔认为,法律是一门必须掌握某些"基本原理"的科学。大概他和他的追随者们认

---

[1] 例如,缅因州 1821—1837 年通过立法机关的法案要求,"通过 7 年取得科学和法律的素养,其中至少 3 年从事法律顾问"(里德,1921 年,第 84 页),这一要求与现在的 4 年大学和 3 年法律学校的要求非常相似。

为,花费三年时间学习这些原理最为理想。随着法律变得越来越复杂,人们开始要求四年制课程的设置。20世纪20年代,许多学校在第二次世界大战过后不久开始考虑这种可能性。然而现在,随着法律数量和复杂性的惊人增长,很少有人相信可以在三、四或五年内学会法律的科学或者基本原理,或者两者兼顾。兰德尔方法的理由已经完全改变了。

最初的理论是,由于几个基本原则构成了整个法律的基础,因此可以向学生整体传授那些重要的学说。随着各学校对案例法的时间成本有了更多的经验,并且更加意识到现代法律的覆盖面千变万化,判例教学法的合理性也随之发生了变化……当前的主张是,判例教学法最适合于训练人们掌握一种健全而有效的技术,使他们在解决咨询或辩护时能够运用报告中的原则和规则。判例教学法与其说提供了一张指示崎岖地面上的道路的地图,不如说是一个指南针,用来指引方向,和一把斧头,用来劈开灌木丛(赫斯特,1950年,第265页)。

正如我们在第三章中详细描述的那样,这种模式的许多结果都是令人遗憾的。现在,没有人真正尝试向学生传授他们所学科目的大部分学说,而是在各种名目繁多的课堂上一遍又一遍地教给他们在"穿过灌木丛"时要使用的、通常在一年或最多两年后就学会的同一种方法。这一不合理要求通过哈佛模式、美国律师协会1921年的建议以及随后那些州律师条例和法律,在当代法律教育中已经根深蒂固。

第八章　高等法学教育的学制：一些临时建议

我们在这方面的建议是向有组织的法律专业人士提出的，他们应采取必要措施，将目前法律教育的最低要求由三年减至两年。接下来，我们将讨论各个法学院在决定是否继续提供三年制学位或提供两年制学位或提供其中一种选择时应考虑的因素。我们的结论是，在进行结构改革的过渡期，大多数法学院应该提供三年制或两年制学位的选择。我们认为，如果进行结构性改革，大多数法学院将需要一段时间来实验这两种选择。

今天的法律教育面临两种选择：要么使三年的学习多样化，让学生不仅了解迄今为止被理解为"法律"的内容，而且对社会知识与法律的相互关系也有基本的了解；要么将最短学习期的要求减少到两年，从而强调理论分析的重要性。第一种选择非常诱人，但问题在于没有人能够详细说明这种课程与法律实践的关系。第二种选择则可能会带来使课程比现在更加死板的不幸后果。如果法律院系坚持目前关于法学院学生需要学习什么的现有观念，我们当然有理由对缩短时间可能产生的这种后果表示担心。在课程改革的内容和方法尚未形成共识的情况下，目前采取保留最短三年课程并允许对课程进行一段时间的进一步试验的保守立场，肯定是有道理的。事实上，卡林顿报告没有采取这一立场，这既将我们推向为期两年的立场，也加强了我们对法学院现在是否能够做出这种结构上改变的怀疑。

我们认为，一些精英学校已经对推动这一结构性改革做好了准备。在这些学校里，我们能够清晰地看到缩短最短学习时间的条件已经具备。在第一年，他们非常成功地教授了目前法律教育的主要组成部分：专业人员的方法和理性。也正是在这些学校中，法律教育的附加要素最接近于现实。如果这些精英学校已经准备好做出改变,难道不能假设其他学校会非常迅速地做出必要的调整并跟上进度吗?这种关于教育如何进行调整的"涓滴效应"理论,很可能是有历史依据的(尽管我们不敢说自己对这个问题有所研究)。精英学校在缩短最短学习时间至两年以及从三年制的试验中获益方面可能具有得天独厚的优势。大家应该记得,我们所说的精英学校是指排名前25位的法学院。鉴于这一临界质量,我们认为,进行结构性改革和不立即进行结构性改革的理由都得到了加强。

美国律师协会的一个特别认证委员会最近提议对成为"认证"法学院的最低标准进行重大修订。[1] 目前,美国律师协会只对需要三年法律教育才能获得第一个专业法学学位的法学院进行认证。然而,新的提案将允许法学院"开设一门课程,允许全日制学生通过在不少于20个月的时间内的不少于60周的授课期内圆满完成不少于900个课时的课程,从而有资格获得第一个专业法学学位"。这种学习课程必须得到美国律师协会法律教育及入学管理委员会的特别批准。几乎可以肯定的是这项提议需

---

[1] 说几句可能会对一些读者有所帮助的关于资格认证的问题。律师资格认证的规定完全由各州控制,州立法机构和最高法院(根据管辖权不同)制定本州的规则。在大多数州,在获得美国律师协会认证的法学院学习三年是获得律师资格的先决条件。美国律师协会法学教育及入学管理委员会在获得美国律师协会众议院(ABA House of Aepresentatives)批准后,有权利和责任对法学院授予或不授予美国律师协会资格。委员会所采用的标准是1921年制定的。自那时以来,委员会对这些标准制订了大量非正式解释。美国法学院协会也有自己的认证程序,一些州在决定哪些法学院被"认证"时也会参照美国法学院协会的规则。最后,在例如加州等少数几个州,州律师协会根据州最高法院或州立法机构的授权,承担对州内法律学校的认证工作。一般来说,在这三种形式中应用的认证标准趋向于一个单一的规范,美国法学院协会的标准比美国律师协会的标准更严格一些。

要一些时间——也许是几年——才能清除美国律师协会内部以及各州内部的障碍。法学院内外的许多人无疑会提出一些令人不安的问题：

- 法学院是否会普遍地，哪怕只有部分法学院能够取消自由主义的、文化的课程，转而支持一个相当严格的课程？
- 两年制的实际影响是什么？所有法学院会立即采用这个选择吗？
- 所有最优秀的学生都会选择攻读两年制的学位吗？或者这些学生中的一些人会选择在第三年，甚至第四年继续接受专业培训吗？其他学生呢？
- 两年制选择会在多大程度上增加进入市场的新律师数量？正如我们已经指出的那样[1]，在未来十年中，如果不改变法律教育的时间长度，这个国家的律师人数将大幅增加。两年制的选择是否会使供过于求的问题更加严重？还是说，它反而为我国社会许多领域法律服务的严重缺失指明了解决之道？
- 许多法学院，特别是政府资助的法学院，是否会感到有必要增加一年级和二年级的学生人数，以抵消那些不愿继续读第三年的学生？或者说，两年制的选择会不会为法学院提供一个真正的机会，使其朝着更好的第三年教学与更好的师生比例发展？

---

[1] 见第二章论述。

这些只是转为两年制专业学位可能会遇到的一些问题。我们并不假装知道这些问题的答案。但我们相信,律师协会已经有理由将其三年制标准降低为两年制标准。我们并不是说所有的法学院都应该立即采用两年制的选择,也不是建议所有的学生都可以进行选择。对许多法学院学生来说,第三年法律教育的边际效益与该年的费用相比是得不偿失的。更重要的是我们深信,法学院及其提供的教育需要进行实验和使之多样化。实行两年制的选择可以增加其多样性(尽管也有可能恰恰相反)。

有人可能会说,如果两年比三年好,那为什么更好的选择不是 18 个月甚至更少呢?我们并不是说两年对所有学生来说都是一个完美的解决方案。相反,我们认为这可能是合理地期望学生对律师工作技能和实体法律领域的一般框架有一个公平了解的最低限度。我们预期部分学校除了成功修定指定数目的课程外,还会采用综合考试或其他机制来决定学员的资格。无论如何,两年制的选择会引发大部分法律学校对其课程进行重大检讨。这本身就是支持这一选择的有力论据。

多样性

我们坚信单一化律师制度正在瓦解,这使我们更愿意倡导结构性改革。如果法律服务的提供与我们在第二章中的预测相差无几,那么今天人们对法学院的认识也会发生变化。虽然所有学校都会继续提供通才教育,但个别学校会有多项选择。例如,学校 A 可能成为本州、本地区或全国培养 X 领域专家的中心。学校 B

不必完全效仿学校 A,它可能成为 Y 领域的中心,也可能决定不提供任何专业培训。学校 C 可能成为跨学科学者的高等教育中心,也可能成为培养有抱负的法律教师或学者的中心。如果有足够的差异化资源,我们预计不同的学校会沿着不同的轨道前进。

允许学生"停学"(用卡内基委员会已经流行起来的说法来形容)的可能性可以给法学院的教育方式增加很大的灵活性。几乎可以肯定的是,专科培训必须插入每个学生的职业生涯中,而不是作为他职业生涯准备工作的一部分。对于那些渴望成为通才或专家的专职助理来说,非全日制教育应该是可能的。在学术和教学方面的职业转变也可能通过停学而实现。或者一个法学专业的学生可以简单的决定自己要继续接受超过通才标准的教育,成为一名专业学者和教师。我们希望作为资历标志的学位不要泛滥。在我们看来,如果法学院能够提供下列学位就足够了:

- J. M. 法学硕士(或 M. A. 文学硕士):一年的法学研究,通常与其他学科的学习相结合
- J. D. 法学博士:普通通才的第一法学学位
- J. S. D. 法学博士:继法学博士之后获得的高级学位,以表彰其在学术上的重大贡献

在对法律教育新方向的研究中,我们对未来的主要建议可以用一个词来概括:多样性。我们相信对于下一代人来说,我们国家的法学院将日益多样化。这也是理所当然的。长期以来,法律教育一直被单一的模式所束缚。重塑的过程正在顺利进行:我们并非要完全抛弃旧的模式,而是在那些需要新发展的模式上进行

构建。我们预计,一些财力有限的学校会将这些资源集中在少数几个领域,以保持它们最高的教育水准。另一些财力较充裕的学校,则可能会继续以往的做法,为学生广泛地提供课程。我们猜测,即使是这些学校也会在法律教育方面尝试不同的方法和技巧。这一切都是好事。正如我们试图表明的,例如,至少在我们能够找出比现在更多的证据之前,不应该在讨论诊所教育时将单一的模式强加给法学院和所有学生。相反,随着时间的推移,多种多样的方法可以产生真正的证据,用以做出经过深思熟虑的判断。

因此,我们对自己提议的学位课程结构改革的支持,是我们更广泛地呼吁多样性的一个方面。在我们看来,如果一些学生在法学院学习两年,一些学习三年,一些学习四年甚至更多,将是更好的资源配置和更好的法律人才培养。同样,我们希望不同的学校能制定不同的课程,我们也希望这些学校之间能进行充分的交流,以不断了解哪一些课程在何种教育环境下是有效的。

最后,当然,法学院的优势并不在于课程的结构,甚至也不在于课程的内容。更确切地说,一所法学院的优势在于其教职人员有能力塑造职业生涯和对法律教育的看法。这种能力如果能在相互尊重的情况下得到加强,就可以确保法律教师对法律教育的发展做出贡献。因此,应当不惜一切代价保护这种能力。

延伸阅读的建议

我们在这里按章列出了一些常见的著作,凡是对法律教育感兴趣的人都应该读一读。

1. **Hurst, James Willard:** *The Growth of American Law: Lawmakers*, Little Brown and Company, Boston, 1950.
2. **Johnstone, Quintin, and Dan Hopson:** *Lawyers and Their Work*, The Bobbs-Merrill Company, Inc., Indianapolis, 1967.

    Schwartz, Murray L.: "Changing Patterns of Legal Services," in Geoffrey C. Hazard, Jr. (ed.), *Law in a Changing America*, The American Assembly, Prentice-Hall, Inc., Englewood Cliffs, N. J., 1968.
3. **Currie, Brainerd:** "The Materials of Law Study," printed as an appendix to the Carrington Report, which is reprinted as Appendix A to this study.

    Prelaw Handboook, The Official Guide to Law Schools, prepared and published by the Association of American Law Schools and the Law School Admission Test Council, 1971 – 72.

    Stolz, Preble: "Training for the Public Profession of the Law

(1921): A Contemporary Review," printed as an appendix to the Crringtonn Report, which is reprinted as Appendix A to this study.

4. *Clinical Education and the Law School of the Future,* cosponsored by the University of Chicago Law School and the Council on Legal Education and Professional Responsibility (CLEPR), 1969.

5. **Association of American Law Schools:** "Training for the Public Professions of the Law: 1971," curriculum study project, reprinted as Appendix A to this study.

6. **Currie, Brainerd:** "The Place of Law in the Liberal Arts College," 5 *Journal of Legal Education* 428, 1953.

   Introductory essay by Bayless Manning and contributions by Harry Kalven Jr., David F. Cavers, Abraham S. Goldstein, and Alex Elson in Geoffrey C. Hazard (ed.), *Law in a Changing America,* The American Assembly, Prentice-Hall, Inc., Englewood Cliffs, N. J., 1968.

   Levi, Edward H.: "The Political, the Professional, and the Prudent in Legal Education," 11 *Journal of Legal Education* 457, 1959.

   Woodard, Calvin: "The Limits of Legal Realism: An Historical Perspective," 54 *Virginia Law Review* 689, 1968, reprinted as Appendix B to this study.

7. **Manning, Bayless:** "Financial Anemia in Legal Education," *American Bar Association Journal,* December 1969.

附录一:《卡林顿报告》[1]

编者注

和大多数教育一样,美国法律教育的发展是一种盲目的发展。它的发展通过累加的方式进行,有时受到对所有教育的神性信仰所刺激,有时被职业虚荣心所转移,有时被学生的过度崇拜所延缓,但始终是教师从学生那里学到的产物。这是这些机构应然的成长方式;并非从单一的、傲慢的概念中成长起来,而是许许多多个人智慧的蓬勃发展。

那些着手准备接受这样概念的人应当注意大卫·霍夫曼(David Hoffman)的经历。霍夫曼在19世纪初为马里兰大学的法律教育准备了一个宏伟的设计,他的模式囊括了人类所有的知识,并且被证明超出了他自己的教学能力。虽然他受到包括约瑟夫·斯托里(Joseph Story)在内的杰出的同时代人物的钦佩,但最

---

[1] 本报告首次发表于美国法学院协会1971年年会议事录《公共法律公共职业培训:1971》的第一部分第Ⅱ节。

终即使没有达到溃败不堪的境地,他也还是从这个领域悻悻而退了。

然而,一直埋头苦干的我们是时候停下来审查一下结果了。这种审视需要一种远见:这种远见需要比我们大多数人从自己工作的"战壕"中迅速爬出所需要的远见还要长远。获得这种远见的一个方法就是比较。本报告的目的是提供一个适合这种用途的模式。示范模式提出了许多与现在流行的观点不同的想法。尽管每一个想法都是真诚提出并坚信其能合理满足公众需要的,也不见得有人会赞同其中的所有内容。预计大多数读者会出现不少抵触情绪;但随着这种抵触情绪的原因逐渐显现,人们会开始关注更长远的观点。

至少人们希望如此。对早期草案的尖锐回应表明,这份报告将让一些读者感到痛苦。我们只能希望这些痛苦是伴随着成长的痛苦。为如此蓄意造成的不适而道歉是徒劳的。但是,或许可以期待听到有人说:我们为和平而来。

我们还要指出,这份报告是为了纪念1921年由卡内基教学促进基金会(Carnegie Foundation for the Advancement of Teaching)出版的阿尔弗雷德·里德的作品而撰写的。冒着自命不凡的风险,我们报告的标题就来自于他的作品。他的著作经过一些删节附在我们的报告当中。另外一个附录是普雷贝尔·斯托尔兹对其作品的回顾,描述了他同时代人对里德报告的反应。第三个附录是对布雷纳德·柯里(Brainerd Currie)重要著作《法学研究资料》的节选,对其他两个附录的历史资料进行了重要补充。

斯托尔兹教授指出,他对里德著作的评论尚不完整。这本书是几年前写的,并已经以草稿形式广泛流传。因为他的目标读者中有很多人已经读过这本书,所以他对润色和整理这本书的兴趣已经下降了。在他的委员会同事们的坚持下,这本书谨以目前的形式在此发表。斯托尔兹评论道:"里德从20世纪20年代的律师和法律教育者身上了解到的一件事是,他们压根不关心法律教育的历史。我担心这种极其冷漠的态度在今天和在50年前一样普遍。我个人认为,把这份不完整的手稿强加给法律教育者是有道理的,因为这份手稿作为附录出版,也是委员会其他成员对历史与当前有关法律教育的决定相互关联的承认。这听上去不算什么,但我相信里德会把它视为重要的进步。"委员会确实希望,附录不仅能使读者对该报告的内容有更好的认识,还能使他们及时对我们当前的时代有着更深刻的认识。

保罗·D. 卡林顿(Paul D. Carrington)

安娜堡　密歇根州

1971年9月7日

第一章
结论与总结

课程研究计划委员会的结论是:

1. 法学院应该提供与公众对法律服务的不同需求和更多学生的不同目标相适应的教育。

2. 每个成员学校都应该重新审视其课程的每一个组成部分以及整个课程,以确定在人力和财力资源方面的成本是否与推进教育目标所取得的收益相称。

3. 每所成员学校都应评估其课程,以确定它在多大程度上促进了选定目标的实现,这些目标可能包括:

a. 培养学生在一般法律实践中为公共或私人客户提供咨询的能力;

b. 培养在特定实践领域寻求特殊能力的学生;

c. 培养具有跨学科研究能力的律师;

d. 使学生成为具备提供法律服务的能力的专职人员;

e. 为具有求知欲的学生建立法律基础,无论他们是否无法确定自己的职业目标,或是计划从事其他学科相关的职业。

4. 学校应该摆脱传统教条的束缚,比如认为所有毕业生都必须被训练成全能型人才,或认为只有在法学院学习了三年法律后才能获得首个法学学位。法学院的课程应该反映功能需求,打破那些除了"长寿"之外没有任何值得称道之处的课程和方法。

5. 为了鼓励成员学校之间的重新审视并促进多样性的发展,执行委员会应该重新评估协会的认证标准,以确定它们在多大程度上促进了公共利益。

为了阐明这些结论并促使人们对此重新审视,委员会在此提出了一个示范课程。应当强调的是,这一模式不是"理想的课程"或一项统一的、以便所有学校不加修改就能立即颁布的草案。相反,它是一组具体的例子,用以说明如果一个机构有兴趣实施该报告的概念,应如何通过一个方案将其体现出来。为了衬托更重要的设计部分,模式的细节是粗略的;细节不应分散读者对其主题的注意力。此外,示范模式还包含了一些可供单独考虑的特性。在本报告的最后一部分"模式的基本原理"中,将单独强调这些问题,并说明可能促使合理的人员采用示范模式所描述方案的理由。

示范模式在形式上是针对某神话学校未来的学生的,其中包含了对其主要特点的介绍性概述。然而,我们可以更简单地描述它。通向法学博士的标准课程是它的核心,许多学生需要两个学年的严格学习才能完成。该课程面向那些在三年高等教育或同等学历中取得成功的学生。在这样做的过程中,它将注意力更直接地集中在社会和其他致力于研究社会的学科上。它力图更慎重地分配教学资源,提供相当多的"强化教学"以确保专业训练更深入的渗透。这一部分在必要时可以用来给适当的诊所教育项目让位。

标准课程在某些方面预示着高级课程的进一步培训。后者旨在满足专业人员的需要,包括渴望从事教学或研究在内的专业人员希望有机会在大学环境中发展更专业的技能和见解。它也为那些希望以最大效率满足大学学习要求的学生提供服务。高级课程旨在促进非连续的法律培训,帮助学生将实践工作、公共服务或法律相关学科的学习引入他们的法律学习中。

开放课程实际上是向所有有志于学习法律的大学或其他合作院校的学生开放的。它不仅试图消除外行人对法律程序的误解,而且通过为相关专业人员提供专业学位,对法律职业的单一传统进行直接攻击。正如《基本原理》将指出的那样,"肥胖的特征因人而异"。

示范模式旨在确保对所有方案进行持续的成本效益分析,向每个方案和教学单位收取全部运营成本以及可以确定的成本。为了防止这种额外的费用阻碍学生选择自己所需的全面教育,付费环节可以被推迟,也可以从专业收入中扣除。然后,可用于资助的资金将被用于支持那些被认定为值得提供的项目,即使这些项目没有足够的资金承担自己的费用。通过这种方式，示范模式避免了将公共或私人支持作为对中上层专业人员的一般补贴。

简而言之，示范模式试图协调四个并不总是协调的主题，试图使法律教育变得更实用、更个性化、更多样化和更易得，而这些都不是什么新鲜的目标或价值观。从柏拉图奋笔疾书的那个年代一直到现在，对于诸如此类问题的回应方式并没有实质性的增加。但适合一个时代和地方的对策可能不太适合另一个时代。具体的适用情况取决于特定时代。我们的时代要求法律教育者重新审视他们职业的基本要求。

第二章
示范课程公告
（致未来学生）

模式目录

1. 法律学习的目标和成本

   A. 简介

   B. 标准课程

   C. 高级课程

   D. 开放式课程

2. 标准课程

   A. 入学和毕业

   B. 基础教学

   C. 强化教学

   D. 广泛课程说明

3. 高级课程

A. 入学和毕业

B. 驻校教学

C. 特别教学

D. 研究教学

4. 开放课程

A. 入学和毕业

B. 学院教学

C. 联合职业指导

1. 法律学习的目标和成本

A. 简介

学习法律的原因有很多。法律作为一门高度理性的学科,鼓励学生从分析个人从事法律工作的原因展开学习。建议那些不熟悉法律专业工作的人可以咨询律师,参加诉讼,查阅传记、小说、历史、社会科学等丰富的法律文献。初学法学的学生将注意力固定在太狭窄的目标上是不明智的,不过一定的方向感会使他们的学习更加有效和愉快。这种方向感对于充分利用学校的教学课程所提供的选择来说是必要的。

学校的教学分为三种课程,每种课程服务于不同背景和培训水平的学生,以满足其进入学校的需要。标准课程服务于学生作为专业律师培训的传统需求;它假定学生在入学前已在本科学习中取得了实质性成就。高级课程满足专业人员对额外大学培训的需要;这些需要可能与专业能力有关,也可能与从事的教学或研究工作有关,或与符合州法律规定的驻校学习要求有关,它体现了学生的专业地位。开放课程服务于那些对法律有好奇心的学生,那些希望测试或证明自己有能力达到专业水平的学生,或者那些寻求足够的培训以使他们能够进入辩护和咨询等相关法律专业的学生。本课程只要求几乎所有大学生达到一定的学术水平。

考虑以上任何一种选择的学生都应该考虑他们包括时间和金钱在内的真实学习成本。如果包括准备时间,则至少需要五个学年的艰苦学习才能获得正式执业律师的地位。由于需要延长某些部分的学习时间,或受国家许可要求的影响,这一目标的实现很可能会被推迟。事实证明,为了追求特殊的能力水平,在短暂的专业工作后继续学习可能是可取的。可以将较短的学习时间投入到开放课程中以获得优势。

根据教学的性质和强度,学费也会有所不同。虽然推迟付款很方便,但学生理论上来说应当承担所有专业培训的全部费用,正是这些培训可能会提高他们的收入能力。费用是以相对粗略的方式进行计算的,依据是聘请一名教授包括薪金、福利、秘书、行政服务、监督以及研究服务等方面的成本,每年为 80 000 美元。收费的目的是产生回报;大量使用教师资源的教学收取的费用比使用教师资源较少的教学收取的费用高得多。通常的假设是,这些费用将从学生未来赚取的专业收入中支付。现金支付可享受 10% 的折扣,利息按 6% 收取。同时,公共和私人慈善补助金也可用于有限的用途。这些措施适用于维护所有学生的利益,但硬件设施的提供和维护不得由学生承担。剩余的资金则用于支持与经济活动无关但出于公众利益考虑的教学和研究,以及支持特别有需要或有天赋的学生。

职业选择不应受到这些经济因素的控制,但对这些因素的考察应该有助于学生明确自己的非经济目标。应该把学生的时间、精力和放弃的收入看作是对自身和未来的投资。即使他选择不充分挖掘自己的经济价值,或者即使他选择把全部经济价值投入到非经济事业中去,也是一种投资。考虑到这些个人因素,我们邀请未来的学生评估各种课程的几个目标。

B. 标准课程

本课程旨在帮助学生获得专业通才的能力。关于专业通才的特点没有权威性的说法,而律师在其专业工作中提供的广泛服务使得定义极为困难。任何美德或才能都可能被证明对律师有用。然而可以说,通才律师是通过运用官方权力来处理社会冲突、避免和解决社会冲突的专家。他应该熟悉一系列的常规信息,他应该能够运用许多技能。这些技能又意味着一些可能对这些专业人员特别重要的习惯、特质或价值观。有志于成为专业通才的学生,最好能对照学院对通才模范的传统概念来衡量自己。这样做的话,他们可以在接触和体验课程时更好地理解自己的需要,如果他们偶然发现某些特征对他们个人来说是不可取的,则可能会获得一些"知道应该抵制什么"的洞察力。正是为了促进这种自我衡量和个人目标的设定,而不是为了将所有的学生都装进一个共同的模子里,教学人员们对模范通才提出了以下初步的描述。

学院认为,通才应当熟悉私法的基本历史概念,包括侵权行为法的基本规则;还包括合同、财产、代理、信托、准合同和衡平法的内容。他应该熟悉关于家庭关系、公共福利、劳动关系、商业交易、破产、联邦税收和商业组织的一般法律规定;应该熟悉联邦政府、州政府和地方政府的结构,并且对法院的作用和宪法体系的动态有着坚定的理解;应该了解行政程序的基本原理;应该熟悉刑法的原则,以及刑法的执行程序和制度。

更广泛地说,通才应敏锐地意识到法律规则与规则所处的社会环境以及规则的执行过程之间相互作用的重要性;应该注意到科学方法作为法律问题的启迪来源的可能性和局限性;应该对与法律有关的学科有一定的了解;因此,他应该能够读懂资产负债表,并以智慧解释社会或经济数据。

除了对法律及其程序的理解外,他还需要在实际运用这种理解时的技巧和纪律。通才应善于进行必要的研究,以便在需要时扩大其知识面。他不仅要有能力处理不熟悉的材料,而且在必要的时候要有准备,凭直觉做出一些听起来仓促的判断。这就要求他对法律制度所表达的宗旨和价值的认识能够有效地参与到所有问题的解决中去。通才无论是担任辩护人还是策划人,都必须熟练地运用语言。他应该对语言的脆弱性有深刻的认识,他还应该是一个事实上的倾听者。简而言之,他应该是一名能够发挥实际作用的老师。他还应善于通过找到创造性的解决问题的办法来避免冲突;这意味着他应能以超乎寻常的眼光看待问题和争端。

除了理解力和智力技能外,有效的通才可能需要具备与所述技能有关的某些情感或心理特征。作为倡导者,他应该具有攻击性,但他的攻击性应该得到控制。这一点在谈判或计划避免争端时尤其重要。不管专业人员面对可能与其打交道的其他人,还是面对他自己,具备对压力后果的敏感度都是非常重要的。了解权力的心理动力学是有益的,尤其是当它们对一个人的自我起作用时;因此,重要的是要认识到权力对他人的责任又不会被它迷惑。模范通才还应该具有工匠的自主意识,这使他能够经受住批评,表达不受欢迎的意见,并能应付与他的忠诚相互矛盾的要求。他应该具有比一般人更强大的时间洞察力,使他能够牺牲现在的利益来换取未来更大的利益。他应该关注公共利益;一个愤世嫉俗的律师不仅对他人而且最终对自己都是丑陋的威胁。同时,他也不应该太过执着于自己对"什么构成了我们"的看法,以至于无法顾及他人的不同意见。即使他致力于严格的理性也不应该忘记:有些社会问题可能更容易屈服于美好的品格,而不是权力的理性运用。

很显然,即使教学人员们严明纪律且配合协调,一心一意地朝着这个结果努力(而教学人员们显然不是),即使对此完全服从,也很少有成年人能在两年(或者更多)的时间里适应这样的角色。但标准课程是以这样的目标来规划和教学的。寻求机会发展这些理解、技能和特质的学生将发现并能以最适合他们需要的方式利用它。另一方面,那些对这一模式高度抵触、回避上述许多特点的学生,应该鼓励他们考虑其他职业选择。

该课程通过三种不同的教学形式来实现其目标。基础教学课程是标准化的,旨在向学生介绍这一专业;它需要至少一年的全日制学习才能完成。强化教学在第二年开设,目的是通过对专业工作深度沉浸和对工作表现密切监督,培养高水平的专业技能。强化教学由同等程度的广泛教学课程支持,旨在以最高效率扩大学生的接触面。强化教学和广泛教学都可以在一个学年内完成,这样就有可能在两年的法律学习中获得专业的法学博士学位。一些学生,特别是那些在努力吸收专业文化方面处于劣势的学生,可以鼓励他们将强化教学和广泛教学分散在一个更长的时间段内进行。这一专业培训项目的准备工作需要至少三年的高等教育或同等学历,因此,刚刚开始学习的学生必须计划至少五年的准备工作和法律学习,以便获得完全的专业资格。州政府的要求还可能将这一期限再延长一年,然后才能最终授予专业执照。

除了所需的时间承诺外,还要求未来的学生对自己学习所需的全部费用有所把握。虽然学费可以延期支付,但学生一般需要承担本课程中教学项目的全部运作成本,只有那些特别有需要或有天赋的新学员才会得到适度的资助。基础教学计划的有效教学比例约为20∶1,并对团队教学中使用的辅助人员给予补助。因此,教学的实际费用是每个学生4000美元;这是按六门课程每门667美元计算的。强化教学计划的有效教学比例为6∶1,因此,实际教学成本为6667美元;按每门课程2222美元的比例计算。广泛教学计划的有效教学比率为40∶1,因此,实际教学成本为1000美元;按每一学分50美元的比率计算。

因此,经过评估,为培养大多数学生具备可接受的常规能力而需要的法学教学总成本应为两年的时间,外加约12000美元的学费。在衡量这笔费用时,不仅要考虑到常规能力的益处,而且要考虑到有机会获得更高层次的个人发展所带来的好处。后者可在高级课程中获得。

C. 高级课程

该课程分为三个项目,分别满足不同的需求。为参加当地律师资格考试或为取得律师资格,需要满足驻校学习额外要求的学生,可接受驻校教学。它力求以最少的时间和精力满足这些要求,同时提供适当的教育经历。因此,它为学生提供了最大的自由度,让他们个人决定所需的额外培训程度。那些希望将大部分时间和精力用于追求经济回报或服务于慈善事业的学生,将获得最大的机会遵从自己的安排。这一过程中主要存在的潜在假设在于,学生的法学博士学位记录了他所接受的普通法律教育收益递减的过程,是否需要继续学习只应由国家颁发执照的机构负责,而不是由学校负责。

选择这样做的学生可以获得补助,以便在基础教学和作为标准课程一部分的、更艰苦的学习阶段之间的时间继续进行驻校学习。因此,一个学生可以选择在法律事务所担任助理,同时在其攻读法学博士学位的工作年限期间获得驻校学习的学分。驻校学习的费用不高,与本课程所使用的教师资源的比例相称。费用为每学期100美元,不包括可能发生的特别指导的额外费用。

特别指导旨在帮助合格的专业人员在特定的实践领域发展专业能力。小规模的专业人员团体有机会利用大学的资源,在实践专业人员的支持下,由教师进行有限的指导。学校提供的特别证书考试是指导学习的一种手段。

为了满足从业人员与他们的专业客户保持联系的需要,我们努力在研究中进行反思:每周总有一个工作日没有学术任务;所有课程都在一个学期或更短的时间内完成;一些前期工作是通过信函来完成的。与此同时人们认识到,这些课程无法与专门从事法律继续教育的组织的平日课程或周末课程相竞争。这些课程的目的是提供严格的、在一个相对宁静的环境中吸收学习的机会。特殊教学的费用与该课程所使用的教师资源的比例相称,往往比每组的全职教师多一点,一学期的学费通常是2 000美元。如果课程时间较短或资助得益,费用可能会减少;如果需要利用不寻常的资源,费用还可能会更高。付款可以延期。一般还可以获得价格低廉的大学住宿。

研究指导是为有志于从事法学教学或研究工作的学生设计的。学生将有望在法学院或者中学和大学担任教师,或在公共或私人机构担任研究专家。越来越多的社会研究中心需要在法律和社会科学研究方面具有高技能的人才。

虽然研究教学中每个学生的工作都是单独设计的,但有一些正式的指导主要是为本项目的学生提供的。该项目主要以跨学科为研究方向。由于这种自我发展通常在经济上没有回报,因此有一笔可观的资助用于支付教学费用。虽然费用估计为每学期5 000美元,但实际上学费是1 000美元且可以延期付款。此外,这一项目的学生可以确保在标准和公开课程中有偿担任法律教师。由于这些情况以及该方案对教师资源的大量需求,必须严格限制录取学生的数量。

D. 开放式课程

本课程分为服务于两个完全不同需求的方案。反过来,这样的方案在大学教学中具备几个功能。它是为那些对法律有普遍好奇心的人设计的。接受服务的学生可以是任何级别的本科生,他们对自己的职业目标不确定,或者已经形成了与法律有关的兴趣,这些兴趣可以通过加强对法律和法律程序的理解而得到促进。该方案可以为那些文化和学术背景有限而在法律专业学习中处于不利地位的学生提供"起步"作用,也可以为那些学术资历不足的学生提供一个机会来证明他们在法学研究中的能力。在本课程中取得高分的学生,可以保证被标准课程录取;有些课程的学习可以转入该课程的学分。

相比之下,联合职业指导计划服务于具有特定职业目标的学生。它旨在帮助学生获得专业能力,以解决比通才律师可能的应对范围更窄的法律问题。为达到这一目标而进行的培训不必像通才律师所需的培训那样漫长或严格。达到该课程目标的学生可以被授予硕士专业学位。无论是否获得该学位,他们都希望进入一个与传统律师行业相关的新法律专业,共同为公众提供优质的法律服务。学校提供有关赔偿、家庭福利、劳动和税法方面的四种专业培训。

在进入这样一个学习项目之前,学生应该对这些专业人员所扮演角色的性质给予充分的重视。那些对地位问题比较敏感的人应该特别警惕。他们很可能会对自己与训练有素的律师之间的关系感到不满意,因为后者有时可能会为类似的服务开出更高的价格,或者在所服务的公众眼中获得更高的地位。另一方面,那些不愿面对长期严格培训的人,可能会通过这个项目找到适当的职业机会。

为了将学生选择这类职业后可能会因自己的选择而受挫的风险降到最低,学校尽一切努力向那些迟来的、渴望接受更严格训练的学生保持开放。我们鼓励在联合职业指导中表现优异的学生继续在标准课程中学习。将那些在专业实践中表现出色的人,被邀请回国与律师一起参加特别教学。这样,这些专业的大多数成员就有可能获得成为律师所必需的学术资格。然而,我们提醒年轻和有能力的学生不要过早地限制他们的志向,当标准课程开放作为一种选择时,他们的志向可能会受到过早的限制。我们认为联合职业指导特别适合那些对自己的第一职业选择不满意,或者已经把年幼的孩子们养大,并希望迅速有效地转入法律专业的、较为成熟的学生的需要。

该课程中的一些教学是在与法学院合作主办的其他机构的场地上进行的。虽然法学院的每一位成员都定期对教学方案做出贡献,但大部分教学并非由全职法学院教师进行。其中一些课程是由法律专业的学生在个别教授的监督下进行的。其中一些是由其他领域的学者进行的。还有一些是由不仅包括律师,还包括相关专业的专职人员进行的。

这种教学一般比标准课程的教学费用低,这不仅是因为人员的费用较低,而且因为可分配给这种教学的研究服务的比例较小。基于这些原因,本课程中一名全职同等教师的费用为55 000美元。由于大多数教学是以20∶1的教学比例进行的,一般的教学费用是每学分100美元。对于非专业的学生,学费与一般的本科教学费用相同。对于那些参加联合职业教育课程的学生,学费是每学分100美元。专业指导方案中的实践课程是个例外;这些课程集中教授,比例接近5∶1,每学分费用为400美元,整个6个学分课程为2 400美元。攻读硕士学位的法学教学总成本约为7 500美元。与其他课程一样,这些费用可以延期付款,并可根据个人情况获得补助金。

未来的学生应该注意到,学校并不试图为所有的专业提供全方位的课程,就像它没有努力服务于所有高级专业领域一样。一个学院不可能涵盖所有的领域。有意向的学生如果有其他兴趣,应该考虑进入其他学校。在本校萌生其他兴趣的学生将在努力转学的过程中得到帮助,就像学校也欢迎那些迟来的学生转到他们本应早点加入的项目中来一样。(对细节不感兴趣的普通读者可以明智地跳到第127页开始的最后一章。)

2. 标准课程

A. 入学和毕业

学生申请者中已完成100个高等教育学分或同等学历者可被选入该课程。如果学生完成了3年的高等教育或同等学历,并且在30个法律学习学分中获得接近A而不是B的成绩,可以从开放课程转入本课程。获得A级成绩的开放课程学分可以转移,以代替类似的标准课程。

凡完成 36 个学分的学生(包括至少 20 个基础教学学分和 6 个强化教学学分),将被授予法学硕士学位。

符合以下条件者,可授予法学博士学位:

(1)完成基础教学 30 个学分的规定内容;

(2)完成强化教学 18 个学分的内容;

(3)完成广泛教学 18 个学分的内容;

以下是对这 3 种必修课的详细说明。

B. 基础教学

基本教学包括六门标准课程和必修课程,一般在一个学年内完成。每门课的分值为 5 学分。它们是:

法律与社会控制(S) 本课程的功能是将法律和法律程序置于更广泛的环境中。强调在解决法律问题时需要发展和使用其他学科的技术。本课程由一个在其他学科以及法律方面具有较高素质的团队授课,并由在法律和相关领域接受培训的研究生协助。今年,该课程将关注三种反社会行为的控制:对陌生人的暴力、药物滥用、住房和公共场所的种族歧视。这些问题被用来说明刑法的适用性、操作性和效果,以及通过民事和行政程序进行控制的替代手段。学生应了解不同法律制裁的不同效力限制、法律学说与基本社会价值和数据之间的关系,以及科学方法在揭示此类反社会行为形式方面的效用。他们还将基本熟悉刑法原则和这些原则在专业工作中的应用过程。

法律辩护(S) 本课程的作用是介绍律师的专业角色。重点放在发展和使用专业技能的必要性方面。本课程由其中至少包括一名专业诉讼律师的教学团队进行教授。该团队由更高级课程的学生协助。今年,该课程将关注律师提出和抵制事故索赔的作用。专业诉讼律师在陪审团审判中的作用和责任将得到深入研究,包括在选择法庭、答辩、发现证据、选择陪审员、审查证人、起草指示、进行上诉和解决争端等方面的问题。课程还包括关于动议和上诉的模拟辩论以及谈判经验。人际关系培训的形式是提供一个让学生们对自己所扮演角色做出的反应进行共同反思的机会。学生不仅要了解辩护人的作用及其局限性,而且要熟悉民事诉讼程序以及与过失责任和无过错责任有关的侵权行为学说。此外,还对对抗性诉讼程序的社会效用和通过私人保险或社会保险的索赔管理的替代方法进行了比较,这些方法是为了补偿一些可能受到对抗性诉讼的损失而演变出来的。

法律学说和方法(一)(S) 本课程的功能是培养学生对法律原则的熟悉程度和法理分析的技巧。重点在于传统法学院的教学方法和普通法学说的历史发展。今年,本课程将研究合同法。《统一商法典》关于货物销售合同的规定可以同关于雇佣合同和土地销售合同的普通法原则相比较。比较合同救济的不同用途,以及与合同的订立、解释和转让有关的学说。希望学生在掌握合同法的同时,对合同法的经济、社会、政治基础及其实际应用有适当的理解。

法律决策(S) 本课程研究参与、制定、执行公共决定的法律机构之间的社会、经济和政治关系。它建立在法律宣传和法律与社会控制课程中获得的经验基础上。它由一个在社会心理学、政治科学、历史学和法律方面都具有高水平的团队进行教授。对宪法中的三权分立理论进行认真分析;对美国最高法院与联邦政府其他机关的关系进行详细研究。前面考察过的事实法区分和最低限度正当程序的概念,都是在其宪法背景下考察的。对联邦制的问题(即使不是面面俱到),也会给予大量的关注。今年,课程将特别强调作为确保公开进入决策机构手段的投票权和言论自由权。系统分析是作为做出合理决定的工具而提出的。希望学生们能基本熟悉宪法和行政法的原则,熟悉这些原则产生的社会环境,熟悉法律专业人员在实施这些原则中的作用。

法律规划(S) 本课程研究法律专业人员在规划对法律困境进行避免时所扮演的角色。该课程建立在"法律辩护"和"法律学说和方法(一)"课程中获得的经验基础上,由一个至少包括一名从事法律规划从业人员的教学小组进行教授。其他从事不同内容但困难程度相同的"解决问题"任务的人所使用的设备和规程,将作为备选方案提出。今年的课程将集中在简单商业投资计划的问题方面。学生将了解到代理、合伙和公司的基本概念,以及《国内税收法》中体现的基本原则。学生要对企业单位对事故和反社会行为的责任进行了解。除了提高对专业工作的理解和对法律学说的熟悉程度外,还希望学生能更好地理解会计学和经济学在理解和解决法律问题方面的效用。

法律学说和方法(二)(S) 本课程旨在继续追求其先决条件的目标。今年,它将研究物权法。将物权概念与合同法的概念进行比较。本课程强调物权可以通过多种方式进行转让、共享或分割,以满足不同的社会和个人需求。对关于房东和租户关系的法律(包括住房立法中体现的概念)以及关于土地占用人对事故责任的法律进行深入的审查。本课程有相当一部分内容将专门讨论物权法的原则,这些原则最好理解为控制反社会土地使用的手段。法院和其他政府机关在制定和执行土地使用管制方面的作用,以及法律专业人员在规划避免此类管制时的作用都将得到审视。因此,该课程旨在说明基础教学的所有其他课程之间的相互关系。

C. 强化教学

这部分课程的作用是确保每个学生都能达到较高的专业水平。每门课的教师都会提出更精确的目标。

每门课程都是可以在一个学期内完成的选修课。每门课都是6个学分,并且要求几乎所有的学生在不超过250小时的努力下完成。这些内容具备专业性质,并将受到密切监督。

大多数课程都是由正规教师教授的;一位教授如果被指派监督多达18名学生的任务,就可以被认为是恪尽职守的。大多数教师除了完成其他教学任务外,还要监督少数学生。学生可能会被分配给可能包括执业专业人士或高级课程学生在内的兼职教师指导;兼职教师负责的学生不会超过6名。在可能的情况下,允许学生选择自己的任务和导师,但一个导师最多只能选一门选修课。

确切的任务性质和指导方式将由指导教师和学生自行决定。为了提高他们的作品质量和达到专业的标准,学生通常会被要求反复、重复他们的努力并连续不断地进行写作练习。他们经常会被要求编辑和评价同学的作品。在某些情况下,这项工作可能涉及到举行一场少至2人多至18人的小组讨论会。在合理可行和方便的情况下,可使用诊所教育材料作为指导专业工作的基础。同样,指导工作可能包括一项在开放课程中的教学任务。其中一些研究成果还有机会发表在《法律评论》上。

为了保证广泛的经验,这些课程分为三个组:倡导,规划和研究。根据学生的特殊需要和兴趣,我们鼓励每个学生在这三个类别中选择一门课程。学生不要试图专攻这一部分的课程；否则将被排除在重叠的课程之外。广泛的专业能力需要广泛的经验。

今年，我们将在以下领域开设强化课程：

  商业竞争宣传

  宪制辩护（诊所教育）

  刑事辩护（诊所教育）

  环境宣传

  家庭福利辩护（诊所教育）

  联邦税收辩护

  劳动仲裁辩护

  囚犯辩护（诊所教育）

  遗嘱认证辩护

  股东管理辩护

  行政规划：信息传播

  行政规划：公共卫生监管

  集体谈判规划

  商业交易规划

  雇员退休规划

  遗产规划

  联邦税收规划

  土地利用规划

  组织规划

  专利许可规划

索赔法研究(教学)

刑事诉讼研究

经济发展法研究

家庭和福利法研究(教学)

劳动法研究(教学)

法律和矿产开发研究

法律史研究

法律程序研究(教学)

税收研究(教学)

国际组织研究

法律职业研究(教学)

D. 广泛课程说明

这部分课程的作用是增加每个学生接触法律学说的广度。它的目的是尽可能有效地满足学生时间和对教学资源的需求。在可能的情况下,学生应该培养自己管理教材的自学能力。

每门课程都是以考试、教学大纲和正式报告为基础的选修课。考试在每学期末进行,内容以在同一学期开始时可在图书馆查阅的教学大纲为基础。教学大纲将包括一份标准教学工作的参考资料,以及一份经过精心挑选的、包括部分文本、文章、法规、规则或裁决和现有的讲座录音、教学计划、自学游戏的附加材料清单。正式的报告将由准备考试的教师或由其指定的其他专业人员进行。

一门课程可以分配1个、2个或3个学分。考试时间、教学大纲和正式报告将相应调整。今年,每位学生可以从以下课程中选择 18 个学分：

  会计(1 学分)

  企业管理(3 学分)

  民法(2 学分)

  共产主义法律(1 学分)

  法律冲突(2 学分)

  公司(S)(2 学分)

  证据(2 学分)

  家庭福利法(2 学分)

  联邦司法管辖权(2 学分)

  联邦税收(3 学分)

  国际法(2 学分)

  法理学(2 学分)

  劳动法(2 学分)

  法律历史(2 学分)

  地方政府法(2 学分)

  赔偿(2 学分)

  信托及不动产(2 学分)

  在进行选择时，我们再次告诫学生不要试图将教学内容专业化或集中化，而要将这些选择与强化教学的课程联系起来，以达到最大的广度。

3. 高级课程

A. 入学和毕业

  本课程一般从获得法学博士或法学硕士学位的申请者中选拔录取，但已完成标准课程基础教学的学生只能接受驻校教学。

任何合格的学生都有权利接受驻校指导。在申请特别教学的学生中，具有相关专业经验的学生将被优先录取。而研究生的名额将非常有限。

对完成12个学分驻校教学的学生，可对其颁发一学期的驻校学习证明。特别证书考试成绩优异者，还可获得证书。下列学生将获得法学博士学位：

（1）取得特殊教学证书；

（2）完成研究指导课程；

（3）完成法学相关学科的研究生阶段学习内容，符合研究生学位的课程要求；

（4）表现出作为法律教师的突出素养。

法学博士学位将授予符合前三项要求，且表现出作为法律学者的特征并符合研究生院可能规定的其他要求的学生。

B. 驻校教学

本课程的学分可通过完成标准课程中强化教学中的额外作业或开放课程中的普通教学作业的方式获得，但不得重复获得学分。特别证书考试成绩合格者，也可获得12个学分。或者，在法律相关学科的研究生水平的工作可以获得多达15个学分。其他学分可在以下课程中获得：

律师资格考试（9学分）该课程旨在帮助学生准备当地的律师资格考试。

驻校诊所教育（最多12个学分）这是一门在专业监督下进行专业工作的课程。该工作与正常的就业机会相吻合。督导计划可由教务处临时安排。一般情况下，督导要提供一些办公室和人事管理（包括使用非专业助理）和专业责任方面的培训。

驻校教学(最多 12 个学分) 本学分可通过提供教学服务获得。为了获得最高学分,学生必须承担实质性的教学任务。所有工作都是在正式教师的监督下进行的。

本课程中的所有工作都是在及格—不及格评分制的基础上进行的。

C. 特别教学

特殊教学课程一般提供给 25 名专业学生组成的小组。每门课程可以在任何有足够需求的学期开设。新的课程可能会在短时间内进行公布。

每门课程都是一个小型教师委员会的产物,该委员会在实践专家的帮助下设计考试和选择教学大纲。一些前期工作可能会被指定为函授工作。每门课程所涉及的正式报告一般都需要教员委员会挑选的几位实践专家参与。正式报告一般由学生策划的研讨会支持。每个学生都将被要求协助在标准课程中进行强化教学,或者在基础教学中计划或宣导课程。每门课程的学习时间为一学期或更短。

目前可供选择的项目有:

商业法规(A) 本课程主要研究微观经济理论、合并与竞争、国际贸易法规、定价与贸易实务、公用事业法规、国家与商业焦点规则等课题。

民事诉讼(A) 本课程主要研究解剖学、侵权行为、民事诉讼程序与证据、安全工程、损害赔偿、衡平法上的救济和联邦司法管辖权等科目。

刑法(A) 本课程研究精神病学、解剖学、警察科学、矫正学、刑事证据和程序以及刑事实体法等科目。

国际贸易(A) 本课程主要研究国际贸易、货币理论、国际私法、国际贸易税收、国际组织和民法等科目。

地方政府法(A) 本课程研究国家和地方的商业法规、国家和地方税收、公用事业法规、政治理论、公共就业法、土地使用控制和平等保护法。

石油和天然气法(A) 本课程研究石油和天然气税收、矿产资源、石油工程、石油和天然气法规。

税收(A) 本课程研究国家和地方税收、国际贸易税收、公司税收、高级会计、税收经济学、遗产和赠与税收。

D. 研究教学

每一个有志于发展并表现出作为法律学者杰出性的学生都必须设计自己的发展计划。他将被分配到一个专门的教师委员会,该委员会将提供建议并评估他的进展。作为其工作的一部分,他通常被要求让一些预科学生参与他的项目;三或四名学生可能会被分配到标准课程中获得强化教学的学分。有三个单元的教学主要是为研究生设计的:

研究方法(4学分)

法律哲学(4学分)

法律教育和法律职业(4学分)

虽然每个小组都有一名教师担任主席,但每个小组都由学生策划和主持研讨会。

4. 开放课程

A. 入学和毕业

本课程向任何被本校或与本法学院建立了合作办学关系的任何周边院校录取的学生开放。

本课程的学习成果可以通过以下任何一种方式得到认可：

（1）获得其他专业学士学位的学生，在本课程中完成包括法律决策（O）在内的 18 个学分的课程，可获得法学副学士学位；

（2）在本课程中完成 100 个学分（包括一般学位所需的学分）的课程，其中包括法律决策（O）、法律与社会控制（O）两门课程的 30 学分，将获得法律专业学士学位；

（3）取得 132 个学分（包括本课程中的 66 个学分）并通过相应专业考试的学生，将获得补偿法、家庭福利法、劳动法或税法的法学硕士学位；

（4）专业考试合格者即使达不到学位要求也可获得证书。

B. 学院教学

学院教学大纲包括四种教学单元：

（1）法律程序研讨会

这些都是专题研讨会。选择的题目将取决于现有的导师和学生的兴趣。每次研讨会将不预先设定与会者具备法律或高等教育的背景，并将努力向学生介绍法律分析和解决当前社会问题的法律方法。每门课程有 3 个学分，在一个学期内完成。今年将举办以下研讨会：

公民自由：对反复出现问题的历史和政治进行考察，重点是隐私的窃听和入侵；程序性正当程序的概念将为研讨提供一个中心主题。

犯罪与刑罚：对美国刑事司法及其制定和管理过程和机构进行介绍性的探讨。

无法庭法律：在法院之外解决冲突的人类学和社会学研究，包括劳动和商业仲裁以及婚姻咨询；对其他社会秩序进行相互比较。

政治审判：研究政治与司法的交叉，包括对萨科-范泽蒂（Sacco-Vanzetti）、艾希曼（Eichmann）、芝加哥8（The Chicago 8）、丹尼尔（Daniel）和锡纳夫斯基（Sinavsky）等审判的深入研究。

陪审团：探讨英国和美国的民事、刑事陪审团；该研究将具备历史的、比较的、经验的和技术的特征。

律师：研究法律职业历史、社会学和经济学，强调作为理想和实践的专业概念。

妇女与法律：研究妇女权利的历史和哲学，包括对变革建议的技术研究。

（2）法律课程

这些课程比介绍性研讨会更正式、更有条理、更严谨，但并不假定学生事先具有法律知识，而是力求使学生认识到法律制度与学生所属的更广泛社会之间的关系。每门课程为一个学期，共有5个学分：

法律制度比较：对中世纪英国、19世纪美国、原始社会以及当代美国、欧洲和苏联的法律制度进行人类学和历史学的比较。

正义：检视法律哲学家和正义哲学家的工作，以及与个人责任问题有关的心理学工作；这一学习成果将应用于诸如公民抗命和国际组织等问题。

法律与社会控制（O）：本课程类似于标准课程中提供的法律与社会控制（S）。它所提供的材料相同或相似，但讲授的内容不那么严格。本课程是主修法律专业学士学位的必修课。

美国经济中的法律：研究合同法和物权法在经济发展中的历史和当代的作用，包括研究规范企业和劳资关系的立法。

法律决策（O）：本课程类似于标准课程中提供的法律决策（S），所提供的材料相同或相似，但讲授内容相对灵活。本课程是法学专业或辅修专业的必修课。

（3）服务课程

这些课程都是由大学的其他单位共同主办的，它们都不要求事先接受法律或任何其他学科的培训，但每门课程都旨在满足特定学生群体的需要和兴趣。由于研究问题可能具有普遍性，也可能基于特殊的兴趣，因此课程邀请并鼓励特定群体以外的学生参加。本课程为单学期课程，学分为3个学分。

教会与国家：考察有关私人宗教团体管理的法律、私人教育、宪法第一修正案以及其他神职人员感兴趣的事项。本课程由神学院共同主办。

消费者保护法：研究卖家提供满意商品的义务和买家支付价格的义务。本课程由家政学院合办。

公司（O）：管理私营企业的法律审查。该课程由商学院联合主办。

家庭法：审查关于家庭关系的法律。该课程由社会工作学院共同主办。

住房法：考察有关住房开发和占用的法律，包括对房东和房客权利的研究。该课程由城市研究中心联合主办。

法律与言论自由：对诽谤法和言论自由的宪法权利的研究。该课程由新闻学院联合主办。

地方政府法（O）：探讨地方政府的权力及其行使过程。该课程由城市研究中心联合主办。

自然资源法：探讨与资源管理有关的各种问题。该课程由自然资源学院共同主办。

公共卫生法:考察规范卫生专业的法律,公共卫生官员的权力,以及包括空气污染控制问题在内的其他主题。该课程由公共卫生学院联合主办。

公立学校法:考察公立学校运作有关的法律。该课程由教育学院联合主办。

种族关系法:探讨法律和律师作为改变或改善非裔美国人地位或条件的工具作用。讨论重点放在公平的就业法方面。该课程由非裔美国人研究所共同主办。

证券监管法:考察与公司证券发行有关的州和联邦法律。本课程假定学生具有一定的公司财务知识,但不设具体的先修课程。该课程由商学院联合主办。

福利法:研究有关福利权利的法律。该课程由社会工作学院共同主办。

(4) 毕业报告

本课程邀请法学院本科生进行独立的理论或实证研究。监督事宜可与大学指导委员会主任商议。通过这种方式可获得多达6个单位的学分。主任保留一份机会清单,列出观察和参与法院、律师事务所和其他法律机构工作的机会,这些机会可作为这些个人项目的基础。这些项目可以是几个学生共同完成的,可以是与随后的政治行动或新闻工作有关的计划。

C. 联合职业指导

本专业提供的所有教学都与特定的专业目标有关,这些目标由综合考试确定。该法学院有四个相关专业:赔偿辩护、家庭福利辩护、劳动咨询和税务咨询。每个专业所给出的综合考试都是

由法学院成员与从业人员协商设计的。每一门课程都以一系列专业教学课程为基础,所有课程都必须在考试前完成,具体如下:

(1)补偿讼辩

美国经济中的法律(5学分):参见上文关于法律的课程。

法律辩护(O)(5学分):本课程类似于标准课程中提供的法律辩护课程,提供的材料相同或相似,但讲授的内容相对灵活。

法律决策(O)(5学分):参见上文关于法律的课程。

法律原则和方法IA(O)(5学分):系统研究侵权行为法和工业、汽车事故赔偿的替代方法,重点是培养分析技能。

高级赔偿法(4学分):对身体伤害的损害鉴定和证明法律的考察,包括对人体解剖学和医学专家的作用的研究。法律原则和方法IA(O)是学习本课程的前提。

赔偿实践(6学分):这是一门使用诊所法律或模拟诊所法律材料的实践课程,类似于标准课程中强化教学的课程。

(2)家庭福利宣传

法律和社会控制(O)(5学分):见上文关于法律的课程。

法律辩护(O)(5学分):见上文所述赔偿辩护。

法律决策(O)(5学分):见上文关于法律的课程。

消费者保护法(3学分):见上文所述服务课程。

住房法(3学分):见上文所述服务课程。

公共学校法(3学分):见上文所述服务课程。

家庭法(3学分):见上文所述服务课程。

福利法(3学分):见上文所述服务课程。

家庭福利实务(6学分):这是一门类似于标准课程中强化教学的诊所法律课程。

（3）劳动咨询

美国经济中的法律(O)(5学分):见上文所述法律课程。

法律辩护(O)(5学分):见上文所述赔偿辩护课程。

法律决策(O)(5学分):见上文所述法律课程。

法律原则和方法 IB(O)(5学分):系统研究管理集体协商关系的法律,强调分析技能的发展。

高级劳动法(4学分):考察公共管理的谈判过程,特别关注劳动组织成员的权利和公众继续享受公共服务的权利。

劳动实践(6学分):这是一门使用诊所法律或模拟诊所法律材料的实践课程,类似于标准课程中强化教学的课程。

（4）税务咨询

美国经济中的法律(O)(5学分):见上文所述法律课程。

法律辩护(O)(5学分):见上文所述赔偿辩护课程。

法律决策(O)(5学分):见上文所述法律课程。

公司(O):见上文所述服务课程。

税法Ⅰ(O)(3学分):审查《国内税收法》中关于个人纳税人责任的规定。

税法Ⅱ(O)(3学分):审查《国内税收法》中有关企业纳税人责任的规定。

税务Ⅲ(O)(3学分):审查《国内税收法》中有关赠与和遗产税收方面的规定。

信托和不动产(O)(3学分):研究财产转移的法律和程序。

税务实务(6学分):这是一门使用诊所式或模拟式材料的实践课程。该课程采用集中授课的方式,类似于标准课程中的强化教学课程。

第三章
一个基本原理

当任何一所大学试图解释其对上文提及的模式能够产生何种吸引力时,可以从这样一个前提出发:大学法学院应该成为世界客观存在和对其进入探究之间的一个渠道。通过这个渠道,思想和人都能得到传递和流动。它是大学与公共决策机构分享其人文主义和理性一般价值和传统的一种手段。作为回报,大学可以从现实中获得更好的收益,并且更好地了解自身洞察力的局限性。法学院既可以通过对法律和法律机构进行深入的学术探究,也可以通过帮助专业人员培养将所获得的见解应用于法律服务技能的提供,来为公众服务。这一模式寄托了卡尔·卢埃林的希望:"如果说在一所大学里有一所学校,人们在这所学校里学习如何赋予实际现实、实际效力、愿景和理想,那么这所学校就是法学院。"

与此同时,示范模式认识到双重义务之间存在冲突,例如法学院对调查和事务领域的义务。因此它承认,可能有利于法律服务消费者的某些培训并不十分适合大学环境。特别是对于在大规模生产法律服务方面执行高度标准化任务的培训来说,这一点尤其明显。要有效地完成这些工作,一般需要对知性探究的精神进行"麻醉"。如果需要的话,应当有更好的办法提供这种培训,但不是将其附加在大学课程中。

同样,示范模式也认识到,大学法学院在带领学生进入专业职业的大门时,由于其无法推卸的地位而负有一项特殊义务。如果大学法学院为了追求学术上的卓越而强加在功能上是不合理的学术要求，就会抬高法律服务的成本，抑制社会流动。事实上，这种非功能性的学术要求可以说是违反了美国1964年《民权法案》第七章所表述的国家政策精神。即使非功能性需求的财政费用由原本没有的公共资金承担，也会出现这种不受欢迎的限制性效果，因为对这些资金的限制往往会阻碍参与公益的人数的扩大。正因如此，最近几十年昂贵的精英医学教育对医疗服务的成本产生了不少负面的影响。与此同时，它对负担沉重的公众健康又没有做出什么可观的贡献。这是一个很好的例证，用来告诫法律教育不应该允许自己变成这个样子。此外，节约和自我克制的必要性在法律界尤为重要，因为限制准入往往会导致公共机构对那些在学术精英中代表性较低的公众阶层的价值和关切变得不那么敏感。因此，示范模式寻求追求学术和专业的优秀，但也不能不顾社会、经济和政治成本。

尽管存在这些紧张关系，法学院的两种关系在很大程度上还是相互依存的。对律师进行几乎与实际事务没有任何联系的教育是可能的；这种教育在许多大陆法系中都有例证。但是，这种枯燥的教育对学生完成探究任务的价值，可能比它对帮助学生强化事务处理任务能力方面所起到的价值更低。为几乎与知性探究没有任何联系的律师进行教育也具备同样的可能性；在某些方面，这种教育如今在英国的学徒制教育中得到了例证。但是，这种教育事业可能会对两种能力造成相当大的破坏，一个是法律系统响应其所服务的社会中更广泛需求的能力，以及保持对其自身作用的适当理解和认知的能力。因此，长期以来，这个国家的法律教育一直追求一种华丽的、孤立的姿态,认为这种孤立姿态会使法律成为一门高级学科。这种孤立主义现在已经因法律现实主义战胜了教义的纯粹性而走上了美国优先的道路。作为一门独立学科,法律所剩余的知识正处于危机状态;维系主权形象的学说公理已经失去了活力,就像许多沉没的战舰一样,使法学专业人员的许多假设毫无防御之力。示范模式试图寻求一个更广泛、更稳定的知识框架以维持法律的技艺。

一、一般能力培训

A. 目标阐述

法律教育追求目标障碍的之一在于,这些目标本身尚未确定。示范模式力求明确解释它的目的;这对教师和学生都有好处。这一点最初是通过对示范专业通才的描述完成的。这种描述对一些人来说也许是一种十分痛苦的阅读体验。虽然大多数法律教师会断言,他们教授的内容与法律原则大相径庭,但很少有人急于说清楚具体是什么。有些人一直满足于将自己的工作描述为教会学生"像律师一样思考",尽管这相当于一个自我循环论证式的说辞,导致其本质上毫无意义。也许他们不愿说得更具体的部分原因是出于对陈词滥调的厌恶。或者,它反映了律师的本能(经历过人类冲突的其他人也有同感),即目标比手段更难获得认可。要克服这种不情愿,一方面是为了努力帮助学生获得更好的方向感,另一方面也是为了引导人们关注"隐性课程",它的作用在于通过潜移默化的熏陶来传递职业特征和价值观。在公开探讨自己对律师是什么、如何思考的理解的局限性时,示范模式将隐性课程的一些问题公开化,并促进法律教师努力处理专业的问题。

也许更重要的是,示范模式提出对基础教学课程进行重新定义的建议,以反映示范专业描述中所述的那些目标。一年级课程的传统名称被认为是对教育过程理解的障碍。教义性组织强化了学生"工作即掌握教义"这一普世期望。非教义式的组织则允许教师把专业化和积累跨学科见识的目标放在突出的位置。示范模式将把教师从学说撰写者的身份支配中解放出来,并向学生保证:致力于发展专业技能和更广泛见解的工作与他们的法律学习无关。本模式认识到,在新手学生对法律学习适当限度的狭隘看法变得过于根深蒂固之前,必须让他们开始接触更实际和更广泛的法律观点。这一成就是以取消课程中熟悉的一年级课程名称为代价的。这种激进主义对许多人来说似乎是一种威胁,但大多数法律教师在仔细研究后,会发现他们目前的努力与基础教学计划中规定的某一门课程所描述的努力其实相当接近。应该强调的是,示范模式对于指定若干法律主题作为追求既定目标的工具进行设想时,具有很大的灵活性。用一门以合同法和财产法的经济学基础为中心的课程,来代替以刑法的社会心理学为中心的课程,非常符合示范模式的概念。理论课程也可以以侵权性内容为中心;辩护课程也可以以消费者保护或财产纠纷为中心。这种变化最麻烦的特点是依赖于一年级教师的努力协调;教师相对于其同事的完全独立性将受到一定的损害。

B. 人员配置

在为不同的教学单位制定不同目标时,示范模式允许学校更为连贯地使用现有的教师资源。它试图为不同的教学任务提供不同水平的人员。由于教学方法不同,这些教学任务的人员需求也不尽相同。长期以来,法学院在研讨班课程中都有这种区别,但"模式"扩大了这一主题,将大量的教学人力投入到作为第二年处于核心地位的强化教学课程中。教师资源很大一部分被用于四分之一左右的学生课程。这是在不增加用于培养通才律师的总人力的情况下完成的,既可能通过减少教学单位数量完成,也可能通过减少对第二年另一半课程的资源投入来完成。后一种方案被确定为"广泛教学",因为它被要求在尽可能与分配给它的教育目标一致的前提下服务于扩大教学资源。

除了改变教学比例外,示范模式还将通过更多地使用兼职教师来改变人员配置模式,特别是在基础教学中,在团队教学中同时起用从业人员和社会科学家。不妨假设这样的构成关系将有助于打破法学的孤岛性质,为人们供应更多与研究和实务的接触。很少有人选择成为学术型律师是出于对实践艺术的浓厚兴趣;如果要教会学生将他们的智慧应用于更广泛的专业任务,很可能需要那些没有脱离实践的人参与。同样,很少有法学教授是一名合格的科学家。在科学方法更深入地渗透到法学中之前,部分科学观点将不得不由外部人员提供。至少在跨学科研究的高级指导作为进入法学界的入口被更广泛地接受之前,示范模式规定的教师团队组成方式将需要更多的联合任命。然而,团队教学有一个不应忽视的代价:就像第一年的变化一样,增加这种技术的使用将损害法学教授现在享有的自主权。

C. 教学方法

示范模式并未考虑对大部分基础教学的呈现方式进行根本改变。基础教学课程的三分之一主要用于传统的案例分析,而这种分析将对平衡课程发挥很大的作用。在此建议在方法上做一些改变。据推测,团队教学实践者和社会科学家会倾向于采用更适合他们特殊角色的教学方法。例如,想要介绍系统分析是有助于理解过程的有用工具,就无法通过判例教学法有效地实现。然而,不妨假定,对系统分析方法和观点的介绍将有助于理解传统律师执业手段的效用。

由于示范模式希望扩大初学者对专业的理解,也对其他教学方法进行了改变。它力求向他们介绍各种专业技能,并使他们有机会思考自己在发展和运用这些技能方面的作用。因此,"模式"试图通过在课程中加入一小部分"人际关系培训"来扩大学生的视野。这种训练,传统上以"T小组理论"或实验室方法为基础,一般表现为一种在受过训练的教师监督下共同进行反省的经历。教师或领导者的目标是帮助小组成员获得更好的自我意识和人际关系。不过,声称通过这种指导可以获得好处有些夸大其词;这种方法似乎不太可能从根本上改变那些根深蒂固的特质。另一方面,适度地使用这种方法可以与传统的法学院教学形成鲜明的对比,帮助学生了解自己的职业特质、价值观念和见解的社会化过程。

将其他解决问题的技巧纳入教学也是为了达到同样的目的。再者,代表那些声称教授"思维"或"创造力"的人所提出的主张似乎过于夸张。但是,如果说律师的训练仅限于传统的案例分析和批判,可能会导致他们过于迅速地拒绝新奇事务,而这并非不公正。对松散的科学文献和对旨在发展那些改进"坏想法"的学科教学进行非常短暂的接触,很可能会给大多数学生带来一些好处。即使没有使他们在解决问题时"更有创造性",也可能会对自己的局限性有更好的认识。

附录一:《卡林顿报告》

正如基础教学在很大程度上依赖于传统教学方法一样,广泛教学计划也只标志着微弱的改变。它所假定的、有效传递对理论的熟悉度的目标,确实意味着学生在正式陈述方面的作用相对有限;但这与现有的三年级课程几乎没有什么不同。最严重的后果可能是需要对目前的演示文稿进行编辑,使其更加的紧凑。

这种教学模式更依赖于广泛教学中的程序化教学和计算机辅助教学技术。从理论上讲,这种方法可以使许多材料更有效地传播。遗憾的是,开发这样的材料需要投入大量的技术,而且似乎缺乏有效的方法来提供适当的激励措施以完成这项工作。由于这个原因,人们并不期望广泛教学以一种与传统上层教育非常不同的形式出现。

而强化教学计划则是对教学方法的一次重大变革。拨出大量资源的目的是允许对学生的学习进行更密切的监督,这甚至比现在习惯的、在研讨会教学中的监督还要严格。在这部分课程中,讲座和小组讨论将在很大程度上被对书面工作的批判性评价或其他专业练习所取代。人们认为,在练习各种专业技能时,这种监督对于有计划地发展高专业水平的技艺是必不可少的。该课程的目标是为所有学生提供一种经验,而这种经验通常只提供给那些为《法律评论》撰稿或受雇于最有声望的律师事务所的人。

由于法律教师可能存在固有的局限性,人们不得不怀疑这种模式是否能够实现这一目标。大多数人肯定会有相当的能力在一段时间内履行预期的职能;就像他们在学校里已经履行过的那样。但很少有人表现出对这种工作的兴趣,而且经验往往表明,许多人无法在较长的年限内保持热情。对它的容忍至少可能与大师级学者、教师或律师的技能和特质成反比。如果学生的作业能与教师的切身利益和所关心的问题有关联，或许这一障碍可以被克服。充分利用高年级学生和兼职教员的教学作用，也可以帮助解决这个问题。如果能使这种教学只占其教学总量的一小部分，从而使常任教员必须监督的人数保持在较少的范围内就可能达到目的。否则，教师对学生的反馈不足所带来的益处将远远抵不上所付出的代价。

强化教学可以作为开发同伴小组教学计划的载体。在高水平监督下，许多法学专业的学生可以很好地辅导基础教学的学生，或者在开放课程中进行更正式的报告。这种创新的目的是通过提供低成本的强化教学来帮助初学的学生，但它的主要目的是帮助培养学生的能力。应当鼓励所有本专业学生把自己当成教师，长期以来，《法律评论》一直为知识精英提供这种服务。教师必须提供指导以防止部分学生误导其他学生，但即将指导客户的年轻专业人员应有机会在危险性较小的工作中协助经验较少的同事以测试自己的能力。

强化教学也有助于诊所式教学的使用。如果没有这样高水平的督导，诊所式经验作为灌输专业标准的技艺的手段，可能会适得其反。有了这样的督导则毫无疑问，诊所经验可以有效地用于教学。对于一些学生来说这相当于一种激励。它可以帮助许多人更有效地把握思想与行动之间、知识纪律与实际事务之间的关系。作为共同反省的基础和其他旨在提供对专业角色和责任更深入理解的指导，它可能显得尤为有帮助。

另一方面，诊所教育（狭义的定义是作为学术培训的一部分同时为客户提供服务）在"模式"中没有被赋予重要的角色，原因在于它不能作为一种主要教学方法去经受成本效益分析。问题或模拟诊所方法作为一种对大多数适合的研究对象传授技能的手段是更为有效的。没有任何一家法律诊所能够提供与医院相比的各种各样的经验;这种多样性可以通过模拟来提供。诊所式的工作必然具备许多法律机械化的特点;模拟则避免了标准化任务的死板程序。一旦从客户的需求中解放出来,模拟的诊所经验可以更容易地安排学习日程和日程表。而将真实客户引入教学活动的诊所式方法分散了师生之间的注意力,也使学生的注意力从学习过程转移到客户的迫切需要方面。

也许有些学生会因为在这样的诊所工作中对困难的社会问题变得更加敏感。但是,我们很难找到这种经历与对社会正义的关注之间的相关性;即便目前的律师协会对社会问题不敏感,也并不是因为其成员没有接触到客观现实。此外,仅仅要接触社会问题也可以通过比诊所式教学更低成本的方式获得。还有一种风险在于,如果为这些目的设计的诊所式教学在课程中占据主导地位,学生就可能利用这种安排逃避严格的专业培训。

然而,对使用诊所式教学做出更多承诺的另一个困难在于人员配置问题。即使在学生没有时间的情况下,法律诊所的顾客也需要得到关注。剩余的负担必然会落在教员导师身上。因此,为强化教学招募并留住教员的问题就更加复杂了。愿意并能够对学生进行有效的个人监督并且对服务对象提供有效服务的教师已经很难找到了;也许期望这样的人员同时致力于知性探究未免太勉强了。

诊所式教学可以为处境不利的客户群体提供更多的服务,使他们因此大大受益。但这种好处要打很大的折扣,因为在职专业人士的注意力会因为学生的竞争需求而从客户服务环节中分散。

尽管有这些限制,但应该强调的是,示范模式并不反对诊所式教学方法;它体现出一种对坦率地披露成本和效益方面的坚持;如果知情的消费者愿意支付成本,示范模式将不会对诊所式教学方法的普及构成障碍。

D. 师生关系

值得单独指出的是,前述对传统法学院培养模式的变化将给法律教师与学生之间的关系带来重大变化。在这方面,示范模式有意识且努力试图对"隐性课程"进行改变。这种变化将源于这样一个事实:教师不再是权威而是一种资源,而学生将更多地成为自己命运的统帅。在某种程度上,这是团队教学目标明确化的结果。在某种程度上,由于教学中越来越多地使用学生作为教师,以及包含了诸如共同反省这样的教学方法才发生了上述变化,而这一切也取决于学生的主动性。同时,变化也可以归因于模式所提议的广泛教学课程结构强调学生的自我管理。最后,还有部分原因来自示范模式的整体结构,即邀请学生在提供法律服务的过程中选择基本不同的角色。所有这些特点共同表明,法学院学生的角色与现在的习惯完全不同。简而言之,他将从一开始就扮演一个专业角色,在任何时候都要为自己的学习质量承担一定责任。

示范模式期望这些特征会产生双重后果。它期望培养出的学生既更加自立,又不那么专制。人们不必接受一些关于所谓的法学教授暴政般的尖刻评论,就可以认识到法学学生和教师之间可能存在的传统关系呈现出一种倾向于加强那些选择法律职业的人以侵略性、专制性和依赖性的特征。长期以来,法律教师一直在谴责许多二年级和三年级学生消极和教条主义的品质。为了回应这一关切,示范模式寻求那些可以更多依赖学生的学习主动性和创造性的方法,并通过为偏离教学结构的学生提供便利,也使教师更加负责任。这种方式对于一个宣称要对法官和其他官员进行理性问责的教师来说尤其可取,因为所有的法律教师都应当这样做。长期以来,法律教师扮演专制的角色去宣扬民主价值观,多少有些自相矛盾。

当然,示范模式的特点并不能保证可以达到让教师或学生更加自立或更加人性化的结果。但是,随着时间的推移,通过许多人之手,我们有理由希望这样的方案能够产生一些这样的效果。

E. 第一年学位

本模式拟向所有完成全年学习并完成单科强化教学的学生授予硕士学位。该学位旨在满足两个目的:

首先,它邀请其他学科非常有能力的学生在标准课程中投入一年时间,作为培养跨学科能力的一种手段。这样的学生在完成自己服务目标的同时,也被寄予着使法学院学生群体增加一层学术维度的期望。

此外,第一年学位的目的是对那些倾向于离开专业轨道的学生进行鼓励。这可能会减轻那些仅仅因为"学无止境"而留下来的学生的痛苦。但是,更为确定的是,它可能会促进学习模式产生更多的接续性。许多退出的人在经历了成熟的、有价值的经历后还可能选择回归校园,并有机会使法律教育的影响扩大。在提供这一选择时,示范模式进一步强化了其有利于学生独立和自我管理的政策。

F. 时间经济（节约时间）

示范模式的一个重要目标是缩短通识教育和专业教育的时间，以便五年制的高等教育足以让大多数学生取得专业地位。因此，三年的本科学习结束后，学生可以达到标准课程的录取标准；而专业学位的要求是，有些学生可以在两学年内完成，大多数学生则将在三年内完成。

在追求这一目标的过程中，示范模式试图扭转一种长期化的趋势。除了少数例外，法学教学直到内战之后才改为两年制学制。哈佛大学在1876年提供了第一个三年制课程，并在1921年成为美国律师协会的标准。当时，两年的本科教育是通常的录取标准。现在，本科学位已成为广泛要求，因此衡量最低学习时间的标准通常是7年。长期以来，许多教育工作者一直在质疑逐步提高要求是否是明智之举。许多决定（如美国律师协会在1921年做出的决定）表达了如今已经不起公众审视的经济和社会政策。现在，这种总体趋势现在正受到卡内基高等教育委员会和美国学院等著名机构的攻击。在法律教育方面扭转这一趋势的理由有几个。

在评价这些建议之前必须强调的是，示范模式没有提议对通才律师的专业培训进行标准化规定或做出任何限制。尽管示范模式建议取消对学习时间的要求，但预计大多数专业学生最终将接受两年以上的教学，而许多学生很可能需要接受三年以上的教学。保证的教学数量至少与美国东北大学新课程提供的数量相等。示范模式旨在促进学生参与调整教学时间和强度的决策过程。

这种改变的理由可以简单地建立在本文论述中已经表达的

价值观之上,即有利于培养学生的自由感和责任感。把说明理由的责任分配给那些施加限制的人是非常合理的。事实上,这种责任分配可以被视为一种对自由社会道德的显性应用。

通过对学习时间进行要求造成的明显不利后果进行审视,这种道德判断可以得到一定的加强。这些后果大多或多或少地直接源于这样一个事实:在其他因素相同的情况下,较长的培训方案比较短的培训方案对潜在入职者的吸引力要小。因此,随着示范模式缩减了时间成本的投入并放弃了对学生收入的要求,它的吸引力自然会增加。虽然可以公平地说,现在很少有法学院需要刺激它们的招生计划,但是扩大其吸引力范围也是有好处的。

第一个好处在于这样做可以对法律服务的长期供应产生影响。即使在一个由许可证颁发机构操纵的服务市场中,准入的吸引力与服务的供应之间也存在某种关系。如果不加以阻止,旧学校会不断扩张,新学校也会不断开办。由此产生的服务供应稳步增加会对服务价格造成压力,也会使服务范围扩大到新的领域。对价格上涨的威慑在扩大服务范围至中低收入群体方面尤其有效。(示范模式假定这是一个客观事实;如果假设律师是一群容易引起冲突的人的话,还会引起其他争议。)

增加法学研究的吸引力也将有助于提高向公众提供的服务质量。最直接的影响在于,它将扩大和改善申请入学的学生数量。这一因素可能会对来自弱势经济背景的学生产生特殊影响,因为这些学生更容易受到短视近利观念的影响。这就是说,穷人的后代往往对回报有更迫切的需求,不太可能等待长期专业培训提供的长期回报。由于实际上奖学金资源将增加一半左右,这种影响还将被放大。这种特殊的效果可以被看作是提供了额外的好处,即确保处境不利的群体和个人有更好的机会从他们的"自己人"中获得代言人,并确保权力更经常地由具有同情道德价值观的人而不是占主导地位的中产阶级来行使。

不太直接的影响是,缩短时限可望通过促进提高培训质量来改善服务质量。如果更多的学生能更快地获得专业收入,就会有更多的学生在经济上有能力为高质量的教学付费。这反映在示范模式的建议中,即从未来的专业人员那里收回标准课程中大多数教学的全部成本。另外,所获得的一些时间可以用于更有效的学术追求,比如联合学位课程和特殊教学。

示范模式缩短时间的最后一个目标是在各专业中发挥领导作用:所有行业都需要远离对公众来说成本越来越高的"学历竞赛"。第七章提及的原则还没有在各专业中得到落实,目前很多专业在招聘时都会对学历过分看重。无论如何,必须抑制为整个专业团体收集"学术祭珠"的冲动;一种将未来的水暖工送入错综复杂的水利工程,以便他获得为洗衣机换垫圈资格的趋势必须得到纠正。如果不是律师们出面,谁又能带领大家回到更合理的资源配置上来?

虽然上述一些考虑是推测性的,但它们的影响却大大加强了先前的论断,即如果要延长时间要求就必须继续履行证明其合理性的义务。因此,长期以来一直想知道如何带领学生度过第三年的法律教师,必须要求自己回答一个更基本的问题:为什么所有人都要进行第三年的学习?很少有人尝试认真地回答这个问题。

人们可能会试图根据服务时间与专业成熟度或基本技能发展之间的假设关系来形成一个答案。但这充其量只是一个脆弱的假设。除了一些教师通过观察,认为有些学生在第三年就已经成熟以外，没有任何数据可以支持这一假设。如果说这是一个精准的观察，那么如果学生在相同时间里从事一些其他有用的活动，肯定也会有所成长。其中一些成长可归因于能够以较低的成本获得的休闲和反思的机会。很少有人会质疑"三年级学生的成长确实很少"这一论断。事实上，他们在法学院与二年级学生竞争的考试中的表现得出的数据表明，相当一部分学生甚至有倒退的可能。在某种程度上，一部分学生被认为需要加强自身的社会性，示范模式也设想对他们延长在学校逗留时间的想法进行鼓励。这种辅导也是强化教学的自然产物。

而基于时间安排和重要信息的传递之间的假定关系，可能又会形成一个稍微不同的答案，表现为对法学学说信息传递的一种关注。在这种形式下，它能够反映一种观念：学生应该在法学院学习所有的法律。这种观念只存在于法学专业学生和一些没有实践经验的教师的头脑中。那些有经验的人都知道记忆力衰退是不可避免的；在法学院学到的细节很少能被准确地记住足够长的时间并发挥作用。对法学理论达到普遍的熟悉程度是至关重要的，但对细节的过度追求则不然。现在在细节精化上投入工作的一小部分损失不太可能对从业者的能力有太大影响。

或许人们会担心，那些没有直接经济价值的知识传承会被省略。所有的哲学、所有的历史、所有的比较研究，都可能因学生们自由地奔向过于明确的职业目标而从课程中被去掉。虽然我们已经了解义务教育的徒劳，但我们也不应该鼓励学生放弃自由的追求。示范模式正不遗余力地防止这种情况的发生。如果有必要，至少在一个过渡期内可以重新实施近年来被广泛放弃的"透视要求"，直到学生能轻松面对学习时间的压缩过程。

关于这一主题的另一个变化是对正式报告质量的关切。实际上,示范模式建议对将案例分析作为一种阐述原则的手段进行限制。一些观察人士认为,这可能会威胁到表述的严谨性。示范模式假定,一些严格分析的结论是一种细节化的珍贵阐述,但往往被确信为对一般人没有多大价值。这种评价还得到了广泛的认同。事实证明,很少有高年级学生能从传统的"严谨"报告中找到乐趣,也这偏偏又是大部分教师的期望。事实上,应该指出的是,任何一般教师对学生必须全部经历三年完整法学教学的关注,都被越来越多的学生被允许用不太相关的非法学课程或监督不严格的诊所式课程来代替正式教学这一情况所掩盖。在任何情况下,示范模式都假设强化教学将会更加严格,而不是更松散。

一个更微妙的答案可能是将时间服务的要求与时间素质观的功能效用联系起来,而这种功能效用是通过只选择那些愿意在较长学习期间中放弃收益的学生来建立的。正如示范模式承认的那样,素质无疑是一个有用的特性。但因为它与阶级相关联所以不能对其进行主动选择,否则会阻碍社会的流动性。这种素质并不是大多数甚至所有律师的工作都普遍需要具备的;那些在这一特质方面稍有欠缺的人不应该被剥夺他们从事某些服务的权利,因为他们可能反倒比那些看似更有资格的人更能胜任。

对于示范模式所提出的挑战,最麻烦的反应在于将超时服务作为维持专业收入水平的一种手段。也许有人会认为,示范模式所预测的法律服务价格压力会降低专业人员的收入,从而损害服务质量,因为这使新从业者望而却步,并在现有的从业人员中造成不安全感,使他们被迫牺牲客户的利益来保护自己。我们当然不能做出万全的保证。精英法律专业人员不大可能因为服务的增加而遭受任何明显的收入损失,如果在这方面确实造成了一些损失,也只是一个小问题。计量经济学按一定比例的推算表明,这对其他律师收入的影响将小于对价格的影响。缩短服务时间的主要影响在于这会扩大律师提供服务的范围;一部分损失的收入将作为对新服务的回报来弥补,一部分收入将以会计师、保险代理人和房地产经纪人的利益为代价来弥补,所有这些人都因法律服务的增加而受到某种程度的威胁。但是,即使是边缘律师收入的微小损失也是一个值得关注的问题,因为经济收入不稳定的律师可能对所有与他们打交道的人构成负面影响,至少对深谙这一现象的人来说这个问题值得关注。如果认为无论价格或收入水平如何总会存在一些危险的边缘律师,显然有点过于敷衍。更好的答案可能在于,需要建立一个更好的、具有风险分担和专业化特点的专业组织。

而在本科院校中对第四年的学习期限进行要求的理由就更难提出了。这种理由必须建立在第四年的准备工作与学习或实践法律的能力之间的某种假定关系上。任何基于对学生生活的充实程度或国家经济健康的关注而提出的要求都应该适用于所有本科生,而不仅仅是那些想学习法律的学生。事实上,很难证明该四年级所获得的信息或技能与学习或从事法律工作的能力有关,原因在于没有人可以妄自鉴定由此获得的信息或技能到底几斤几两。不断提高的教学比例使得四年级学生越来越不可能从事有人督导的写作,或其他任何由本科生教师严格监督的学习活动。如果问题在于学生的成熟度,那么年龄要求似乎比学历要求更适合作为入学标准。如果认为学士学位对学生本身或学校地位至关重要,则可以通过在一年的法律学习结束后授予学士学位来解决此问题。

示范模式认为,上述几条关于时间要求的理由不足以与拟议的削减方案所带来的好处相抗衡。那些对示范模式的论点不那么感兴趣的人可能会被戴维·卡弗斯(David Cavers)在其他场合提出的建议所吸引。他的计划可以通过操纵学术日历来达到某些相同的结果。唯一的重要区别是,他的计划可以节省教学成本。此外,对于那些被这些论点所蛊惑,但又感觉被两年制博士学位的想法冒犯到的人来说,还可以考虑在命名的环节花些心思,或者干脆推迟学位的授予。

二、专业人员培训

A. 许可证要求的细化

高级课程中的驻校教学旨在对减少时间要求这一判断进行支持。示范模式通过将问题直截了当地提交给许可证颁发机构来履行其全部责任,而该机构必须掌控最终的决定权。如果发证机构不愿意接受法学院的判断(正如它颁发的专业学位所反映的那样),它就有责任明确界定什么是额外的要求。示范模式将为学生提供满足这些要求的途径,但不会提出任何超出最低限度的要求。如果这些规定没有发挥作用,发证机构将有义务直接面对公众和个别受到不便的学生。

可以看出,驻校教学计划包括一门律师资格审查课程。这有悖于美国法学院协会的现行标准。然而,现行标准似乎依赖于对传统学习重要性的假设,以及认为对致力于研究的机构来说,这种表达方式有损尊严。但是,示范模式更为关心的是如何满足学生的需要而不是研究机构的尊严。否则,这些学生就会被那些获得丰厚回报的企业家剥削,而这些企业家恰恰对兼职教师的才华视若无睹。对开展驻校教学计划的前提加以考量时,没有理由不把这种为学生提供的服务作为其中的一部分。

还应注意到,该计划考虑在学分转移方面采取非常宽松的政策。鉴于对学校资源的要求不高,同时所有这些要求都得到了充分的补偿,因此任何需要驻校学分的学生都应该被录取。如果有必要的话,还应该对在其他地方工作的人给予奖励。这样,尽早完成专业学位学习并在偏远社区找到工作的学生便可以自由流动。

B. 特殊能力培训

示范模式所具有的这一特点也是为了支持法学专业的发展。多年来,这种发展一直是律师协会内部辩论的对象。虽然律师协会倾向于坚持所有律师都是全能律师的浪漫传统,但现实情况是,许多律师在执业方面都是"术业有专攻"的。虽然没有许可证制度,也没有任何权威机构承认这一发展,但各州和美国律师协会的部门已经为特殊利益群体提供了服务。加利福尼亚律师协会目前正在进行三个领域的专家认证实验。这项实验似乎在该州律师协会内部得到了广泛支持;美国律师协会和其他州的律师团体正在密切关注这一实验。经过认证的专业似乎很有可能在十年内得到广泛应用。

专家认证符合公众利益的原因有几个。首先很明显,专家可以提供更好的服务。对其他工作领域和那些提供最佳服务的律师事务所组织的观察都支持了这一假设。此外,与普通律师竞争的非律师专家服务越来越受到公众的青睐,对这个现象的观测也可以支持这一假设。集团法律服务作为一种专业化服务手段的兴起，也反映了公众对集团法律服务的社会评价。此外，似乎还应该补充一点，那些在法律方面获得特殊能力的人可能因此提高了自身的基本技能和理解力。

第二，同样明显的是，专业化对服务成本具有有利的影响。虽然专家们可能会为他们的时间收取较高的费用，但这纯粹是因为他们的时间对于消费服务的对象来说具有更高的价值。专家的效率更高，生产的经济效益对消费者越有利；相反，即使以更低的费率收买时间，普通律师也不能以同样的价格提供同等价值的服务。事实上，有相当多的法律服务需要专家付出高度的努力和技能，而普通律师在合理的时间和价格范围内根本无法胜任。

第三，专业化有助于消费者获得所需的服务。无论是单独执业还是集体执业，如果律师事务所足够专业化，客户更有可能找到有能力满足其需求的律师。如果能够更好地找到合格的律师，以较低的价格获得更好的服务，消费者就更有可能对法律职业产生肯定的态度，更有可能利用法律服务而不是竞争性的非法律服务，或者被动地承受自己的不幸。这样，专业化的运作扩大了法律服务市场，提高了专业人员的社会和经济地位。

关于发展专业特长的可取性并不存在真正的阻碍，唯一的问题是大学法学院在促进发展方面的角色定位。已经发展起来的专业化是自学和在职培训相结合的结果，有时也会得到继续教育机构与法学院的联合短期计划的支持。这些手段是否足以完成摆在面前的任务依然是有争议的。

尽管如此，示范模式假设，大学法学院的努力可以有助于这一发展，而且对其他活动没有损害。因此它的结论是，法学院有义务向寻求超越通才掌握特殊能力的那些专业人员提供援助。

大学法学院给这项事业带来的主要财富是一个有利于持续努力的环境。在这方面,它有能力发挥与大多数致力于法学继续教育的机构截然不同的作用。大学法学院也有现成的研究生课程基础,相当于一个可以更充分利用的实体工厂,以及保持发展质量所需的严谨传统。通过利用这些资源,法学院可以为法学专业的专业化发展提供有效的激励和帮助。

作为回报,法学院的其他课程可能会受益匪浅。特别指导课程将为从业人员重返法学院提供一个自然的环境,在那里他们可以为培训新手而服务。它也为法学院和执业律师的互动提供了一种可以分享努力的自然接触机会。它将使法律教师接触到目前最困难的实践问题,而不是强加给他们处理客户事务的责任。作为必要的第三年实习的替代方案,特别指导将有助于对适当的学习中断进行刺激,并鼓励学生在指导期间从一所法学院转到另一所法学院;人们可以合理地预期,这两个特点都会扩大教育经验的影响。

特殊教学的目标似乎有几个特点。该方案的进度应该是严格但又不做过高要求的,否则会导致学生没有时间进行反思或与年轻学生分享他们的经验和成熟思想。它还必须让专业学生有时间与他的客户保持一定的联系;否则,进行该课程所需要放弃的收入等同于所要付出的成本,这将使许多人望而却步。因为学生们的身份多是专业人员,所以应该假定他们具备相当的自我管理能力;同时,应避免权威性的介绍,因为它加强了学生对教师的依赖性。机构的作用应当是汇集具有共同目标的专业人员,为他们的共同追求提供适当的环境,确保提供充足的学习资源,并以分阶段考试的形式确定目标,以衡量他们的成就。在提供资源方面,尤其要充分发挥执业专家和法律及相关专业的全职教师的作用。

颁发的证书应足以加强人们对专业成就的认识,但不能过于华丽以至于成为"凭证竞赛"中的又一组丧珠。法学院不需要试图以公共许可机构的方式证明和扩大其作为专业地位守门人的地位。但是,法学院专家考试不能与认证制度共存的看法也毫无道理。

本文认为,专业课程设置既要体现教师的兴趣,又要体现市场需求。专业课程很有可能成为教师兴趣的焦点;如果许多学校都这样做,每个学校都会发展出自己的特殊兴趣。法学院系的专业化可能是自发的,也可能是由学校联合体规划的。通过这种方式,特别指导可能成为打破学术律师孤立状态的另一种手段,使他们在共同的利益中更加紧密地联系在一起。

对于向专业人员提供的这种服务是否存在市场依然是有疑问的。随着时间的推移,这种课程将取决于政府机构、公司和雇佣美国大部分律师的大公司所制定的休假计划。然而,这种发展将与广泛公认的"终身学习"目标和业务娴熟的从业人员更大的行动自由相一致。

在探索教育市场的初始阶段,让已经读到三年级的学生修读特别的教学课程并非不可接受。但是现在这种做法并不可取,因为它可能导致以减少学习时间要求来追求的一些目标落空,同时如果规划人员能够在课程中预设一些传授间断式专业经验的内容,教学效果会更好。

如果特殊教学不能在市场上生存,那么创造它所付出的努力也不会有什么损失。市场的失败将使业界建立一个坚实的判断,即法学院的第三年没有给予从业者足够的时间,也不值得他们投入自己的时间。在这方面,该计划可以作为减少学习时间的失误保险。由于这种教学的目标将得到所有相关人员的明确界定和理解,因此可以说几乎具备了全部的成功条件。如果在这些条件下的额外培训不能证明其本身的合理性,示范模式可以合理地辩称,对于那些旨在追求更模糊目标的培训做出减少其数量的判断是完全正确的。

C. 跨学科研究

研究性教学计划是示范模式努力为法律建立更强大知识基础的核心环节。它力求为未来几代教师建立新的学术和教学模式,而这些教师将成为该行业新的智力领袖。它希望确保用最好的社会科学的怀疑方法论,对该专业为官方决策带来的直观、审慎的价值进行补充。

半个世纪以来,这种向更加科学化、数据化的学术研究发展趋势一直很明显。但是,那些标示出这条道路的人至今未能促使该行业踏上这条道路。在某种程度上,这是因为那些试图将不同的研究前沿联系起来的人遇到了巨大困难。这些人很快就会发现,在认识论、假设、价值观、目标、词汇运用和技术方面的差异是如此之大,以至于他的结论暴露在一系列令人困惑的潜在攻击之下。在20世纪20年代的十年间,哥伦比亚大学法学院证明,在重建法学课程基础的任务中,最有能力和最勤奋的人只能取得微小的进展。他们的工作进展缓慢,而许多人却把自己的职业生涯投资在收益最小的事情上。

然而,缺乏进展并不完全是由于这项任务本身的困难。在某种程度上,这是一种对使用硬数据报以抵制心态的产物。许多律师几乎根深蒂固地认为,现实就是司法意见书中描述的世界。教师和学生往往会互相强化这种信念,因为这对双方来说都很方便。如果要使法学学科成为他人更好的伙伴,使关于我们宇宙已知和可知的东西能够更好地作为公共决策的基础,就必须让学生和教师都更容易接受,更愿意遵守科学的规定、挫折感和模糊性。

我们还记得,对第一年课程进行的一些改变正是为了解决这个问题,鼓励学生从一开始就把法学研究作为跨学科的事业,然后再开始经历有时被称为"类别强化"的成熟过程。但是,如果那些引领讨论的人倾向于通过上诉法院的眼光来看世界,那么这种改变将会大打折扣。研究性教学的计划正是示范模式的引导方法,并提供了必要的补救措施,保证未来的教师和学者对自己与其他学术性工作的关系有更清晰的看法。

示范模式对这一计划的细节描述不多,因为其中许多预期内容都是量身定做的。我们可以假定,大多数学生会将自己的课程指向特定大学和法学院的强项上。据推测,许多提供此类课程的学校更倾向于专业化。

我们建议至少有一种学派可以把它的注意力转向对法律职业和法律教育的科学研究,这也具有说明意义。本报告力图尽可能坦率地确定作为示范模式规划基础的、未经检验的假设。毫无疑问,还有更多的假设尚未确定。虽然不是所有这些假设都可以通过已知的方法进行检验,但许多假设都可以做到。部分文献确实对其中一些假设运用了科学方法进行检验,但结果并不经常是令人信服的。关于律师工作的性质、律师与工作的关系以及两者对课程的影响等问题,仍然存在很大的空白,没有人试图回答这些问题。

例如,在律师与权威关系的心理学研究方面,一种有益的做法是让不止一种专业参与进来。20年来,专制人格一直是社会心理学的热门课题。这似乎是一种复杂的综合症,很可能与学生对新思维和感知模式的开放性有关。对权威和权威人物有不同倾向的学生从不同的教学模式和课程结构中获得不同的收益。虽然学习本质与学生个性之间互动关系的动力尚未得到很好的理解,但对于法学院课程规划的探究性却很明显。

在我们试图阐明法律规划能力与未来时间观的关系时,有类似的数据和方法可以利用。以学生学习和教师教学风格之间的关系为例:数据表明,学习程度等同于学生能够将教师讲授材料的目标内化为己有的程度函数,而这种数据在法律教育领域的适用性如何?类似的调查可能会影响到不同法学院环境对不同类型学生的影响;从其他地方收集的数据证实,不同的社会关系对教育的影响是可衡量的。

这些建议只涉及法律教育心理的少数几个方面。作为示范模式基础的一些经济假设提出了同样具有挑战性的问题。也许有人会说,学术型律师在开始运用科学技术来解决自己的问题之前,不能自诩为合格的科学家。世间固然没有廉价、简单的答案,也很少有绝对决定性的答案。但是,在法学院表现出对提出这些问题的兴趣之前,他们所宣称的智力上的卓越地位仍然值得怀疑。示范模式希望研究性教学能够引起这种兴趣。

示范模式明确指出,研究性教学计划应当保持较小的规模。还应当注意防止这种昂贵的培训成为筛选学术精英以便为出价最高的人提供服务的一种手段。这可能只是一个小的风险,但依然应当引起重视。示范模式的确提出要培养足够多教师和学者的意愿。它假定,在较小的法学院、独立研究机构以及在本科院校和中学的法学教学中培养的技能会有一定的市场。在服务后一种市场时,它希望向比自己广大得多的受众灌输这样一种认知:法律不应被孤立地理解。

三、非律师培训

A. 法律是一门文科

在提供法律课程计划时,示范模式努力将法学研究塑造成可以使那些没有确立职业目标的人感到适度好奇的对象。当然,法学教学早已在法学院之外的许多学校和院系开展,其中很多是在没有法学院的机构中进行的。

法律之所以成为大学本科教学的理想对象有几个原因。许多最令人不安和最基本的知识问题都可以在法律制度和程序的框架内进行探讨,包括稳定与变革、自由与安全、历史与逻辑、理想的正义和实践中的正义之间普遍存在的紧张关系。在更世俗、更实际的环境中遇到这些问题显然没有什么坏处,因为学生要面对将自己的价值观和解决方案强加于他人的后果,而这些人可能会因这些价值观和解决方案的应用而受到切实的影响。这通常是一种成熟的经历。此外,法律还提供了异常丰富的数据,揭示了人类试图用智力手段解决问题的经验。由于这些原因,博洛尼亚大学的中世纪课程将法律作为其所有培训的核心。

除了作为一种智力活动的价值外,法律培训对社会公民具有特殊的重要性。法律日益渗透到所有社会事务和关系中,而我们的机构日益民主化,这些发展使公民更加需要了解上层建筑的决定是如何做出和执行的。对法律有较深了解的公民,更有可能善用专业的法律服务。对于可能经常接触法律和律师的特定专业和职业群体来说,情况尤其如此。

法学本科培养的第三个目标是为学生提供一个测试他们兴趣和能力的机会。经历过这种训练的学生可以更好地认识自己的目标,对自己应对专业训练的能力有更成熟的信心。最后一点对于那些因家庭和阶级背景导致他们对法律或法律所反映的传统以及价值观念不熟悉的学生来说,可能尤为重要。在这方面,法学本科学习可以充当高级"先启"课程的角色。

自1968年以来,法律教育机会委员会开办了旨在发挥这一作用的暑期学院。不出所料,要评价它们是否成功地解决了一个困难,其问题本身是相当困难的。少数族裔学生(一个与弱势群体重叠并且更容易被识别的群体)在法学院入学考试中往往表现较差。此外,他们的其他表现有时也往往低于预期。这些数据倾向于证实,法律教育本身是受文化高度影响的过程,重视文化方面的经验。在某种程度上,使法律课程不受文化束缚是有可能的。示范模式建议对第一年课程进行的改革,有可能会在这个方向上取得一些进展。传统教学倾向于把初级教学的重点放在中上层阶级学生最熟悉的问题上,而放弃把合同、侵权行为和财产作为课程名称。示范模式应该能够促进这方面的多样化发展。另一方面,对于不可避免地反映文化主导价值观的法律制度进行文化表述的程度应当有严格的限制。

试图在暑期课程中克服文化上的劣势是一项有意义的工作,应该延续下去。但是法学本科培训可以在较长时间内进行,在某种程度上更有可能提供学生所需的社会化。上述安排提供了一个额外的好处,那就是它不会把"先启"的学生和其他人隔离开来。因此,它避免了补习计划的缺陷:补习计划有时会因确认哪些学生需要特殊帮助而加深他们的自我怀疑。需要并希望进入法学院第三年学习的学生,可以在标准的两年学习之前或之后进行该课程。

识别那些具有特殊法学学习能力的学生,也可能是法学本科课程的重要功能,否则他们可能就此被埋没。人们普遍认识到,普通的预测因素不足以发现这样的学生:尽管他们未能在其他领域取得优异成绩,但他们在法律方面确实会有相当好的表现。

有几个原因使法学院在参与提供本科法学教学方面下功夫。首先,法学院的参与应该提高这种教学的质量。虽然示范模式并没有考虑使用全职法律教师来进行所有的教学,但法学院参与课程和教材规划以及工作人员的选择理应能够确保课程达到更广泛、更深入、更连贯的程度。作为回报,法学院可以获得一个很好的机会,使其教师与学校其他部门联系起来,并在强化教学计划中为在法学院教师监督下工作的那些"学生教师"提供一个消耗精力的良好出路。法学院的参与也大大增加了该课程作为"先启"和预测法学院成功的效用。最后,法学院的参与是为本科院校发展三年制学士课程提供领导力的一种手段。这种发展是卡内基委员会等机构所赞成的,将与减少与专业教育有关学习时间要求的目标保持一致。

法学院参与这样的项目没有明显的、实质性的不利因素。没有理由让法律本科生的培训费用比其他领域的相应费用高上许多。它应该有资格获得同等水平大学的支持,并且不需要从现有的法学院课程中重新分配财政资源。因为边缘危险的存在,这类课程很有可能反而因自身的成功而被拖垮。因此,如果高校教学成为进入法学院非常有效的途径,它可能会对边缘学生或没有安全感的学生产生太大的吸引力,会使标准课程中对学生群体的本科生培养趋于同质化。必要时,法学院可以调整招生政策以控制这种风险。

B. 新职业培训

示范模式最大胆的特点是努力开发新的法律职业。这种努力可以基于两个假设来证明。一个是对法学服务的需求将会而且应该大大超过现有或预计的培训计划的能力。二是普通人只要稍加训练,就能在满足额外需求方面发挥创造性的作用。这两个假设都值得进行讨论。此外,在实施过程中还存在着一些问题。

人们已经逐渐注意到评估法律服务弹性需求的困难。如果社会能为每一个可能的冤案提供专业服务,必然应验中世纪中国皇帝的预言,他担心"争斗将无休止,一半的王朝将不足以解决另一半的诉讼"。而且,如果我们完全根据现有的律师服务市场来判断的话,并没有多少民众强烈要求更多的法律服务。

然而,示范模式假定可以为法律服务创造一个市场,以较低的费用提供法律服务,并雇佣更多的普通人才。这个概念与大众汽车的诞生非常相似。在寻求提供大众式法律服务时,示范模式假定,最好能使所有公民在处理高度工业化社会中每个成员所面临的许多重大纠纷和规划问题时,有最大的机会得到专业协助。如果所有公民都被迫在豪华服务和免费服务之间做出选择,那么许多人一定会被剥夺获得他们希望得到并愿意偿付的服务机会。在很大程度上应该再次指出,市场将提供替代服务,其中许多替代服务提供者可能没有受过任何法律培训。示范模式的一个方案是为那些在现有"联合职业"中服务的人提供适当的法律培训。但是，示范模式也希望创造一些新的职业，以触及甚至创造现在没有的服务市场。

在寻求为普通人提供从事法律职业机会的过程中，示范模式再次遵循1964年《民权法》第七章的政策。它假定律师资格的要求远远高于胜任许多法律工作的必要条件。法律教育的一个前提是，如果放弃培养全能型通才的这一目标，就可以以更快的速度、更低廉的成本培养更多的学生得到胜任相关工作的能力。这一假设得到了验证，现在许多法律服务是由没有受过法律训练的普通能力者提供的；因为他们的角色已经被狭义化，允许他们这样做并不触犯规范禁止擅自执业的法律规定，而且律师与他们竞争通常来说也不太划算。于是我们很难不得出这样的结论：如果接受一些法律培训，这些人可以做得更好，以较低的成本提供更广泛的服务。

一种合理的担忧是，廉价服务将使某些领域的服务质量下降。之所以会出现这种结果，是因为消费者缺乏必要的信息来识别哪些是值得购买的昂贵服务。这意味着，专业人员将不得不处理一些超出其能力范围的事务，无法充分履行原本的职责。虽然有人可能会更加严厉地评价这种风险，但示范模式并没有赋予它足够的权重使其具有威慑力。为相关职业提供适度法律培训的目的之一是让他们更好地理解聘用律师的意义，使困难的问题更有可能找到强有力的解决者。

为了实现这一特点，示范模式避免了在培训"专职助理""专职秘书""非专业助理"方面发挥作用。它承认已经被许多人提出过的有力论点,即如果律师养成使用"流水线技能"的习惯,他们就可以获得更多的收入,又可以提供更有效率和更便宜的服务。这种替代方法的特点是将许多法律工作标准化,以便秘书和其他受过类似培训的人可以例行进行。虽然我们在"驻校教学"的部分中提及过,有一部分课程专门用于培训律师如何更有效地使用这类人员,但示范模式并不认为法学院是培训他们的合适场所。原因在于,标准化的任务与探究式的事业是对立的。一个人对法学院传统的沉浸,很可能会损害他从事这种工作的能力。我们基于这种发展的剥削性和非人性化对其进行反对。虽然示范模式在专职助理发展方面的立场未必会受到这种观点的影响,但应当指出是,不应当反对示范模式寻求扩大和发展各类角色的建议。从事示范模式所倡导的新职业的人应该让自己具备一定的创造力和判断力,而且在任何意义上都不应该受制于律师。

人们可能再次提出这样一个问题:假设这种发展是可取的,那么法学院是否是负责这种新职业发展的适当机构。法学院参与的理由可以以必要性为出发点进行阐述,没有什么事可以在缺乏推动力的前提下发生。如果不是法学院,那么这个推动力由谁来提供?如果这些新职业以法学院作为发端,它们更有可能获得必要的地位和接受度。特别是在最初的几十年里,法学院的就业服务可以在机会的创造和专业自豪感的培养上起到至关重要的作用。此外,课程的规划和开发很可能需要法学学者的创造才能。虽然这些可以在法学院以外的环境中发挥,但如果没有某种制度上的责任进行加强,这些学者的兴趣不可能广泛存在或轻易保持。据推测,许多课程项目可能由没有法学院的大学共同赞助,并在它们的校园内进行;较新的州立大学似乎是最合适的,尽管社区大学也有参与的空间。此外,据推测,即便没有法学院的赞助,成功的课程同样可以被复制。法学院之间的关系还将促进在公开课程的教学中使用标准课程和高级课程的学生。邻近关系也将改善有效性和创造性咨询的前景,并使最有能力和最有抱负的学生转入标准课程。这也会促进一些学生从标准课程转入专职课程,因为这似乎对学生来说大有益处。最后,还有一个事实是,由法学院开设的课程所能获得的资助远远多于那些缺乏法学院支持的课程。基于所有这些原因,示范模式的结论是,法学院应该承担起执行任务的责任。

示范模式有望吸引那些不愿意或无法在学习上投入较长时间的成年人。这类课程特别吸引那些已经为孩子们付出了许多岁月并开始寻求第二份家庭收入的全职母亲。对于那些对自己最初的职业选择不满意的成年人来说,这些课程也会有吸引力。其他领域的经验表明,在被吸引的人中,少数族裔成员的人数会有点不成比例。假设这些学生会被较低的职业分类所吸引,那么这些课程将是社会流动的有效工具,同时在少数族裔内部提供服务能力。后一种发展对那些处于不利地位的群体尤为重要,他们现在不但没有机会接触律师,还因为种族差异太大而无法维持必要的沟通和信任。

示范模式的实施遇到了三个问题。首先可以预见的是,许多被这种专业角色吸引的人依然会对这些角色感到不满。当新专业人员试图扩大自己的作用时,会与律师产生一些冲突。这种紧张气氛现在可以从护理从业者和医生之间的关系中看到。示范模式预见在律师和新专业人员之间会产生与现有的相处模式相类似但又呈现为一种崭新的"条约"。示范模式试图通过保持一种非常开放的姿态来减少潜在的行业焦虑,欢迎有经验的从业者回来接受更严格的培训和更高级的证书。最后,它接受这样一个事实:如果在具有不同技能和知识水平的人之间进行分工,有些烦恼是不可避免的。

另外还有一个关于道德标准的问题,预计在相关专业中也会普遍存在。由于新的专业人员的前期投入较少、社会化程度较低、报酬也较低,他们的喜欢往往会呈现出不同层次的道德水平。为了保护律师免受牵连,示范模式小心翼翼地避免将这些新专业人士描述为律师,但是我们不能期望这种努力完全成功。示范模式还寻求在大多数人员往往就职于大型组织的领域,或在那些上行下效试图掩盖自己职业不受欢迎的领域分配新专业人员的服务。《非法执业法》将加强这方面的内容,该法律倾向于对新专业人员在最可能造成损害的领域的活动进行限制。在评估道德风险时,示范模式指出,房地产经纪人、理赔人员、劳动谈判人员和其他人员的道德标准所造成的问题,目前还不能说是严重的公共问题。向这些人员提供一定的法律培训不会使潜在问题恶化。

第三,示范模式意识到一种风险,而这种风险恰恰与企业预期的成功有关。如果对这些服务和培训的需求能够建立起来,这些课程可能会对年轻人产生吸引力,否则他们就会渴望实现标准课程所设定的更苛刻的目标。尤其令人担忧的是,这种吸引力对弱势青年的吸引力可能更大,因为他们对报酬的渴望往往更迫切。为了防止这种情况的发生,示范模式的早期草案将入学年龄限制在 27 岁或以上;这种限制很可能是必要的,尽管现在因缺乏明显的必要性还没有被提出。

这三个问题似乎都没有使示范模式的提案失去作用。更有可能阻止其广泛接受的是一系列的反对意见，说句公道话，这些反对意见可是不合理的。许多明智的读者对这项提案的第一反应就是将它贴上反专业、种族主义、性别歧视或反知识分子任意一个标签，或者干脆贴上所有这些标签。

第一个做出反应的群体很可能来自有组织的律师协会，因为它们的一些成员已经举起了未经许可执业的旗帜并示威反对培训"未经许可的从业者"。一些从业人员会担心新专业人员带来的竞争，如果说这种担心是现实的，那么它来自这样一个事实，即一些律师的部分收入来自其为服务设定的价格，而这种价格并不能反映出所投入技能的多少。虽然人们注意到有些事项可能由不太专业的人员处理具备一定的风险，但也有一个可以与风险相抵消的好处，即处理这些事项的人如果曾接受过法律培训，会发现这些事项需要最优秀的专业人员才能处理。

第二和第三种反应来自妇女和少数群体成员，他们很快就将拟议的方案视为一种稍加掩饰的"跟踪"系统，将把黑人、奇卡诺人和妇女在向贫困客户提供二等服务时沦为二等职业。尽管这种反对带有强烈的情绪色彩，但它确实是考虑不周的。它假定为所有人提供令人兴奋的、高回报的职业培训，从而为所有人提供高级法律服务是现实的。这显然不可能。对于那些会受到影响的人来说，真正的选择是从事法律以外的职业（或者可能根本没有任何职业是适合的），以及在没有法律服务或超出其能力范围的服务之间做出选择。这种敌对的反应被对单一化律师职业单纯、浪漫的幻想所强化。这种幻觉的产生是由于所有律师现在都以同样的方式接受同样时间的培训；而这些提供了一种任何熟悉律师的人都可以证明是虚假的、只是平等主义的表象。维持平等的幻想对公众没有好处。它阻碍了有用职业的发展,也使得服务的成本超出了实际需要。当然,要面对的选择也并不理想。示范模式对于那些想要成为新职业人员的人在情感上的不适并没有视若无睹。但它承认,如果要为人民的真正利益服务,就必须承受这种痛苦。

最后的回应来自法学院的教师,他们发现与不那么聪明的学生建立师生关系是令人厌恶的。他们倾向于认为,这种关系将损害他们所在机构的教学质量和地位。据推测,被要求制造大众汽车的奔驰流水线工人可能会有某种类似的反应。诚然,法学院质量和地位的衡量基础来自于其学生的优秀表现。为能力较差的学生承担责任,从某种意义上说,就是放弃了对卓越智力的追求。这是任何一个有正义感的学者都无法敷衍考量的事情。从现实的角度看,在一所优秀法学院里开设这样的课程不太可能降低其吸引力或损害其知识氛围;当然,如果该课程主要在其他院系开展,就不会有这样的问题。但是,只有重新定义什么是"追求卓越",评价教育对公共福利而不是对同行之间的尊重的影响,才能克服这一障碍。如果学术界能够关注近期的数据,即"最好的"本科学校为学生创造的附加值往往最低,或许这种改变就会发生。

也许示范模式的特征可以被恰当地描述为"虐待狂",它将痛苦的想法同时推向如此多个方向。这种挑衅式描述的借口无非在于,这些想法可能是最具启发性的。人们所要考虑的问题和价值观在本质上与评估标准课程时所要考虑的内容是相同的,但在这里它们之间的关系有些不同。从某种程度上说,培训新专业人员的计划有助于减少标准课程中的开支。随着传统律师的培训费用越来越高,新专业的理由也就变得更有说服力。那些抵制节约、敦促在律师培训中投入更多时间和资源的人应该做好准备:要么支持新职业,要么寻找其他选择。

四、筹资

A. 全额学费

在导言中我们已经说明了对每一个教学单位的实际成本进行确定的目的,现在它与示范模式主旨之间的关系已经很明显了。如果法律教育要对自身进行理性分析,还要鼓励学生对自己的个人目标进行理性分析,就必须对教学的实际成本进行分析,并时刻铭记在心。

一方面,成本分析的方法需要进行检验,另一方面,还可以采用其他更复杂的方法。示范模式假定标准课程是其运作的基础;大部分研究和行政费用都由它支付。聘用一名同等全职教学人员的费用大约是 80 000 美元,这个金额是根据下列费用综合计算得出的:

  平均工资 25 000 美元

  附加福利 5 000 美元

  公休准备金 5 000 美元

  包括杂费的秘书服务 7 000 美元

  研究援助 2 000 美元

  教学援助 10 000 美元

  图书馆采购,150 000 美元/50 名教员 3 000 美元

  图书馆职员,200 000 元/50 名教员 3 000 美元

行政 200 000 美元/50 名教员 4 000 美元

未领取保险(5%)4 000 美元

资本回报率(15%)12 000 美元

共计 80 000 美元

这些数字中的每一个都值得商榷,同时还取决于学校对教师的支持程度。高级课程教学成本的计算方法与标准课程基本相同。

采用示范模式不能向非专业本科生收取全额学费,除非对其他本科生也普遍收取。否则,全日制开放课程的费用估计为 55 000 美元。这一数额的计算方式与其他课程使用的较大数额的计算方式有所不同。图书馆和行政费用大幅减少,更大的数额也进一步减少,这些不同之处反映出这样一个事实:大部分教学将由聘用成本较低的教学人员执行。如果要实施这种方法,则需要更高的计算精确度。

研究性教学计划显然需要补助金,示范模式将对所有人提供补助,同时不收取实物设备的费用。它假定其他资金不能被用作对中产阶级青年的一般性补贴,而将被审慎地用于实现具体的目标。

B. 延付学费

除非学生有能力支付更多的费用,否则不应按全额学费收取。示范模式假定,作为大规模补助金的新资金不太可能横空出世。大多数高等教育机构的运作情况都保持良好,如果它们能够维持对专业教育从一而终的支持,本身就是一项重大成就。人们越来越认识到,对专业教育的公共投资往往是不进则退的。这一点在医学教育方面表现得最为明显,因为医学教育对纳税人来说非常高昂，而对受益人来说却有很高的经济回报。因此，一般来说，最昂贵的学校会给那些未来收入前景最好的学生群体提供最大的补贴，然而他们恰恰是最不需要补贴的学生群体。法学专业的学生只比医学生少一些，他们对公共慈善事业的诉求并不讨喜。当他们的资助诉求被拿去与公共教育、福利、卫生、交通、住房、环保，甚至法律服务等领域公众的强烈需求相比较时，结果似乎并不十分令人信服。指望富裕的专业人士自己承担培训成本并非不可理喻。这不仅在分配意义上显得更加公平，而且还能促进教育资源在实际上更合理的分配。

"需求"是一种预测职业收入的手段。职业收入现在被一些律师用来偿还贷款或每年为支持教育计划而进行捐赠。但专业学生还没有学会把学费的支付看作一种能够在资产负债表上产生贷款净额的资本投资。即使是那些愿意用信用卡为昂贵的假期付费的人，也不愿意为支付教育费用而负债累累。然而，示范模式还是建议通过大规模的贷款计划来促进这部分款项的支付，这也将对常规支付造成阻碍。为了防止这种贷款使经济条件较差且往往对借款比较排斥的学生望而却步，在他们做出入学决定时，补助资金已经在为他们而汇集。为了获得贷款所需的资本，示范模式设想的方式是由院校大量借款，并将所收学费的15%返还到资本账户当中。

这是耶鲁大学最近制定的计划的一个简化版本；耶鲁计划在学费与收入之间关系的处理上更加灵活，结果便是耶鲁大学的外科医生要支付培训耶鲁大学神职人员的部分费用。示范模式的计划对专业学生的适用范围有限，没有触及到非本科专业教育的经费问题。它假设几乎每个法律专业人员都应该自负盈亏，确实计划了一个5%的不可收取比率,其中包括人寿保险等因素。由于努力将学费与实际成本联系起来,示范模式没有像耶鲁大学的计划那样,为争夺生源创造任何激励措施。因此,为了维持这种关系,最好明确规定,15%的附加费将稳步降至零,当资本账户足以满足当前需求并提供准备金以满足预设的学费增长与学费收入增长之间的时滞所产生的额外需求时,就会达到零附加费的结果。每一次学费的增加都必须包括一笔足以替代已经耗尽的准备金的额外费用。

五、结论

我们所描述的模式将服务于许多目标。它的主要目标是证明许多价值观念都与课程决策密不可分。中立的课程并不存在;无论有意还是无意规划,任何法学课程都有好有坏:

(1)法律服务质量;

(2)法律服务提供;

(3)社会各群体在行使权力时获得发言权的程度;

(4)社会流动性;

(5)学生的个人自由;

(6)教育环境的人文素养;

(7)律师对其他专业人员的问题以及社会受律师工作影响问题的理解;

(8)公众及其他专业人士对法律程序及专业的理解;

(9)公众财政;

(10)法学院对知识探究的亲和力;

(11)美国法律职业最优秀的标志——严谨的理性。

示范模式并不是实现和协调所有这些目标的唯一手段,也不一定是最好的手段。它是促使那些做出课程决策的人对所有这些目标进行思考的一种方法。

尽管示范模式的某些特征看起来很激进,但它在两个重要方面是保守的。首先,示范模式遵守它认定的课程规划适当的管辖范围。它没有对我们应该生活的社会进行任何宏伟的设计,只有当社会问题与促进学生和教师实现个人目标的教育使命相交叉时,才触及这些社会问题。在这方面,示范模式假定,法学院没有适当的程序来确定社会的最终目标。它还假定,任何致力于对此进行探究的机构都不应试图得出一个确定的结论,因为这样做会损害其对其他思想的接受能力。它表达了这样一种信念:法学院可以通过延续大学教育中那些富含理性、宽容和思考的优良传统来提供最佳的服务。它表示怀疑的是,法学院是否可以被用作改变宏观社会目标的有效手段。在这方面,它假设那些通过法学院教育来推进的改变,也可以通过其他手段来有效完成。这是一种值得商榷的保守主义。例如,托马斯·杰斐逊就将他的大学法学院规划为前后好几代志同道合的杰斐逊派孵化器一般的辉格党学院。为了抵制这种操纵,示范模式可以说比杰斐逊本人更杰斐逊主义。

示范模式的保守主义还体现在,它对法律教育机构及其一直引以为豪的严格理性传统表示了信任。事实上,它正试图将这一传统转化为一种力量,为了"像律师一样思考"的法律教育问题,这种模式热情地拥抱着传统,赞美之情溢于改革意识之上。

附录二:法律公共职业培训:美国法学院协会报告(1971年)

一、法律公共职业培训(1921)

阿尔弗雷德·Z.里德(Alfred Z. Reed)

凯特·沃拉奇(Kate Wallach)编辑

引言

半个世纪前,美国律师协会法律教育和律师资格委员会(ABA Committee on Legal Education and Admission to the Bar)在一项医学专业调查的激励下,要求卡内基基金会赞助一项关于律师教育的研究。A·Z.里德的《法律公共职业培训》本质上由非律师教育家编写,但多年来其时效性丝毫不减。"历史的处理清楚地表明了这样一个事实,即如今律师们在法律教育方面产生分歧的问题……并不是新的问题,而是自最早的法学教学时代以来就一再呈现的相同问题"。(序言,第16页)

美国从英国继承了执业律师和法官应负责法律教育的传统。

在许多欧洲国家,大学分担了这项任务。直到19世纪中叶,有抱负的美国律师一直在年长的律师手下当学徒。当时有志于从事这一行业的人很少,每个律师可以培养的学徒数量有限。根据师父的性格和能力,学徒或多或少地受到了教育,并通过手抄法律文件、送达诉讼文书和阅读少数教科书(主要是布莱克斯顿的教科书,后来还有大学教授编写的学术著作)来发展必要的法律技能。

托马斯·杰斐逊是第一个在大学内建立法学院的人,在这里除了可以学到法律技术外,还可以学到全面的知识。

随着学院和大学的发展,它们慢慢地在法律教育过程中占据了一定的份额。虽然起初它们提供的是狭隘的技术基础和办公室学徒制,但课程范围逐渐扩大,办公室培训最终被完全取代了。除了大学之外,现有的从业人员为未来的从业人员而不是为未来的法律学者而开办的私塾,以及为那些在准备考取律师资格的同时还要谋生的人开办的夜校,都属于在大约一百年的时间里发展起来的其他类型法律教育。1920—1970年之间的法律培训范围没有太大差异,这也是从里德的观察到我们今天观察的时间跨度。

里德认识到古老的法律职业在适应现代民众自治理想方面所固有的困难,并指出了民主国家对其律师的要求。"他们既是受过教育的专家,又不至于与普通人相距太远;他们准备阶段的课程和执业录取条件既要严格,又不至于超出普通人的能力范围;客户可以完全相信他们会在没有不当拖延或不合理费用的情况下,提供光荣而称职的服务,同时他们也要为社会各阶层提供机会,使不同阶层的人在律师群体中得到充分的代表,法律赋

予他们特权,使他们能够行使司法层面的政府职能"。(里德,第28页)

"国家的政策,反映在其律师准入规则中,受到实现人民自治理想的努力的极大影响。由于人们希望使这一公共服务部门能够为普通公民所利用,因此如何使律师工作更有效率的问题变得复杂起来"。(里德,第4页)

A. 法律教育的历史

1. 托马斯·杰斐逊大学法学院

托马斯·杰斐逊开创了美国大学法学专业教学的先河。他的任务称不上艰难,因为弗吉尼亚州的学徒制不像北方各州那样牢固;他的主要资本仅仅是自己大胆而富有建设性的头脑,这种头脑并不尊重传统本身,认为站在过于宽泛和原始概念一边的传统即使存在也是错误的。他相信即使是私立法学专业也比办公室工作更好,并且为重组弗吉尼亚州的法律教育制定了全面的(最终部分实现的)计划,于1779年首先对其母校威廉玛丽学院的教学组织进行了改革。他对大学的设想,就其对外国模式的借鉴而言,遵循的是后来的大陆模式而不是后来的英国模式:各种学院是协调一致的,而不是从中央艺术学院或哲学院分支出来的。杰斐逊以其特有的大胆,背离了正统的哲学、神学、医学和法学四门学科。他完全抛弃了已经建立起来的神学学院以及所有的古典教学,接受了医学和法学院,而哲学院则被他分成了四个部分,从而保证了六个学院的对称协调……根据当地传统,每个学院都被称为"学校",其教授职位都被缩减为一位。六位教授中有一位教授的课程包括"道德哲学和自然法则与国家法则"。另一个是"法律与警察"学院,由杰斐逊的法律老师和弗吉尼亚州法规的修订者同僚、大法官乔治·威恩(George Wythe)担任。怀斯的课程不仅包括市政(专业)法的讲座(布莱克斯通早期就是其基础)和模拟法庭(从英国律师学院继承而来),还包括政府和模拟立法机构的讲座,旨在训练学生掌握议会法。简而言之,实用法律和实用政治虽然已经被区分开来,但仍然被结合在了一起,被彻底确立为适合在学术范围内追求、在实践者指导下学习的科目。国际法被推到一边,作为相关的伦理学专题的附属品。

杰斐逊的教育计划在1825年弗吉尼亚大学成立时达到顶峰。他最初的设计仅仅是对他的威廉玛丽计划进行扩展,要求设立十个不同的教授职位或"学校",其中三个就包括杰斐逊的"共和党"杰出毕业生、独立成员、美国最高法院的斯托里先生,最近称为"道德、政治和司法科学"的领域这三个学派与斯托里的分析大致相符。在一位"意识形态"教授的指导下,私人伦理学将与一般语法、修辞学、纯文学和美术相结合。一位"政府"教授将讲授自然与国家法、政治经济学和"历史,与政治和法律的交织"。与这些学校和其他七所学校协调,杰斐逊设立了市政法教授职位。由于实际情况的紧迫性,与人类行为法有关的三个教授职位减少到两个,一个是伦理与道德科学,一个是法律和政治。1826年,后一个教授职位在未能找到具有健全的共和主义观点更杰出的任职者后,由一位叫约翰·T.洛马克斯(John T. Lomax)的实业家填补。在他和他继任者的带领下,法律和政治——或者用现代的术语来说,政府——继续被共同进行教授。由于宪法领域的规模太大,无法由一人独立讲授,1851年又任命了一位专门研究宪法的教授……在布莱克斯顿的影响下,国际法同样继续由法学院而不是学院提供。政治经济和历史被挤出法律课程,而其他学校则根本不教。许多年来,法学院的学生被鼓励(尽管不是必须的),在大学一个以上的学院注册。

2. 斯托里之前的哈佛

1816年,首席大法官艾萨克·帕克(Isaac Parker)被任命为哈佛大学第一任罗亚尔法学教授。他本着利奇菲尔德精神,把法学院设想为一所致力于培训律师的专业学校;利奇菲尔德精神不像布莱克斯顿和肯特的折衷精神那样,意图同时满足平民和律师的需要。它只涵盖律师专业培训的一部分,而把实践技能留在办公室里掌握;尽管用类似杰斐逊的语言阐述了办公室培训的不足之处,但帕克十分清楚,"商业的实用知识可能总是在一位杰出顾问的办公室里学得更好"。它将是一所倾向于"极大地改善我们国家律师品格"的地方学校;哈佛大学还没有察觉到"国家法律学校"对整个联邦的好处。最后,它将成为一所研究生院……遵循神学而不是医学的先例;学校并非要建立一所与自己竞争的法学院,而是要在大学的基础上锦上添花。

帕克的建议中只有一个特点得到了遵循:建立一所主要针对未来从业人员的专业学校。哈佛大学终于迈出了这决定性的一步。对那些至少在校园停留18个月的人给予学位。1823年,预期学习时间总共为三年。驻校也好,在办公室上班也好,并没有先后之分。

任何州的申请人都可以申请入学……如果说哈佛大学最近率先以研究生教育取代了法律教育,那么我们可以公平地回忆一下,正是哈佛发出了鼓励大学和律师协会之间建立一种名义上的联系的信号。她以自己的名声来支持这样一种学说,称执业律师为大学教授,等于把他的专有法律课程变成了大学课程;而且可以适当地将学术法学学位授予完全没有受过学术训练的学生。

3. 利奇菲尔德

与其他州相比,康涅狄格州在大革命之后的人口比例要比今天大得多。从地理上讲,其他州的学生也可以很容易地去那里学习。她的律师准入规则通过规定明确任期的方式,保护了从业者作为一个阶层所享有的教育垄断;通过不限制任何办公室的学生人数,他们允许行业内的自由竞争。每个律师都接待了他能得到的所有学生。对班级规模的唯一限制是律师自己的组织能力和业务能力,以及他从更重要的工作中挤出的闲暇时间。

利奇菲尔德学校是普林斯顿大学毕业生塔普·里夫(Tapping Reeve)创建的,他除了具备从事这项工作的其他资格外,还加入了颇具影响力的伯尔(Burr)和爱德华兹(Edwards)家族。1772年,他在杰西·鲁特(Jesse Root)门下学习后获得了律师资格,随后定居在一个虽然小但交通便利且是重要邮路枢纽的小镇。战争剥夺了他的实践机会,但是由于地理位置免受战争的实际破坏,他致力于教授法律,并在战争结束时发现自己已然成了一所发展完善的法学院的院长。贝拉米(Bellamy)博士在邻近的伯利恒开设的一所成功的神学学校,也许向里夫提出了为法学学生发展类似机构的可能性。有几个原因促成了他的成功。1789年,同乡伊弗雷姆·柯比(Ephraim Kirby)出版了第一卷《美国法律报告》,吸引了律师们对利奇菲尔德的关注。1792年,一所成功开办的女子寄宿学校在社会舆论方面起了很大帮助;当年轻的奥古斯都·汉德进入学校时,里夫夫人告诉他,"年轻的淑女们都想嫁给法学院的学生"。最后,里夫夫人的父亲——普林斯顿大学的校长,以及她的兄弟——未来的美国副总统亚伦·伯尔(Aaron Burr)(他本人也是里夫的学生),都毫无疑问地对他施加了一定的影响。他的学校在全国享有盛誉,毕业生中有来自各州的年轻人。

詹姆斯·古尔德(James Gould)是耶鲁大学的毕业生,也是这所大学的导师,他于1795年结识里夫。三年后,他成为里夫的合伙人。到这时为止,据说大学毕业生的总人数已达到210人,或者说战后平均每年约有10人或15人。古尔德是一个有教学经验的人,并开创了一个更加规范的记录制度。虽然在接下来的10年里,学校没有显示出任何大的增长,但它至少保持了自己的状态,入学率有时高达21人,有时低至9人。1809年,学生人数突然上升到33人,1813年,也是学校最繁荣的一年,学生人数达到了55人——这个数字在20多年里一直是美国法学院的记录。[1] 这所学校继续运作了20多年,直到1826年仍保持着良好的出勤率。此后,它开始迅速衰落。它的衰落可能部分归因于拥有更多资源、由年轻人领导的竞争机构的兴起;部分归因于民主运动所带来的全国教育标准的普遍下降,使任何法学院的道路变得艰难;再部分归因于古尔德,像里夫一样,允许自己从受保护的退隐状态中受到诱惑,回到公共生活的光辉中,因此不仅忽视了自己的学校工作,而且使自己暴露在联邦主义法官的声名狼藉之中。早在斯托里法官进入哈佛之前,政治、野心和岁月的流逝就已经破坏了这所学校的根基。到1833年,从它这里已经走出

---

[1] 1835年,弗吉尼亚大学法学院首次创造了录取67名学生的新纪录,1838年,哈佛大学(Harvard)以录取78名学生紧随其后。

了一千多名毕业生。

这所学校的显著特点是每天都有系统的讲座式课程,而且这些讲座从不出版。后来,诸如塔克(Tucker)、肯特(Kent)和斯托里之类的大学法学院讲师在制定了讲座课程后,很快就将其系统化并公布出来,以利于整个行业的发展。这种出版物对学生不可避免的影响是降低讲座的趣味性和重要性,使教科书成为突出的内容。这在法学研究中是比较自然的,原因在于在原来的学徒制下,教科书一直是学生学习法学理论的来源。导师的职能是将阅读材料系统化,并增加实践训练。里夫和古尔德把他们的授课制度作为学校的一项精心保护的资产加以保存。正如里夫在1794年所做的那样,这门课程由139次讲座组成,根据不同的安排,涵盖了与布莱克斯通论调相同的领域,只是后者对政府机构和刑法的讨论被省略了。后来,学校又增加了《治安官法》《狱卒法》和《刑法》,整个课程包括一个时间从一小时15分钟到一个半小时不等的每日讲座,历时14个月。这其中包括两个假期,每个假期为四周;对于不参加康涅狄格州实践的外州学生来说,显然他们要考虑的居住时间不会超过一年。[1] 学生必须认真写好笔记,进行旁听阅读,并在每周六根据一周的工作情况接受严格的考试……毫无疑问,从一开始,当然也是在学校的晚期,可选的模拟法庭和辩论协会也都在运作。这所学校开设了一门"好且窄"的课程,在这个课程中,普通法不是作为"专断但有权威的规则和教条的法典"来教授,而是被当作"相互关联的理性原则体系"。它

---

[1] 古尔德在1822年写道,通过每天除周日外整整一个半小时的讲课,以及每周一个晚上进行一次关于刑法的编外讲座,他曾经成功地在一年左右的时间里讲完了全部课程。

把法律作为一门"科学"来研究,在其所能支配的短暂时间里,它并不承诺为学生去完成一切需要做的实践。根据几个州通行的律师资格入学规则,如果允许对这所学校的出勤率进行计算的话,也只能计算规定学习时间的一部分。

缺乏捐赠的情况下,在发现独立的法学院可以通过授予大学法学学士学位来吸引学生之前,这类学校的成功完全依赖于其经营者的个人力量。当他去世、年老或找到更好的工作时,就没有明确的财产可供继承人继承了。这类学校在我国教育发展中的意义在于,它们暂时弥补了希望得到系统化法学教学的学生与尚未准备好提供这种教学的学院之间的差距。

4. 早期的私立法学校

早期的私立法学校基本上等同于一个专门的、精心设计的法律事务所。它发源于学徒制度建立得最为牢固的新英格兰,并从那里蔓延到其他各州,最终与其说是被学院或大学法学院所摧毁,不如说是被它们所吸收,其性质也在很大程度上被它们所决定。作为一个自诩为充分发展的、有自我意识的机构,它出现的时间比南方早期的大学法学院稍晚。然而,与这种人为的创造不同,它是以不易察觉的步骤从从业人员的阶层中发展出来的,代表了一种比较原始的教育机构。它出现的两个必要条件是:第一,相当多潜在的法学院学生,他们可以在这些学生中推销其教育商品;第二,行业中有利于法律教育专业化的态度。某些州起初延续了传统(英国法规),即单个从业者要么试图垄断有利可图的教育市场以牟取私利,要么广泛地教授法律直至充斥整个行业,而这都是不道德的……直到哈佛大学第一次进入法律教育领域失败后,马萨诸塞州的专业警觉性才有所放松,这个州才与一般运动接轨。

5. 殖民地大学的法律

关于大学与法律教育之间的适当关系,已经形成了以下传统。

首先,人们普遍认为,对于那些有志于进入较高职业层次的人来说,大学教育是可取的。第二,从这种教育中得到的好处主要是社会和文化方面的,绝不指望由大学来承担从业人员在学徒制下已经提供的技术培训。第三,法律最近被认为是一门适合进行学术研究的学科;为了所有学生的普遍利益,也为了那些以后可能从事法律专业研究的学生的特殊利益,大学完全可以比过去更加重视这一学科。我们必须应用这一传统,并尽可能地适应我们自己较原始的高等教育设施。我们没有像牛津大学和剑桥大学那样,由一个共同的纽带将不同的学院联合起来。九所经费微薄的学院,彼此之间没有有机的联系,而且相距甚远,而这就是这个新生的国家所能提供的一切。想要将这些单位扩大为完整的机构——地方机构合并成全国性的协会,共同为一个目的而工作——所有这一切都还遥遥无期。

第一,大学教育无论其内容如何,都是可取的,这一点在两个殖民地的律师录取规则中得到了体现:早在1756年,纽约就要求大学毕业生在顾问的指导下学习三年,其他申请人则要学习七年。在1771年,马萨诸塞州的萨福克郡法规要求所有申请人在进入办公室学习之前,必须接受大学教育或与之相当的文科教育。

第二,严格的专业培训是专业自身的事务,这一点在任何地方都是毫无疑问的。即使在弗吉尼亚,那些没有接触过英国律师

附录二:法律公共职业培训:美国法学院协会报告(1971年)

学院又有志于从事高级法律工作的人,也没有被规定一定的学习时间,就像乔治·威恩领导的杰斐逊在律师事务所里一样可以学习法律。

第三个传统观念——大学应该就人与人关系的规则发表意见——可以追溯到1642年,当时哈佛大学宣布在方便的时间内开设"伦理与政治学"的二年级讲座。在盛行的神学影响下,无论是在"伦理学"的名称下,还是在"道德哲学"或"自然法"的标签下,都很容易成为一个正统的大学主题,无处不在。随后,逻辑和形而上学被加进去,这些教席逐渐发展成为现代哲学的学科。"政治家"要么像哈佛大学那样完全消失,要么逐渐从道德和哲学中脱离出来,沿着自己的路线发展。国王学院的第一门课程(1755年)列出了"法律和政府的主要原则以及历史、神圣和亵渎",这门课程与伦理学小组("形而上学、逻辑学和道德哲学以及一些批判")构成了整个第四年的课程。1756年费城大学的四年级学生有一个更详细的学习计划。民法在政治团体的内容中被特别提及。这些研究的目的是提供"学生作为一个人和一个公民地位的知识和实践意识"……作为政治学的一个分支,系统的法学教学现在已与伦理学区分开来,至少是在革命关闭殖民地学院的大门时学术思想界所熟悉的一种观念。

那么,大革命后的发展路线是什么?英国的传统是否要保留?学术教育(包括政治研究)对所有好公民(其中包括律师)来说是可取的又不是必需的,但真正的专业教育是否最好留给从业者?或者,按照医学和神学教学的先例,是否可以在学术的支持下进行部分或全部的技术培训,并产生一个新的综合机构——大学?那么,旧的学院和新的专业工作之间应该是什么关系呢?大学是否应该像医学教育一样,仅仅是专业工作一个可选的前期准备?还是像在神学中那样,大学的专业工作应该是严格的研究生工作?最后,如果大学可以适当地取代法律专业教育领域的从业者,那么国家的律师资格要求中应该包含什么政策呢?是否应该仅仅把大学放在与从业者平等的地位上,在争取学生的竞争中,让它有机会证明它所声称的方法有着卓越效力?还是应该鼓励大学的法律准备工作,认定其在本质上优于办公室工作?如果是这样,鼓励到什么程度,又该如何鼓励?

即使在今天,公众、专业人士和大学还远未就其中一个以上的问题达成一致。现在人们普遍承认,至少在为律师资格申请人做准备的过程中,有一部分是大学可以适当承担的任务。以下各章将表明,在传统的保守势力面前要确立这一主张是多么困难。

6. 早期法学院的一般相似性

一开始,弗吉尼亚和哈佛为了追求不同的理想以不同的方式牺牲了自己的学院。杰斐逊刻意计划废除学院以支持他更全面的大学计划,根据这个计划,学术和专业教席或"学校"将在一个自由民主的学习环境中平等协调。哈佛大学完整地保留了它的学院组织,但在它旁边设立了与之竞争的医学院和法学院。杰斐逊的方案是比较理想主义和对称的。它的缺陷是忽视了文化教育和专业教育的根本区别,因此不能像哈佛制度那样行之有效,甚至做得很糟糕。弗吉尼亚的学术"学校"继续着彼此之间的兄弟联盟。通过增设教席,专业"学校"扩大为专业系部,要求学生全身心地投入,并与大学的其他部门分开,因此,即使名义上不是,实际上也再次成为一所几乎独立的学院。这种发展早在1837

附录二：法律公共职业培训：美国法学院协会报告(1971年)

年就出现在医学领域，1851年出现在法律领域。在这以后，弗吉尼亚大学和哈佛大学类型的大学之间就没有真正的区别了。

同样，关于法学院的课程设置，弗吉尼亚的理想在一开始就更为宽泛。立法者的"政治"以及从业者的法律在这个州和肯塔基州的学校开始教授。1851年，当美国法律的迅速发展威胁到政治、法规和国际法的地位时，弗吉尼亚大学任命了第二位教授，以使所有这些课题都能得到公正对待。目前，这与哈佛大学的理想形成了明显的对比。我们已经看到，斯特恩斯（Stearns）推出的从业人员课程是多么狭窄，斯托里法官拓宽课程的努力最终仅仅是增加了他自己对联邦宪法的重要研究。简而言之，在新英格兰和南方，对一所专业法学院所能培养的有益领域的定义是完全不同的。尽管哈佛拥有一支更强大的师资力量，但它的培育面却小得多。事实再次证明，依据他们各自掌握的资源来看，哈佛的选择是正确的，而弗吉尼亚是错的。司法判决数量的增长速度超过了弗吉尼亚扩大教师队伍的能力，只有放弃一些科目才能避免被指控为肤浅。因此，所有的学校都被迫把主要精力投入到普通法上；虽然他们用剩下的时间做些什么，最终会成为人们非常关心的问题，但这样转移的精力总量所占的比例并不庞大。即使在南方，"政治"也几乎完全归入大学当中，而在大学里，它在通常以"政治学"或"政府"为名的系部里发展起来。在弗吉尼亚大学，政府课程现在由学术性的经济学院（系）提供，不过议会法作为直接继承自最初的威廉玛丽课程，直到最近才作为法学院的选修课开设。杰斐逊宽泛思想的另一个次要后果是，受弗吉尼亚影响的大学倾向于将国际法等边缘学科放在法学院而不是大学当中。[1]但是总的来说,不管学校开始的目标是什么,最终北方和南方的学习课程都没有实质性的区别。

……新英格兰两所学校的共同点是都只寻求培训执业律师,而不是政治家和立法者。它们的不同之处在于对执业律师所需培训种类的估计。针对寻求办公室培训制度替代这项任务,哈佛大学迟迟没有承担起全部责任。它最初对自己使命的设想是把学校不能很好地完成的任务留给办公室去做。耶鲁大学从一开始就坦率地试图既不多也不少地开设普通的执业课程,并将其并入本质上已经系统化的律师事务所。在我们历史上的各个时期,学校与学校之间,或同一学校在不同时期,都可以找到这种早期理想冲突的痕迹:而现在我们强调对普通法更广泛的方面进行学术性的处理;现在也更重视实践的细枝末节,更重视书面文书的起草,更重视涉及管辖权的纯地方法律。从这个角度来看,早期的法学院无法进行令人满意的分类。在一个竞争激烈的体制下提供学生所要求的学习内容的压力已经显现出来,因此,很少有学校在这方面奉行一致的政策。这种差异部分源于教师的能力或脾气——他们相对重视的是在基本原则方面彻底夯实基础,而不是那些立竿见影的教育——部分源于学校能够最自然吸引学生群体的性质——无论是全国性的还是地方性的学生群体。不断变化的政策的主要意义以及在确切教授什么科目方面普遍存在的不确定性,是表明社会需要的不仅仅是单一类型的法律教育的证据。为了要做到面面俱到,大家都在寻求标准化的课程。这

---

[1] 由于哈佛大学法学院最近试图扩大其课程,1916—1917年期间法学院和政府学院系都开设了国际法、罗马法和英国法律史等独立课程,因此,大多数大学在多大程度上实行了法律与政府工作的分离。

附录二:法律公共职业培训:美国法学院协会报告(1971年)

么多年过去了,我们还是没能就这样一门课程的内容达成一致,这充分说明这项任务是不可能完成的。

因此,在任何地方,大学生和他们的导师都倾向于被分成独立的,或多或少相互竞争的群体:一边是只由学院教师授课的大学生;另一边是只在法律或医学专业院系下注册的本科生。这种划分的界限有时确实很模糊,因为学生同时承担学术和法律工作的情况并不少见。这种模糊现象在美国两个区域发生的情况有些不同。在南方,这是杰弗逊传统的结果,它鼓励大学生选择专业工作。而直到晚些时候,既在学术界又在法律界"学校"注册的学生才出现在弗吉尼亚大学的目录中。这种观念甚至在北方大学组织形式被明确引入的地方依然存在……另一方面,在北方,严格规定的大学课程、更为密集的法律工作,以及在城市中法学院靠近法院而不是大学的实际位置,都将大学生排除在从业人员的课程之外。在这里,打破人为壁垒的压力是朝相反的方向施加的。这种趋势表现为法律专业的学生偶尔参加一些学术工作,而不是大学生参加法律课程。在哈佛,虽然在蒂克纳(Ticknor)的现代语言课程之外,没有任何有效的学术课程向法学院学生开放,但参加学院教师"公开讲座"的特权多年来一直受到高度重视。

此外,为了解决北方课程过于狭窄的问题,有时会出现大学和法学院系的部分融合。例如,在哈佛法学院的第一阶段,罗伊尔教授继续从事主要面向大学生的理论讲授。这些教授的讲座和其他公开讲座的原则一样,仅仅面向斯特恩斯的法学学生"开放",通过这种方式保证了他们与非专业法律的接触。直到斯托里法官的到来,这个教席在技术上成为法学院的一部分,其任职者的工作变成了公开的专业法律课程,而政府方面的教学暂时从学院中消失了。一代人之后,哥伦比亚大学也发生了类似的发展。1857年,作为一项发展研究生教育计划的一部分,弗朗西斯·利伯(Francis Lieber)从南卡罗来纳州应聘到该学院担任历史和政治学系主任。正如哈佛设立罗亚尔教授的职位立即促成了执业法律学校的开设那样,在哥伦比亚大学引荐利伯进入政府工作后的第二年,西奥多·W. 德怀特(Theodore W. Dwight)开设了狭义专业课程。利伯继续给大学里的本科生教授课程,由于德怀特的学生离开他们在市中心的位置去上他的课不太方便,所以在1860年,学校安排他去给他们上一门特殊的公法课。五年后,大学的联系被切断,像哈佛大学的罗伊尔教授一样,利伯成为哈佛法学院的专属附属品。利伯并没有承担技术课程,而是继续在自己的非专业领域举办讲座——这是一门选修课,参加学生的人数很少超过四名。从哥伦比亚大学开始的这一传统最终被证明是具有一定重要性的。很明显,就其对法律教育的直接影响而言,这些手段都没有以任何令人满意的方式弥合学术学院和专业学校之间日益扩大的差距。考虑到它们的起源是多么的不同,北方和南方的学校在这方面以及其他所有方面变得惊人地相似。

7. 斯托里领导的哈佛重组

早期的哈佛大学培养了大批年轻人成为专业人才,并因其成功而成为其他州大学的榜样,这是否对法律教育产生了同样有益的影响则是一个更难回答的问题。首先从好的一面来看,戴恩(Dane)[1]最初的主要目的不是为了培养律师,而是为了培养法

---

[1] 1829年,哈佛大学设立了"戴恩(Dane)法学教授"讲座,聘请当时任美国联邦最高法院法官的著名法学家约瑟夫·斯托里担任该讲座首任教授。"戴恩法学教授"讲座的设立标志着美国现代法学教育的开始。

律人才。戴恩明确规定,斯托里应该拥有一定的时间发表文章和进行教学,而另一个限制性条款,是由他个人工作的特点和他作为一个老派联邦党人基于对当时被卡尔霍恩(Calhoun)煽动的州权学说的反对立场所提出的。斯托里将自己局限于"在我们联邦共和国的所有分支中平等生效的法律"的范围之内,并由"适用于多个州的州法,明确区分于仅在一个州生效和使用的州法"进行补充。就是哈佛大学将学术出版作为其学派主要目标之一的传统,以及将"国家法"而不是"管辖权法"作为其主要研究对象的起源。

批判:一所大学要求自己的法学院学生将接受大学教育作为高级律师全面教育的一部分并无不妥,尽管民主国家可能不恰当地要求把大学教育作为整个职业的准入资格。这是英国传统,对于一个确信自身价值的学院来说,这样的立场似乎是合乎逻辑的。然而,这不是杰斐逊所持有的大学教育概念,他本质上反对任何形式的要求。但是尽管哈佛刚刚开始受到了杰斐逊自由主义观点的影响,却远远没有达到对他彻底重建整个高等教育体系的观点全盘接受的程度。哈佛顽强又坚持地把她的学院作为整个大学体系的基本内核。尽管如此,在阻止法学院学生接受通识教育方面,她甚至比杰斐逊更胜一筹。在弗吉尼亚大学,各个"学院"之间的联系如此紧密,以至于法学院的学生很容易在同一时间进行通识教育。但在哈佛大学,尽管法学院的学生可以参加学院的"公开讲座",但只有在现代语言课程中才有可能获得实际的指导,而且还需要支付额外费用。除了这种可能性之外,法学院当时和现在一样,几乎是作为一个独立的机构来维持的。它的学生甚至可以不受大学的要求或居住在剑桥市的约束。普遍意义上来说,在开始学习法律之前,学生应当接受通识教育。然而,学校并没有要求学生接受任何初级教育。它不但没有要求他们是大学毕业生,甚至没有要求他们具备足够的教育经历才能进入大学。

在这种情况下,相当大比例的哈佛法学院学生本应继续接受大学的培养,这也是对律师资格申请人坚守的大学传统的一种褒奖。斯托里在声称相信这些研究(一般哲学、修辞学、历史学、演说学)对于律师的价值的同时,却没有在他所在学校的课程中为这些研究找到任何位置,这种失败严重破坏了他为自己没有坚定支持大学各项研究进行辩护的可能。州政府和成文法被废除。不过,有效的辩护是存在的:哈佛致力于全面覆盖法律教育的广阔领域,而不是分散和浪费自己的精力。无论是出于深思熟虑的选择,还是出于需要,或是出于冷漠和疏忽,要"彻底"不要"宽泛"始终是哈佛的主导理想。

哈佛法学院从一开始就集中精力研究"道德、政治和司法科学"中的"伦理与政治"这一从业者最想要的部分。根据公众和专业需求对教育供给进行明智的调整当然是必要的。要避免怀疑也是不可能的,但斯托里一直在追求阻力最小的路线。这所大学是在追随而不是领导这一专业。此外,就狭义课程一个非常重要的特征而言——它只承认从业者和法官的需要,而明显忽视了大学法学院在培训立法者方面可能发挥的作用。斯托里专注于普通法和司法判决。他认为,政府应该与伦理学、自然法和神学一起在小学中学习。在这所美国最成功法学院的引领下,正统的法学院教学范畴现在已经被确定下来。政治和法律不再像杰斐逊在弗吉尼亚的两所院校那样被结合在一起。政治学作为大学研究的一门学科,最终将由大学在其政府或政治学院系中发展;从现在开始,法学院的特殊职能是应付日益增加的司法裁决的洪流。

从某些角度看,这些记录并不令人鼓舞。教育标准服从于提高入学率的野心,更多的学生意味着更多的钱和更多的名声。而名气又意味着更多的学生,从而意味着更多的钱。然而,哈佛大学在这些年里对法律学术做出了坚实的贡献,并将法学院的收入用于学校的利益,法律图书馆也不断扩大,积累的盈余可以建造很多面向未来的构筑……为了美国法律的发展和法律教育的最终加强而牺牲为当代律师开办最好学校的理想说不定是正当的。

8. 规范化法学院的推广

当时的主要高等院校终于就法律教育的总体政策达成了一致,随后正式进行了长时间的效仿。弗吉尼亚和新英格兰——托马斯·杰斐逊和哈佛——虽然它们在美国生活中的影响是相反的,但它们联合起来确立了一项原则:应该向没有接受过传统英美学院课程的学生提供技术或职业法方面的教学。这个决定,遵循了在医学方面已经采取的类似步骤,给予美国大学最初和仍然盛行的形式——在引入研究生学习之前普遍存在的形式。由从业人员开办和为从业人员开办的专业学校将与原学院松散地协调起来,而不是纳入一个综合教育计划。在哈佛的影响下,大学工作并没有被作为全面化律师教育的可取因素。未来的律师可能会像往常一样,在开始学习法律之前先通过大学考试,也可能不会。只要能说服他们以任何条件进入大学法学院,大学当局都很乐意接纳他们。甚至国家在鼓励学术培训方面所做的工作也不止于此。有几个州允许大学毕业生在比通常要求更短的时间内完成严格的专业培训。如果说培养两种等级的从业人员——受过自由教育的专业领袖和单纯的技术人员——是可取的,而且大学应该同时培养这两种人,那么,学校本身相当于将这两种类型的学生放在同一个教室里,忽视了所有的区别。学院和专业的利益都服从于保证专业学生进入医学和法律领域的广泛愿望,从而将老式的学院扩展成现代化的大学。

这种具有明确的、逐渐增加的正规学位课程的发展可以概括为:各学院仍然受到可以被称为"教育数量论"的影响——认为任何科学的全部领域都可以在一定的年限内掌握。他们还没有认识到人类知识无边无际的概念,而这种概念正是选修制度和研究生研究学习的基础。如果学校一直在控制法律教育,它们无疑会设计一套假设足以达到目的、占用一些时间的课程——时间很可能是三年。它们本来可以通过最初的入学要求和毕业时的学位授予来强化这门课程。美国的法律教育理应是固定的,具备更高的有效性和更少的可变性,也不应使试图描述它的人大伤脑筋。然而,这些大学并不能控制法律教育。相反,学生只是一群卑微的、试图获得一席之地的求知者。在没有规定准备期的州,未来的从业人员并不认为有必要花很多时间学习法律;他们远远不能确定理论性的学校研究一定比实际的办公室工作更可取,即使在他们被要求学习一定数量的法律或进行其他工作的州的情况也是一样。学院可以通过明智地利用其授予学术学位的权力,在一定程度上提高其教学的表面价值;这些学位起初只具有感性价值,而且由于其新颖性,甚至连这种价值也没有多少;因此,这种诱饵并没有显著的效果。此外,各学院没有足够的财政资源来保证它们进行只能有限提供的课程或没有学生愿意接受的教学。

它们不得不以吸引尽可能多学生的方式来组织它们的法学院。首先,它们必须满足那些如果被要求做超过国家要求最低限度工作就不会来学校的人的愿望。不能给潜在的学生设置任何烦人的障碍。因此,学生入学完全不作要求。其次,无论是出于对知识本身的渴望,还是出于其他考虑,向这些学生提供的技术性工作量都超出了合理预期的程度,这也是不切实际的。与各州的要求相比,学校可以提供更多工作,但也不会多出多少。授予学位的承诺被用来使这种额外的工作具有吸引力。

在内战之前,老老实实的工作两年曾经是或曾被认为远远超出了交通承受的范围。有些学校不假思索地提供了超过一年的课程。有些学校只在名义上提供两年的课程。有些学校对特定类型的申请者给予优惠,或者对学生的时间和精力分配提出一些小小的要求。哈佛大学以两年时间为标准,但并没有与之相适应的提高其过于简单的学位要求。

大学法学院的建立和常设是美国内战前法律教育最重要的一步,也是抵消州政府降低要求所造成的律师队伍道德败坏的一步。这些学校虽然原始,但它们代表了一种教育组织,能够比它们所取代的学徒制法律培训有着更不可限量的发展能力。整个时期就是一个教育进步的时期。

从政治的角度来看,如今我们可以为各州所奉行的政策进行更多的辩护。今天,因为民主原则本身是安全的,我们可以把精力放在使民主更有效运作的任务上。而在 1870 年之前,民主正在为自己的道路而奋斗。内战证明了政府可以是强大的,但是每个人参与政府的权利也可以是持久的。每一个政府行政管理方面不民主的特征都会受到质疑。这类规则就包括那些不仅倾向于限制,甚至倾向于排除的律师资格准入规则——其明显的效果(如果不是其蓄意的话)就是使法律实践成为一种社会性垄断。每个人都有权参与制定自己的法律,如果只有陌生人才能参与这些法律的管理和执行,这确实是一种虚伪的嘲弄。必须先废除不民主的限制,然后才能制定出民主以外的规章制度——这些规章制度的目的不是破坏民众的自治,而是使这种政治组织为了自身的利益而更有效率。因此,在这里,就像在公务员制度中一样,特权的大门在无法打开的情况下被强行推倒,为未来的进步铺平了道路。

9. 扩大法律教育的努力(1865—1890)

当时和现在一样,绝大多数学生经常去法学院,参加律师资格考试,目的是在某个特定的管辖区从事法律工作。少数人希望成为教师或学者,或把学习法律作为一种高雅的成就,或作为管理其私人财富的一种助力,或作为政治生涯的一种敲门砖,或在没有更好的谋生机会的情况下把它当做一支顺风的锚……所有法学院存在的主要目的都是培养私法从业者。只有当他们能够表明其学位所代表的培训对这一目的具有价值时,他们才能够成功地招收并留住学生。

理想的全面准备工作包括三个组成部分:实践训练、法学理论知识和通识教育。

a. 培训的目的必须是发展技能或纪律,而不是信息或知识。

b. 它必须使学生掌握理论性的法律知识,以便最终帮助他达到所要达到的目标。这里所说的"法律"不能被狭隘定义。如法理学和政府学等边缘和相关的学科必须包括在内。

c. 它必须包括对未来律师有帮助的附加科学或艺术。人身

附录二:法律公共职业培训:美国法学院协会报告(1971年)

伤害案件中涉及的药物学,专利案件中涉及的科学,任何在法律实践中提高推理准确性和表达效力的研究,都是法律实践中必不可少的。那些对律师的专业工作没有实际效用,但可能有助于使他成为一名更优秀、更幸福的公民的研究也属于此列。

或许从理想的角度来看,在我们现有的教育组织方案中,实践训练、技术知识和通识教育当然各自从属于不同的目标。所有这些都在全面发展的课程中占有一席之地,其目的是为一门精心设计的艺术或职业做准备。

法律教育的中心首先是律师事务所,也可能出现其他积极从事专业工作的中心。如果要在与实践情况相似的条件下进行法律方面的培训,则必须通过学校与这些外部机构之间的合作进行。而第二个中心是法学院本身。无论在学术条件下以何种方式提供实践培训,法学院的特殊职能都是:即使不能提供足够的法律理论知识,也至少提供能使学生在日后能够自己获得这些知识的训练。在履行这一职能的过程中,学校必须决定哪些部分的法律知识可以通过适当的方法传授,哪些部分最好留给从业人员中心传授。第三个中心是预科和大学机制,它们适当承担了普通教育的责任。当三个中心学会合作而不是竞争时,教育发展就达到了最后阶段。美国法律教育正朝着一个更大的、单一组织的目标前进,组织的几个部分本着服从整体的精神相互支持。

无论最普通的夜校所传授的理论知识有多么浅薄,它至少构成了比办公室的草率经验主义更好的实践准备。

实践培训的一个困难是,如何确保学生可以实践的对象是真正的客户。很明显,直到最近,法律界也还没有明确支持那些可以确保安置各种各样病人的慈善机构。法律援助才刚刚开始发展……根据作者的判断,这场运动充满希望,在表达任何有关这个问题的综合观点时都不能忽视它。它们最终可能会在法律教育过程中发挥私人律师事务所不再胜任的作用。

使受过理论教育的学生接触到真正的实践是非常重要的,因此,作为一个原则问题,这个一般性要求可能会被坚持,而且其公认的不足之处可作为并非出于对它反对而是出于使它优化的理由而存在。

支持国立法学院的有力论据是基于这样一个事实,即这类学校的设计宗旨与地方学校不同。它的主旨不在于法律本身,而在于法律可能变成的样子。它承认几个州的法律缺乏统一性是事实,但也是一个令人遗憾的事实,并认为它的任务是在个人和学术方面尽其所能纠正这一弊端。它将一些人送入实践环节,送入立法机构,送上法官席,这些人了解理想与法律实际上的区别,认识到他们作为立法机器的一部分所承担的责任,并怀着雄心壮志,不仅要利用现有的法律,而且要将其转化为更有效的司法工具。它为同一目的编写教科书和期刊文章。有时有人嘲讽说,它鼓励其最年轻的毕业生认为他们比法院更懂法律,但它无所畏惧。

这就是戴恩和斯托里的传统——学术机构的概念应该慢慢主导法律,将负担过重的法院或冒险的立法机构所提出的零散的、经常是相互矛盾的原则融合成一个连贯的同质体。将这一概念付诸实施的困难在于,在法律成为它应该成为的东西之前,从业人员必须接受法律的现状并以此为生。国立学校面临着一种持续的压力,要求通过开设课程来补充其教授理想法或一般法的特殊功能,而这些课程不应使其学生停留在这种稀薄的学术

附录二:法律公共职业培训:美国法学院协会报告(1971年)

空气中。

那些主要为满足公众需求而存在的学校,在一个民主社会中必然会受到重视,在教学末端环节会显得更加强大,因为在那里的直接效用是最为明显的。主要为行使民主社会所需要的那种领导力而存在的学校将在更远大的目标那里显得更有力,正是因为更遥远,所以在研究中其效用可能更强。当每一类学校都学会尊重另一类学校的特殊领域,而国家又设计出一种能够对这两种学校都公平的律师招生制度时,问题就会以一种公平的方式得到解决。在我们最终的教育计划中,很可能会发现这两类学校相互合作。

这种将法学院的课程限制在技术法上的做法对律师不利,对政治家甚至更糟糕。因为尽管法律教育并不以后者的特殊需求为重心,但法律与政治之间的内在联系使法学院成为我们所拥有的、最接近政治专业的训练场。

我们律师领袖的麻烦并不单单是他们从来没有机会对交给他们操作和完善的政治机制进行认真研究。此外,他们将特殊主义者而不是社会观点带入公共生活。作为私人从业者,他们的主要利益必然是为客户服务,他们往往继续真诚地主要为公共生活中的选民服务——公司或工会,视情况而定。他们倾向于将社会利益与某些特殊党派全部或部分的利益相提并论,而不是将特殊利益置于共同福利之下。

虽然在法律实践中已经开始出现相当程度的专业化,但各州的律师准入规则都不承认这一点。执业律师可以将自己的业务局限于海事法或专利法的范畴为罪犯辩护……但要做到这些,他必须先成为一名普通律师。在这方面,正如在其他政策问题上一样，学校必须是遵循传统的专业组织。面对日益庞大的法学教学任务和现代化的、更加全面的法学教学方法的三重任务，它们在压力下显示出让步的迹象。技术性法律不仅会将其他所有内容排除在课程之外，而且它本身也会成为任何一所学校作为一个整体承担不起的沉重负担。有些学校通过取消地方法律的教学内容来减轻负担。由于在不久的将来似乎没有切实可行的方法来减少法律的数量，而且没有人会渴望敷衍了事的法学教学，唯一可用的补救办法是通过专门学校进入专业的分支。这种发展可能不会很快发生。至少，它可能不会像它应该的那样迅速发生。迟早有一天，由于现有的法律教育和法学专业本身的统一组织被证明不足以满足实际实践的要求，组织形式迟早会发生相应的变化。即使到那时，它也不能完全满足这些要求，因为条件的变化比机械的改进要快得多。但是这个系统的容量将不会像现在这样不堪重负。

通识教育：如果出于对民主感情的让步，不应该把进入这一行业的范畴完全限于大学毕业生，至少看起来没有受过自由教育的学生应该花更多的时间来掌握技术知识是合理的。

哈佛大学以及其他所有大学，都不加区别地让每个人进入它的法学院，让他们学习同一门课程，不管他们是否是大学毕业生。两种类型的准从业者（一种受到专业人士的激励，另一种则更多地受到商业理想的驱动）在他们培训的技术环节完全融合了。区别仅仅在于，在离开了预科之后，一些学生在开始专业工作之前继续上大学，而另一些学生则放弃了大学。法律教育不可避免地被定义为两类学生共有的要素——由法学院或者由法律办公室提供的技术培训。四年制的大学课程开始被认为是介于这些学校和预科学校之间的课程,而且这种课程与预科学校的关系比与法律课程的关系更为密切。这不是一个学生为获得律师资格所做的准备,而是他为进入法学院所做准备的延伸。没有任何一个州和学校敢于要求所有的新生接受如此多的初等教育。许多州和学校都鼓励这样做,但力度并不大。

相对于学生实际所接受的基础教育,要表明任何类型或数量的基础教育特别适合于为学生从事营利性法律学校或法律办公室工作做准备,是非常困难的。这是内战前法学院普遍遵循的政策。所有学校都可以说自己根据学生的学习情况进行了调整,让学生可以在学校学习中获益。这个制度存在着一种两端下垂的倾向。正因为几乎不需要通识教育就能合理应对法律学校的学业,法学专业的一般教育程度降低了。而由于法学课程是在一个适合普通教育程度很低的学生层面上进行的,因此这个职业的技术素养也降低了。

由许多州制定的21岁法定年龄维持了某种类似于一般成熟标准的东西,并且在内战前是法律教育入学要求的实际替代品。

法律教育从这种令人震惊的退化中恢复过来的速度是非常缓慢的。各州推行的政策使法学院受到了限制。州政策很大程度上是由律师决定的,他们也只学习过学生或从业者的基础法律技能,几乎没学过其他东西。他们本身是狭隘的专家,没有意识到美国法律因与整个教育失去联系而遭受了多么大的损失。他们培养了一种排外的阶级意识,对自身的缺陷视而不见,蔑视他们自己所缺乏的教育阶段可能对律师有任何实际好处的说法,从而使整个律师行业声名狼藉。参考各州律师协会会议录可以看出,说服律师协会延长技术培训期限或加强审查机制,比让律师对要求进行一般性或"学术性"教育的建议给予同情的考虑要容易得多。不过,不能把全部责任推给这种无知的既得利益者。其中一部分责任必须由普通教育的倡导者承担,他们没有尽可能有效地阐述支持普通教育的理由。如果入学要求的唯一目的是让学生做好应对复杂技术法律的准备,那么——让我们诚实地看待这个问题——就不需要坚持进行固定数量的初级教育。从事脑力劳动而不是体力劳动的习惯当然是必要的。这种习惯可以在学校和学院之外以多种方式养成——甚至学校和学院在多大程度上灌输了这种习惯,也是一个有争议的问题——因此有很多理由可以支持这样一种主张:判断申请人是否准备好学习法律的最佳方式是让他进行尝试。一个聪明的高中毕业生或者一个自学成才的热情职员应当有条件经常和一个大学毕业生一起参加今天的法学院课程。

　　出于经济原因,不同职业的未来从业者必须接受部分共同教育:社会无法为超越最后阶段的培训建立一种专门的机制。这在学术上被称为"定位":当开始接受教育时,他们不知道自己最终会从事什么,强迫他们过早地做出决定是违反公共政策的。他们必须这样做,以便建立一种与针对某一特定目的进行训练的狭隘倾向相对应的平衡:在这个国家,后期的战争强化了英国式的传统,即无论作为一名公民还是一个个体,人类计算所能预见的教育方向绝不是为了我们有效地履行特定职责而存在,但它可能有自己的价值,因为它扩大了我们的同情心,教会我们容忍另一个人的观点,使我们摆脱了使人道主义冲动服从于无情的逻辑要求的诱惑。按照应适当重视经济、效率和理想主义这些经常发生冲突的要求来组织整个美国教育是一项艰巨的任务,其中的历史原因阻碍了可能迅速取得的进展。任何特定领域的工作者都被迫接受现有的一般制度,并尽可能地适应自己的专业。这种预先确定的一般制度就法学院而言,首先包括初级和"高级"的预科学校,其次包括大学法学院。

北方大学和南方大学在法律教育中的地位一度形成明显的反差,归根结底是由于北方大学在私立法学院组织起来之后才认真关注律师的需求;而在南方,学者先于从业者。在北方,大学主要是法学院的养母,而在南方,大学在许多情况下是真正的家长。如果我们没有意识到南方法学院的特殊性,我们就不能公正地评价它们,因为它们与北方法学院相比在专业方面的附加地位要低得多;它们在很长一段时间里都处于专业部门的地位,没有完全分离。在阿拉巴马州,学生们被要求在正常工作的同时学习大学英语和文学以及古代和现代语言课程。不同长度的综合课程在其他南方学校普遍盛行。

南方学校不同规定所依据的一般原则是尽可能保留法律教育中的学术成分,但如果学生想快速完成学业则不一定要坚持这一原则。如果他愿意投入多达四年的教育时间,他似乎通常能够同时获得学士学位和法学学士学位。

这是一种使少数律师能够在法学院为所有律师提供的普遍技术性教学之外,获得高等学术教育的广泛优势的方法。它代表了英国大学组织传统的延续,最初在这个国家的威廉玛丽学院就是一个例子。它的显著特点是鼓励学生同时从事两种完全不同类型的工作。可以说它的特别之处在于,法学院的学生可以不断地接触到"学术病毒"。他们随时都可能承担这项额外的工作。

就算他们自己没有这样做,他们也会不断地与那些从事这项工作的人发生接触。如果掌握美国技术性法律仍然是南方法律教育开始时相对简单的任务,那么学院与法学院的教育关系可能会沿着这个方向永久发展下去。在离开预科学校之后,该专业的预科学生会选择短期的技术培训。在同一所学校或单独为它们设立的学校中,较高级别的学员可以选修较长的课程,包括普通的和技术性培训的并行课程。

美国的技术性法律已经变得如此难以掌握,以至于那些必须教授这门法律的人都会嫉妒学生们的时间分配。他们认为,刚才所描述的教育制度鼓励在需要集中学习的场合反而把努力分散掉了,而且往往导致课程过度拥挤。在这一态度上,他们当然是对的。推动平行选修课程乃好事一桩,可这样组织起来的教育系统的实际运作情况却不敢恭维。即使到了今天,少数机构仍然保留着它的痕迹,可以说这些机构并没有直面这样的状况。这些机构一直处于课程设置原初理念的影响之下,这些理念起源于大学教授的教职氛围,并由于与外部世界脱节的影响而长期存在。

成功的美国法学院不是美国大学的有机产物。尽管它与大学的关联对它有很大的帮助,但只有当它的从业教师坚持认为,在学生受托于他们的那部分教育期间,技术法律应该是唯一的追求时,它才找到了真正的起点。即使是边缘学科,由于针对实用性的判断可能有所不同,北方法学院开设的此类课程也不如南方法学院多,而北方大学开设的此类课程反而多于南方大学。至于"文化"课则被断然归入大学预科阶段。尽管有种种局限性,但效率是作为法学院本身的适当理想而树立起来的,并因此鼓励我们教育机制的一般化部分和专门化部分之间进行适当的职能划分。

这些组织良好的法学院对大学的法律教育并没有普遍的反抗。南方和北方在其教育计划的要点上达成了一致意见:(1)对律师进行许多有价值的培训,是预科学校或法学院本身所不能提供的;(2)各大学或多或少地提供了充分获得这种培训的机会;(3)在民主条件下,这种大学工作必须被视为少数人自愿接受的辅助培训,而不是要求每个人接受的基本培训。南方和北方做法的不同仅仅在于学生在职业生涯的哪个阶段可以进行这种选择性的补充训练。北方的学校最先认识到,学生教育的后面几年必须集中在其未来执业工作相对狭窄的方面,其培训中具有明显拓宽性的部分必须在他进入法学院的前面几年中进行。

这些问题的解决都有理性依据,在逻辑上也是合理的,在今天已经被普遍接受。一方认为没有上过完整大学课程的人不应该被允许学习法律,另一方则认为所有的大学作业都是浪费时间甚至更糟,但绝对既定的做法恰恰介于两者之间。不幸的是,那些对民主不抱任何同情心的人仍然认为,任何没有接受过最好法律教育的人也都应该被允许从事法律工作。狂热的民主主义者仍然认为大学教育是一种手段,一个受到优待的阶级可以得到大众所不能得到的利益。与此同时,一些学生继续获得这些利益,而一些学生则没有,那些相信少数优越阶级的使命不是支配而是领导的人,认为这种按照教育路线划分从业人员的做法不仅是不可避免的而且是合理的。就所涉及的广泛的基本原则而言,目前的制度似乎完全令人满意,至少作者是这样认为的。

和手段对目的的自觉适应相比,历史层面的原因更加能够解释大学在今天的法律教育中所占据的确切位置。一所四年制大学将一所外来的两年制或三年制专业学校收归麾下。两种截然不同的观点在大学的教师队伍中得到了体现,在很长一段时间里,人数优势一直在大学一边。将这两种观点合并成一个单一的"大学"政策,应该能够使大学为法律教育做其应该做的事,而这必然是一个极其缓慢的过程。宗旨和基本目标的分歧所造成的最不幸的结果是,直到最近,没有一所大学愿意集中精力培养社会所需要的、少数受过广泛教育的律师,而将培养其他类型从业人员的任务交给了毫无斗志的机构。在本报告所述期间,各个地方都鼓励学生先上大学,然后再上法学院的课程。但是,如果一个学生希望省略大学课程,直接从预科学校进入技术法律的课程,当局更希望他在自己的法学院而不是在某个"低级学校"进行准备。毫无疑问,各大学真诚地认为它们这样做是在为社会服务。只是它们没有意识到,这种政策倾向于使这些其他机构处于劣势,同时又妨碍自己学校最大限度地发挥潜力。它们痴迷于单一的职业理论和统一的律师资格考试制度,试图发展一种单一类型的法学院,向那些接受过最多样化初级培训的学生开放。这样一来,使技术工作适当适应学生能力的问题就变得十分复杂。在吸引学生进入一所学校后,让他的学业保持在一种并非由于他自己的过错而无法提升的水平是很残酷的事情。另一方面,把一般的教学水平降低到适合多数学生的、相对粗浅的层次,对准备充分、较为成熟的学生又是不公平的,也是违背整个社会利益的。只要大门为不同能力的学生敞开着,就没有办法避开其中一个问题而不触及到另一个。

附录二:法律公共职业培训:美国法学院协会报告(1971年)

在1896年哈佛大学将其法学院教育置于大学毕业的基础上之前,所有法学院都是按照这种一视同仁的理想来运作的。

在兰德尔的领导下,哈佛在制度方面做出了各种改变,并致力于法律改革。这些改进与其说是为了产生一种永久令人满意的律师培训方法,不如说是为了当前形势提供最需要的特殊培训。他们采取的形式是通过正式考试系统来测试学生的熟练程度;增加教学量并改变其在学生和教学力量中的分配;最后,用现在著名的"判例教学法"取代旧的课堂教学方法。

(关于判例教学法的文章已经很多,对里德的意见和批评感兴趣的人可以浏览第369—388页)。

(里德对不得不放弃对法律进行全面分类的尝试表示遗憾。)无论是在学校还是学校之外,教科书的编写者都为自己确定了各自的研究领域,从而将法律具体化为后来的教科书编写者和法学院不得不承认的单元。结果,这样的做法对该领域的覆盖不仅是混乱的,而且是不完整的。事实证明,跟上判决数量步伐的任务是如此艰巨,以至于没有时间做其他事情。里德向技术性法律改革的反对者指出,整个社会对美国法律的现状并不满意。(他意识到)为纠正其混乱所采取的步骤不可能立即取得成功,相当于给政治体系套上一件约束衣。相反,这样做的危险在于,除非采取某种行动来澄清和简化法院以及立法机构强加给我们的那些陈腐的先例和公众的任性,否则人民将彻底摧毁现行法律及其所有的邪恶和所有的优点,而不区分其令人厌恶的神秘外壳和深藏其中正义和真理的内核。这种对法律进行技术性改造的必要性,与为了使法律与我们今天生活的条件相协调而判断是否需要进行哪些实质性变革的问题,是完全不同的。后者是一个政策问题,人们总是会有不同的意见……只要现有的法律在客观上无法被理解,也就无法对新的法律展开明智的讨论。

哈佛大学是否能比她实际做的更多,在(1865至1890年间的)混乱中引入秩序,并不是一个可以被肯定回答的问题。在对法律的深入分析中,她取得了如此多的成就,确立了自己作为其他学校领导者的地位,以至于她的实际成就远远超过了她可能不可避免的疏漏。她没能做到的是对把分散的法律条文在将来综合起来这件事表现出任何的兴趣。她最接近这一目标的是兰德尔试图建立一个规定的荣誉"课程",由相对较少的标题组成,而这个想法最终还是被放弃了。哈佛大学值得称赞之处在于,并不是因为她直接对法律进行了全面的重新分类,而是因为她承担了一项必须首先完成的工作,然后才进行有益的综合研究。

要分析和分类的法律不再被认为是一个乏善可陈的领域,而是需要像今天这样去努力钻研。人们认识到,在衡量其他时代决定的权威性时,必须考虑到时间这一因素。法律领域变成了立体的体系。这种对教材的彻底修改导致了课程或科目的改变。大约20个课程的工作分类被接受,并且只有在这些分类中的各项原则被重新制定和重新组合。

……美国法律的状况与教授们之间分配法律的传统方式相结合,致使整个课程的拼凑性长期存在。它是由一些相当大的碎片粗糙拼凑而成的,就像一床破烂不堪的被子,盖不住法律的主体。有时,这些补丁会以几种不同的厚度相重叠。有时会留下一个难看的缺口。甚至比这更重要的是,成文法和与政府相关的内容在很大程度上被忽略了。虽然法律结构的躯干部分或多或少地被覆盖了,但其生长最迅速的部分却异常突显。所有这一切,学校无所作为,也无能为力。它们所做的是用更现代、更廉价的材料来代替破旧的材料。这件衣服像以前一样都是用胶皮粘合在一起的,但各个部分的织法却好得不得了。在这场宝贵的、对法律进行初步重建的过程中,哈佛在三个方面都应得到褒扬:首先,她是这场运动的开创者。第二,她比她的竞争对手更清楚地认识到这项任务的困难性,并为之付出了与其重要性相称的努力。第三,她认识到改进美国法律的最佳途径是改进美国律师,他们作为私人执业者、法官和立法者,制定了美国法律。为了避免无效的甚至牺牲了学术著作以满足繁重教学要求的"研究生时代",她培养的不是书本,而是人:这些人不仅自身接受了对法律新理解的训练,而且为使他们的解释被普遍接受为真理而奋斗。

自从斯托里出现以来,哈佛一直给予她的法学院学生比获得学位而必须接受的那部分还要更多的指导……当兰德尔来到哈佛的时候,学校大约为教师安排了18个年工时,实际不到600个小时。在接下来的20年里,这个总数几乎翻了一番……用于教学的时间是否增加必须全部由教学方案的彻底性或深度所决定。

在兰德尔时代之前,哈佛大学没有定期考试,只有作为授课工作一部分的背诵。听课是自愿的,所以学校根本不对学生的能力进行测试,理由是学生必须参加本州的律师资格考试,而法学学士则是"荣誉的"。

兰德尔引进的考试制度比其他任何学校实行的考试制度都要严格得多。他的创新并不在于制定其他学校都有的、最终的学位考试。按照大学的通行做法,兰德尔的制度使考试以书面形式进行,并且以年度考试取代涵盖整个课程内容的单一期末考试,年度考试的范畴涵盖每一年的工作,学生晋升到第二年的资格取决于他能否通过第一年的考试。用教育学的技术语言来说,哈佛大学第一次成为"分级学校",升学和毕业由笔试决定。这一制度于1871—1872学年在哈佛大学全面实施。如今,每所法学院都存在这种制度,笔试的特点也成为我们正统律师录取机制的一部分。

兰德尔认为不可能将法律简化为一套可以在三年内掌握的原则。1886年以后选举制度的延伸等于正式承认了这一事实,并迫使那些"判例教学法传教士"只能以更有限的理由来证明其方法的合理性。他们并没有声称自己已经完成了在此之前被认为是每一个学术机构的职责——使学生掌握某种特定的知识,无论这种知识领域有多小。判例教学法学校不再宣称要让学生现在就掌握法官制定的法律,而只是让他们为将来掌握这些法律做好准备。

这是过去和现在任何学校在现有条件下所能提供的最重要的服务。不妨回顾一下,有多少课程已经被遗漏了:只是为了获得理论知识,而没有为委托人提供咨询或进行诉讼的实践训练;只坚持专业学校本身的工作,而没有坚持文化大学的基础;只关注技术性的私法,而没有关注政府或边缘课题;只关注法官所做的那些决定,对立法机关的成文法毫无兴趣。这些被遗漏的部分已然被丢给了后人。

虽然从某种意义上说,教科书培养出的律师确实仍会像现在一样构成一个较低等级的群体,他们将不会获得最高的专业荣誉,但这是他(在那些不能有效使用判例法进行教学的夜校)为准备工作付出较少的时间和智力牺牲所必然且适当得到的结果。无论如何,作为以法律赚钱谋生的人,他当然不会比那些受过更彻底、更自由训练的同僚更出色；但同时，因为更接近普通民众，他更有渴望并获得政治上优待的可能。如果对自己在私人执业中所处的从属地位感到不满，他可以在立法机构中使自己成为专家法起草者所服从的主人。因此，这些学校可以期待在美国法律教育中占据受人尊敬和自重的地位。

如今的"教科书学校"之所以总体上没有占据应有的地位，是因为目前令人满意的法学教科书太少。这些学校是建立在法学学术成果的基础之上，而不是建立在与学者的个人接触之上，因此一流的法学教科书对它们来说就像一流的法学学者和教师对案例法学校一样是不可或缺的。这些书仅仅是所有以前判决的案例汇编，试图对固有的、不合理的先例进行合理的重新安排，培养出的律师沉浸在当代美国法律的旧式理论中，没有受到足够的训练来将这一理论付诸实践……

处于兰德尔改革底部的法学理论必须在时间上占主导地位，但其法律实践的准备工作必须由两类根本不同的机构来进行：一类是将法律作为一门使其从目前所处的大量司法判决和法规中逐渐形成的科学来教授的机构；另一类是在其已经形成的范围内教授同一法律作为一种彻底的实践职业基础的机构。假以时日，有科学基础的律师只要有能力便可超越他人。这些律师不会有被排挤出这个行业的危险。……这个行业也迫切需要有资格从事律师日常事务的年轻人。这些法学理论可以由将法律学者的工作视为权威的那些机构提供，并在其更全面的课程中利用它们来处理国家法官制定法律的一般原则。

兰德尔的方法需要更自觉地与斯托里的原始理想相结合。在一定程度上，它们已经这样结合了。事实上，从兰德尔本人开始,众多判例教学法的倡导者就已经发表了文章。自1887年《哈佛法律评论》创刊以来,许多法学院为法律期刊撰写文章,这也是朝着同一方向迈出的一步。

判例教学法学校所能提供的最大服务,就是有意识地努力以这样一种形式来表达美国法律,使学生和教师不再需要付出过度的努力,以便产生即使今天我们是最好的法学院也不能令人满意的结果。

1890年以后,任何一所法学院采取的最重要的独立行动都是哈佛大学的复兴;1896年,首席大法官帕克最初限制大学毕业生入学的想法得到了复兴。

这种提高入学要求运动的效果并不在于增加法学专业学生所获得的大学教育,而是在不同类型学校的之间引入了一种新的重要区别。然而,我们律师录取规则的制定者们却无论所有申请者的准备程度如何,继续对其实施统一的考试。无论是上述类型的区别,还是因教学方法不同而产生的区别,或是因不同学校所强调的地方性或全国性法律种类而产生的区别,他们对所有类型的区别都视而不见。与此同时,夜校数量的大幅增加使得两种一般类型的申请者之间的区别更加明显,而这同样被忽视了。

10. 非全日制学生

剑桥等位于小城镇的法学院与大学其他院系一样,自然从一开始就在每天的正常工作时间内提供教学。但是,学生们无法获得足够的法律事务所工作。除掉那些大学生活中常会遇到的干扰和精力分散,他们把全部时间都花在了法学院的作业上。为了获得学位,学校对学生的学习时间有一定的要求,这意味着这些时间应该完全用于法律学习。至于是否真的全部用于学习,当然取决于特定机构维持的标准。如果存在任何法律事务所的培训,那也是在学生入学前或入学后进行的。根据哈佛大学最初的规定,大学毕业生必须在法学院的18个月时间之外,再补充18个月的事务所工作。这样一来,学校和事务所的法律工作加起来总共三年时间,可以说相当的充实。

在较大的城市有一种同样自然的趋势,即授课时间不固定,这主要是为了方便作为法官或从业人员等有其他事情要做的教学人员。虽然这种安排主要是为了方便教员,但也很符合律师事务所的学习传统。大部分学生都是律师事务所的书记员,他们通过在学校的系统工作来补充日常的实践工作。这种分工自然而然地形成了……律师事务所录取标准的降低对所有学校都产生了不利影响,尤其对早期的城市学校的影响简直是灾难性的。因为如果说乡村学校没有满足国家长期法律学习的要求,也没有后续事务所工作作为补充,那么至少学校本身保留了全力以赴工作的传统。三年制法学院课程已经为自己争取到了在放弃补充培训时失去的全部阵地。

城市学校的情况则截然不同。就学校本身而言,它们的传统是不那么繁重的工作……只要学生继续自愿到律师事务所学习,他就继续像以前一样吸收大量法律知识,一部分来自学校,一部分来自事务所。随着国家放宽要求,作为培训重要内容的律师事务所工作的传统也逐渐消失了。那些不在律师事务所工作的学生——以与法律完全无关的职业谋生的学生——往往会利用便利力争进入这些学校。学校自己也发现,继续按照旧的低压计划进行教学,并把自己对新型学生的要求限制在像以前学生一样容易满足的范围内是很方便的。他们既没有采取限制律师事务所职员入学的措施,也没有把工作强度提高到需要所有学生起早贪黑做准备的程度。在不知不觉或者说懵懵懂懂之中,"兼职"法律教育出现了……在这个意义上,学生们只需要花费一部分时间用于任何形式的法律培训。

现在,让我们不要误解这一发展的意义。从广泛的角度来看,就这些非全日制学校最终能够产生的效果而言,这种发展是一种健康的、可取的现象。人道主义和政治方面的考量使我们赞同为扩大该范围做出的努力。特别是为了消除经济上的障碍而组织的教育机制——旨在尽可能地把穷孩子置于与富人平等的地位——构成了美国的基本理想之一。特别重要的是,那些本质上是政府职能的机会应该向我们广大公民开放。毫无疑问,试图实现这一理想的方式有很多,其中一些方法很糟糕,它们违背了自己的目标。从本质上讲,法律教育中的夜校运动是合理的。它为每一个职业阶层中可能出现的垄断倾向提供了必要的纠正措施——这种倾向在某些专业中可能被忽视,但在与政治有关的专业中却构成了真正的危险因素。那些以其他方式接受教育的人,有时会表现出对任何形式的夜校法律培训都绝对不能容忍的态度。当这种态度不仅反映了人们未能理解民主政府形式的必要含义时,它本身就表明了我们有多么需要这些学校。

……作为为民主培养有能力公务员的工具,它们远远没有意识到它们潜在的可能性。相反,我们可以毫不过分地说,到目前为止,它们对法律教育的作用弊大于利。所造成的恶果有两种,一种是消极的、附带的,另一种是积极的、直接的。让城市学校被受雇于其他地方而非律师事务所的年轻人所占据的附带影响是,所谓的英式法律教育在这个国家没有得到公平的机会就已经过时了。只有通过实际测试才能确定法学院的理论教学与律师事务所的实际工作之间的持续关联是否与当前这个国家的客观条件相吻合。

理论教学应与校外的某种实践活动相联系的想法,绝对符合其他领域(工程、军事训练)的现代教育组织理论。它在法律教育领域的复兴是为了弥补学生实践能力的弱点,而这种弱点通常被认为是当今年轻的法学院毕业生的一个特征。

B. 律师和准入要求

1. 政治哲学对法律职业组织的影响

这种享有特殊政府特权的自我延续阶级的制度,与美国试图建立统一的民主国家的努力是完全相悖的,这个国家对所谓的封建幸存者拥有凌驾于其上的最高权力。试图在司法控制的掩护下发展一个几乎独立的律师群体,是与我们发展中的体制精神相违背的。我国人民意识的普遍倾向是反其道而行之,采取措施防止法官本身在行使受理权时像在处理其他事务上那样过于独立。即使如此,如果律师[第37页]以更广泛的精神行使其控制权,独立的律师控制制度在新英格兰可能会比其实际上持续得更久。在某些情况下,他们为获得特权而强加的要求是如此严格,以至于人们有理由怀疑他们更感兴趣的是强化自己的垄断,而不是为国家服务。对联邦政客的反应是诱使立法机关扫除整个制度的一个因素。

从那时起,律师执业准入权在我国被普遍认为是法官的职能,而不是律师的职能。

因此,民主主义者希望把从事法律工作的特权保持在普通人的范围内,这就加强了一个单一制国家在其自身控制下帮助政府履行职能的自然倾向,从而阻止了英国传统制度的一个特点——律师协会自决制度——在这个国家永久扎根。同样的民主冲动与一个新成立国家的急迫需求相结合,阻止了英国人对律师和顾问的区分方式在此扎根;后来又与惯性的自然力量相结合,阻止官方承认对不同类型的从业人员进行任何其他区分。一些殖民地引入了下级法院和上级法院从业人员之间的区分方式……

所有这些区别自然而然地在那些民主冲动尚未开始发挥作用的州里发扬光大。随着这种情况的出现,这些区别被认为是帮助人们接近律师的工具,它们要么被正式废除,要么被简化为空洞的形式。广泛开放的、在法院专业执业的官方特权与对不同类型执业者的官方承认之间并无内在冲突,不同类型的执业者在这方面享有各自的特权。然而,民主浪潮扫除了保护律师行业某些特定部分的内部壁垒,使其正式转变为一个无差别和扁平化的行业。从那时起,我们已经习惯于用单一化律师标准来思考问题,以至于我们容易忘记,这种统一性早已成为一种法律拟制,与法律教育和法律实践的事实无关。我们甚至没有试图在我们的律师中引入与他们在准备工作环节和随后的专业活动中实际存在的巨大差异相对应的正式区别。

总的来说……内战前的总体趋势是使律师准入变得越来越容易。

2. 法律公职与政府组织的关系

根据从英国法院成立之初流传下来的完成传承,我们的律师一直被视为政府的一个部门;并非私人而是一个公共职业。

附录二:法律公共职业培训:美国法学院协会报告(1971年)

……这一代人主要关心的是通过剥夺公职人员的准既得权利、废除财产资格、缩短官方任期来开放公职,他们不准备解决公务员是否胜任的问题。相反,它倾向于以怀疑的态度看待任何在有志进入公职部门的人的道路上设置障碍的条例。就律师而言,它将固定的准备期和随后的严格考试等要求确定为自己正在努力清除的那些限制性糟粕的一部分。因此,有点无情的是,律师制度和公务员制度一样是以牺牲效率为代价得以普及。同样,在内战之后,当这个任务已经相当彻底地完成的时候,自然应该注意恢复对公务员的教育要求,使之符合不使一般人难以进入公务员队伍的理想。因此,在我国政治发展的总体历史中,为改进我国的律师资格考试制度而进行的鼓动,被看作是与公务员制度改革并行不悖的运动……

即使那些不赞同这一理想的人也必须认识到它作为确定律师资格标准中一个实际因素的重要性。除非人们清楚地了解它的本质,否则它的坚韧性无法被欣赏。它不是一种平易近人的社会哲学的表现,这种哲学否认国家有权为了所有人的利益而调节个体谋生的条件。它的基础是一种激进的政治哲学,认为司法是国家的首要职能,并要求以这种特殊方式谋生的人不应被视为普通公民,而应被视为民主国家的公仆。从这一观点出发,律师与从事私人职业的人一样,必须为履行其职责做好充分的准备;但还有一些东西也是必要的:分担这些责任的机会不应受到不当的限制……

法律专业的适当组织与医学专业一样,主要不是一个可以在任何形式的政府下以同样的方式解决的教育问题。它主要是政治组织普遍问题的一部分,在民主制度下解决这个问题有其特殊的难度。

3. 律师资格要求弱化对法学院发展的影响

在弗吉尼亚州,由于各种原因的综合作用——制造业和贸易利益相对不那么重要、殖民地贵族对本地律师的蔑视以及杰斐逊本人的自由主义政策——律师资格的要求已经非常薄弱,以至于威廉玛丽学院的法学院不费吹灰之力就确保自己可以立刻步入正轨。受到革命冲突的影响,它从1779年一直运作到内战结束。在它之后获得更大成功的对手——弗吉尼亚大学法学院——将其起源同样归功于个人和社会影响的结合,除了在严格的感官意义上,它确实是美国第一所法学院的延续。

另一方面,在中部各州,多年来对律师资格过于苛刻的要求,使职业法的机构教学无法成功开办。大革命之后,以及在1812年战争后的第一个25年里,一些大学试图将仅仅作为自由教育一部分的初级法律教育扩展到普通专业学校,但都失败了。最后,在新英格兰,除了早期的律师录取要求所带来的障碍外,1812年战争之前的大学本身也不太愿意将其活动扩展到传统非职业教育之外。哈佛大学和耶鲁大学在试图建立法律或医学专业学校方面落后于宾夕法尼亚大学和哥伦比亚大学。

对实习期的普遍要求仍然是北方各州早年间的特殊障碍。试图限制在一名律师手下学习的书记员数量的做法很快就被放弃了。这就为私人律师事务所彻底地、自然地发展为私人学习班或学校铺平了道路。利奇菲尔德并不是美国的第一所法学院,但却是第一所在全国享有盛誉的法学院,为来自全国各地的学生提供教育。

这个机构的成功不仅引领了其他州类似私立法律学校的成

立。与早期由医生指导的独立医学院的发展相结合,它也证明了在确定大学专业工作最终将以何种方式在全国范围内组织起来的方面所具有的影响力——同时也比杰斐逊的两个弗吉尼亚机构更有影响力。这些院校曾试图引入欧洲式严格协调专业设施与文科教学院系的理念。当哈佛大学和耶鲁大学进入职业教育领域时,他们都没有改变自己的大学传统,只是或多或少松散地依附于由从业者控制的专业部门。因此,它们体现了一种复合型的大学组织形式,尽管最近在个别情况下有所改变,但它们提供了美国各高等院校仍然普遍适用的模式:文科学院处于核心低位,围绕它的则是一圈处于不同行政依附程度的专业学院。在这两种情况下,法律教育的开展都晚于医学教育——1817年在哈佛大学开展,1824年在耶鲁大学开展。直到哈佛法学院请来了一所利奇菲尔德类私立法学院的代理院长来负责日常工作之后才获得成功。耶鲁大学法学院多年来一直是一个独立的机构,只是松散地附属于耶鲁大学。

利用这两种方法中的任一种来进行扩张——新设立一个由从业人员开办的法学院,或将一些已经建立的学校纳入麾下——成为美国大学成功地在法律教育中获得立足之地的典型过程。随着律师资格准入规则的逐步弱化,这种将"学院"转化为名号更响亮的"大学"的步骤在各地都是可行且是非常普遍的做法。稍早在杰斐逊影响下着手研究法律的少数机构,最终也不得不遵从这种普遍模式。法学学位的设立,一度延续了只有大学才能适当授予这种学位的传统。这促成了技术上独立的学校或多或少被虚假的联盟所取代。虽然联盟一旦建立就会变得更加亲密是总体趋势,但在某些情况下,这一方向的发展却被特殊的合约或大学组织的类型所阻碍。后来人们发现，通过向立法机关申诉或根据一般的合并法案，任何合并的医学院或法学院都可以获得授予学位的特权。随后又出现了第二批独立的法学院。再后来，尤其是基督教青年会等其他组织也进入了这一领域，这也是教育发展的一个必然结果。

因此，目前，除了附属于学院或构成或多或少的真正大学一部分的法学院外，还存在大量可获得法学学位的机构。从事法律教育的机会已经扩大到学院，但绝非仅限于学院。过于严格的学徒制的要求阻碍了英国法律教育的发展；但恰恰是这些要求的腐朽残余在我们国家产生了有利于法学院成长的土壤。

4. 美国法学院的差异

在表面相似的情况下，学校之间存在着广泛的甚至是越来越大的差异。我们的律师资格准备制度没有对学校地位做出相应的区分，这主要由于它们最初相当于法律教育领域的闯入者，并且不得不慢慢地与那些通过早期方法培养出的人之偏见做斗争，努力争取后者的承认。对于这些实际掌控律师考试制度细节的老一派来说，与事务所培训和一般法学院教育的区别相比，学校与学校之间的区别起初似乎是微不足道的。由于这个原因，再加上专业管理的普遍松懈，人们很少对细节刨根问底。这些学校作为一个不可分割的团体达到了目前的地位。当后来它们之间的差异变得更加明显，而对律师资格考试的控制权转到了更有资格理解这些差异的重要性的人手中时，单一化律师资格准入制度的传统已经根深蒂固，不可能再对公认的法学院实行差别对待。

面对由于存在着各种不同类型的机构而造成的问题时，近期的努力方向不是给予不同类型学校不同的特权，而是拒绝承认不具备某些资格的学校。在这些比较重要的变化中,人们没有认识到机构所教授法律种类的差异是地方性和具体的,而不是全国性和概括性的;以及所采用教学方法的差异是教科书式或教条式的,而不是审查案例以及原始资料的批判式的。甚至学生花在教育上的时间也普遍被忽视了。法学学位所需的通识教育程度由学校自己决定。为那些在驻校期间将所有时间都用于学习的学生而设的学校和为那些只能将部分工作时间用于学习的学生而设的学校之间存在着极为重要的区别。而在我国现行的律师录取制度下,这两种类型的学校处于平等的地位。

那些对必须保持律师资格之民主性论点表示理解的人将会认为,问题的焦点在于,是否应该像法国那样,并非对一般法律从业人员而是对尚待建立的上层专业部门实行高等通识教育的强制要求。这个问题牵涉到一个更广泛的问题,即能否而且应当确保对律师技术门槛的正式区分。如果给予不同类型学校不同的特权既不可行也不可取,那么就有很多理由支持对继续英国的惯例表示赞成,即由录取当局提出相对较低的正式要求,并让各个法学院自由决定,例如它们是否愿意将自己的专业培养方案限制在愿意并能够在大学工作的基础上为未来技术做一些前期准备的目标内,或者它们是否宁愿培养更多教育程度较低的学生。

5. 具有本质差异的准备工作与理论相结合的不良后果

如果法学院毕业生在法律实践中享有的不同特权对应的是全职和兼职在教育努力上的差异,那么这两种类型的工作非但不会是相互竞争的,反而是相辅相成的……

目前所有非全日制法律教育都处于一种合理的阴影之下,这种状况的弊端在于单一化律师制理论的延续,其成就需要通过统一的考试来检验。这种方式曾经足以满足人烟稀少社区的需要，但现在已经过渡到不再可行的时期。在"标准律师"这一概念的影响下，截然不同的教育理念互相冲突、互相伤害；需要面对的事实是，它们实际上产生了完全不同的从业人员。首先，要求夜校承担与普通学校相同的课程义务本身就是对夜校的一种损害。由于它们只能以相对粗浅的方式做到这一点，所以那些最好的教师，在相当大的程度上也是最好的机构，往往对那些从学术角度看上去较为低级的工作犹豫不决。这使得这个领域向那些装备精良、私立学校的推广者敞开了大门——这诚然是我们教育体系发展一个必要的初步阶段，但在全日制学校中，因为这个阶段会把学校的标准暴露在明显的危险之中而正在被迅速淘汰。害怕竞争、害怕失去生源，这些原因使得学校不愿意将自己的入学要求提高到他们真正相信的水平。

一个很好的机会是向（律师）协会表明更加明确的身份，这种身份在很大程度上已经存在于协会自己的成员和从大学及全日制法学院毕业的法律专业人员之间。构成最高级类型律师的三股力量——通识教育、叠加于通识教育之上的强化技术课程，以及维持律师协会的职业道德标准——如果只限于年轻人的范畴，并且不把那些仅凭履历就能成功入会的人排除在律师协会成员之外的话，这种结合在今天便是可行的。这种最好的学者和最好专业元素的结合，将是为目前混乱的法律界引入某种秩序最为重要的第一步。这样一来，一部分人在大量技术上相同、但实际上差异极大的从业人员中就会脱颖而出，正如不同的组织方法肯定会产生一个明确的、强大的和受尊重的内部律师协会。

可以留待将来决定采取哪些进一步的措施，以防止训练有素的从业人员滥用民主哲学所要求他们享有的特权——这些特权是否必须通过法律加以限制以符合这些律师所接受的训练类型,或者伴随着他们自己专业协会的相应发展以及大众和专业的声誉,是否将为实现这一目的提供足够的约束。

在这种压力下,律师资格考试制度已经崩溃。即使是在一般的法学院也不能获得学位的学生也被允许进入律师协会,享有与优秀学校的优秀毕业生相同的特权。

需要强调的是,一个包含如此多不同元素的律师协会只在理论层面上是统一的。在实际工作中,其成员不大可能以专业精神共同工作。训练程度的差异和社会地位的差异无法否认,而且律师实际上也是一个差异化的职业。律师协会的会员资格产生了一种在相当程度上已经由这类考虑因素所决定的有机分界线。明确承认以教育标准作为加入这些协会的基础,将是朝着合理组织专业方向迈出的重要一步。

6. 早期的律师资格制度:基于长时间准备的分级化专业

不论是由立法机构、法院还是由律师协会本身承担确保获准进入律师协会的人达到适当教育程度的责任,都可以选择同样的方法。要么是规定在合格的指导下接受一定时间的培训,要么是举行最终的考试,要么是两者的结合。这些手段的优选顺序是传统律师书记员培训方法的自然结果。在大革命后的一百多年里,任何一个州都不存在恰如其分的考试机制。在此期间,由于我国政治哲学所强调的重点不同,律师资格准入制度经历了三个阶段。(1)长时间的培训,特别是与专业分级有关的培训;(2)直到内战期间减少或废除了时间要求,以及在某些情况下甚至取消了基本的最终考试;(3)恢复或延长规定的培训时间;(4)改进考试机制。

分级化专业

不应将划分或分级的专业与根据从业人员享有的不同特权对其进行单纯的技术分类相混为一谈。按照英国的传统，早期的录用规则区分出了辩护律师或顾问律师以及事务律师，区分了律师或衡平法从业者和普通法法院从业者。

在英国，律师协会和低级从业人员之间一直有明确的分界线。同一人不能同时享有两套特权。这种职业划分很快就被放弃了。

这种划分最初显得不切实际的原因显然是，一开始没有足够的法律业务来支持专门的从业人员群体。一般的法律业务并不是一个宽泛的领域，以至于那些年长的从业者将全方位培育它的特权视为烫手山芋。出于同样的原因，他们不急于有太多的竞争对手参与其中。一种将或多或少有意识的垄断倾向与努力确保该专业获得足够的教育程度相结合的方法是，规定在进入下级法院之前必须接受长时间的培训，并规定在下级法院进行更长时间的实践，才能获得更多的特权。这些考虑导致了一个分级专业的建立，作为一种完全自然发展的产物加强了英国传统法律学徒培训的理念。同样的原因阻碍了职业的永久性分工并促进了连续等级的引入，其中只有最高等级的律师享有普遍的执业特权。

在北方各州，这个想法得到了充分的阐述。南方的风俗则是把年轻人送到大洋对岸的律师学院去接受教育。这些从业人员构成了天然的上层建筑。在北方殖民地，本土训练的从业者之间的差别更大。在南方，革命通过关闭向美国人开放的那些律师学院的做法，实质上摧毁了上层律师的地位，而大革命在北方却没有产生这样的效果。在马萨诸塞州已经出现的本地化分级专业制度,在郡县级律师制度的良好氛围中,在整个新英格兰地区得到发展和传播,并从这里延伸到纽约和西北地区。

与从业者的联系是获得任何学科基本知识的自然方法。在比较简单的职业中,这种关系不需要任何规则的约束。它只会存续下去,直到目标达成。随着任务复杂性的增加,以及在那些已经是大师的人中产生了一种行会精神,我们进入了教育发展的学徒阶段,在这个阶段,这种关系必须在一个确定的时期内维持下去。更晚的阶段则是专家们出现的阶段,在这其中无论是以个人身份上课还是作为有组织的学校、学院或大学所属的教学人员,都要进行教学和培训。

在18世纪,英国律师和事务律师的教育处于纯学徒阶段。议会规定,作为见习书记官的服务期统一为5年,有些法院规定了期限,有些殖民地或州则没有统一的期限;许多州的期限长度也低于英国的标准。相当现代化的时期之前,弗吉尼亚州是13个原始州中唯一一个没有规定任何培训期时长的州。

在民主动乱前夕,培训和实践课程按照马萨诸塞州的要求,如果包括大学教育需要11年时间,如果不包括大学教育需要9年时间;在纽约则要求10年。诸如此类的例子有助于解释大众对任何明确规定的准备期的反应。

7. 入学和律师资格考试的学历要求

执业法律这一本质上属于政府的特权被更广泛地开放,其原因与降低担任政府职务的资格相同。这场运动的基础是正在奋力控制我们政府机器的反叛民主政治哲学,它不太关心如何确保国家赋予的特权能够得到很好的保护,而更关心如何防止这些特权再次成为社会中某一优越阶层的垄断。

降低教育标准的趋势是普遍存在的。

与这种完全取消规定的趋势相结合的是规定时长的减少和执行规定所需的录取条例的削弱。

在马萨诸塞州,无论申请人以前是否受过培训都可以在法院碰碰运气。如果他们品行端正,并在律师事务所学习了三年法律,法院就有义务接纳他们。几年后,民主运动在四个州达到了顶峰,这些州取消了所有的教育要求。

这项立法并没有破坏律师协会作为一个政府机构或公共职业有别于一般公民群体的传统概念。确切地说,被扩大的特权是获准加入该行业的特权,而不是直接从事法律工作的特权。受理法院仍然存在,但有权对申请人的非学历资格进行审查。

律师不仅仅是一个赚私钱的职业。所幸的是,无论我们的法律制定者在反对高学历作为行业准入要求的过程中被引向了何种过激的局面,至少他们没有采取这最后一步。只要保留职业律师的概念,即使是在法律不能直接规定标准的州,依然有可能鼓励教育标准的实现。

职业性的排斥是针对那些坚持根据[民主极端主义]法令进入行业的人;这样,一个"正规"的或内部的律师协会就形成了。另一种手段是强迫申请人在陪审团面前证明自己的品德,以防他拒绝放弃仅就其品德接受审查的宪法权利。

这些手段具有特殊的意义,因为它表明了国家提供了统一的标准,并且使得在对学历要求不高或没有要求的情况下按学历划分专业成为可能。

作为正统改革方案的一部分,内战期间及其后法官和政治家的腐败导致了律师资格要求的加强。

很明显,把控制权从专业转移到国家虽然从政治上讲是合理的,但从纯粹的教育角度看,这样的结果是极端不幸的。民主运动倾向于摧毁系统化的训练,而系统化的训练是建立有效教育制度的唯一基础,并且取而代之的是经不起推敲的考试这一不切实际的计划。

由法官进行的考试仍由律师进行。一个重要的区别是,考试机制是由国家进行组织和控制的。律师行业不再是受托作为一个整体去行使与我们政治生活密切相关的重要职能并被允许决定其成员资格的御用机构。政府现在对个人律师采取了行动。他们与国家的私人关系得到强调。法官、考试委员会和普通从业人员的官方义务在几乎所有可能发生冲突的场合都取代了他的职业纽带。当律师职业本身对国家负责时,个人律师不再只对他的同僚负责。企业责任和控制的中间要素已经短路。剔除广义上可称为封建主义的残余而将责任落实到个人身上是政府发展的普遍趋势。如果我们要打造一个名副其实的民主社会,就必须像对待律师那样采取行动。国家在摧毁了职业责任之后,没有理由不建立起自己的教育标准。在内战之前,扩大选举权、取消财产资格、轮流担任公职、以各种形式破坏特权等方面都是实现民主的首要关注点。因此,国家既倾向于把不受支持的律师资格考试看作是对社会的充分保护,又未能为此提供足够的机制。而那些具备建设性的工作是稍后才开始进行的。

8. 内战后的法律职业

这个行业新组织背后的推动力主要来自道德。内战后,国家、州和地方政府中的腐败现象几乎令人难以置信。人们很早就认识到，律师和法官对公众的低调负有全部责任。改革律师的主导权是由律师自己承担的。为了重新获得他们在公共生活中失去的领导地位，被推选出的团体以"维护律师职业的荣誉和尊严"为主要目标聚集在一起。教育改革的确需要被关注。与城市协会相比，州协会的组织者面临更大的实际困难，这导致了特别是在西部地区（1873—1878）等地方，对州协会成员资格的审查不那么严格。在要求已入会会员同意的条款中，选择性原则被应用于从那时之后的入会规定中。

因此，一个自我构成的现代制度出现了；在整个律师团体内形成了自我延续的法律职业。曾经由律师们对整个律师协会拥有的准公司控制权已经消失。取而代之的是对加入律师协会的控制权。这是一个相当大胆的行为，采取了一个表面上不符合对民主原则有着正确理解的步骤。纽约市协会从一开始就在这方面采取了防御措施。

对于非会员来说，会员委员会的活跃精神有时似乎是基于种姓、财富、年龄或种族的考虑而具有狭隘的排他性；但毫无疑问，一些协会确实允许这种考虑影响其政策。像许多大学和法学院一样，其他学校也放松了入学门槛。它们组织了各种活动，把他们能找到的所有新会员都拉进来。像大学和法学院一样，他们老老实实地认为宁可要数量也不要质量是"民主"的。虽然保留了正式选举成为会员的机制，但实际的入会标准已降低到只不过是愿意支付协会会费而已。

在大多数情况下，早期法律界的领导人本身并不是学界人士。虽然从那时起，作为执业准备的法学院教育已成为惯例，但它仍然远远没有像医学院那样得到大众、法律或专业上的认可。

附录二:法律公共职业培训:美国法学院协会报告(1971年)

公众认为法学学士只是一个空洞的学术资格。没有任何一个州要求在法律上享有特权的律师必须接受过法学院的培训。任何律师协会都不会将这种资格强加给那些进入其内部专业圈子的人……由律师协会组织起来的法律职业,还没有达到必须确保执业者在任何法学院接受过培训的地步。

关于好与坏教育之间的区别的普遍看法可以说是存在的,从业者自然倾向于强调实际训练的重要性。他们倾向于把那些不积极从事实际工作或不打算从事雄心勃勃的"实践"工作的法律教师贬为理论家;或者,如果他们认识到在学术围墙内无法提供充分的实践培训,便倾向于认为可以在那里提供的教育应当辅之以其他地方的充分培训。因此,他们与一群学者发生了观念上的冲突,这些学者认为,在现今由从业人员和法官实际管理的法律中,技术的重要性远远超过了应有的程度。这些人的使命并非通过增加单纯的技术人员队伍来延续这种弊端,而是试图通过派出具有更广泛法律概念的毕业生进行补救。他们嫉妒任何企图用他们认为次要的事务来抢占学生时间的做法。这批教师和普通从业人员之间就需要增加时间的确切目标争论不休,使学生无法将足够的时间用于其教育的任何部分。

可能是双方都低估了对方立场的价值。也可能是双方都没有充分清楚地看到法学院领域"作物"多样化的必要性,即用适合各自的方法种植小麦和燕麦,而不是简单地种植一般的粮食。每个人都可能过于草率地想当然地认为,所有名副其实的法学院在目的和结构上必须达成实质性的一致。优越感或低人一等的证据充其量可以在天赋差异中找到。诸如此类的考虑因素在夜校这个棘手问题上体现得淋漓尽致。

有组织的法律从业人员机构的建立,以及独立于几所学校现存的法律教师组织,使得法律教育现在必须同时对两种制度力量进行考虑,而这两种力量的观点必然存在分歧。个别学校和律师协会、律师资格审查员、法院、立法机构以及广大公众,都对采取行动犹豫不决,其原因在于我们缺少一个能够就制定一致纲领所涉及的许多有争议问题进行反复讨论的核心组织。

如果(律师协会)有志于在有组织并且乐意采取有效行动的民主体制中发挥主导作用,就必须避免两种完全不同的弊端。一方面,为了它们自己的发起能力,必须毫不犹豫地勇敢适用选择性原则。它们决不能是以个体为单位,无法团结于一个明确前进政策上的混杂集合。另一方面,如果它们希望赢得民众的支持,就不能让人觉得它们代表了一个阶级或小集团,从而使它们联合起来的任何政策事先失去信誉。执政的民众对那些与自身无关的因素向来持怀疑态度。在政治生活中,两个政党组织之间的领导权竞争,往往会使它们对外面无组织选民的意愿保持公正的反应。这两个政党组织都拥有神圣的,也可以说是普通法上的领导权。然而,即使是这样,人们也认为有必要尝试一些旨在削弱领袖和老板权力的实验。

目前有组织律师行业的弱点在很大程度上是由这两个原因造成的。有些律师协会表现出一种缺陷,有些则表现出另一种。

盎格鲁-撒克逊[1]"绅士"概念中融入的这些品质,对个体来说是非常宝贵的遗产;但是,任何看起来有教养的人在国家中

---

[1] 盎格鲁-撒克逊(Anglo-Saxon)人通常是指公元5世纪初到1066年诺曼征服之间生活在大不列颠岛东部和南部地区的文化习俗上相近的一些民族,属于日耳曼民族的一支。

附录二:法律公共职业培训:美国法学院协会报告(1971年)

构成独立利益的主张,都会在这个仍然敏感的民主国家引发强烈反对。这里并不是断言任何城市的律师协会都是按照社会俱乐部的方式来管理的。而是断言,一些城市的律师协会似乎是这样运作的。如果它们只满足于做一个有尊严的人,那么我们自然可以忽略这种怀疑;但如果它们渴望成为具有永久影响力的人,就应该注意不要引起被阶层排斥的痛苦。任何受过良好专业训练、享有良好声誉的美国公民都不应该有任何借口,以多么不充分的理由断言他自己、他的儿子或他儿子的儿子永远不希望自己成为律师核心圈子的一员。

在避免第二种弊端时,我们必须小心不要陷入第一种弊端。解决成员资格问题的办法不在于对各种区别视而不见,不管我们是否喜欢,这些区别已然将从业者分为不同的类型,而且比作为"律师"的纽带要强得多。相反,它的意义在于比目前更仔细地区分这些不同的类型,但区分它们的理由完全可以开诚布公:不是要区分好律师和坏律师,而是区分真正专业的人员和实用的工匠。在以一定程度的通识教育为基础的强大的大学法学院毕业生与一个刚刚获得了足够的培训并够得上律师资格的年轻人之间,存在着一条鸿沟,他们随后的实践经验更有可能将其扩大而不是弥合。期望如此不同的人能够在平等的基础上以专业的方式进行合作,就意味着除了极少的情况以外,只要我们指望通过教育来塑造性格,我们的期待是永远不可能也永远不应该存在的奢望。相对而言,没有受过训练的人可能同样有价值,在他自己的工作中也同样有能力。但是,如果享有更多机会的那些人在很多方面都没有与另一些人拉开距离,特别是如果他不具备更好的资格以高尚的负责精神履行专业的职责,那么美国的高等教育确实是失败的。律师协会应采取的、真正民主的态度是承认社会需要更多种类的法律从业人员，而不是合成一个单一的专业类别；而从更广泛的从业人员群体中挑选这一类别成员真正民主的方法是，由协会规定严格的教育资格标准以接纳合格的人成为自己的成员。

最初，当这些协会由不同年龄和各种类型的律师组成时，对他们的准入资格只有道德上的要求。在某种程度上，随着教育层面的纠结状态可能逐渐被解开，新职业的基础有可能从模糊的道德基础推进到明确的教育基础。如果一个协会认为应该要求年轻的执业者在普通教育和技术教育方面的成就明显高于国家对普通律师资格的要求才能成为其会员，并且实际上理所当然地接纳了如此适格的年轻人，那么这个制度就会起到更多的激励作用，而不是变成障碍。那些珍视真正专业理想的法学院和从业人员群体可以通过这种方式相互壮大。机会之门对某些年轻人来说仍然比对其他人更容易打开，但绝对不会向任何人关闭。当然，非正规的教育并不会排除接纳那些在律师界经历过杰出职业生涯的年长从业者；基于这些理由获得的会员资格将构成对他们能力真正的专业赞誉。一个职业，其大部分成员因为相似的教育经历而联合在一起将会比现在更有凝聚力，更能够作为一个充满活力的整体行事。如果在通过大学和法学院的学习过程中，一个无论其出身如何的学生除了接受正规教育外，没有吸收美国绅士的基本特征，那么……一个以要求其成员遵守比外面所允许的更高行为标准而著称的申诉委员会，将构成一种充分的纠正措施，并将为维护"职业的荣誉和尊严"提供一种非常适当的手段。

附录二:法律公共职业培训:美国法学院协会报告(1971年)

最终的结果是,一个越来越重要的学校团体却越来越脱离有组织的从业人员团体。两者都不支持对方,而在舆论方面,两者的影响力又都被削弱了。

对于这一问题的解决办法笔者已有所指出。建议由律师协会对其成员资格提出较高的教育要求,这将使少数法学院和少数珍视最高专业理想的从业人员能够相互支持。摆脱了加工式学校及其产品的影响,他们应该能够就理论和实践的比例达成共识,从而使学校在授予年轻人学位时,以及专业在承认年轻人享有的特权和责任时都具备了理由。目前,两个尚未成熟的专业组织,一个主要代表健全的道德,另一个则代表健全的教育,将因此合二为一,互惠互利。尽管在前面的讨论中律师协会被认为是从业者中唯一有组织的职业理想的拥护者,但这也是略微夸大了它的地位。法学院校友会最早由哈佛大学于1880年成立的,代表了从学术界向从业人员领域扩展的校友机构,并表明如果律师协会集团拒绝对健全的体制训练给予适当的重视,那么有朝一日它可能会发现自己的竞争对手是一些完全基于这种考虑而建立的专业组织。另一方面,现有律师协会的身份混合型成员是否会赞成所提议的步骤,目前还远不能确定。只有时间才能表明,专业中的派系划分是否会通过条约的方法和相对保守的从业者与进步学校之间的联盟而得到协调;或者说,通过校友协会联合会,这些学校是否能够免除正统律师协会的合作以确保立法机关的行动,就像在医学界发生的那样,拥有足够财政资源来实现其目标的学校将通过其毕业生逐渐获得美国律师协会的控制权,从而能

218

够迫使后者无条件地认可其整个方案。[1]

必须重申一个至关重要的问题。无论最终以何种方式形成一个统一的职业,都必须将选择性原则放在首位。国家规定了允许年轻人从事法律工作的最低限度条件。虽然这些条件需要制定,而且随着时间的推移会变得不如现在各个地方现行规定的自由度高,但政治上的考虑将使这些条件永远无法达到少数法学院所坚持的标准。律师构成了我们的统治阶层,这不仅是因为大部分公职人员和具有代表性的立法者都是从他们的队伍中挑选出来的,更根本的原因是,即使在私人执业中,他们也在法律的实施中发挥着极其重要的作用。即使在一个理想的政府体制下,他们也将继续占据这个位置。对于维护我们的民主理想来说同样重要的是,不应让中等收入的年轻人无法进入这一阶层,而应利用比获准加入大律师公会所需的最低要求更广阔的成就来造福社会。我们的立法者确信,他们会把最低要求保持在足够低的水平上,甚至会在这方面过分谨慎。

在改进我们的法律方面,仍然需要选定少数人来提供公共服务,只有那些受过广泛和彻底培训的人才能做到这一点。某种类型法学院的任务就是提供这种培训。为了实现这一目标,需要的不仅仅是学者和教师的工作。有地位的从业者必须将他们的专业经验和专业影响应用于同一项任务。他们必须培养和发展在

---

[1] 第237页:关于美国律师协会和美国法学院协会之间关系的讨论——目前争议的焦点之一——被故意排除在外……作者认为,建立律师协会入会的教育标准是必要的初步步骤,这两个组织之间的合作才能得到保证。与此同时,法学教师协会——因为这才是美国高等教育协会的真正含义——把解决大量与教师职业的组织没有直接关系的教育问题作为自己的特殊领域。

附录二：法律公共职业培训：美国法学院协会报告（1971年）

学生时代播下的种子，使之成为有生命的生长物。他们决不能满足于一些徒劳无益的理想主义计划的建议，而必须积极努力地确保具体措施被实际采用。

这是今天律师协会的特殊责任。如果它们努力使自己成为所有信誉良好从业人员的收容协会，就无法履行这一责任。国家总是会承认它的普通律师执业者类型太多样化，以至于无法联合成一个单一的向前发展的行业。我们需要这样一个律师群体：他们彼此之间有足够的共同点，能够就一些明确的事情达成协议——有足够的利害关系，能够激励他们为其开展一场积极的运动——有足够的广度，能够认识到民主将始终坚持保留最终的控制权，并且永远不会毫无保留地将法律的制定或管理交到任何自建机构的手中；不管这有多么值得。这个群体应该包括具有更高造诣和更广阔视野的律师，比相对未经训练的头脑更有能力在更大的整体中认同自己。训练有素的律师最有兴趣也最有资格承担使社会法律更完善的任务。在这个严格意义上的专业群体之外，我们还需要训练程度较低的律师来代表人民执行现有的法律，因为他们比那些不人道的专家律师更能赢得人民的信任，他们本身的训练至少应达到能够明智地评价专家群体活动的程度，在他们应得到服从的地方服从他们，在需要反对的时候反对他们——作为一种社会阶级，它可以帮助弥合相互误解和不信任的鸿沟，这种鸿沟总是可能出现在那些对某一问题知之甚少的人和知之甚多的人之间。我们不希望一个鱼龙混杂的组织徒劳地同时做着两件事，通过对不和谐因素的放行来努力讨好公众舆论，结果却成为一个无法采取协调行动的、软弱无力的机构。任何有关"排他性"的煽动性言论都不应该阻止专业团体剔除那些不符合标准的人,而这些标准是独立于政府行为,由团体自身定义的。这里笔者提出的建议是,这些标准首先应该具备教育性。但是,即使是这种专业的排他性有错,也总比成员之间因缺乏相互同情和理解而无法团结起来要好。

9. 法学院与职业和国家的一般关系

政治方面的考虑始终促使人们认为,不能将与影响普通公民福祉相关法律的制定和实施安全地交给特定阶层,而必须将其保持在大多数人都能达到的能力范围之内。在法学院兴起之前,最明显的解决办法就是将两类律师进行区分。英国对大律师和律师的精确区分不适合美国社会的简单组织形式。英国律师最初是根据他们有特权出庭的法院(下级法院和上级法院的律师)来进行区分的。人们希望从上层律师中选出法官。杰斐逊和任何新英格兰联邦主义者一样,非常珍视这一理想。

即使负责该制度的人受到更广泛观点的鼓舞,但进行划分所依据的原则依然不够健全。保护律师界的神圣门户实在太费神了。对那些试图使我们的政治和法学结构自由化的力量所提供的援助太过有限。与较为民主的各州所特有的低效率理想主义形成强烈对比的是,东北部各州发展了一个在理论层面有分歧但实际上又是统一的律师协会,它渗透着崇高的职业传统,而我们至今仍然为失去这些传统而感到遗憾。

即便教育方面的考虑得到了社会和政治上有影响力的专业阶层的支持,也依然会被政治争论所击败。专业律师协会毁于一旦,所有优点和缺点都被摧毁了——包括它对全面训练的坚持和自私的排他性,包括它高尚的道德标准和狭隘的政治眼光。广义上说,无论在哪里,无论在北方还是南方,法律都是单打独斗,在

附录二:法律公共职业培训:美国法学院协会报告(1971年)

私人执业中为其客户服务,在公共生活中为其选民服务。名义上的律师资格考试只不过是真正的律师资格考试时代的历史遗迹。以前,无论是律师行业本身还是国家都承诺确保享有律师特权的人可以接受培训以履行其责任。在新的分配制度下,轻而易举地获得的特权意义不大,幸存下来的关于职业或公共责任的幻想也没有什么意义。在按职能划分律师协会的结构之后,又出现了以建立一个统一职业为目标却不太成功的努力。我们没有经过讨论就可以认定,标准化的律师是存在或者可能存在的——不论确切形式是什么,国家都会以严格的、统一的方式对待这些对象。

所有这一切并不像乍看起来那样完全令人遗憾。永远不应忘记,我们是从英国继承了制度,而英国在任何意义上都不算是一个民主的国家。遗憾的是,旧有的律师协会竟然让自己在公众心目中的主要观念与特权相联系,从而使自己陷入了被彻底摧毁的境地,而这完全没有必要。然而这种破坏决不是纯粹的罪恶。职业"律师协会"的旧传统——在律师的职业秩序和外部公众之间设置的文字障碍——必须被削弱,然后才能被"从广大人民的利益出发并对广大人民负责"的现代公仆理想所取代。我们有必要消除下级法院和上级法院律师之间陈旧和不合理的区别——也许有必要忘记,甚至彻底忘记律师之间可以存在的任何区别——以便为更加明智的划分铺平道路,这种划分界线不是建立在纸面规则上而是建立在受大众尊重的制度之上的。

美国的大学就存在这样的制度。那些享受过大学教育好处的人往往在私人执业和公共生活中可以获得较高的回报。当大学开始向法学院提供支持时,另一种可能的区别便萌芽了——即实践教育和机构教育之间的区别。由于律师队伍的普遍退化,各地事务所培训的价值也都在降低。学校正在做以前由律师事务所做的工作，而且比律师事务所更有效率。这些学校能够通过其毕业生和广大校友行使政治杠杆，而与其同期的从业者组织是混乱且力量薄弱的。因此，立法机关或法院很容易对律师资格录取规则进行修改——这些修改要么使学校与其他培训方法处于平等地位，要么甚至使它们获得了更积极的优势。因此，法学院毕业生免于参加州律师考试在理论上站不住脚的做法在许多州已经根深蒂固。

只要除了学校自己强加的教育标准以外没有其他标准，那么他们应该得到他们所要求的一切，这是自然而恰当的。他们是整个国家法律教育的火炬手。民主攻击的直接结果是使更多的从业人员和法官丧失了一切职业责任感。除了纯属虚构的意义外，律师协会已不复存在。在没有外部制裁的情况下，每个律师和法官都成了自己行为的仲裁者，只受到他个人良心所要求的消极正义感所限制。为了自己的职业或为国家服务，他们应该走出忠于委托人或官方任务的狭窄道路的观念，而这与当时盛行的思维习惯完全不同。内战之后，腐败现象立即被部分归咎于真正法律职业的缺乏。有选择性的律师协会的建立意味着，人们第一次认识到，在民主化的律师团体已被证明无法履行的责任中，有一项是对其新聘人员进行的教育。如果有这样的机构存在的话，这方面的责任至少应该适当地落在行业现有成员身上，就像落在一所涉及人类知识所有分支的大学身上一样。只有通过学校之间的合作，明智地设计手段和专业，正确定义教学目标，方可建立健全的专业培训。在内战之前，国内的法律教育处于低潮，因为这两个必要的机构中只有法学院存在。因此，它承担了全部的重任，也

附录二:法律公共职业培训:美国法学院协会报告(1971年)

尽了最大的努力。它得到了而且应该得到一切鼓励。

当出现了一种由选择性律师协会所组织的新职业时,人们普遍对学校提出了恰当的批评,认为学校肤浅、敷衍了事,没有把法律彻底教授给学生。该行业开始采取措施,使学校和整个为律师资格做准备的体系变得更好。他们力图通过废除文凭特权,代之以由[在职从业者]自己主持的严格律师资格考试,重新获得对法律教育的控制。随之而来的问题是:在本州以外的学校学习法律是否应该得到学分?应否要求补充一些事务所工作?考试题目的特点应该是什么?是否应根据信息或推理能力对申请人进行评估?什么样的法律和律师要通过州级考试来检验?而业界普遍倾向于关注本地的法律,强调信息和实践经验而不是推理能力。各个学校有不同的想法。其结果是,某些著名的法学院与其附属学校的大部分专业人员之间,就制定和实施律师资格入学规则的适当方法一直存在着争议。

从表面上看,几类法学院的课程设置没有太大的差别。现行的专业控制制度中以这种标准化课程为基础的表面测试,忽视了各学校之间实际存在的重要差异,并在统一考试的迷信下运作着单一化的律师资格,这只能在一定程度上鼓励同类法学院教育,而不是纯粹的事务所培训。于是,除了更普遍地坚持三年法律学习和一些普通教育外,今天各学校与国家考试当局之间的关系实际上与内战前的关系相同,当时各学校之间确实没有什么大的区别,只鼓励一般的法学院培训。

随着法学院的迅速增加,这种曾经模糊地将律师行业分为学校培训和事务所培训的做法,很快就不再具有任何实质性意义。在城市人口众多、适合发展法学院的州,年轻的律师团成员将不再接受事务所培训。一个正在显现但却被忽视的差异存在于受过大学教育和未受过大学教育的律师之间。这是律师之间真正区别的基础,这种区别无视法律理论,现在已经存在并且使美国法律从业人员无法统一并形成一个异质化的团体。

有些学校开设了边缘课程——模拟法庭、法律援助。在目前的条件下,没有一所法学院能够在其常规的专业课程中对这些问题给予足够的重视。哈佛大学而不是早期的弗吉尼亚院校所指出的道路已经被所有的学校所遵循。它们主要致力于在法官制定的技术法这一相对狭窄、但极为重要和困难的领域进行教学。有些学校提供的课程和其他学校相比更为丰富。

高中四年、法学院三年是现行的最低标准,是律师协会对各类学校一视同仁的一种服务标准。这样划分的重要线索源于对传统从业人员法律教育观念的背离:辖区内的地方法(包括地方法的实际应用)应通过教科书的方式向全身心投入到法律工作中以及那些可能是也可能不是大学毕业生的学生进行传授。

哈佛大学的第一个创新是用国家法律代替地方法律或严格实用的法律。在内战之前,这是教育创新唯一的起点。哈佛大学的教科书在其他学校使用。宣扬国家理想是一个非常重要的事实。

接下来的两项创新是用判例教学法代替教科书,以及为从事其他职业的学生开设深夜和晚间课程。美国内战刚结束,这些活动就在哈佛和华盛顿特区兴起,后来(1890年)又在纽约兴起。1890年以后,在哈佛大学的领导下,只有那些接受了一定程度大学预科教育的学生才会被录取。

1890年左右那一代掌权者倾向于过于容易地接受古老公式,

附录二：法律公共职业培训：美国法学院协会报告(1971年)

而从不质疑它们对当前情况的适用性。这些公式中最明显站不住脚的是这样一种假设：所有律师确实而且应该构成一个单一的同质团体——通俗地说就是一个"律师协会"。不同类型法律教育的发展，在法律实践中建立了不同类型的律师群体，每一个群体都对延续自身抱有相当的兴趣。在一种固有的先入为主的影响下，每个人都认为不仅有必要这样做，而且有必要将自己独特的法律教育观强加给全体从业人员。因此，当彼此的观点不相吻合时，他们就会发生冲突。每一方都清楚地认识到，如果所有的美国律师都按照对方的计划接受教育，自己必然会陷入困境。在最忍无可忍的时期，双方都试图彻底打消对方的计划；在和解意愿最强烈的时期，双方又都试图想出某种手段，使单一化律师制度下的培训能够包括所有预期的优点。如果把这徒劳无功的努力所花心思的十分之一用在按照政治和教育两方面都能被证明合理的路线去划分律师协会的问题上，那么到目前为止，我们也许会得到一个从两方面来看都完全令人满意的解决办法。

一旦人们认识到单一化律师制度不仅不能令人满意地发挥作用，甚至都没有存在的必要，那么，将我们目前差异化的制度发展得更为完善将是一个缓慢的过程。在合理的情况下，学生投入到初步教育和专业教育中的时间决定了每一类学校的课程和方法；而这些又决定了随后律师资格考试的特点。只有当律师资格考试根据特定类型的实际培训情况进行调整时，它们才会有助于确保被录取律师的能力达到较高的标准。只有这样，才能防止完全不称职的人获得从事法律工作的特权。只有这样，才能帮助每一所学校将自己的培训发展到极限。

培养学生从事一般法律实践的任务现在已经变得非常困难。

学术性较强的机构可能会很乐意通过把这一广泛领域的某些责任推给其他类型的学校来减轻自己的负担。转让、遗嘱认证和执行、刑事法及审讯工作等，都是似乎特别适合较为普通学校的课题……现在还不能确定严格大律师公会的功能分工是否会发展起来。不同类型律师之间的分界线可能是由当事人的经济地位而不是由所提供的专业服务性质决定的。专业分工的总原则已经既成事实，我们想废除也废除不了。按职能划分律师这一特殊原则作为使一般原则更好发挥作用的一种手段是我们最终可能采用，当然也可能不采用的。唯一可以肯定的是，如果真的要根据律师的职能实行专业化，那么在不久的将来，这种专业化将取决于社会和专业许可，而不是法律规定。在今后一代人的时间里，如果律师们采取一致行动使这些制裁措施尽可能发挥作用，将比试图立即从立法机关和法院那里确保一个理想的、完美的律师资格制度产生更有益的结果。法律从业者的法律主义传统在这个国家已经确立了很久，不可轻易地被推翻，即便这种传统对于一个将极其复杂的法律制度与对公民自治的坚定信念结合在一起的社会来说是特别不合适的。即使在这一传统的障碍下，也可以立即做些事情来调整法规和法院规则，既可以帮助每一类较好学校中有良心的法律教师，也可以将学校本身无法提供的有价值内容引入律师的培训中。而且如果说法律只是社会理想的落后表现这一理论是正确的，那么可以肯定的是，随着时间的推移，法律中控制着律师产生从而影响到我们政府制度核心的那部分内容，将会与大众的需要和愿望相一致。

附录二：法律公共职业培训：美国法学院协会报告(1971年)

二、法律公职培训(1921)：当代回顾
（普雷布尔·斯托尔兹）

  我认为那些要在今天改革法律教育的人最好读一读这本书，尽管它现在已经有近50年的历史了。就像《圣经》文本和构造准则一样，历史的教训也存在一种双刃剑的性质。如果我们不仅有共同的忧患意识，而且对这个国家的法律教育史有一定的认知，也许也会有所助益。要了解大萧条之前的这段时期，最好的方法莫过于阅读里德的《法律公职培训》。

  几乎所有里德的书都是从1921年开始撰写的。只有最后一个相对简短的部分包含了他对法律教育和法律职业未来的建议。他笔下的历史具有权威性，除了一些特定法学院的授权编年史外，可能永远不会有人重新审视里德收集的数据。虽然他具有很强可读性的散文体在今天看来可能有些夸张，但他仍然做出了非同寻常的贡献。我写下这些文字的目的不是要总结里德报告的内容——他在自己书的前64页已经做了总结——而是要用他的发现和之后的一些历史来尝试理解法律教育是如何走到今天这一阶段的。

  内战标志着这个国家现代法律教育开始的时间点。杰克逊式的平等主义当时已经成功地取消了除律师资格获取形式外的所有要求。无论是像英国那样在组织严密的律师事务所当学徒，还是像欧洲大陆那样在大学里当学生，我们废除了任何要求在律师培训中花费数年时间这一规定。当时并不存在组织化的律师协会。律师们虽然没有受过多少培训，但他们最容易在律师事务

所学习。当然,在当时也存在优秀的律师,他们受过广泛的教育,拥有广泛的专业知识。同时也存在很多糟糕的律师。法学院最初是作为法律事务所培训的补充而存在的,后来又取代了法律事务所的培训。他们严格以职业为导向,没有入学要求,学习课程的持续甚至不到两年。只要学生认为有用,他们就可以来这里学习,并在这里呆上一段时间。其后,学生不费吹灰之力就可以被安排到他希望的地方去实习。

大约100年前,我们所知的法律教育就是在这样的空白上开始的。从那时到现在的时间线上里德研究法律教育的优势在于他恰好处于当时和现在的中间。如今令人吃惊的是,在他写作之前发生了很多事情,而自那以后发生的事情却很少。如果我们看看当时和现在"最好"的学校,这一点尤其正确。到1920年,最好的法学院都与大学相连,学生经过三年的学习就能拿到学位,课程设置与今天很像,主要区别在于我们增加了第三年的课程,而这些课程涉及的科目在20年代几乎不为人知。大多数学校都要求一定的大学教育背景(一般是两年)作为入学条件,极少数学校要求本科学位。到1920年,所有较好的学校都采用了判例教学法进行教学。甚至连批评的声音都雷同。50年前,法学教授们都在说判例教学法不尽人意,尤其是在第二年和第三年,学生似乎不太感兴趣。立法法和行政法讲师抱怨他们的课题没有得到足够的重视,有人表示他们需要进行"实际"教学。法律援助办公室被用来进行"诊所式"接触。这些文章可以从1915年的《法学院新闻》中摘录出来,并在今天的《法律教育杂志》上冒充新鲜的观点。

这种对历史僵化的第一印象并不完全准确。虽然今天的哈佛确实和50年前的哈佛很像,但法律教育的大部分内容却不尽相同。当时最好的学校只教育了25%~30%的法学学生,剩下的学生是从其他众多学校走出并考取律师资格的,而这些学校在大多数情况下放到今天便没有什么可比性。当时的法律教育世界几乎是完全开放的,一个人如何通过律师资格考试成为一名律师,没有任何法律甚至社会限制。当然,这意味着许多糟糕的教育正在进行,也意味着最好的学校不得不努力推销自己。哈佛大学的兰德尔和哥伦比亚大学的德怀特同时发展了两种截然不同的律师培训方式——在吸引学生方面都非常成功。他们的毕业生在校期间的经历,很可能就是他们最终成为非常优秀律师的一部分原因。兰德尔和埃姆斯(Ames)更善于发展信徒,他们的制度也更灵活,所以到了里德时代,哈佛已经成为好学校的主导模式了。

自由市场的类比无疑有点过于夸张,但它的运作很好地说明了逐渐转向研究生教育的法律教育。哈佛大学的兰德尔在1886年开始推行这个进程,当时他要求法学院的学生必须是大学毕业生或者有资格被哈佛大学录取。其后,入学人数迅速下降,但很快又有所回升,到1900年,哈佛要求所有学生都必须具备大学学位。很明显,或者说人们是这样认为的:这样同质化的学生群体都具有一些大学经验,因此向他们教授法律也更加容易。他们还认为,有大学背景的学生可能学到更多的东西,这也许是正确的。这个想法对法律教育者很有吸引力,但是传播得很缓慢。里德写这本书的时候,只有三所法学院需要大学学位作为录取条件。一些学校尝试各种将大学和法学院结合起来的方案,通常是通过将大学四年级和法学院一年级的时间相结合。当然,即使在那些不需要学位的学校，很多学生也选择在开始读法学院之前先完成大学学业。

这种灵活性无论出于机构还是个人的立场，在今天的法律教育中都很难找到。在很大程度上，所有的法律教育都遵循了1920年哈佛大学的大部分特点。法学院的学生现在必须具有大学学位，然后必须去法学院学习三年，表现好的学生还应该撰写一篇法律评论，而所有学生都选择大体上相同的课程，并在毕业后参加补习班以通过律师考试。哈佛大学及其所有的追随者都保持着差不多的状态。为什么法律教育在50年前的时候如此松散和开放，在今天却是如此统一？我一直以为这只是其中的一种情况，也许是不可避免的。尽管如此，里德的书还是应该让宿命论者们有所顾忌。里德非常巧妙地主张，法律教育不应试图将自己塑造成哈佛式的形象。他的建议被一小群非常有能力的法律教育家有意无意地拒绝了。我们现在正生活在这一决定的结果中。如果像许多人似乎认为的那样，法律教育行业很可能很快就会发生结构性变化，那么不妨回顾一下，看看法律教育家上一次认为自己正在自觉地为改革法律教育行业做些什么时，他们究竟取得了多么巨大的成功。里德的书之所以举足轻重，一方面是因为这本书试图认真阐释法律教育是如何走到今天这一步的，另一方面是因为人们认为他的书在改变法律教育的形式方面具有潜在的作用。从两个方面来说，这都是一本"历史性"的书——它试图报道历史，而且它本身对历史进程也产生了影响（即使是以意想不到或者无意的方式）。

里德的书有一个确切的先例：亚伯拉罕·弗莱克斯纳关于医学教育的报告。要了解20年代的法律教育发生了什么，首先有必要知道在过去的20年里医学教育发生了什么,因为这正是律师们试图效仿的榜样。

在19世纪的后半叶,美国的医学远远落后于欧洲,并逐渐被那些只接受过最低限度医学教育、几乎没有任何临床经验的人所主宰。1901年,美国医学协会将自己重组为所有地方和州医学协会的联盟,并迅速开始考虑改善医学教育的方法,以及加强或建立州级许可机构。1904年,一个医学教育委员会成立,并与亨利·普利切特(Henry S. Pritchett)主席和卡内基基金会的亚伯拉罕·弗莱克斯纳先生举行了非正式会议。这次会议的记录包括以下内容:

> 普利切特医生已经通过信件表示,基金会愿意与委员会合作调查这些医学院。他那时解释说,该基金会将调查所有的专业,包括法律、医学和神学。他发现法律界没有做出任何努力来改善法律教育的条件,而且在他所做的努力中还遇到了一些轻微的反对。然后,在他收到了医学教育委员会的来信后表示自己不仅对委员会为纠正医学教育的状况所做的努力,而且对收集到的大量重要数据感到非常惊讶和欣慰。
>
> 他同意理事会成员以前表示的意见,即虽然基金会在很大程度上将以理事会的调查为指导,但为了避免惯常的偏袒主张,理事会的报告中不应比任何其他信息来源更多地提到这一点。因此,这份报告将成为一个无利害关系机构的独立报告,并具有相当的份量,随后将进行广泛发表。这将大大促进公众舆论的形成……

1910年,弗莱克斯纳进行了调查,美国卡内基基金会公布了结果。正如下表所示,它产生了巨大的影响:

法律教育　1890 年至 1936 年法学院和医学院及其学生人数 *

年份	法律†		医学	
	学校	学生	学校	学生
1889—1890	61	4 486	133	15 404
1899—1900	102	12 408	160	25 171
1909—1910	124	19 498	131	21 526
1919—1920	146	24 503	85	13 798
1928—1929	173	48 942		
1929—1930	180	46 751	76	2 597
1931—1932	182	42 165	76	2 135
1932(秋)	182	38 260		
1932—1933	185	41 153	77	22 466
1933(秋)	190	38 771		
1933—1934			77	22 799
1934—1935			77	22 888
1935(秋)	195	41 920		
1935—1936			77	22 564
1936(秋)	190	40 218		

† 法学院的数字代表 1935 年以前授予学位的学校,1935 年和 1936 年的数字代表由美国律师协会法律教育部门所界定的法学院。最近几年有两组入学人数,全年入学人数略高于秋季入学人数。

简而言之,很多糟糕的医学院被迫关门大吉,出现这种情况一部分是由于公众的关注,一部分是由于国家许可证的限制,还

---

* 有关法学院和学生人数的数字取自《法学教育年度评论》的报告。有关医学院校和学生的信息来源,请参阅埃兹特·卢茜儿·布朗(Esther Lucile Brown)的《医生和医疗护理》,第 29 页。

附录二：法律公共职业培训：美国法学院协会报告（1971 年）

有一部分是由于被其他学校吸收，而最后的结果是几乎所有的医学院都被和大学进行了绑定。不管是由于减少医学院的名额还是其他原因，医学院的招生标准也随之提高；1914 年要求高中学历，1916 年要求一年的大学学历，1918 年则要求两年包括医学基础科学预科课程的大学学历。此外，还规定了一些全职教师和大量临床培训的标准。

1913 年 2 月 7 日，以下这篇并非完全自发的信件被写给了卡内基基金会主席普利切特：

> 本函由美国律师协会法律教育和律师资格委员会致函阁下，并附上委员会每位成员的签名。
>
> 几年前在你的指导下，美国卡内基基金会对美国进行医学教育的条件进行了调查，给委员会留下了深刻印象。所有了解情况的人都承认，由于贵组织当时提供的服务，医学界和整个国家对贵组织负有长期的义务。
>
> 希望如果贵组织能采纳委员会的建议，将调查扩大到法学院以外的范围，以使全国人民了解有关各州律师资格这一重要问题的有关事实。
>
> 本委员会没有足够的资金或时间进行亟需的全面调查，因此呼吁你们承担这项任务，并可以保证，如果你们最终同意这项请求，委员会愿意尽一切可能进行合作。
>
> 此致，
> 亨利·韦德·罗杰斯（Henry Wade Rogers）
> 劳伦斯·马克斯韦尔（Lawrence Maxwell）
> 塞尔登·P. 斯潘塞（Selden P. Spencer）

法律教育的新方向

罗斯科·庞德（Roscoe Pound）
W. 德雷珀·刘易斯（W. Draper Lewis）

普利切特接受了这个提议，并指定里德（非律师）负责调查。这封信的签名者是美国律师协会法律教育和律师资格委员的成员。不幸的是，为了理解后来发生的事情，我们有必要重建一下本世纪初期美国律师协会内部复杂的拜占庭式政治。

美国律师协会与美国医学协会大不相同。美国医学协会从一开始就是一个由州和地方医学协会代表执行决策职能的机构。几乎所有的医生都是这类团体的成员。始于1878年的美国律师协会，过去是，现在仍然是个体律师的组织。1900年，美国律师协会只有1.3%的律师是会员。到了1920年，这个数字已经超过了9%，但是它仍然只有12 000个成员，关键性的决定往往留给成员大会做出，当然，只有部分成员能出席所有会议。

法律教育委员会是美国律师协会的第一批分组之一。这个委员会总是或多或少地掌握在里德所说的"学界人士"手中，即那些与法学院而非律师事务所的法律教育有关联或相信这种教育的人。1880年，委员会向大会建议了一项决议，即在法学院的学习经历是获准从事律师工作以及通过律师资格考试的必要先决条件。协会拒绝了这一声明，并在后来的几年里拒绝了若干类似的声明，尽管它们经常被淡化。1893年，大概是为了集中攻克这个问题（并网罗更友好的支持者），协会成立了一个关于法律教育和律师资格的部门，事实上，这是美国律师协会成立的第一个部门。法律教育意味着法学院教育，重点是改进法学院的教学方法。该部门对任何有兴趣的人开放，只是在1895年通过赞成将在法学院学习法律的时间延长到三年的决议时遇到了一些困难;美国律师协会在1997年也采取了类似的决议,但没有提到"在法学院"的字样。

1899年,该部门仍在寻找合适的支持者,并发出号召,要求成立一个法学院组织。1900年,美国法学院协会成立。一开始,美国法学院协会规定了作为会员的标准,但这些标准并不十分苛刻:学生应该具有高中文凭,有机会使用学校图书馆,学习课程的时间至少应该持续两个学年,每学年30周。1905年,学习年限增加到三年,但直到1907年,两年制学校才被拒绝加入。

与此同时,该部门在律师资格考试方面承担了一个更大的项目。1906年任命了一个由七人组成的委员会,发出了一份调查问卷,并提交了一篇冗长的报告(至少在当时是这样),这些报告经过了广泛的辩论并广为散发。该项目设想了或多或少标准化的律师资格考试管理规则,并考虑要求把法学院的学习经历作为参加律师资格考试的条件。这最后一条有时出现在拟议的规则中,有时又不在。在1916年和1917年,该部门和委员会提出的拟议规则中都提到了这一点,但最终都没有在美国律师协会大会上进行表决。委员会的提案于1918年再次提出,并最终进入了表决环节;然而,委员会主席、耶鲁大学的亨利·韦德·罗杰斯(Henry Wade Rogers)以"革命性"为由撤回了至关重要的第8条规则,使其从始至终没有被表决过。它要求:"每个申请者都应当成功完成规定的课程,并通过由董事会批准的法学院考试,需要在校完成的白天课程不少于三年时间,如果学校大部分或全部课程都在晚上进行,则在校学习时间不少于四年。"

这个规则的"革命性"是什么?未来的律师应该在法学院学

习三年的设想本不是什么新鲜事。到了1918年,它也不再那么重要了。打字机在反对律师事务所培训律师的战争中取得了胜利,因为时代已不再需要书记员学习法律。那时,全国各地都有法学院,法学院的教育也已经普及,人们普遍认为在法学院学习效率更高,效果更好。可以肯定的是,要求法学院学习作为取得律师执照条件的州越来越少了,但事实上,没有上过法学院的人很少有资格参加律师资格考试,更不用说通过考试并执业了。

《规则》中的新内容是一条隐含的建议,即应当有人着手法律学校的分类工作,批准一些学校而不是另一些。这个想法也并不新鲜——它来自医学院的经验——但它甚至从未哪怕只是提交给美国律师协会过,而且毫无疑问的是它也没有在1918年提出,因为如果进行表决,它也必然会失败。此外,可能更重要的是,1918年的"学界人士"认为,他们已经通过另一条途径顺利地实现了对法学院的赞成或否定。

1915年,在美国法学院协会成立15周年之际,威斯康星州的理查兹(Richards)院长利用这个机会,在他的主席讲话中回顾了美国法学院协会的历史,并对其成就做出了一些初步的评估。毫不奇怪,他被与医学教育的对比所震撼。当时,为消除医科学校的不足而开展的轰轰烈烈的运动已经取得了成功,而法律教育的发展主要是集中在连美国法学院协会极低的标准都达不到的法律学校中,甚至更多集中在商业函授的法律学校。虽然美国法学院协会在一定程度上提高了标准,但两年的大学教育只是推荐性的入学条件,而且一般来说,律师协会似乎对采取更加严格的措施抱有敌意。理查兹院长也对美国法学院协会和美国律师协会之间的关系感到困惑。几年来,美国法学院协会一直在圣诞节休

附录二:法律公共职业培训:美国法学院协会报告(1971年)

会期间在芝加哥举行会议,而不是与美国律师协会在同一时间和地点举行会议:这提高了美国法学院协会会议的出席率,但使法律教育部门更容易受到"非学界人士"的操纵,因为他们的倾向不一定与法学界的杰出人物相一致。理查兹院长建议,废除该部门并由美国法学院协会取代或许是可取的。

美国法学院协会的下一任主席是当时耶鲁大学的沃尔特·惠勒·库克(Walter Wheeler Cook),他在自己的主席讲话中提出了一些纲领性的内容,继承了他上一任的思想。那是一个可以忍受长篇大论的时代,毕竟库克教授花了好几个小时才把医学教育的历史摆在他的法律同事面前,与那些为提高法学院入学标准和质量所做的微弱努力形成了鲜明对比。他认为,医学成功的关键在于建立了一个小型的医学教育委员会,其任务是对学校进行分类、制定标准,并确保它们得到遵守。除其他事项外,他敦促美国律师协会也任命这样一个法律教育委员会。美国法学院协会根据他的建议通过了一项适当的解决方案。稍后我们将有机会提及库克演讲中的其他事项。目前只需指出,他在耶鲁大学的同事亨利·韦德·罗杰斯当时是美国律师协会法律教育委员会的主席,负责向1917年美国律师协会下一次会议报告该部门关于律师资格录取方面的建议。

委员会向美国律师协会提交了一份长篇报告,接受了该部门的大部分建议,但不是全部。罗杰斯主席显然说服了他的委员们将一项建议纳入报告,即建议美国律师协会主席按照库克教授的建议任命一个法律教育委员会。此时,历史的进程因报告印刷地巴尔的摩和大会召开地萨拉托加之间的某处罢工而失去平衡。由于罢工,委员会的报告直到前一天晚上才提交给大会。当这个问题首次提交会议讨论时,罗杰斯同意将这个问题推迟到同一届大会稍晚一些的会议召开时加以讨论,以便委员会成员有机会阅读报告。在后来的会议上,罗杰斯只得到五分钟的发言时间,只够向该机构提出关于设立法律教育理事会的建议。该建议在匆匆忙忙中获得通过,但一些废除法律教育委员会的配套立法却从未得到审议。

法律教育理事会立即被任命,由罗杰斯担任主席以及哈佛大学的罗斯科·庞德、哥伦比亚的大学哈伦·斯通(Harlan Stone)、西北大学的约翰·威格莫尔(John Wigmore)和明尼苏达大学的W. R. 万斯(W. R. Vance)这几位院长组成。罗杰斯作为法律教育委员会和理事会主席,向美国律师协会大会做了前面讨论过的报告,同时提交了委员会关于废除法律教育部门的提案,以美国法学院协会和律师考察员会议取而代之,但没有进行表决。读完这些内容,我们可以清楚地看到,"学界人士"势力认为他们高高在上,控制着美国律师协会在法律教育方面可能采取的行动。

第二年,即1919年,情况急转直下。理事会的财政支持依赖于美国律师协会的执行委员会,如果要完成学校分类的工作,则需要大量的支持。理事会在1918年勉强度日,但也意识到协会在战争期间的竞争需求。它们用1918年的时间来筹划未来几年的工作。但在1919年,美国律师协会执行委员会出于不明确的理由,拒绝给予它们任何支持,并在协会的一次全面重组中取消了理事会,或者说将其置于部门的控制之下。换句话说,对那些愿意提高标准的人来说,1918年看似有希望的一切,在1919年都面临着毁灭的威胁。

理事会尽其所能地进行了斗争。它写了一份长篇报告,包括

20多所学校(包括最好的那些学校,同时也是美国法学院协会成员学校)的院长的信函,敦促美国律师协会年会的成员保留理事会;美国法学院协会通过了一项保留理事会的决议,并在美国律师协会会议上就此事进行了激烈的辩论。正义的力量以63比123败下阵来。

哈伦·斯通是美国法学院协会1919年的主席,他在当年12月发表的主席讲话中表达了对美国律师协会的极度失望,他悲痛地报告了理事会的消亡,并敦促该组织巩固其地位,坚持其信念,即法律教育最好在白天进行,同时大学培训对法学院的成功也很重要。他实际上是在表达,法学院在美国律师协会中的地位并不稳固,就算不能做到掷地有声也得把话说得清楚,该协会应该把它的成员限制在那些对法律教育持有相同或更好观点的人的范畴。同年晚些时候,美国法学院协会提高了会员标准,实际上相当于将所有夜校排除在外。斯通自称对长远的前景充满信心,但他怀疑通过美国律师协会所取得的任何直接的改善都无法与医学领域的进步相提并论。他雄辩一般的演讲呼吁会员们团结起来,并对律师界可能持同情态度的人进行宣传。

当时的惯例还包括在美国法学院协会会议上讨论总统的讲话。在悲观和普遍的绝望中——哈佛大学的比尔(Beale)——发出了最响亮的声音。宾夕法尼亚州的德雷珀·刘易斯曾经在委员会中签署了给卡内基基金会的信,提出了一个积极的平权计划。他看到了别人没有看到的东西,即如果由合适的人陈词,那么美国律师协会的大会就完全可能被操纵;律师协会对法律教育的冷漠既可以是一种资产,也可以是一种负担。但正因如此,如果能说服真正有地位的人支持简单、直接的决议,几乎任何事情都可以在大会上通过。问题的关键在于如何将决议提交给大会。根据美国律师协会的新章程，这只能通过法律教育部门来完成，正如刘易斯所认识到的那样，一旦该部门改组并开始运作，就很难通过该部门做出提高标准的决议，因为部门"不仅由法学院的代表组成，问题在于他们靠这个国家法律标准较低这一事实为生，并在这一事实的基础上发展"。(L. Sch. Rev. 509)

刘易斯提议，在该部门下次会议上提出一项决议，要求任命一个特别委员会来研究法律教育问题；为了达到这个目的，美国法学院协会的成员必须参加该部门的下次会议，这样他们就能够赞助一位声名显赫的候选人担任部门主席，使他的当选不容否认。不太客气地说，他们应该控制会议，操纵委员会。该委员会可在1921年向分会汇报，然后再向部门汇报。刘易斯认为经过深思熟虑和高度支持的决议完全可以直接通过。会议通过了一项决议，实质上是呼吁在美国律师协会夏季会议召开的同时召开一次美国法学院协会特别会议，任命一个委员会"以引起人们对夏季会议的兴趣并确保大量人员参加"，并要求学校支付参加夏季会议代表的费用。

刘易斯策略的关键在于杰出的人士，理想的候选人是70多岁的伊莱休·鲁特。鲁特曾是律师协会的前任主席，在律师界很活跃，他在任职期间就谈到过良好法律培训的重要性。鲁特同意担任1920年法律教育部门的主席后，刘易斯提出并使该部门通过了下列听起来无伤大雅的决议：

"下一年度的主席鲁特和他任命的其他六名协会成员将组成一个特别委员会。委员会应向该部门下一次会议报告他们的建议，说明该部门和协会可以采取何种行动来创造条件，以加强获

附录二:法律公共职业培训:美国法学院协会报告(1971年)

准从事法律工作者的品格并提高其效率。"鲁特立即开始工作,并向律师考官、法学院和其他相关人士分发放了综合问卷,询问他们对法律教育的看法。他避免了法律教育委员会的错误,并任命了非法律学界人士进入他的委员会(除了一个例外,W·德雷珀·刘易斯)。委员会在三月份召开会议,五月份再次召开会议,通过会议听取了许多人的意见,其中包括哈佛、耶鲁和哥伦比亚大学的院长,以及一些著名的州律师考试官和一名夜校代表。里德也向委员会发表了讲话。

鲁特和他的委员会设计了一个折衷方案。学生们得到了两件他们非常想要的东西:(1)一份只有在法学院才能获得足够法律教育的声明;(2)一份进入法学院之前必须接受两年大学教育的声明。反对派使夜校得到了合法化——只要学习课程更长以便为法律学习提供"充分"的学时,满足那些只能把部分时间用于法学学习之人的需求的法学院就可以说是令人满意的。律师资格考试官收到了对公开进行律师考试的认可和对文凭特权的反对。最后,恢复的法律教育理事会受命公布符合这些标准的法律学校的名称,并奉命敦促采用美国律师协会的标准作为进入律师界的最低法律资格。

这一折中方案于1921年8月在法律教育部门获得了通过。伊莱休·鲁特提出了通过该委员会报告的动议,首席大法官塔夫特(Taft)作了适当的附议发言,它反映出更多的是对鲁特先生的尊重,而不是对委员会报告细节的熟悉。有两位勇敢的人站出来表示反对,认为里德的第一本书刚刚出版,不妨看看他的观点在多大程度上与委员会提出的观点一致。鲁特对这一论点的回答是:委员会已经拿到了报告(这倒是事实),"委员会的建议是根据他们对报告的研究提出的"。认为委员会和里德的意见完全一致的推论是不准确的。但是,这份报告得到了认可,并被提交给了美国律师协会的会议。推迟会议的行动也以失败告终,更遑论辩论环节了,美国律师协会最终正式表示支持以下决议:

决议:(1)美国律师协会认为,每名申请律师资格的申请人应提供符合以下标准的法学院毕业证明:

(a)申请入学的条件必须是已经在学院学习过至少两年;

(b)如果学生将全部工作时间都花在学习上,则要求学生修读三年的课程;如果只将工作时间的一部分用于学习,则应修读更长、相当于工作时间的课程;

(c)学校应提供足够的图书馆资源供学生使用;

(d)学校应有足够数量的教师将全部时间奉献给学校,以确保对全体学生情况的实际了解和影响力。

(2)美国律师协会认为,从法学院毕业不应直接授予律师资格,每个候选人都应接受公共当局的考试以确定其是否适合。

(3)法律教育和律师资格委员会须不时公布符合上述标准及不符合标准的法律学校的名称,并尽可能向有意学习法律的学生提供这些出版物。

(4)律师协会主席和法律教育和律师资格委员会奉命与各州和地方律师协会合作,敦促各州正式成立的当局并通过上述律师资格的要求。

(5)指示法律教育和律师资格委员会以美国律师协会的名义召开一次法律教育会议,邀请各州和地方协会派代表参加,目的是团结各代表机构,努力创造有利于通过上述原则的条件。

鲁特委员会最后建议召开一次由州和地方律师协会代表组

附录二:法律公共职业培训:美国法学院协会报告(1971年)

成的法律教育会议,以审议美国律师协会的决议,这主要是一种宣传手段,希望能激励地方律师协会,从而激励州政府将美国律师协会的最低标准纳入法律。会议于1922年春举行。这是一次为期两天的会议,会议议程很长,发言的大多是一些知名人士,他们的立场也很容易被预期。最终,代表们决定支持美国律师协会的决议,只是稍微削弱了它的影响力,建议把在大学以外的教育经验视为相当于两年的大学教育,而且建议在一些没有足够法学院设施的州,律师协会可以适当地把鼓励这类学校的发展放在第一位。在会议结束时,就在代表们要对一些相对弱化的修正案进行表决之前,鲁特发表了一段戏剧性的讲话。这篇演讲在今天看来并不算铿锵有力,但显然它在当时产生了相当大的影响。无论如何,代表们否决了修正案并满怀信心地回家了,他们确信自己做了一些重要的事情。

事实确实如此。代表们通过了一项决议,其中一项的内容远远超出了三年前亨利·韦德·罗杰斯认为不应该提交给美国律师协会大会的、过于革命性的要求。罗杰斯认为要求从一所经批准的三年制法学院(如果是夜校,则为四年制)毕业的标准太高了;现在美国律师协会更进一步,明确规定,要想获得批准,法学院必须设定至少两年大学教育的录取条件。如果这种观念在20世纪20年代被转化为规则,似乎有理由清楚地看到,大多数夜校或兼职法学院会消亡,就像可与它们类比的那些医学院在10年前消亡一样。几乎可以肯定的是,这种期望是导致哈伦·斯通和其他像他一样的人接受鲁特妥协的原因,该妥协与美国法学院协会的立场相反,认为兼职法律教育可以等同于全职学习。可以肯定的是,美国法学院协会在第二年确实向夜校开放了成员资格,但很明显，领导层这样做完全是为了与美国律师协会保持团结，但并不具有强烈的信念感。

里德警告那些愿意听取意见的人，法律不会很快批准他们在进入法学院之前必须上两年大学的规定。他说的没错。当然，美国律师协会的决议并没有立即产生法律效力；律师资格的取得完全掌握在政府手中，在大多数情况下是由州政府掌握的。虽然律师资格入学标准有所变化，但是两年的要求被慢慢地采纳。在美国律师协会问题解决的6年后，只有6个州要求学生接受大学教育。这花了大约15年的时间，还经历了一次经济萧条期；后来这些事项才逐渐运转起来。1935年，30个州要求两年的大学教育，有19个州则根本不做要求。而到第二次世界大战爆发时，除了少数几个州外，所有的州都要求两年的教育。很明显，总的来说，法律的要求是遵循而不是引导大学教育的发展。因此，与协会的希望（前提是这并非领导层的期望）相反，1921年以后，法学院的数量或法学学生的数量并没有显著减少，大多数法学学生所接受的教育质量也没有发生任何迅速的变化。

美国律师协会决议的其他条款远没有那么重要。赞成在法学院而不是在律师事务所培训律师的意义不大，因为无论如何，很少有人以这种方式获得律师资格。在1921年，除少数学校外，所有学校都要求学习三年法律（或者在兼职学校学习相当于三年的法律）；最差的、最商业的夜校在接受这一标准方面也没有任何困难。关于"足够"的图书馆资源和"足够"的教员的要求提供了丰富的论据。理事会在给学校分类的工作上是非常谨慎的。它在1923年提出了A类和B类学校的名单，都得到了批准，B类可以说是暂时的。在1925年，它放弃了B类的分类，只列出那些被批准的学校。它从未公布过不批准的学校名单。鲁特妥协的一个结果是,美国法学院协会的成员资格往往与美国律师协会批准的名单相同,尽管美国法学院协会的成员资格逐渐变得比美国律师协会更具选择性。

W.德雷珀·刘易斯是一位稳健的政治战略家。他在1919年制定的计划奏效了。然而,他的方案是否具有政治家风范还不那么清楚,因为他策略的明确含义是,无论美国律师协会在1921年有任何举动,至少在很多年内都不能轻易取消甚至在很大程度上改变这些计划。刘易斯认为,法律教育部门往往由边缘学校和律师资格考官控制(他们在很大程度上相互依赖),该部门将处于阻挠和阻止变革的地位。他的策略是迅速接管重组后的部门,争取在美国律师协会的舞台上一展身手,像鲁特和塔夫特这样的大人物可以为这种事业服务,但并不能持续太久。显然,刘易斯对接下来50年的无所作为不负任何责任,但在评价1921年的所作所为时,我们可以公平地指出,他即使没有预见到,也应该清楚当时的做法将代表美国律师协会在很长一段时间内的立场,发展方向的戏剧性变化显然不会轻易发生。而方向也的确没有戏剧性的改变。从两年法学院预科学习,到三年法学院预科学习,一直在缓慢发生变化;定义"同等学历"、"足够"的图书馆和"足够"的教员的规定已经变得严格起来,或许在早些年有被放宽,但都没有进行全面的重新评估。

表面上发生的事情就这么多。现在是时候回过头来看看里德对这一进程的贡献,以及他的言论在多大程度上影响了时态的发展。

里德和其他少数人一样清楚,法律教育的问题与医学教育的问题明显不同,他很早就告诫说,弗莱克斯纳报告的例子是一个非常可疑的模式。他所指出的最大不同之处正是他给自己第一本书取的书名:《法律公共职业培训》。重要的字眼是"公共"。他认为,律师是政府工作不可分割的一部分;法律的制定和执行——无论是公法还是私法——都需要律师的积极参与。既然如此,律师行业就必须向不同阶层和不同类型的人开放并发生接触,否则民主的承诺就会落空。当从1920年开始回顾时,他发现这一立场有充分的历史依据。在殖民时代,律师带有一种从英国经验衍生而来的精英地位的影子;在杰克逊民主平等主义的压力下,这种地位很快就消失了。直到内战之后,人们才开始努力为进入律师界实行某种教育或考试标准。虽然这些标准的目的是保护公众不受不合格者的影响,但这些标准很容易转化为对律师经济利益的垄断性限制,因此,公众对这些标准持怀疑甚至敌视的态度。

里德还看到,法律教育在美国是一头新生的野兽,在欧洲大陆或英国的经验中没有明确的类比物。虽然早期人们曾试图将法律视为一个有教养的人应该了解的科目之一,但这个国家的法律教育主要仍是学校的产物,这些学校标榜自己所做的是比在律师事务所当学徒更好的培训工作。因此,我们缺乏与欧洲大陆的大学相媲美的有影响力的法学院。早期的美国法学院与其说是对律师事务所培训的补充,不如说是对它的替代。因此,从一开始,它们就以职业为导向,而且与英国的律师学院不同,它们相对于任何有组织的律师协会都处于独立地位。现代法律教育在这个国家开始于内战后的时期。哈佛大学是其中的典范——至少在里德写这篇文章之前,哈佛在很多方面都领先于其他法学院。

附录二：法律公共职业培训：美国法学院协会报告(1971年)

它是大学与职业法律教育在经济上的第一次成功结合。这种和大学的联系为纯粹的专业培训增加了广度。埃姆斯是第一个以法律教师而不是执业律师身份开始其职业生涯的人。兰德尔判例教学法被认为是把法律作为一门科学来教授的。到了里德写作的时候，已经有许多法学院都在沿用哈佛模式；他非常清楚地看到而其他人却不甚明了的是，法学院正位于与哈佛大学及其同类学校处于一条直线其中一端的位置，而其他部分则延伸到那些只是为了让学生通过律师资格考试的学校。里德认为，法律教育的历史和未来首先与美国大学密不可分，其次与有组织的律师协会密不可分。第一局面到1920年已经变得相当清晰了，比较好的法学院和医学院一样，都是隶属于大学的学院。而律师协会与法律教育的联系到1921年也并没有得到很好的界定。

里德写这本书的时候，律师协会基本上是没有组织的。只有一个自愿成立的全国律师协会——美国律师协会——只承认10%的律师为会员，还有许多自愿成立的州和地方律师协会，它们的职能往往与其他事务组织一样具有社会性。当时有参加律师执业资格考试的传统，但在1920年律师资格考试才刚刚开始超越形式主义。里德认为，律师资格考试进程与公务员制度的发展有着明显相似之处。他认为平等主义要求给自由获得公共职位带来的压力——即杰克逊式民主的极端形式——正逐步屈服于对高效政府的需求，而这种需求反过来又要求对公务员和律师的能力进行某种考核。他认为，律师协会仍有机会以有利于衡量能力的方式发展。正如他所说，问题在于法律教育和法律职业是否会朝着"统一"而不是"差异化"的方向努力。

里德所看到的单一化律师制度多半位于理论层面，而不是活生生的现实。一旦获得律师资格,我们假定所有律师在专业角色方面受到同样的训练,具备同样的能力执行任何法律任务,在法律上都是平等的。假设一个人的能力与他的训练有关(这是任何法学教授都不能轻易否认的假设),法律的眼睛对现实视而不见的原因在于法学院提供的教育质量存在着巨大的差异,在书中,里德描述了当时这个国家普遍存在的各种各样的法律教育。两极一端是哈佛大学,要求接受大量的法学预科教育(大学学位),课程设置是全国性的(或通用性的或科学性的),采用判例教学法教学,教学人员在很大程度上致力于编写学术著作;另一个极端是夜校,入学要求充其量是高中学历,课程设置局限于某单一司法管辖区的法律,教学主要是由从业人员组成的教学人员进行讲座和演练。在里德看来,问题在于是否要强迫每个人都被打磨成哈佛毕业生的形象,抑或是建立一个差异化的律师协会,由一些受过培训的人来做一些事务(他建议可能的事务包括财产转让、遗嘱认证和审判实践),其他人则接受更广泛的培训以获得更广泛的能力。

里德认为,强迫所有法律教育按照哈佛大学模式进行的努力不可能成功。他的主要依据是自己的信念,即负责招生程序的立法者绝不会容忍一个切断穷人和弱势群体(在20世纪20年代,弱势群体是指外国出生的孩子而不是少数族裔)获得律师资格的制度。换句话说,在他看来,律师行业的"公共"性质要求对那些经济上无法上大学和全日制法学院的人进行兼职法律教育。这是他的预测,在里德看来,努力调整非全日制法律教育的目标更有可能取得成效。按职能或其他方式对律师进行分类的话,非全日制学校毕业的人有能力在一个司法管辖区的范围内执行相对常规的任务,他们训练有素,大概也自认为没有必要参加任何律师资格考试。因此,律师必须向所有阶层开放的"公共"职能将得到履行,这样的分工将允许内部律师资格要求的大幅提高,只对那些受过更广泛培训、或许也更有经验的人开放。

虽然我不知道里德是否曾经给出过肯定的回答,但他一定知道并了解沃尔特·惠勒·库克在1916年美国法学院协会上发表的主席讲话。在那次演讲中,库克谈到了律师资格的问题,他认为这个职业基本上有四种选择。前三项是:(1)维持目前宽松的律师资格准入计划,导致许多不称职的人获得执照;(2)放弃任何考试,全部录取(比第一项还要糟糕那么一点);(3)创建一个非常严格的考试,防止不称职的人通过。和里德几年后的想法一样,库克对进行严格测试的政治可行性持怀疑态度,尽管他认为这是美国法学院协会内部暗中支持的政策。这使他想到了以下内容:

> 在得到卡内基基金会的许可后,我冒昧地提请大家注意第四项计划的提议,这个提议载于一份未发表的报告中,是我在耶鲁大学的同事霍菲尔德(Hohfeld)先生不久前提出的。在讨论了我提到的三个计划之后,霍菲尔德先生提出了一个可能的解决方案,即承认两个不同的从业者等级。第一级或最高级别的从业者就像目前一样将被称为律师和顾问,他们将被要求通过足够严格的测试,以便让人们有充分的理由相信,作为一个阶层,他们能够有效地处理客户的法律事务。第二等级或更低等级的学生必须通过较低等级的测试,这些测试旨在淘汰能力最差的申请者,但不足以保证那些满

足测试要求学生的能力。这第二类从业人员将与律师一样,被允许从事一般的法律事务,但在他们通过为后者规定的最高测试之前,不允许自称为律师。这种计划的好处是显而易见的。

我们经常听到的那个"穷小子",即使不能满足法律教育的理想要求,也不会被禁止从事法律工作,而且可能最终成功进入较高的阶层。借用一个古老的习惯法术语,这一较低阶层的从业者或许可以被称为"法律学徒"。

这类计划有以下优点:(1)可防止绝对不称职的律师执业;(2)不会误导公众;(3)可使公众在称职和不称职的律师之间做出选择;(4)为那些手头拮据的人进入职业行列开辟道路,并最终有机会达到更高的职位。我建议所有有意提高律师资格准入标准的人认真考虑这一计划,因为我认为,在某些州的现有情况下,这个计划在很多情况下可能是解决这个非常困难问题的最佳办法。它更能满足刚刚提及的那些地区的需要,因为在这些地区,由于教育条件或公众态度或者任何原因,不可能立即采用同一个标准以确保所有律师协会成员的效率。我相信,一旦生效,它将为更高的标准铺平道路,而这种标准最终将在世界各地得到采用。

遗憾的是,事情发生的时间使得里德没有详细阐述他的想法。鲁特委员会在里德的书还没有普遍发行之前就得到了它的副本,在他们支持1921年决议的报告中,他们提出了一个律师区别化的构想,内容如下:

附录二：法律公共职业培训：美国法学院协会报告（1971年）

那么，首先来考虑一下律师培训应该是什么，我们遇到的建议是，培养不同类型的律师必须有不同类型的培训。

我们不同意这一立场。尽管律师的工作涉及多种多样的人际关系，但在所有情况下，知识上的要求实质上是相同的。从与当事人的第一次面谈到诉讼的最后一步，必须训练律师理解并按逻辑顺序陈述相关事实，清楚地理解所提出的法律问题，并从法规和裁决中提取适用的法律原则。在每一个案件中，无论其性质如何，他必须能够适用普通法的基本原则。

如果海事律师的工作在实质上与遗嘱认证律师的工作有根本的不同，那么就需要对两者进行不同的培训，随之而来的律师资格分类也就顺理成章了。然而，在我们看来，各种法律工作之间并没有这样的区别。所有这些都要求高尚的道德品质和基本相同的知识储备。

我们也不能容忍那些对法律教育公认的好坏区分。培训方面的区别不应在实践的区别中得到补充。因为我们不能赞成继续培养一批有能力的从业人员，所以我们也不能赞成继续保留一种不能达到最高实践标准的培训制度。

因此，假设所有打算从事法律工作的人都应该按照某些规定和统一的标准接受培训，那么就有必要询问这些标准应该是什么。

很快，其他方面也对里德的想法做出了同样的反应。在《美国律师杂志》上，哈兰·斯通发表了一篇气冲冲的评论：

> 每一个在实践中有过丰富经验的人都很清楚,表面受过训练的人和彻底受过训练的人之间没有什么区别。我们不可能把专业业务彻底分类,因为这些业务有时不需要动用一个训练有素的律师的所有技能,而且肤浅的训练对委托人的利益和律师业的正常发展都可能造成致命的后果。7 A. B. A. J. 643.

在同一份杂志上,W·德雷珀·刘易斯以一种更加平衡的方式评估了里德委员会和鲁特委员会之间的差异,他指出:

> 但该委员会的立场是,在专业活动的所有分支中,高效工作所必需的智力过程基本上是相似的,所有律师协会的成员都应该有类似的文化和技术培训作基础。8 A. B. A. J. 41.

1921年美国律师协会主席科尔宾(Corbin)教授在他演讲中的大部分时间都在驳斥有区别的律师协会的建议,但没有做太多补充。正如里德自己在1922年所指出的,差异化律师协会的概念"是一个在公报中几乎被轻蔑否定掉的要点。法律职业的不可分割性与40年前一样,是当代律师的癖好。"里德这番挖苦的话差不多等于或多或少放弃了他的建议。在接下来的十几年里,他满足于看着高等教育民主化进程非常缓慢地进行着,而这使得大部分法律教育能够适应哈佛模式。这一进程仍未完成,特别是对少数族裔而言,只是在《军人安置法案》之后才慢慢结出硕果。但现在,在解决了美国律师协会的问题近50年后,我们即将实现单一化律师制度,至少几乎所有从业人员都需要接受过大学教育

附录二:法律公共职业培训:美国法学院协会报告(1971年)

和在非常相似的法学院接受过基本等同培训的情况下,才能进入律师行业。

在我看来,拒绝差异化律师制度的想法是美国律师协会在法律教育方面所采取的最重要的行动,这一想法在鲁特委员会报告中有明确的表述,在1921年的美国律师协会决议中也有暗示。该决议当然没有形成一个单一的标准,也没有对实现这一目标做出多少积极的贡献。相反,决议所做的是消极的;它切断了任何地方为建立一个有区别的律师协会而可能做出的努力。这样的努力可能永远不会实现;到1920年,尽管执业资格由州一级控制,但我们已经是拥有全国统一律师资格的国家了,而且任何州都很难背离理论上单一化律师资格这一传统规范。但可能有人在某个地方尝试过。如果美国高等教育学会没有接受夜校,至少有可能像里德所希望的那样,一些人会尝试发展不同的培训方式,培养狭窄但独特的能力。然而,美国律师协会决议的巨大影响力,粉碎了任何此类尝试的苗头。试图建立一个单一化律师协会的局面是普遍存在的,也许明确研究这些努力对法律教育的影响具有一定的价值。

1. 律师考试

当然,律师资格考试是单一化律师资格制度中不可缺少的一部分。20世纪20年代对律师资格检验过程的信心,在现在看来似乎令人震惊,几乎可以说是很天真的。里德很可能是对的,他认为,对律师考试的信心无非是对一般公务员制度更普遍信任的一部分。但是,这当中也有一些重要区别。任何客观的测试,无论它作为衡量能力的标准显得多么不充分,都比"分赃制度"有一些优势。公正的管理至少会消除一些特定形式的腐败。这也不是律师资格考试的问题所在。此外,公务员考试的目的是选拔最能干的人;律师考试的目的是淘汰不称职的人。这种差别的意义,随着补习班问题的出现而凸显出来。开办补习班是一回事,目的是让人们从一个不断被有能力的考生补充的人才库中脱颖而出——这是开办公务员考试补习班的人的问题——而举办一个旨在让人们达到某种最低标准的课程则是另一回事,特别是在允许考生有权重复参加考试的情况下。当然,这就是律师资格考试的历史,它是一个从未被那些没有受过良好训练的、只是重复上了补习课程并重复毕业的考生们错过的考试。尽管不断修改和改进,律师资格考试仍然处于兰德尔近100年前确定的两难境地:"这种考试不可能同时既严格又公正。他们必须接纳某些不值得的人,或者拒绝某些值得的人,从长远来看也一定不会改变。"

20世纪20年代的人们并没有对律师资格考试过程中的某些缺陷视而不见。他们认识到,没有任何测试能够有效地探测一个人的道德标准,而且不可避免地会有一些不符合道德标准的人通过考试。他们希望大学教育能有所帮助,这个想法几乎可以肯定是对外国出生的人的偏见的衍生物。律师资格考试通常要求的机械规则和死记硬背的学习方式也困扰着美国律师协会的学校。他们想要测试分析能力以及对"基本原理"的认识。他们没有看到,或者至少没有讨论的是,任何一种律师资格考试都会在某种程度上使法律教育符合考官关于律师应该知道什么的模式。如果学校的毕业生有文凭特权(鲁特委员会反对这样做),或者如果有适当的补习课程,那么学校可能会忽视这种模式,但更重要的是,律师资格考试不可避免地带有这样一种观念,即任何通过

附录二:法律公共职业培训:美国法学院协会报告(1971年)

考试的人都是完全合格的律师,与其他能够处理任何法律问题的律师没有能力上的差异。这是律师资格考试告诉公众的,除非加上其他考试或证书(正如库克所建议的那样),否则再多的公众教育都不会改变这种错误观念。

2. 为穷人提供法律服务

支持提高律师资格标准的主要论点之一是,人们一再表示担心,穷人可能会被对案子处理不当的失职律师所欺骗。鲁特和其他人认为,解决这个问题的办法是提高律师入行的标准。但是,为律师设定单一的高素质标准又会造成其他压力,不一定符合那些最无力负担法律服务的人的最大利益。

这里的讨论必然会有点脱离现实。然而,我们应该从一个残酷的事实开始:为穷人提供充分法律服务的最佳方式是使这种服务足够便宜,以便穷人,或者至少那些超过贫困标准的人能够负担得起。任何倾向于增加法律服务成本的行为都只会使问题变得更糟,而不是更好。

培训所有律师有能力处理最复杂的法律事务,必然会增加他们的服务成本。律师不仅会花费更多的时间获得资格,而且他们可能会向更广泛的客户提供服务,因此需求量也会更大。当然,并不是所有律师在20年代都比现在更有能力处理任何事情,但是单一化律师的花言巧语建立了一种法律垄断,无异于允许律师建立经济垄断。理由很简单:只有律师能够充分完成某些任务,而且必须保护公众不受未经训练的人做这样的尝试所影响,因此对未经授权的法律执业要进行严格限制;训练有素的律师不能提供这种服务,除非他们被允许收取合理的费用,因此最低费用的水平足以吸引或至少不会打击对其服务有广泛竞争需求的律师;

最后，在观念的帮助下，它降低了行业的广告价格，使该行业的广告收费低于最低费用本身就是非法的。因此，无论我们假设提供全面服务是现实的还是虚假的目标，最终结果都是提高法律服务的成本，不可避免地损害穷人的利益。

另一个不那么经常直接提出但在20世纪20年代被许多人坚信的论点是，律师协会人满为患，而且许多提供给穷人的劣质服务是因为许多从业者无力抵制从事不道德交易的诱惑，包括收取低于最低的律师费用。他们认为解决这个问题的方法是增加成为律师所需的培训，进而减少律师的供给。从表面上看，这只会增加法律服务成本。当然，律师供应的大幅减少并没有实现，而可能是因为一些潜在的法学专业学生受到了一定的打击。

里德从来没有提出过差别化律师可以降低法律服务成本，从而使那些不太富裕的人受益的观点。沃尔特·惠勒·库克倒是提出过这个建议，但也仅此而已，直到最近这个观点才真正进入人们的视野。对从业人员进行范围相对狭窄的能力培训需要较少的时间，同时也会限制服务需求。这种结合最终会导致律师费用的降低。这个过程在法律上显然是可行的。保险公司会雇佣理算师而不是律师为他们的雇主做那些原告律师会为客户做的事情。原因在于雇佣理算师的成本更低。单一化律师制度使原告可以选择自己辩护，或者使用推定的全权律师，而不能选择理算师。

这对法律教育的影响没有律师资格考试那么直接。有些人被训练过了头，学到了一堆他们不需要知道的东西。当然，哈伦·斯通的说法恰恰相反。他说：“不可能把专业业务彻底分

附录二：法律公共职业培训：美国法学院协会报告(1971年)

类，因为这些业务有时不需要动用一个训练有素的律师的所有技能，而且肤浅的训练对委托人的利益和律师业的正常发展都可能造成致命的后果。"诚然，法律问题经常会涉及一些微妙的影响，而这些影响并不是一目了然的，让所有律师都具备充分的能力，可能会使一些训练有素的人看不到或无法处理的问题浮出水面。然而，这并不表示这些细节如果被察觉，便一定会被彻底探讨。如果客户能负担得起深入挖掘的费用，这些细节就会被进行探讨，如果客户负担不起，则律师会选择视而不见。在大多数情况下，那些有能力负担对细枝末节研究透彻所需费用的人，无论法律行业如何组织，都会得到充分的服务，那些不能承受超过标准收费的人，无论其法律问题是否复杂，只会得到标准的服务。

3. 特别资格

里德在卡内基基金会的任务是考察法律教育领域和律师资格问题。他没有被要求考虑法律教育能否有效作为培训人们做律师工作的方法。因此，他没有努力去了解律师实际上做了什么，也没有评估法律教育与实践的关系如何。他没有考虑上述问题的反面——对特别复杂的法律业务进行超级培训，也就是今天通常所说的专业化（可能是因为医学专家们都具有所谓的超级资格）。

我们对今天律师们的所作所为知之甚少，当然对50年前律师们的所作所为更是知之甚少。毫无疑问，当时有一些律师把业务集中在某些特定领域。本世纪头几十年，大型律师事务所在大城市刚刚起步，它们的发展提供了一个非常粗略的衡量标准。一个大型的律师事务所中通常会有一些专家，他们有能力处理没有经验的普通律师所不能处理的法律问题，至少不需要投入大量的时间。自1920年以来，受律师行业城市化和现代生活复杂化的刺激，公众的视界一直在稳步扩大。自第二次世界大战以来，超资格意义专业化程度的提高无疑加快了扩大的速度。我们不应该责怪里德和鲁特没有认识到专业化的压力是几乎不可避免的，但他们确实忽略了这一点。他们将注意力集中在培训当时的"典型"或"普通"律师上，让大部分业务或多或少直接围绕着法院进行，尽量不让律师置身于农村或半城市的环境中。这种模范律师在1920年不像20年前那么典型，但是它仍然可能相当准确地反映了他周围的世界。

这是对未来的错误预测。某种程度的专业化现在似乎是律师的主要特征。最近的一项调查显示，加州律师协会中大约有三分之二的律师认为自己是专家。当然，这些三分之二当中有许多是训练有素的律师，而不是超级专家（他们更像是护士，而不是外科医生），但这个数字确实表明，里德和鲁特对未来典型律师的看法有多么不一样。

当然，单一化律师制度与专家的承认是不一致的。这里不是探讨专业能力公开认证的支持理由或反对理由的恰当场合——在其他场合已经有人这样做了——但不承认这件事对法律教育具有重要意义。鲁特委员会断言，海事律师的工作与遗嘱认证律师的工作并无本质区别，两者所需的知识储备基本相同。关于法学院应该教什么，鲁特委员会说：

> 在这样的学校中，我们认为不应试图提供完整的实体法知识。当今美国法律的复杂性和庞大程度将使这种尝试毫

附录二:法律公共职业培训:美国法学院协会报告(1971年)

> 无希望。当然,某些领域的具体知识和基本原则是有必要掌握的。但学校最重要的职责是培养学生寻找法律资源并巧妙利用这些资源的能力。

这句话的明确含义是,法学院对培养专家的过程没有任何贡献。只有经验本身是律师获得处理特别复杂法律问题专门能力的途径。法学院的贡献是培训人员,使他们能够从经验中获益,但它对实现这一目标没有直接的投入。因此,单一化律师制度的理念导致了民众对这些人员专业能力的质疑,这反过来又严重阻碍了法学院参与培训材料的编写,而他们的参与本可以帮助律师成为有资格处理特别困难问题的人。于是,律师唯一能做的就是在客户身上实践。

当然,多年来,法学院开设的课程充其量只能算是专业课——用鲁特的例子来说,海事法和遗嘱认证是老生常谈的课程,劳动法和土地使用规划则是相对较新的课程,还有很多很多其他课程。这些课程主要是通过提供文本和文章式材料来帮助新进的专家。但在法学院学习专业课程与在该领域发展实践之间并没有非常明确的关系。此外,这些课程往往是对某一领域的调查课程,也许只是对一些孤立问题进行深入探讨。学生和教学人员都认为开设这类课程的目的不是让学生成为专家,而是让学生以不同的方式看待法律问题的一种智力练习。

4. 基本原则培训

单一化律师制度的想法是假定存在一套所有优秀律师都必须了解的、对律师运作至关重要的知识体系。如果没有这样一个核心知识体系,单一化律师就不可能存在。当然,鲁特显然假定它是存在的。鲁特委员会报告中多次重复了"基本原则"这一短语,但从未对其进行定义。"在每一个案件中,无论其性质如何,他都必须能够运用普通法的基本原则……当然,某些领域的具体知识和基本原则的知识是必要的……法律教育应培养对基本原则的真正了解和从普通法角度思考问题的头脑。"

仔细阅读里德的书,应该会让鲁特委员会在这一点上有所顾虑。里德报告了兰德尔关于判例教学法推理中一个公认的缺陷。兰德尔认为法律的基本原则相对较少,仔细研究一些精心挑选的案例,就可以让学生在类比科学研究经验数据的基础上发现"真实规则"。真正的规则与基本原则即使不完全相同,也是大同小异的。早在埃姆斯时期,法律教育者就开始怀疑兰德尔判例教学法的原理。他们认识到,这是一种崇高有效的教学手段,但不适合用来发掘真理。人们并不质疑"真理有待发现"这件事,里德也从未怀疑过,但法律现实主义背后的思想是,应该有人担心律师是否会致力于一个至少对其基本假设持怀疑态度的教育体系。

另一个可能让人警觉的危险信号是里德对选修制的抨击。在兰德尔执政初期,课程完全是规划好的。当学制从两年扩大到三年时,一些选修课也被纳入其中,随着教师队伍的壮大,选修课的数量也在增加。在里德写这篇文章的时候,这种模式在任何一所拥有足够强大师资力量的法学院中都占据了压倒性的主导地位。里德无法理解这一点;在他看来,有经验的法律教师似乎应该比法学院的那些学生更清楚什么是适合学习的科目。这是因为,里德认为每个律师都应该具备一套知识体系,而且他显然是正确的。在里德看来,由于法律变得越来越复杂和难以掌握,对方向的需求也就越来越大。许多著名法律教育家都在谈论将法学院的学制增加一年,以便涵盖那些重要的科目。而要涵盖的重要科目越多,控制学生可能接触到的学习材料显然就越重要。但里德很清楚,而且鲁特委员会也应该清楚,这种趋势的关键在于对选修课的扩大。这趋势一直持续到今天,在大多数学校里,三年级的课程主要都是选修课,甚至很多学校的二年级也是如此。撇开一年级不谈,只有两个推论是可能的:一是法律教育无法就什么是基本原则达成一致,二是基本原则根本就不存在。里德的假设是前者。而法律现实主义者已经说服了大多数人,认为后者更为准确。

自兰德尔时代以来,第一年的共同课程仍然没有改变——合同、财产、侵权行为、程序和刑法。也许有人会认为,这一年中涵盖了现有的这些"基本原则"。这是一个值得商榷的命题,首先虽然名词术语一直不变,但这些课程的内容已经发生了很大的变化,其次至少在今天,第一年的课程远远多于第二年或第三年,而且专门用来教授技能而不是实质性内容。法律词汇、法律制度框架和了解上诉意见的文献是第一年的真正主题,而不是那些要约和接受要约、过失、土地所有权等概念。

将基本原则分离开来的困难还体现在寻找合适的法律预科必修课程,这与医学院校作为入学条件所要求的科学课程相类似。自里德的书出版后,大部分工作已经进行,但人们花费了巨大的精力试图制定"理想的"法学预科课程。到1952年,美国法学院协会正式放弃了为法学专业规定任何本科背景的尝试,将其建议限制在一个单一的否定命题上,即"应避免在本科教学中开设所谓的'法律'课程"。一般而言,这些课程的目的并非在于教育律师,如果存在一个对律师行业至关重要的核心原则,法学老师就有可能就学生在进入法学院之前应该了解的一些学科达成共识。例如，里德认为，所有的法学院学生都应当有效地了解美国法律机构的政治历史。今天，可能许多法律教师不会尝试对科学方法进行扎实的理解，但它们与法学研究有着不同但同样重要的关联。

总的来说，1921年的美国律师协会特意全力支持单一化律师制度的概念。其好处是一些非常糟糕的法律教育理念被非常缓慢地淘汰，它们的最终消亡至少可以归因于高等教育的发展以及其他方面的发展。其代价是对单一化律师制度虚构的承诺，也是法律界最没有建设性的幻想之一。它建立在"法学如医学"这个错误的前提下，没有达到其迅速摧毁兼职法学院的直接目标。它不鼓励现在所谓的专职助理的发展，并将专业人员的培训从法学院中剥离出来，这大大干扰了人们眼中教育制度为迎合职业需要而发生的自然演变。全知全能的形象极大地夸大了律师资格考试的作用，而律师资格考试的作用又导致法学院集中精力教授那些容易通过考试的东西，并使得课程的内容拘泥于那些传统问题。

接下来的问题是，假设理性的论证能够带来变革，我们该怎么做？如前所述，在我看来，1921年以前法律教育的最大优点是自由。关于如何培养律师的想法可以大胆尝试，其可行性有机会通过行业市场进行验证。这一点可以通过对比今天的法学院和大型律师事务所来说明。现代的大型都市律师事务所作为一种常见的律师执业组织方式从出现到现在，仅仅只花了一代人的时间。当然，它的先例可以在20世纪20年代的纽约和芝加哥找到，但是这种现象如今已经蔓延开来，就像第一次世界大战前哈

附录二:法律公共职业培训:美国法学院协会报告(1971年)

佛法学院的模式在全国范围内被复制一样。但大型律师事务所仍在继续回应客户的新要求。它们不断地测试其方法的效率,环顾四周,看看竞争对手在做什么,并采用他人的成功想法。一个简单的例子是最近发展起来的暑期实习工作。10年前,一个二年级到三年级的法学学生只有在管理合伙人是他叔叔的情况下才能在一家律师事务所找到工作。现在,法学学生暑期实习已经变成了司空见惯的事情。大型律师事务所的实践表明,法律中并没有任何内在要素会使其体制缺乏灵活、反应迟钝。但法律教育并非如此,问题的关键在于某种程度上对创新接受能力的修复。

最近提出的一项计划在我看来具有相当大的潜力:将法学学制从三年减少到两年。这就需要对目前法学院的课程进行一些调整,或许需要开设更多的课程,而有些课程则会被缩减。有些学生,甚至是绝大多数学生,在两年后就会离开法学院。有些学生在前两年的学业结束后,会立即选择留校学习第三年。更多的人在实践一段时间后还会选择回到法学院。也许法学院第三年将不得不以暑期课程或夜校的形式出现,来迎合律师学生对便利性的需求。该提案的魅力在于,它让法学院重新开始推销自己。学校将不得不设计出让律师认为值得学习的课程。这种竞争能够激发出20世纪20年代最优秀法律教育所特有的那种创造力。我们也可以预见,各类学校根据当地条件和教师实力提供的课程会呈现出相当大的多样性。然而,在对这项建议的优点进行更详细的研究之前,应该讨论两个初步的问题。

根据获得学位所需的最低法律工作年限分类的法学院总数:

	1800—1809	1809—1900	1900—1910	1910—1920	1920—1921
一年或一年半	9	8	3	1	1
两年	45	47	37	18	14
三年或超过三年	7	47	84	127	135
学校总数	61	102	124	146	150

1921—1922	1922—1923	1923—1924	1924—1925	1925—1926	1926—1927	1927—1928
1	2	2	2	2	2	2
8	7	6	8	7	8	8
141	144	147	152	159	164	166
150	153	155	162	168	174	176

1. 最初要求三年制的理由是什么？
2. 与1921年设想的方案相比，三年制的方案有多大的变化？

遗憾的是，没有人针对三年级的要求给出过很好的解释，或许因为这正是鲁特决议中一项完全没有争议的内容。之所以没有争议，是因为美国律师协会在1921年颁布的法令简单反映了当时除少数几所法学院外所有学校的做法。然而，如图表所示，它成为标准做法的时间并不长。

1878年的哈佛大学是第一所要求三年法律教育才能获得学位的学校，尽管在此之前，一些学校曾考虑过设计各种各样的研究生课程，目的是说服学生留校学习两年以上，但都没有成功。为什么兰德尔认为三年是合适的？据我所知，他从未对此进行过解释。或许他认为三年时间必然可以学到比两年更多的法律知识，而且他和他的教师团队有足够的理由让学生多留一年。

在80年代和90年代,哈佛大学也许可以继而要求四年的时间,但是,如果这样做的话,其效果将会是阻碍未来法学专业的学生完成学业,或者甚至阻碍他们上大学。我猜测,似乎很有可能因为对学院潜在的不利影响,法学院反而选择集中精力要求在进入法学院之前接受完整的大学教育,而不是延长法律学习的时间,所以,在世纪之交,哈佛和那些哈佛模式的模仿者提供了三年的法学学位课程。

在20世纪20年代,一些学校考虑了开设四年制法律课程的可能性。然而,其中大部分学校的目的实际上是为了提高学位所需的法律预科培训,而不是扩大法学研究的数量。不过,少数法律教育家确实认真地主张过四年制的法学学习,主要原因在于,他们认为法律越来越复杂,需要更多的时间来掌握。这种想法在第二次世界大战后曾短暂地复兴过,但现在似乎已经彻底消失了。自1921年以来,法律并没有变得更简单;也许因为没有人可以通晓全部法律这件事已经变得无可争议,便也没人再主张法学院应该尝试教授"全部法律"内容了。

总而言之,要求法学院实行三年制从来没有一个明确的依据;也许最具说服力的原因是,英国人习惯要求一名未来的出庭律师在就职前必须吃三年律师学院的饭。鲁特委员会在提出三年制法学院要求的时候,就已经偏离了其制定最低标准的任务。从鲁特委员会发言时起算,三年制的标准没能延续超过10年时间,人们很难相信其他能令委员会勉强同意的搭配方式(例如更长大学和更短法学院学制)是不存在的。例如,四年的大学教育和两年的法学院教育培养出一名合格律师的可能性等同于两年大学教育和三年法学院教育。鲁特和里德没有机会考虑这种组合,当时的舆论压力体现在对任何大学教育要求的抵制,同时大多数商业性法学院并不反对要求三到四年的法学院学习,而不是两年。当然,如今正是这种四年大学教育和两年法学院教育的精确结合处于热议当中。没有人能够肯定,但很有可能的是,鲁特委员会也会认为即便这种结合有点过于理想化,但也算是最令人满意的。

1921年的决议要求学生在法学院学习三年。鲁特委员会没有试图规定在这三年中应该做什么,将其留给各个学校今后自行决定。如前所述,里德对选修制度深表怀疑;他对哥伦比亚大学允许学生用如罗马法、国际法和法理学等所谓的"边缘"课题来填补部分课程内容等做法的态度尤为严厉。在这一点上,鲁特委员会和里德可能会达成一致;有太多基础性质的技术性法律需要学习,对那些不实用的知识自然无暇顾及。如果是这样的话,这种趋势完全是向着哥伦比亚式方向发展的。法学院现在开设了许多连哥伦比亚大学都难以想象的课程,使学生只能间接接触到社会科学的内容和其他涉及法律的事务。如果允许非法学专业的学生完成法学院的课程,那么里德和鲁特所认为的法学学制就会在事实上减少。

类似的廉价法学研究目前正以临床课程的形式流行。在这些课程中,学生会在律师事务所而不是法学院面对那些法律问题,最常见的场所是法律援助办公室。设置类课程自然有各种各样的好理由,但里德和鲁特会毫不客气地说,它们算不上是法学院的课程。事实上,这是20年代乃至后来一直存在的一个问题:如果有必要,面对三年制的要求,法律事务所中的"学习"应该同多少学分划等号?由于一旦法律教育在法学院之外进行,或者涉及到非法律材料,那么实际上法学学习的年数就已经减少了。现在,一些学校(一般来说是那些较好的学校)的法学学生有可能花费近一年的累计时间来学习里德和鲁特所说的"不属于法学"的内容。在这种情况下,减少所需的法学学制——假设我们回到法学课程的总体视角——与里德和鲁特所想象的标准相比,并不是一个很大的进步。

如果我们的目标是建立一个能够满足律师职业需求的教育体系——从而满足整个社会的需求——那么我们应该对律师的工作有更多的了解。对于这些目的来说,当前确凿的信息显得非常缺乏和不充分。我们知道,或者说我们认为我们知道,有大约四分之一的律师为特定的客户工作,要么是政府,要么是家庭法律顾问。另有四分之一的律师主要靠商业客户谋生。其余的一半律师则主要为中产阶级和低产阶级的个人提供服务。律师的世界还可以从其他角度进行划分,但这些划分提供的信息量并不大。一半以上的律师在20万人口以上的大城市执业;在加利福尼亚,这种城市集中度更高。在全国范围内,约40%的律师是单独执业者;在加利福尼亚,约40%的律师与至少一名其他律师有合伙关系,另外20%的律师是事务所合伙人,只有20%的律师是独立执业者。在加州,约12%的律师在20人以上的事务所工作。似乎相当清楚的是,加州的数据揭示了未来全国的情况。律师的城市化程度不断提高,个人执业者的人数一直在下降。

通常,专业化程度与公司规模之间存在着相关性,但这绝不是一种完美的关系。同样,大型公司比其他公司更有可能身处大城市,但这种推理同样不是绝对的。这两种关联性在没有数据支撑的情况下可能都是猜测出来的,即便存在数据统计对人们的常识其实并没有什么改善。加州关于专业化的调查表明了一些律师事实上的做法。大约有三分之二的加州律师认为自己是行业专家,因为他们把业务集中在少数几个法律领域之一。最常见的主要专业领域如下表所示:

法律领域	主要专业的百分比
过失	11.1
遗嘱认证和信托	8.8
商业与公司	7.8
刑法	7.4
不动产	5.3
税务(联邦政府和州政府)	4.3
遗产规划	4.1
工人赔偿	3.3
专利权	2.9
地方政府	2.7
行政法	2.2
离婚	2.1

263　　所有这些都不能让我们更好地了解律师都在为什么而忙碌。于是,在缺乏真实事实的情况下,依靠模式进行推算是可能的。例如,可以把写作的律师和说话的律师区分开来。当然,所有的律师有时都会同时从事这两件事,但很大部分律师都会专注于其中的一项或另一项。例如,大型律师事务所特定领域的专家通常以处理法律材料的能力作为其主要的交易资本。他把大部分时间花在处理书籍(或监督书籍的处理)以及写作上。这并不是说他没有从多年的经验中受益,但他可能会把他从经验中学到的大部分东西用书写的方式传达给别人。而能说会道的律师,则会重点推销他处理事务和与官僚主义打交道的经验。法律知识与他

的技能并非无关,但大多数交易都属于办公室事务,没有人翻阅法律书籍——除非以某些最肤浅的方式。大型律师事务所里有很多这样的律师,而那些典型的"会说话的律师"是那些做大量刑事工作的人,他们要么是检察官,要么是辩护人。

这种"说话律师"和"写作律师"的区别,与传统的出庭律师和办公室律师的区别是不一样的。一些位高权重的出庭律师,大部分时间都在与书本打交道,反之,也有许多办公室律师主要致力于达成交易、谈判和调解等工作。这种区别也不等同于普通从业者和专家的区别。过失犯罪律师或专注于刑事辩护的律师自认为是专家,但他们几乎把所有的时间都花在与事实和人打交道上,而不是操纵法律的抽象概念。当然,这种区别的意义在于,法学院应该能够为培养与书本和思想打交道的写作律师做更多贡献;而对于主要工作是打官腔的说话律师,法学院能做的就少得多了。然而,就目前的组织结构而言,法学院在它们应该能够做得最好的事情上也并没有做得多好。

我在前面指出过,单一化律师制度的一个后果是,法律教育与培养高素质专家的脱节,使用"专家"一词的意思不是指专注于其业务的律师,而是指律师的执业建立在特定法律领域(如税务)的广泛知识基础上的。也许法学院没有做好的最佳借口在于时机不对。在法学院的第三年,学生对自己将在实践中做什么只有一个模糊的概念,我们只能猜测10年后他想知道些什么。学生对集中在单一领域的学习不感兴趣,法学院也不鼓励这样做。学生不想学习详细的内容,因为如果在实践需要的压力下进行不断的强化,知识细节几乎会一边学习一边被迅速遗忘,而且无论如何,知识终将随着时间的推移而变化。因此,特级资质的培训都是在进入执业后进行的,而且从实际情况来看,几乎都是在大公司或政府工作中进行的。大型律师事务所会在员工学习的时候给予支持,并在某些时候提供一些指导,但这个过程很容易被过度延长,因为是否提供培训取决于客户的需求。例如,如果事务所的税务部门不需要增加人手,年轻律师对税务的学习兴趣可能会被耽误或完全受挫。

在实践中学习专门技能往往也不太民主,因为进入大型律师事务所和政府就业的机会主要是通过数量相对有限的法学院获取的,而这些法学院本身就具有高度的可选择性。因此,一个没有上过较好法学院的律师,尽管有意向和能力,但基本上被切断了获得高度专业化学科能力的任何机会,只因求学无门。法学院是获得这种能力最理想的场所,而提供这种培训机会将是法学院从三年制转变为两年制很明显的好处之一。

超级资格培训将不同于法学院传统的做法。各个法学院在教学内容方面总是存在分歧,尤其针对那些高级课程。知道一个问题的框架是对其进行研究的先决条件,但除非学生要立即进入特定的实践领域,否则这些知识的细枝末节不值得深究。但是,适当要求一个在若干年后重返法学院并想要获得某种专业能力的人学习和记忆那些细节化的知识并无不妥。对于法学教授来说,这是一个新的教学课题,他们应该有能力设计出比任何实践经验都更有效的教材。此外,这也会是一种畅销产品。

只有少数法学院试图提供这种教育。纽约大学和南加州大学成功地开设了税法研究生课程——在律师最集中的大城市,税法是最热门的专业领域。南加州大学也有学时较短的娱乐法课程,而南卫理公会大学则设立了学时更短的石油和天然气法课

附录二：法律公共职业培训：美国法学院协会报告（1971年）

程。其中一些课程与正规法学院的课程平行进行，而其他课程则在夜间或夏季开设。这些课程与主要由律师协会开办的律师继续教育课程相衔接。一些律师协会的继续教育课程涉及一系列在周末或晚上进行的讲座；不那么雄心勃勃的项目甚至只需要一两天时间。加利福尼亚州律师协会的继续教育计划无疑是最成功的，它出版的书籍通常包含表格、清单和其他"如何做"类型的辅助工具，而且，一般来说，它倾向于满足"说话律师"而不是"写作律师"的需要。

所有这些计划都有一个共同的特点：它们必须完全自负盈亏。这与常规的法学院课程形成鲜明对比，后者往往可以得到大量的补贴。曾经有一段时间，法学院可能是任何与其有关联大学的赚钱机器。现在情况已经今非昔比。图书馆资源和教学力量的需求是如此之大，以至于尽管法学院的研究生教育成本相对较低，但它对于机构预算依然是一笔巨大的消耗。对法学院前三年课程进行大幅补贴，以及强迫研究生教育自给自足，绝对不是正确的做法。纽约大学和南加州大学的税收计划显然是相当可观的收入来源；加州律师协会的继续教育计划也是一项繁荣的业务，它在一定程度上支持了大学的推广系统以及律师协会实验性的继续教育计划，尽管其只能保证财政意义上的成功。这种经验表明，在人口较少的地区开设研究生专题课程，或者开设只能吸引较少律师参加的专题课程，或许都只能在财政援助下进行。此外，一定程度的机构专业化也可能有所助益。这种需求可能不足以支持所有法学院都能开设尽可能丰富的课程（比如完整的税务类课程），但要求所有法学院把第三年课程设置得包罗万象本身就是无稽之谈。

三、法律材料研究

布雷纳德·柯里(1951,1955)[1]

艾伦·D·卡利森编辑

Ⅰ．简介

在美国法律教育历史上,曾发生过一些名副其实的划时代事件。1779年,托马斯·杰斐逊在威廉玛丽学院设立了法学教授职位,这标志着美国大学专业法律教育的开始。始建于1784年的利奇菲尔德学校,对学徒制的培训制度提出了第一次实质性的挑战。1829年约瑟夫·斯托里对哈佛大学进行重组,对法律教育的范围进行了界定,这一界定在一个世纪内几乎没有受到任何质疑,至今仍在实践中被普遍接受。1870年兰德尔的判例教学法至今仍几乎是每门课程教学的模式。自1887年《哈佛法律评论》创刊以来,这个由学生编辑的独特专业期刊不仅促进了学术研究的发展、丰富了法学文献,而且使少数参与者得到了法学院所能提供的最好训练。随着1900年美国法学院协会的成立,作为大学法学研究的准备,接受一定程度的通识教育成为一种普遍的要求,各法学院进入了有组织的自我批评和相互帮助的时期。

在发生那些事件之后的几年里,人类的生活条件、法律在社会中的作用以及对法律的性质和目的的思考都发生了深刻的变化。除非法律教育停止发展,或者实际上不问目标地朝着任意方

---

[1] 3 J. LEG. ED. 331 and 8 J. LEG. ED. 1.

附录二:法律公共职业培训:美国法学院协会报告(1971年)

向发展,否则人们就会期望在充分考虑到那些更为循序渐进和容易被忽视的发展的情况下能够扩展这一系列,在法律教育的近代史上找到一些引人注目的证据以证明其生命力和适应性。自20世纪初以来,是否存在任何具有可比性的发展状态?

只有一种发展可能具有这样的特点,那就是要求按照"功能"路线重新组织法律课程,并扩大法学院的研究范围以包括主要来自社会科学的、非法学的教学内容。与早先的广泛趋势可以被追溯到具体的起源一样,这一运动可以说始于哥伦比亚大学法学院1926至1928年开展的法律教育研究。这些研究是有史以来对法学院目标和方法进行的最全面、最深入的调查。芝加哥大学政治经济学教授莱昂·C. 马歇尔(Leon C. Marshall)因其在组织商业教育方面的经验,被选为研究的总负责人。教学人员组成了法律教育研讨会,并以"每周延长会议"的方式开会,与大学的其他部门进行经常性的磋商。个人和委员会准备了大约100份关于法律教育各方面的报告供会议讨论,涵盖了800页胶印纸的内容。由此产生的基本论点是:既然法律是一种社会控制的手段,那么就应该把它作为一种社会控制的手段来研究。解决不断变化的社会秩序问题的办法,并不隐含在根据过去的决定而正式制定的那些规则和原则中,它们只能通过形式上的逻辑程序来唤起;而有效的法律教育不能无视这一事实。如果要培养人们明智而有效地参与法律程序,如果法学院要履行其通过研究为改善法律管理做出贡献的职能,就必须放弃将对法律的理解和批评限制在历史和权威所规定范围内的形式主义当中,并且必须将一切可用的知识和判断力当作资源用于这项任务。为了使法律教育的设施适应这种努力,还需要进行重大调整。

这个基本命题背后的哲学并不新鲜。它便是社会法学,而庞德院长的雄辩解释已经使人们熟悉了这种法学。又新鲜又令人震惊的是建议将社会法学的教义应用于法律教育的实际工作。对于一个法律教师来说,他在智力上被新法学的合理性所说服,他采用新法学的词汇来装饰他的演讲和写作是一回事;但是,放弃他已经获得安全感和驾驭能力的熟悉课程,交出他心爱的案例书,连根拔起他既定的方法论,开始掌握新的知识和方法领域,甚至在他的课堂上引入全新的评价和批评机制,则是另一回事。因此,哥伦比亚研究对教学界的影响是令人不安的,原因在于他们严格坚持一贯地发展新法学对法律教育所产生的影响,以及他们面对后果毫不退缩的斯巴达式的决心。不管他们取得了什么成就,哥伦比亚大学的研究引发了激烈的讨论,至今仍未平息。拟议的方案可以被谴责、被嘲笑、被疑虑地看待,也可以被热情地支持;总之,它不能被忽视。

反对者不仅包括那些拒绝接受哲学前提的人,还包括那些接受这些前提但否认其对法律教育的意义的人。一些有影响力的人叛离了这一事业。还有许多人"厌倦了祈祷",回到了他们熟悉的日常工作中。开始探索引人注目的社会科学领域的探险队只得到了令人沮丧的报告,说这些领域对法学科学没有任何贡献。此外,一些人的热情态度也阻碍了运动的进展,他们曲解了运动的理念和目的,并在运动必须克服的障碍上不知不觉地加上了那些只会导致注意力分散的主张。但最重要的是,这场运动在它所带来的执行问题的巨大压力下摇摇欲坠。这些问题足够艰巨,以至于不仅运动的支持者,甚至反对者也能从中得到庇护。

即使是该运动最热情的支持者也会承认,哥伦比亚大学的研究并不能——至少目前还不能——被归类为划时代的研究。转折点曾经出现,但新时代还没有到来。法律教育并不急于离开低洼的过去;该计划所承诺的更庄严的大厦也迟迟没有建成。几年内,哥伦比亚大学的改革步伐有所缓和,虽然其他学校也试图将类似的方案付诸实施,但发展的进程显然是不规则的。法律教育的主流内容和以前相差无几。虽然典型案例汇编的横幅上现在写着"案例和材料",但基本上和它的前身没什么区别。仍有合同、侵权、财产、信托等课程,它们保留着旧有的名称和形式;即使在那些经过改造和重新命名的课程中,上诉判决仍是学习的重点。法学与社会科学仍未融为一体。然而,现在就宣布运动已死、实验失败,还为时过早。在新一代的教师中,至少他们在成长岁月中接触到了社会法学的态度,在法律培训中融合法学和社会科学的原则可能比以往任何时候都得到了普遍的接受。尽管过去令人失望,但仍有人坚持尝试。工作还在继续,也慢慢地积累了更丰硕的法学研究素材。

这是对此处我们所描述运动的研究,其要点是通过注入传统案例、法规和文本以外的材料来丰富法学院课程。近年来经常听到对非法学教材的要求往往都是没有被筛选过的;它是一系列规格和目的的集合,其中一些对于制定哥伦比亚计划的人来说是难以理解的。因此,重述该方案的推理过程应有助于理解该运动的意义和目的,这也是本研究的第一个目标。第二个帮助理解的思路是,从普通教育与法学研究之间的历史关系的角度来看待这场运动。第三个则是识别和回顾那些为这场运动提供原始动力的法律观念。对这三个因素的审视首先应该给这场运动下一个定义,便于评估其可行性,并使我们能够认知、区分一些寄生性的、对"非法学教材"要求的呼声,这种要求本身就处在该运动的边缘。最后的目的是确定这场运动对当今的法律教师有什么实际意义,以及它继续发展的前景如何。因此,本研究是一篇阐释性的文章。

Ⅱ.通识教育与法学研究的关系:历史背景
A. 在欧洲

至少自中世纪末以来,一个强有力的传统印证了普通大学教育对律师的重要性,但它对这种教育的专业价值却表达得含糊不清。在现代美国法学院兴起之前,法律培训主要被认为是一种艺术实践的培训。这门艺术的教程载于书籍中,而且往往是用本族以外的其他语言编写的,因此,能够产生合理语言运用能力的教育具有纯粹的必要性。除此以外,很难找到令人信服的证据来证明古老而持久的信念,即通识教育是律师武装自己的重要程序。

即使在欧洲大陆,大学学位(除法学理论研究外,还包括大约两年的一般性研究)长期以来一直是进入律师界的先决条件,但特殊的专业培训往往是通过精心设计的学徒制度提供的。大学的法学理论学习虽然是迈向专业生涯的必要步骤,却被认为是非专业的;人们之所以普遍追求法学学位,是因为它具有证明一个人可以胜任商业、银行和工业职位的威望,而该课程并不符合打算从事法律职业那部分学生的需求。此外,要求以大学学位作为专业培训的条件,似乎并不是出于任何对大学教育与律师工作相关性的深刻信念。法律专业的成员资格等同于很高的特权和政治地位的晋升机会;必须坦率地承认,对教育程度的要求至少在起源上是限制获得这些特权和机会的一种手段。

在美洲殖民地分离之前的英国没有这样的要求,这可能是因为律师教育已发展成为律师协会的一项职能,而不是由大学控制的;但是,这种传统仍在继续,因为实际上所有的律师都受过大学培训。然而在这里,人们还是没能寻找到可靠的迹象,以表明这一传统意味着对普通教育与法律学习或实践之间的功能关系的重视。律师通常都是受过教育的人,这种情况是相当偶然的:"进入律师学院(the Inns)所需具备的相同社会和经济地位也使大学生涯成为可能,从而成为了广泛通识教育的门槛"。对律师来说,和其他有地位的绅士一样,一般文化带来的好处也是他们所渴望的。受过如此训练的律师的社会地位和职业成就,以及英国法官们辉煌的职业生涯,都在很大程度上归功于他们受过的广泛训练,并且一定会对这一传统起到巩固作用。只是很少有人明确指出,一般性学习可能对专业能力产生直接影响。

B. 从美国大革命到杰克逊时期

在美国,法律教育也被普遍认为是一门通过学徒制来获得的艺术培训——这个概念对高等教育是至关重要的论点并不有利。但是,总的来说,在我们的早期历史中,大学教育与法律实践的联系是通过在欧洲产生这种联系的相同因素作用下产生的。教育方面的要求并没有得到普遍的确立:英国没有这样的要求;我们为数不多的几所大学无法方便地考取;也没有公共支持的中学教育系统。但是,较长的见习期通常是被规定好的,而且为了能在有名望的律师手下当学徒,还要支付大量的费用。律师的会员身份带有一种声誉,使法律行业对那些不单体会到广泛教育的文化价值,而且有能力在本地或英国接受大学教育的人具有吸引力。这样的条件有利于保存学术职业的传统。

有一些特殊教育要求的早期实例,如纽约市(1764)、波士顿

（1771）和新罕布什尔州（1805）。然而，纽约和波士顿的要求清楚地表明，这些要求是该行业现有成员为巩固其个人垄断地位而做出的不加掩饰且恶劣的努力。

在19世纪初，大多数州允许大幅度减少作为大学教育学分的见习期。有人认为，这种做法可归因于大学的施压，大学在面对本科法学院的竞争时，努力保持自由教育本身就是律师的志向这一传统，并确立了理想的法律教育由自由教育和一段时间的实际专业培训组成的主张。这种解释有些牵强：当时没有法学院可以与大学竞争；而且很难相信学术兴趣能够如此有效地影响如此重要的、作为律师资格录取标准的专业特权。有人怀疑，就其有限的效果而言，大学教育仅仅被认为是部分实习期令人满意的替代品。

截至19世纪初，传统在普通教育和法律实践之间建立的关系可以概括如下：

1. 法律实践是一门书本上的艺术；在律师协会成员的指导下，通过阅读和实践练习可以得到充分的专业培训；除了必要的文化程度之外，没有任何教育成就是必不可少的。

2. 限制享有职业特权的措施直接或间接地造就了一支受过良好教育的律师队伍。

3. 律师在社会中的地位，使通识教育因其社会和文化价值而受到重视，而不考虑它对专业能力可能产生的任何影响。

4. 至少，人们开始认识到，通识教育至少在较高层次的法律工作中可以对专业效率做出积极的贡献，但这种认识并不十分明确。这种观点很少在理论上得到过明确的阐述，只在官方要求中隐隐约约地体现出来。毫无疑问，受过教育的律师和法官成功的职业生涯为其提供了最有力的支持。

C. 布莱克斯通与美国早期教授制度

以上那些故事还不是全部。到目前为止,我们一直在考虑通识教育在法律专业训练中的地位;从发展的角度来说,法律在通识教育中的地位有所不同,对法律教育本身产生了重大影响。在欧洲大陆,人们已经坚定地认为,作为一门科学的法学理论研究是普通大学教育的适当内容。为此,法学的研究同政治、伦理和哲学的研究密切相关,但实际上并没有明确区分开来,也就是说,它们都被视为关于社会科学的全部知识。在英国,从15世纪到17世纪,律师学院似乎已经发挥了大学的功能,以至于英国法律的研究构成了自由教育的一部分;但当他们不再吸引非专业学生时,普通法就从普通教育中退出了。牛津和剑桥继续提供民法和教会法的教学,但在18世纪,这些研究已经和普通法的专业教育一样颓废。直到1753年布莱克斯通在牛津大学开设了他的英国法律讲座,大学教授法律的传统才对现代法律教育产生了真正的意义。诚然,这一发展对英国律师的专业培训影响不大;但对美国法律教育的意义在于,它不能仅仅被当作大陆传统中"拓宽大学课程"的一个步骤而被忽视。

正是基于双重的理由,普通法在英国大学中赢得了一席之地。布莱克斯通的前维纳(Vinerian)课程广告宣称:"这门课程不仅是为大学里的绅士们设计的,更是为普通法专业人员设计的,而且也是为了在某种程度上熟悉他们自己国家的宪法和政体而设计的。"

在这两个目的中,维纳(Viner)的遗嘱中只提到了与专业教育有关的第一个目的。但在作为维纳教授的就职演讲中,布莱克斯通又回到了双重目的的主题。如果有必要在这两个理由中做出选择，那么毫无疑问，最接近布莱克斯通内心的目的便是促进职业教育的改进。

但是，对于目前的目的来说最重要的事实是，布莱克斯通继续肯定了普通大学教育在律师专业培训中的价值，并将这一论点与他对大学中法律科学研究的辩护结合起来。他谴责放弃所有自由教育而偏爱学徒制并带来狭隘影响的有害做法，并指出法律的解释和执行落入"无名之辈或文盲"手中的后果。布莱克斯通没有什么理由担心律师界的"人满为患"；正如我们所看到的，在他的时代，英国的制度在没有教育要求的情况下有效地解决了这个问题。因此，他建议将"学术教育"作为"从事普通法职业的前一步"，这在很大程度上避免了大陆法系要求的模糊性，因为它可能只是一种限制手段。此外，布莱克斯通具体地列举了预期从大学教育中获得的专业价值；为排他性目的而要求的教育通常是内容不明确的教育。但是，关于普通教育与法律实践准备之间关系的重要概念终于凸显出来的结论，并不单单是建立在这样的负面证据之上的。在英国历史上，法律哲学第一次被应用于法律教育。布莱克斯通明确宣称的"普遍法律性质"的概念，是从格劳秀斯（Grotius）、普芬道夫（Pufendorf）、洛克（Locke）和孟德斯鸠（Montesquieu）那里汲取的（这确实有些混杂），也是启蒙运动的自然法，它将法学与伦理学联系在一起，并呼吁以人类的理性作为制定、解释和批评法律的工具。在这种观点中，法学研究与所有其他涉及人类行为的研究紧密相连，历史、哲学和政治都具有积极的意义。

总而言之，这是布莱克斯通对大学在法学研究方面的功能的

附录二：法律公共职业培训：美国法学院协会报告(1971年)

构想：

1. 普通法是大学课程的一个适当部分，因为(a)了解其基本原则是受过自由教育普通人的一部分，(b)因为对法律的科学研究是入行前实践训练的必要准备。

2. 在进行法律科学研究之前或与此同时，未来的律师应接受普通大学教育，包括古典文学、逻辑学、哲学、伦理学和罗马法的知识；这种教育对明智地研究法律并最终对健全的法律管理都十分重要。

在18世纪的最后25年里，美国设立了四个大学法学教授职位，并计划设立另外三个。1779年，托马斯·杰斐逊在威廉玛丽学院设立了"法律与警察"教授职位，乔治·威恩(George Wythe)为第一任教授。1790年，詹姆斯·威尔逊(James Wilson)被任命为费城大学的法学教授。1793年，詹姆斯·肯特被任命为哥伦比亚大学的法学教授。最后，1799年，特兰西瓦尼亚大学任命毕业于威廉玛丽的乔治·尼古拉斯(George Nicholas)为"法律和政治"教授。

有时人们认为，这些教授职位作为一个群体，是受到了布莱克斯通设立维纳教授职位的启发。以这样或那样的方式，在大多数早期美国教授职位中都可以找到布莱克斯通影响的痕迹；因此，《评论》几乎从一开始就构成了威廉玛丽学院教学的基础。但《评论》有其自身的影响力，与普通法的大学教授制度和布莱克斯通的论点在合理性方面的影响完全不同，甚至相反。在这一时期的所有创新者中，托马斯·杰斐逊的计划在确立法学和大学教育之间的联系方面具有最持久的影响力。杰斐逊的计划应用于威廉玛丽学院,后来又在弗吉尼亚大学得到发展;没有人敢说杰斐逊关于法律教育的思想归功于布莱克斯通的影响。在杰斐逊看来,布莱克斯通和他的赞助人曼斯菲尔德代表了政治、法律和法律培训中所有令人厌恶的东西。他们是美国革命的敌人;布莱克斯通的"狡猾的诡辩"和"尊贵的曼斯菲尔德主义"使得保守党成为美国年轻律师的代言人;《评论》是一种肤浅的文本,"布莱克斯通律师"是"法律的蜉蝣"。在杰斐逊看来,以"创造性天才"闻名的曼斯菲尔德对司法性立法毫无用处,这种绝对主义的表现是如此阴险,以至于自从曼斯菲尔德担任法官以来,杰斐逊就禁止在美国法庭引用任何英国的判决。

因此,非常清楚的是,杰斐逊并不认同布莱克斯通关于非法律学习在司法行政中的功能的观点。杰斐逊的法律教育与普通教育的关系有两个方面。第一,法律被视为政府的一个分支,法学课程包括宪法、政治经济学和立法;第二,课程的组织方式使法学学习可以作为特殊利益领域,与其他大学学习同时进行。这里没有任何对大学教育传统排他性功能的关注的暗示。杰斐逊完全致力于民主理想,不可能对规定的准备期或相当于律师资格的规则有任何的同情心。因此,与布莱克斯通不同,他不希望将获得普通教育作为从事法律工作的先决条件。但他认为法律事务所的学习更像是对学生的剥削,而不是对他们的教育,并且相信哪怕无人监督的文献阅读也是可取的。因此,他在弗吉尼亚州的高等教学计划自然要包括法学指导。他鼓励专业和通识教育并行,部分原因可能是借鉴了欧洲大陆大学的做法,但或许也可以充分解释为,杰斐逊本人认为所有的学习都在他的领域之内,并

附录二:法律公共职业培训:美国法学院协会报告(1971年)

希望让弗吉尼亚的后世学子都能够朝着同一理想努力。在法律与政治之间建立的密切关系,显然是他认为大学的基本功能是公共服务——培训公民义务和自治义务的结果。

人们有时会认为,18世纪法学教授职位设置的目的并不是给学生提供专业培训,而只是为了给他们提供最基本的法学知识,这些知识已被视为通识教育的适当组成部分。这种观点在当代的目的声明中得到了一些支持。但是,在评估关于这一点的证据及其相互矛盾的解释时,有些考虑因素不可无视:首先,美国早期教授职位的创立者们不得不面临着与布莱克斯通同样的经历,即向一个充满敌意的学术界证明将法学纳入大学课程的合理性;其次,为了争夺美国第一所大学法学院的权利,一场表面客套的斗争仍在继续。我们早期的大学法律教育辩护人像布莱克斯通那样谈论着双重目的,后来的现代法学院同样应该强调非专业意图的表达,这并不奇怪。第三个考虑因素也许更为重要:将早期的教授职位定性为非专业性,往往会将第一批大学法学课程所特有的广泛的、非技术性的处理要素解释为只具有"文化"价值,从而间接地证明现代法学课程中没有这些要素是合理的。对实际确立的所有四位教席的合理估计来自于埃姆斯院长:"创立这些教授职位的意义很可能是希望它们能以很快的速度扩展到大学法学院。这样的推论从第一批任职者的高尚品格中得到了印证。"就威廉玛丽学院而言,无论如何,很清楚的是,这样做的目的不仅是为了取代律师事务所的学习,而且由于成为弗吉尼亚州律师的条件只是通过考试,而不是完成规定的见习期,所以该校可以而且确实为许多学生提供了全部的专业培训。

只对这些早期的教授职位进行描述,也许是对它们的过分强调。在全国范围内，事务所学习仍然是为法律实践做准备的正常方法。在康涅狄格州，自1784年以来，非常成功的利奇菲尔德学校一直在狭窄的基础上运作，延伸了从业人员培训的理念，完全没有受益于任何的学术联系。威尔逊的课程持续了不到两年；肯特于1798年辞去了他的教席。可以认为，这些学术发展并没有极大地改变普通教育对律师价值的衡量。但是，无论这些教授职位的影响波及到哪里——而且是否在向前推进，都提出了新的原则；律师的培训应该是广泛的；应该包括大学培训；大学培训中的非技术性因素具有积极的专业价值。

1812年战争后，当其他机构开始对大学法律培训表现出兴趣时，一种明显的趋势形成了，即广泛保留早期教授职位所特有的待遇。这种趋势在弗吉尼亚大学最为明显，该校是按照威廉玛丽学院已经采用的杰斐逊计划组织起来的。1817年，大卫·霍夫曼被任命为马里兰大学的法学教授后，出版了一本精心编写的、全面而完全行不通的《法学研究课程》，其中包括道德和政治哲学、国际法、罗马法和政治经济学。（直到他开课的第三年伊始时，他还没有讲完他最初提纲的13个标题中的第三个。）1815年，哈佛大学终于确立了艾萨克·罗亚尔（Isaac Royall）在1781年授予的法学教授职位，马萨诸塞州的首席大法官艾萨克·帕克担任第一任教授。他的就职演说强烈地让人联想到布莱克斯通的演说——不同的是，帕克没有提议对专业教学的尝试。然而，正是他在1817年负责创办了一所具有明显专业目标的独立法学院。按照帕克的设计，尽管不是唯一的目标，但专业指导主要是为大学毕业生提供的。而且，虽然教学课程（由阿萨赫尔·斯特恩斯［Asahel Stearns］讲授）几乎完全是技术性的，但法学院的学

附录二:法律公共职业培训:美国法学院协会报告(1971年)

生有权参加其他讲座,包括帕克法官的讲座,这种特权被视若珍宝。因此,哈佛大学一度出现了弗吉尼亚制度所特有的专业教育和自由教育之间的某种平行关系。

D. 斯托里与哈佛法学院的重组

然而,与此同时,各种力量在不断积累,这些力量将打破法学与普通教育之间的传统联系,并粉碎这些在哲学和政治背景下广泛教授法律的新尝试。其中最根本的一股力量是席卷全国的极端民主情绪的强大浪潮,它要求废除一切政治上甚至思想上的不平等。学术传统一个最有力的支撑是律师资格的限制性条件,这些条件倾向于将除有利的经济阶级代表之外的所有人排除在法律职业所提供的参与政府和政治优先的途径之外。这些条件,以及投票的财产资格,自然是民主运动的目标。根据需要长期准备的规则建立起来的壁垒开始崩溃;在几年的时间里,这些壁垒将被大幅修改,在一些州,这些壁垒将被完全扫除。在与英国发生冲突之后,国家遭遇了严重的经济危机。人们对公共支持的普及教育的需求日益膨胀,民众对职业主义的坚持在整个教育结构中得到体现。最后,具有讽刺意味的是,布莱克斯通影响的另一面也凸显出来了。《评论》在美国大受欢迎,亨利·圣乔治·塔克出版了一个共和版,甚至连杰斐逊都相当喜欢;人们普遍认为,法律不仅包含在书本中,而且包含在一本特定的书中,在这本书的基础上进行律师自我教育是完全可行的。这位为在最高大学水平上建立科学的法学研究而辛勤工作的先驱者的成就已成为一个强有力的因素,使律师资格的准备工作与任何正式培训完全脱节。

面对这些压力,哈佛大学的新法学院打了一场必败之战。学费和开支很高;来自法律事务所、私立学校和全国其他地区大学的竞争使学生人数很少;斯特恩斯教授的报酬完全依赖于学费。这是一个尝试消除虚饰的时代。1825年,该校宣布"在美国任何一个地方根据法院规则有资格成为法学专业学生的人都可以进入法学院学习";应要求,帕克于1827年辞去了罗亚尔教授的职务。但情况还是越来越绝望。1828至1829年秋季,只有4名学生;春季只有1名学生。斯特恩斯在失败中辞职,把学生的严重匮乏归咎于律师事务所和其他法学院——特别是弗吉尼亚大学——的竞争。但弗吉尼亚大学只是通过同样刻意地牺牲除了法律教育中狭隘的职业元素之外的所有内容来挽留学生。学生们要求他们所要学习的内容来自"致力于使他们成为称职专业人才的教学"。因此,"市政法"的学习被收集在常规课程中,而更广泛的课程则归为可选学年。

1828年,新民主主义的倡导者安德鲁·杰克逊(Andrew Jackson)当选为美国总统。1829年,约瑟夫·斯托里保留了他在美国最高法院的席位,接受了内森·戴恩(Nathan Dane)捐赠的新法学教授职位,这与牛津大学设立维纳利安教席的情况惊人相似。在律师的专业培训中,对普通大学研究重视程度的问题现在已分为两部分,第一部分是关于这种研究作为法学研究的初级需求,第二部分是关于这种研究在专业课程中的地位。对此,斯托里宣布了判决。他对哈佛法学院进行的重组取得了惊人的成功,这意味着他对这些问题的回答将产生广泛的影响。当这种影响加上正在打破普通教育和法学研究之间关系的其他力量时,在接下来的50年里,大学教育作为法学法学研究准备的必要性被否定,大学法学课程的范围被赋予了狭隘的专业定义,在之后的一个多世纪里起到控制作用。

这是法律教育史上的一个悖论。斯托里被认为是将18世纪法学思想中的精华带入19世纪法学发展的人之一。他对曼斯菲尔德的热情,以及因此对明智的司法自由裁量权建设性运用的热情,与现代社会学和现实主义运动的热情相似,这些运动为当前法律教育的广度需求提供了思想力量,并与杰斐逊的观点形成了鲜明的对比。他没有以理论为由证明他为了法学院的目的而使"道德和政治科学"与"司法科学"分离的合理性,尽管后来为这种分离提供理论基础的分析和历史哲学的萌芽已经出现。简单地说,这是对压力的屈服,所做的一切都是出于教育的权宜之计。

在入学要求问题上,斯托里第一年的法学院目录就断然宣布:"进入法学院不需要事先考试。"这不仅意味着大学教育是不必要的,而且初学法律的学生甚至不需要有大学入学资格。事实上,在1869至1870年之前,大部分法律专业的学生仍然接受大学教育,但是这种教育的必要性被否认了。

很明显,在大学里平行学习的机会是有限的,而且学校不鼓励对这种学术上的分心。斯托里一接到任命,自帕克辞职后空缺的罗亚尔教授职位立即由一位曾与北安普敦一所执业律师学校有联系的年轻律师填补,而这所学校正是斯特恩斯认定为导致他失败的竞争来源之一;这位教授的职位也从属于戴恩教授职位,两者结合构成了法学院或法学系。因此,大学课程中最有针对性地将其他知识领域与法学研究联系起来的教学内容被删除了。

至于专业课程本身,斯托里明确指出,法律有五个分支:自然法、国际法、海商法、衡平法和美国宪法。他把自然法描述为一种道德哲学,并把人作为社会的一员纳入整个研究范围。他把杰斐逊政治的要点和布莱克斯通的理想主义结合起来,形成了一个关于法学和其他与法律教育有关知识领域之间关系最广泛的概念。但与此同时,他将哲学和制度方面的考虑从专业学校中驱逐出去,因为"在这所大学已经规定的学术课程中,伦理学、自然法和神学的课程被分配给了其他教授"。

即使专业课程被严格限制在实证法体系内,法学院似乎也面临着一项永无止境的任务。权威性的教材以及对这些教材半权威性评论的数量迅速增加——斯托里不止一次地评论过这一事实。有一段时间,在美国案例的公开报告已达 150 卷的时候,他忧心忡忡地谈到"可怕的灾难威胁着我们,我们不是被活埋在墓穴里,而是被活埋在法律的迷宫里"。作为抵抗这种命运的一部分措施,他选择依赖于"概括的习惯",这种习惯将通过对特别诉状、衡平法学说、民法和国际法的更深入研究来培养;但他认为,唯一充分的防御措施是仿照查士丁尼(Justinian)的《法典》构建一个文摘,这将把"混乱和不和谐的意见"缩减于一个系统的原则声明中。在解决这个问题的过程中,学习没有发挥什么重要作用。教学人员的任务是尽其所能地应付大量的法学材料,同时将其学术成果用于建立一个内部一致的法律规则综合体。

斯托里在这种严格专业基础上开展的教育事业取得了事实意义上立竿见影的成功,这是不容置疑的;他以其卓越的学术成就为这一事业披上尊严的外衣也是不容置疑的。在剑桥大学建立一所与大学有关的成熟专业学校本身就具有感染力。美国法学院对地方法、立法和刑法的传统态度,都可以追溯到斯托里改组过程中的决定。在这一时期之后的岁月里,哈佛大学的领导地位得到了加强;然而,即使是在哈佛大学影响中最著名的兰德尔判例教学法,也没有对法律教育产生更普遍、更重要的影响。直到 20 世纪 20 年代,法学与其他社会研究相结合的现代运动开始,斯托里的判断才受到严重挑战。

一旦颁布法令,规定法学理论研究可以在没有大学培训的情况下进行,就会形成一股强大的力量,倾向于保持这种安排及其所产生的条件。法学院作为大学竞争者的利益将成为既得利益。律师们对有关他们赖以获得自身地位的制度存在严重缺陷的说法,即使不是怨恨,也是漠不关心。此外,通识教育也只是缓慢地发展到了一个阶段,而在这个阶段,为律师资格设立通识教育要求是严重违反民主原则的。律师资格的入学要求继续对法学院的志向产生限制性影响。因此,所有法学院都花了近 50 年的时间才确立入学教育的先决条件。

E. 法学院入学教育要求的制定

然而,内战之后,其他力量开始发挥作用。有人认为,战争本身对恢复人们对教育标准的普遍兴趣产生了影响——战争"使我们懂得了公共生活中效率的意义和价值;以及专家的民主需求","战争造成的腐败后果使某些政治改革变得不可或缺,从而使整个改革成为时尚"。加强对律师资格的要求成为正统改革方案的一部分;这并不困难,因为在现有的律师资格低标准与现有法官和政治家的腐败之间不难找到联系。

正是在 1870—1880 年的 10 年间,重新建立法律教育和普通教育之间某种关系的现代运动形成了。它引发了"法律之前"教育要求的问题,教育工作者和律师协会之间的斗争持续了两代人以上。它没有重新提出关于法律课程本身内容的问题,而是以权宜之计和教育政策为内容由斯托里进行了解决。事实上,在这一运动之前，兰德尔颁布了判例教学法，这种教学方法注定要为将法学课程的范围局限于权威性的法学教材提供进一步的机会和理由。1874年，哥伦比亚大学宣布了一项入学考试制度，要求学生接受与大学入学所需的教育在实质上相同的学术教育。不久，许多学校也采取了类似的做法，到1890年，全国63所法学院中有18所都有了大致相同的要求。1893年，哈佛大学率先宣布，所有申请哈佛大学法学院学位的候选人，必须持有大学学位或者有资格进入哈佛学院高年级班。成立于1900年的美国法学院协会，要求其成员只招收那些拥有高中或同等学历的学生作为普通学生。1950年，美国法学院协会紧随美国律师协会之后制定了标准，批准学校对三年法学学前教育的要求。在75年的时间里，美国的法律教育从没有法学院要求任何初级教育的状况发展到了这样一种程度：录取标准一定是三年的大学教育。

显然，人们对法学与学生在进入法学院之前必须进行的学习之间任何重要的相互关系没有什么认知。在继续推进的过程中，运动的重心已经转移到某些大学工作的需要上，运动的领导者也主要由律师承担的，教育理论没有起到很大的作用。在整个50年运动中，有效激励其支持者的目标在于：在教育方面，提供一个同质和有文化的法学学生群体；在专业和公共利益方面，防止律师协会过度拥挤，导致不专业的做法降低律师的声誉和尊严。在很大程度上，规定的教育要求是为不太成熟和不够坚持的人设置的障碍，与无教育资格时期常见的要求非常相似，即申请进入法学院或成为律师的人应达到固定年龄。

支持这一批评的其他证据是，对于法学预科教育的性质和内容应该是什么，从来没有，事实上到现在也没有达成过一致。当

附录二:法律公共职业培训:美国法学院协会报告(1971年)

然,如果教育水平的提高是通过普遍相信法学与被排除在法学院课程范围之外的任何研究领域之间存在着不可分割的联系而实现的,那么对于这些研究的特性就会达成一些共识,并普遍倾向于对这些研究进行具体的说明。然而,情况并非如此。自斯托里时代以来,主导法律教育的观点是,法学是一个自主的体系,不需要外界的启蒙就可以掌握;出于文化上的原因,通识教育是可取的,但与法学的研究或律师工作的任何"技术"方面都没有什么关系。这种观点与18世纪盛行的通识教育价值观密切相关,也不在早期法学教授的影响范围之内。

F. 南方传统

关于法学与其他大学研究之间的关系,还需要考虑特别是在南方发展起来的有些不同的概念。承认"学术传统"是南方学校的特点,即法学研究与通识教育的关系比其同其他部分更为密切,这种承认有两个基础:第一,基于这样一个值得怀疑的结论,在南方,大学法学院比在北方更常见,是大学院系的扩展,而不是已被兼并的独立执业学校;第二,基于这样一个事实,即弗吉尼亚大学和其他南方学校组织鼓励法学学生平行学习其他科目。这种传统的活力和特色可能被夸大了。无论这一传统对法学院课程本身的特点产生了什么影响,也都是短暂的。正如我们所看到的那样,当斯托里去哈佛大学时,来自具有求职意向的学生和日益增长的大量严格法学教材的压力已经开始将弗吉尼亚法学课程中的相关科目排除在外;到1851年,排除过程已经基本完成,诸如历史和政治经济学这样的科目已经明确地交给了弗吉尼亚大学的非专业系部。然而,虽然全国的典型做法是要求在进入法学院之前获得必要的通识教育,但一些学校遵循弗吉尼亚州的计划，鼓励学生在完成法学课程的同时到大学其他部门开展平行学习。由于没有把通识教育规定为学生进入法学院的必要资格，这些措施显然是受一种关于法学和其他大学学习之间关系理论的启发，这种理论和促使人们提出法学预科教育的学科理论有所不同。所要学习的课程要么是没有明确规定，要么是为了加强语言能力而要求的，因此该理论也不同于导致早期弗吉尼亚法学院学习范围广泛的那种理论。这个理论是，"尽可能保留法律教育中的学术成分，但如果一个学生想要尽快完成学业，则并非要坚持这一理论"。

G. 法学院的非法学教材：两个反常发展

在19世纪的最后25年，哥伦比亚大学和耶鲁大学在法学课程方面出现了极为有趣的发展，且不能轻易地与法律教育和普通教育之间关系的任何更广泛的趋势相提并论。这些发展在很大程度上被法学院的世界遗忘了，而且关于它们的可用信息匮乏到我们很难对它们进行分类。尽管很难建立直接的联系，但哥伦比亚大学发生的事件与杰斐逊的思想有明显的相似之处；而且也根本没有证据表明耶鲁大学的课程制定受到了南方传统的影响。看来，我们必须接受这样一个简单而异乎寻常的事实：当人们对法学和其他社会学科之间关系的认识处于最低谷的时候，哥伦比亚大学恢复了早期弗吉尼亚大学所特有的法学和政治认同，而耶鲁大学则预见到了现代一体化运动所特有的功能性课程的构建和对社会研究的依赖。

1857年，德国移民弗朗西斯·利伯成为哥伦比亚大学历史和政治学教授。次年，在西奥多·德怀特的领导下，自1826年肯特退休以来一直没有在哥伦比亚大学计划中出现的法学专业教学得以恢复。几乎从一开始,利伯就在法学院开展了历史和政治学的教学。1865年,由于不完全清楚的原因,巴纳德(Barnard)校长要求董事会解除利伯的教授职务;利伯的朋友们没能阻止他这样做,利伯转到了法学院,在那里他将全部时间用于教授宪法历史和公法。关于利伯作为教师成功的证据,和他受到的特别是在讲座方面的欢迎的证据是相互矛盾的。虽然德怀特在晚年对利伯的贡献赞不绝口,但他对学术讲座的重视程度从这些讲座是选修课的事实以及他对利伯继任者的态度就可以看出。

在政治理论领域,利伯并非杰斐逊主义者。尽管如此,他还是在历史、政治学和公法的不可分割性上有自己的信念,而且这与杰斐逊的信念非常相似。也许他最值得纪念的地方在于,他率先将实证方法应用于社会科学,因此在18世纪与20世纪之间建立了联系。

利伯于1872年去世。1876年,因他去世而产生的空缺由约翰·W.伯吉斯(John W. Burgess)填补,他是一位来自田纳西州的年轻人,在德国接受教育,曾在阿默斯特教授政治学。他将自己的时间分配在法学院和大学之间,计划是"重新介绍那些因利伯之死而失去的法学分支"。除了这项工作固有的困难之外,困难还来自德怀特的反对意见,德怀特担心政治学和公法课程的任何扩展都会危及学校培养实用律师的效率。最后,在1880年,为了给他计划的发展寻求他在法学院或大学都得不到的机会,伯吉斯通过"外交杰作"成功地说服了校董会组建一个单独的政治学学院。所有有关方面似乎都对这个结局很满意——尤其是德怀特。这样,大学法学院的范围又一次得到了狭义的界定,从而结束了一项实验,而这项实验如果成功的话,可能会深刻地影响到这个国家法律教育的进程和法律机构的发展。

大约在同一时间,西北大学和密歇根大学也在"真正地努力把政府恢复到技术法发展所取代的位置上"。但是,最突出的证据是耶鲁大学法学院在院长弗朗西斯·韦兰(Francis Wayland)的管理下,提供了这一时期法律与社会秩序问题之间关系的重要观念。韦兰是哈佛大学法学院的毕业生,也是一名被选举出的遗嘱认证法官,还是一个兴趣广泛的人;他积极参与政治和监狱改革运动,并担任过几年美国社会科学协会的主席。法学学士学位规定的两年工作主要集中于通常的技术科目,虽然也包括英国宪法、国际法、美国法律的自然和历史、法理学和罗马法等科目的讲座。但除了这门课程外,还安排了整整两年的研究生教学以获得法学硕士和民法学博士的学位。研究生课程包括政治历史、科学以及政治与社会科学的课程;铁路法、铁路管理和运输经济学;一度还开设了公共财政学,以补充税务学的课程。这项计划开始于1876年,并在1889年被认为是韦兰政府最显著的成就之一。

遗憾的是,没有研究总结来详细揭示构建这样一个课程所需的教师哲学;但确实存在的微渺信息表明,人们对五十年后激励哥伦比亚大学教师的那种思想抱有非凡的期待。如果说耶鲁大学全神贯注于思考横贯大陆的蒸汽运输所带来的困惑,而这种困惑在美国文化中只出现了很短一段时间,表明人们对铁路律师在那个时代的重要性有了世俗化的认知,那么这个课程无疑是法律课程广度和灵活性的一个显著实例。在它的基本概念中,在它的功能课程安排中,在它大学的非法学奖学金的征召中,简而言之,除了它对研究生课程实际价值的不确定估计之外,该计划与那些将在20世纪20年代投射的课程非常相似。有迹象表明,即使是对实用本科生课程和"理想"的学习课程之间进行区分也是出于权宜之计,而不是坚信研究生课程缺乏实用价值的结果。人们的感觉似乎是,鉴于竞争事实,前两年的教学可以为普通学生提供最低限度的必要培训,但研究生阶段更广泛的培训将为"更高等级的实践"提供有价值的准备。

没有证据表明,这些振兴法学课程的早期尝试对哥伦比亚大学的研究产生了任何影响;相反,种种迹象表明,教师们并不知道这些尝试。没有人尝试过对美国和其他地方的法律教育史进行全面研究,也许正是由于这种遗漏才让教师们认为,将学院工作与法学院工作融合在一起的方案"从未在任何地方尝试过"。如果对历史采取不那么自满的态度,人们就会发现改革者并不是他们自认为那样的激进创新者;同时,如果他们意识到18世纪对法学与其他社会和人文研究之间关系的认识从未被完全粉碎,而是保留了足够的活力,在法学被孤立的最黑暗时期至少从两所法学院的方案中戏剧性地表现出来的话,改革的理由就可能获得足够的说服力。

Ⅲ. 法学院的非法律教材:现代一体化运动的开端

A. 哥伦比亚大学往事

第一次世界大战结束时,哥伦比亚大学法学院的课程基本上是保守的。对宪法的重视在当时的法学院中并不常见,这可能反映了在利伯和伯吉斯时期法学与政治学建立的密切关系。罗马法、现代民法和法律史都有相应的课程,而且已经开设了一段时间,所以鼓励"较好班级"的学生选修其中的一些课程。另外还有历史和比较法学的课程。除了这些特点外,致力于讲授衡平法和普通法理论范畴的课程早已成为美国法学院的标准。

然而,在接下来的五年中,出现了一些非正统的倾向。尽管昂德希尔·穆尔(Underhill Moore)教授出版了第二版基本教义的汇票和注释案例汇编(他是该书的联合编辑),但他仍在编写一本旨在对商业票据的商业功能角度进行阐释的书。1922—1923年,法学院第三年课程中出现了两门新的课程:诺埃尔·T.道林(Noel T. Dowling)教授讲授的劳资关系课程和赫尔曼·奥利芬特(Herman Oliphant)教授讲授的非法结合课程(第二年成为贸易管制课程)。与此同时,罗伯特·L.黑尔(Robert L. Hale)教授的一门法律经济学课程被列入"特别课程"名单。对于希望从事政府工作的学生,法学院正在为补充法学院提供的"市政私法"教学而推荐政治学系的课程。政治科学学院、商学院和哲学系的课程吸引了研究生的注意,这些课程表明在"与法学研究多少有密切联系的事项"方面可以得到指导。

正是由于劳资关系和贸易条例课程的发展,对公认的法学分类学提出了挑战,并对课程的统一性和比例产生了令人不安的影响,这直接引发了四年后教师们进行的广泛研究。如今,"功能法""非法学教材的整合"等词语,在不少法律教师看来,是老生常谈的挫折象征。回顾一下,这些符号的精髓就体现在法学课程中这样两个耳熟能详的、已经彻底确立的内容中,这是很有启发意义的。对现代法律教育至少在某些部门从功能主义和整合的运动中获益的认知,使人们开始重点关注理解这一运动的问题:在经历了一个如此持久的开端之后为什么会陷入僵局?

考虑到与传统的急剧决裂,新课程在宣布时竟然没有引起任何批评。这些课程满足了广大教师和律师的需要,而且没有必要为这一发展做详尽的理论解释。劳工问题和政府对企业控制的重要性已经显而易见;同样显而易见的是,标准课程没有为律师处理这些问题提供足够的准备,而相关的材料却散落在这些课程中。舆论对这种发展已有充分的准备。事实上,这两门课程都不是起源于对哥伦比亚大学不满的温床:这两门课程以前都是在哈佛大学开设的。评论家们几乎异口同声地欢迎与新课程配套的案例教材——塞尔(Sayre)的《劳动法案例》和奥利芬特的《贸易管制案例》——虽然他们中的大多数人都对预见到的课程调整问题感到有些不安。新的案例教材借用了各种基础课程的材料,于是产生了这样一个问题:这些教材是要重复使用,还是要从由教义背景提供了最佳学习环境的那些基础课程中撤出?

新课程与传统课程模式有三方面不同。当然,第一个区别在于教材的组织是从社会和经济问题的角度而不是从法律学说的角度出发的。其次,这两门课程都是在假设某些非法律教材是在直接和有针对性的相关基础上进行组织的。14年前,布兰代斯(Brandeis)在《穆勒诉俄勒冈案》(Muller v. Oregon)中阐述了如何利用经济和社会学教材来赢得诉讼;这种发展对于律师培训的重要性开始受到重视。第三,这两门课程对法定教材的利用程度不同寻常。对立法措施的重视强调了创造性理由在解决社会和法律问题方面的作用,而不是从先验原则中推导出来。

记录没有准确地显示哥伦比亚大学在接下来四年中的发展过程,这导致了对整个法律教育领域的重新审查;但对总体轮廓的重建还是可以有一定信心的。可能的情况是,课程调整的问题在实践中被证明是一个出乎意料的大麻烦。假设新的课程填补了一种需要,那么,法学院是否仅仅通过将这些课程加入到一个已经有更多内容的课程中,就能充分满足这种需要？选择这些专业之一的学生是以放弃某些传统科目为代价的；由此造成的信息和理论培训方面的损失必然会引起关注。当更多类似新课程的构建开始时,这个问题肯定已经达到了令人担忧的程度。许多机构和问题表明他们自己也可能受到类似的对待：家庭、商业组织、市场营销过程、犯罪。到了1926年,研究生课程几乎全部用于机构式的研讨会,并且明显地成为那些吵着要纳入本科生课程的主张的试验场。同时,"其他在法学院授课官员"的名单扩大到包括政治经济学、哲学、社会立法、工商管理、金融、交通、经济、政府和市场营销等方面的教授。课程设置问题已经变得十分尖锐。

在这四年期间的早些时候,人们形成了这样的想法,即解决这一问题的办法是按照功能路线重新组织整个学习课程。这为教师们的研究提供了中心主题；它解释了一个矛盾的现象,即在学习课程中加入非法学材料实际上是作为一种简化工具而被提倡的——作为使法学院能够跟上日益复杂的法律制度急剧增长需求之计划的一部分；它还提供了一个可能的突破口,以理解这场运动所面临的命运。从最简单的形式来看,争论在于：困难来自将功能类型专业课程移植到基本教义学习过程中的尝试。只要法学院紧紧抓住学说分类作为教学的基础,重复就不可避免；但如果在整个课程中始终如一地用功能分类来代替,重复就可以消除。

这一运动形成时期法学院的院长是哈伦·菲斯克·斯通,他肯定不是一位富有远见的教育学理论家。把他视为这场运动的领袖是不准确的；显然,驱动力是由奥利芬特提供的。尽管如此,斯通还是领悟到了社会法学的含义,随着创新精神开始在课程中

附录二:法律公共职业培训:美国法学院协会报告(1971年)

传播,并提出了制度政策,他成为社会法学的官方发言人。斯通作为院长在1923年的报告中第一次全面阐述了鼓动哥伦比亚大学课程重组所涉及的思想。他说,在过去的50年里,法律的覆盖面和内容有了巨大的扩展;对此,法学院的反应体现为增加了越来越多的课程。

> 与其把我们的精力浪费在徒劳无功地试图在短短三年时间里掌握这个行业独立又分离系统中大量和不断增长的技术学问上,不如去寻求简化教育的方法,接近那些产生法律技术学说的能动力量。我们希望通过更清楚和更准确地理解法律与它努力控制的那些社会功能之间的关系,通过研究其规则和学说,将其作为工具或手段,创造并交到律师手中。

在执行这一政策时将涉及两个附属问题。第一个问题是,"对法学院的研究课题进行重新安排和组织,使各种法律技术手段与它们所涉及的特定社会或经济功能之间的关系更加明显……"。当然,这种功能分类是贸易管理和劳资关系课程概念的基础。为了说明如何将这一概念应用于课程的其他方面,斯通主张开发另外两门同样为人所熟悉的课程——债权人权利(将从程序、公平、实践、信托和破产等课程中汇集教材)和担保(将把所有担保手段汇集在一起,而不论其起源和概念分类如何)。但是,仅仅这样做,任何重新分类都不可能超过机械式解决方案的水平。功能分类的特殊优点是,它将揭示法律与社会功能的关系;它将明确其相关性,并促进应用其他知识库和对这些功能的理解。重新分类和求助于对社会过程的法外见解是简化计划不可分割的一部分。因此,第二个执行问题涉及对法学学生进行社会科学方面的培训。斯通把这个问题完全归因于法学预科教育。

斯通院长的报告肯定了法学与其他社会研究之间无比重要的关系,以至于根据这一论点,有效的法律教育依赖于其他的社会研究。如果不能做出令人满意的安排来确保在社会科学方面充分的法律前培训,那么应该做些什么呢?在这种情况下,除非放弃斯通论文里的观点,否则遵照其逻辑要求需要在法学院内提供必要的社会科学培训。哥伦比亚大学的思路正是沿着这个方向发展的。斯通院长报告发表的三年后,在杰维院长的领导下,当教学人员有组织地将精力投入将该计划付诸实施的任务中去时,他们几乎立刻就意识到,将必要的社会研究能力作为法学院的入学条件是不切实际的。奥利芬特还提出了一个更重要的反对意见:"这样的训练虽然很好,但永远只是一种教育背景。只有当代研究的热度才能充分融合这两种知识体系。"因此,教学人员发现自己面临着这样一个问题:教学是否有"最低限度的责任,即通过将某些社会科学教材与法学教材相融合(而不是竞争关系,也不在平行课程中提供)来部分地弥补这个问题"。这种方案的潜力逐渐开始显现,它满怀热情地对这一问题做出了肯定的回答。当审议到这一阶段时,非法学教材与法学院课程整合的现代运动已经蓄势待发。

B. 历史背景

有人认为,这一定义有可能是美国法律教育的一个划时代事件。当1923年斯通院长撰写报告时,对非技术研究在大学律师培训中的地位和功能的态度有三个标志鲜明的阶段。第一个阶段是1779年开始的威廉玛丽学院的乔治·威恩"学院派"教授职位时期。大学的法学研究与哲学、政治经济学和伦理学密切相关——也就是说,与整个社会问题的知识体系密切相关。第二阶段开始于弗吉尼亚州和哈佛大学的法学院取消入学教育要求,并对法律教育的范围采用了狭义的技术定义之时。在极端民主主义、来自下级法学研究机构的竞争,以及技术材料的质量和复杂性不断扩大的多重压力下,他们虽不情愿但也这样做了。然而,在很短的时间内,约翰·奥斯汀(John Austin)的分析法学就为这种孤立的立场提供了恒久的理由——这是法律科学独立于哲学和道德的宣言。第三个阶段是恢复法学院入学的教育要求。这种态度的改变并没有反映出对法学与其他学科之间任何重要关系的重新认识。它的目的是使法学院的学生合理地同质化,并尽可能地提高他们的文化水平,帮助这个行业"易拉门"的关闭,反对"闲散、懒惰和没有准备的人"。斯通院长撰写1923年报告时正值这一阶段的尾声,他对非技术性研究的重视从之前的工作中汲取了重要意义。

将20世纪20年代哥伦比亚大学的发展与19世纪20年代哈佛大学的发展进行比较是很有启发意义的。和斯托里一样,斯通也是法律教育领域的领军人物,在一个变革的时代担任国家法学院的院长;和斯托里一样,他还将成为美国最高法院的大法官之一。这两个人都对普通法有着深刻的信仰;他们都对普通法由于不断增加的临时决定而不受控制地大量增长感到忧虑。作为法学家和教育家,面对这个问题,他们都表达了对法典编纂作为一种救济手段的不信任,而把自己的信仰放了对法律原则的系统重述上。然而在这里,相似性结束了,一个惊人的对比出现了。

为了简化和掌握日益增多的大量法学教材,斯托里依靠的是通过对特别诉状、衡平法、外国海商法、民法和国际法的研究来培养的"概括的习惯"。问题在于如何运用逻辑、历史和比较的方法来处理大量的法学教材。因此,斯托里默许将以前与大学法学研究有关的非技术学科排除在法学研究之外。另一方面,对斯通来说,普通法不仅要系统地重述,而且要"根据法律本身存在的那些用来指导和控制的社会、经济功能"来重述。因此,他要求回到那些能使学生"彻底了解法律所涉及的社会功能的研究"中。

虽然哥伦比亚大学的教学人员自认为是创新者,但这实际上是回到了18世纪的观念,即与社会事务有关的所有人类知识都与法律有关。在教育方面,这是对18世纪末和19世纪初教授职位原则的回归;对19世纪最后25年里耶鲁大学和哥伦比亚大学课程中所体现思想的回归;对霍姆斯(Holmes)大法官最喜欢的主题的回归。然而,斯通关于非技术研究与律师培训相关性的概念,与半个世纪以来主导法律教育概念有很大的不同。根据主流观点,自由教育作为一种文化和人性的经验,其本身是可取的;但它与律师的专业培训关系不大或者说毫无关系。

C. 研究结果

哥伦比亚大学的教师们在讨论具体的课程内容和教材时遇到了一些困难。一开始,大家对法学院的目标和广义上的"方法论"进行了大量的讨论。此外,这些研究涉及的课题范围也很广泛。这些研究包括专科学院运动、大学商学院的发展、判例教学法的价值、社会科学的发展以及现有法学院课程的研究。他们讨论了一些便于过渡到新课程的方法,并且对新课程的结构和内容进行了广泛的设想。但是委员会很快就建立起来了,以具体处理主题事项的具体划分；而且，他们比想象中更快地解决了具体问题。委员会名单表明了职能分类的一般性质及其不完整性：劳工（道林、黑尔）；金融和信贷（卢埃林、穆尔）；营销（奥利芬特、卢埃林；企业单位形式（穆尔、尚克斯［Shanks］、道格拉斯［Douglas］）；风险和风险承担（帕特森［Patterson］、斯密、奥利芬特）；法律管理（马吉尔［Magill］、斯密、梅迪纳［Medina］）；刑法（基德、莫利［Moley］）；家庭与财产（鲍威尔［Powell］、莫伊［Moe］、约翰逊［Johnson］）；立法（帕金森［Parkinson］、张伯伦［Chamberlain］、道林）；历史和比较法学（英特马、戈贝尔［Goebel］）。保存下来记录的主要价值在于它们对解决课程建设的实际问题以及对影响重组方案及其各部分成败因素的启示。在审查记录时将遵循的程序是依次审议各主题类别所做的工作（在可能的情况下追踪随后的发展），目的是确定哪些措施被认为是可取的和切实可行的，并收集有关成功或失败原因的线索。

1. 业务单位

第一个要进行报告的是关于业务单位形式的委员会。关于商业组织法的研讨会已经举办过了；该报告的题目是："商业协会：组织管理、限制风险和筹集资金的手段"。这是后来成为法学课程中常见组成部分的功能分类之一，其目的是处理传统上涵盖在代理、合伙、公司、抵押和破产以及商学院各种课程中的问题。不足为奇的是，对工作人员和图书馆的影响表明，财政问题可能是这种全面改组的主要障碍。

该委员会最初的报告主张跨学科的商法研究。哈佛大学的埃德温·F. 盖伊（Edwin F. Gay）教授提出了一项具体建议，即研究控制权从所有权转移到管理者手中的问题，并将其"转化为具体形式"；1928 年，这项研究由美国社会科学研究理事会资助，哥伦比亚大学社会科学研究所进行指导。1932 年，研究促成了小 A. A. 伯尔（A. A. Berle, Jr.）和加德纳·C. 米恩斯（Gardiner C. Means）的著名著作《现代公司与私有财产》的出版。伯尔教授由此阐述了跨学科研究的问题：这种合作的难度是极大的；因为不同领域的技术人员必须首先就共同语言达成一致意见；然后努力运用各自的方法，同时牢记不同方法的缺点和优点；最后得出双方都能够认同的结论。律师主要关注的是个案公平，永远不能忽视应该做什么的问题；而经济学家主要关注描述性和分析性的内容，所以这条鸿沟并不容易跨越。

在教师集中学习后的一年（即 1927—1928 年），学校又增加了两门关于商业协会的新课程，并计划在下一年开设第三门课程。第一年开设了一门旨在"考虑不同类型商业协会作为分配风险手段的利弊"的课程。另一门课程是为二年级和三年级学生开设的，题为"将商业协会视为金融工具"。后一门课强调了对经济数据的使用。第三门课程是关于企业管理问题的，计划在 1927—1928 年开设，但最终不了了之。公司财务课程使用了油印教材，于 1930 年出版。虽然该书在编排和选材上都受到了欢迎，被认为是"对传统法学分类方法的挑战"，但该书利用非法学教材的程度并不显著，其中约有 75% 用于案件处理。这本"教材"采取介绍性说明的形式，指出所涉及的商业问题，并概述特定手段、公司形式和附带背景材料的技术用途。

有一件事是清楚的：通过功能重组简化课程的理想并没有实现。评论家们异口同声地指出，旧的、单一的公司课程现在必须变成三门课程——事实上，哥伦比亚大学也是如此。功能主义将

附录二:法律公共职业培训:美国法学院协会报告(1971年)

公司的研究分为三个阶段——风险、金融和管理,并且在三年的课程中发现了足够多的法学和非法学教材来拓展它。

1930—1931年,由马吉尔教授编写的企业组织课程的暂定"资料书"首次付印,随后在1933年和1935年出版了马吉尔和汉密尔顿(Hamilton)的《企业组织案例》。原先将企业单位法分为三个阶段的做法被放弃了。公司财务暂时被确立为一门独立的课程,但风险和管理问题将被合并到企业组织课程中。如果使用了非法学教材,它们就躲过了不是该领域专家的人为了本文目的而对该书进行的审查。1948年,伯利教授和沃伦(Warren)教授出版了他们的《企业组织(公司)法案例与资料》。这一事件不仅标志着公司与其他商业组织机构的"功能性"结合的终结,而且标志着公司财务这一独立课程的消亡——因此,最终标志着风险、管理和财务三驾马车的消亡。至少从表面上看,哥伦比亚大学法学院又回到了原点。在1927—1928年之前,它提供了一门关于公司的课程;现在,该学院开设了一门有关"公司"的课程。

然而,如果轻率地认为这20年的实验对公司法教学没有重大影响就太天真了。即使对没有特别熟悉这门课的人来说,公司课程显然也有了长足的进步;但无论是"功能方法"还是非法学教材方面,都没有以任何非常具体的方式体现出差异。伯尔的一些非法学教材被保留了下来,尽管可能含蓄了一些、谦虚了一些:这样做的目的是提供商业背景,而不是教授社会科学。这本书与其"经典"前辈的主要区别在于,它更忠实地反映了现代公司实践中实际遇到的问题,以及对社会影响的敏感性和对法学正式教材之外来源的启迪的接受程度。

2. 家庭和家庭财产

家庭和家庭财产委员会对有关家庭的非法学文献进行了简要调查,指出其成员已经收集了大量的社会学、人类学、历史和经济教材并进行了分类。调查发现,人们对现代家庭的性质和组织结构知之甚少,并得出结论认为:"对家族法的研究落后于目前商法的智慧状态至少二三十年"。不过,它提出了一个基于"家族组织和法律已经开始相互作用,并且相互作用于各自的调整"假设之上的计划。

在规划课程大纲时,委员会建议"对目前正在运作的法律体系进行审查,并挑选出其中的部分:(1)看起来似乎部分或全部归因于家庭因素,或(2)似乎可以解释家庭组织中现存的现象,或(3)有助于确定现行家庭组织结构,因此选择的教材被安排用于教学"。这样提出的课程计划坦率地说是一种过渡性的努力;它的假设要通过同时进行的研究来不断检验。一个详细的课程大纲被构建出来。由于可能影响家庭的法律多种多样,这一大纲的范围相当广泛。到目前为止,"不动产"的大部分内容已被包括在内,可以得到充分的处理,但土地法的许多内容及其特殊技术却被遗漏了。然而在这一阶段,这种情况还没有使委员会对重复和理论培训的缺失产生疑虑,而第一批实用课程却已经引起了批评者们的怀疑;在委员会的判断中,这只意味着他们必须考虑其他热点或典型的事实情况,其他的基本教材自然可以归入其中。然而,有人提醒说,不要把所有可能对家庭有影响甚至有重大影响法律的功能分类搞得过于严格。

因此,法律的功能分类方案本身就存在着困难,事实证明,这些困难足以给整个重组方案带来真正的麻烦。此外,委员会还面临着与作为课程不可缺少的,有关的财政、人事和执行等方面补充研究计划的艰巨问题。而最终这个委员会也同样看到了简化的目标正在消失。不仅国内关系课程将被扩大,而且,由于只有小部分课程从其他课程中选取,其他课程的提供将不会出现补偿性缩减。

至少在某些方面,委员会认为必要的研究可以继续进行的信心很快得到了证实。他们起草了一份研究提案,并获得了 25 000 美元的拨款以支持该提案一年的开销。其后,委员会组织了工作人员,并于 1930 年发布了一份综合报告。作为研究基础,特别是作为汇总影响家庭关系各种法律的基础,工作人员遵循委员会报告中的一项建议,构建了一个"事实情况大纲"。为了教学的目的,他们对分类问题进行了大量争论之后,制定了一个完全不同的大纲;工作人员最后决定了一个组织计划,并把它当作一种妥协,但"绝不是完全令人满意的"。此时,简化的目标退却得更快了,因为课程大纲的五个主要标题中的每一个都被称为主题——尽管其中两个主题被认为适合作为研讨会的讨论内容,另一个主题可以作为辅助阅读的内容。毫不奇怪,最棘手的问题是如何处理物权法。暂时的解决办法是放弃处理物权法中与其他制度以及家庭领域的互动,而保留那些属于家庭法特有的、可以从功能上处理的领域;即便如此,计划中还是保留了许多未来利益和遗嘱的法律,其理论在于,虽然不能进行功能性处理,但它显然会受到家庭制度的影响。

由此产生的教科书于 1933 年出版。该书的编排计划是按时间顺序排列研究人员课程大纲中的一些内容。案例中大量地穿插了社会学材料,编辑(雅各布斯[Jacobs])对不能纳入更多的内容感到遗憾。1939年出版的第二版教科书在外观上和之前没有什么不同。虽然放弃了按时间顺序排列的安排,但涵盖了同样的主题。机密通信处理权的内容被安排到证据课程中。对非法学教材的重视悄然减弱了。

1952年,第三版出版,由戈贝尔教授担任联合编辑,教程的基本结构没有变化。非法学教材的参考书目已相当现代化了。非法学教材本身仍然被使用,但存在感并不明显。审阅这个版本的法律教师的反应也是令人惊讶的。金斯利(Kingsley)院长讨论了将社会科学教材带入法学院课程的问题,但那是因为他同时在审阅福勒·哈珀教授的一本新书,在这本书中,社会科学(以及性学)被重新发掘,并被放在显著的位置。结论是,这种教材不适应像他这样的"保守派"的教学方法,他肯定了他对雅各布斯和戈贝尔那本"合理的传统法律书籍"的信心。而保罗·塞尔教授则抱怨说,对家庭关系的处理过于脱离生活,认为编者似乎把家庭关系法看成是"在(最好是)亚里士多德影响下拼凑起来的一套纯粹的口头和逻辑规则体系"。

3. 物权

在哥伦比亚大学教师组织攻克课程问题的过程中,没有成立物权委员会。大概的假设是,当围绕重要的"类型事实情况"组织法学研究的过程完成后,物权法的内容将找到其适当的位置。然而,家庭问题委员会的一位成员提交了一份备忘录,其中对分类的困难做了比较详细的说明。他指出,在将物权法大部分内容分配给家庭和安全课程后,该领域的大部分内容将不受影响。他建议作为进一步的功能分类——或至少是有助于将物权法与研究和土地有关的经济和社会现象结合起来的分类,应当开设一门

附录二:法律公共职业培训:美国法学院协会报告(1971年)

土地利用课程。尽管如此,现有课程中包含的"大量"物权法的残余部分仍有待处理。"这是因为……物权法的教学问题主要是一个专业方法问题或技术问题,它超越了土地利用的事实。无论一个人买地建房、建厂还是建农场,其转让方式都是一样的……如果真是这样,我们就必须坦率地承认有必要开设某些物权技术课程,使学生对英国物权法的特殊性有所了解。我们对这类课程所能希望做的,就是使它们尽可能地切合实际,赋予它们真材实料,从纯法学观点以外的角度来看待它们,拒绝把它们视为一种目的。"这样的课程不少于三门:土地权益、物权转让(或买卖双方)和未来权益,此外,一些历史问题也应列入入门课程。

与此同时,鲍威尔教授(当时用自己的传统案例集讲授"未来利益")开始思考财富分配的过程,思考所涉及的社会现象和政策,并开始思考开设一门课程,将所有这些内容结合在一起。这样一门课程,即使在功能上没有围绕"类型事实情况"来组织材料,但至少在关注"结合点"方面是有功能意义的,并鼓励在现实的社会考虑中研究法律。这样一门课程于1928年春开课(尽管它的名称只是谦虚地称为"未来利益和非商业信托"),鲍威尔教授发现自己面临着一项"迫在眉睫的、骇人听闻的紧迫任务"——探索相关的非法学数据。1928年,一位助理收集了一份非法学教材参考书目,因此在为课程中涉及信托基金部分准备的教材中,有可能包括15页的介绍性章节,以及关于后来处理问题方面的一些零星侧重点。但到1928至1929年底,在将非法学教材联系起来或者将未来利益、遗嘱和信托的材料融合成一个综合、连贯的整体方面,几乎没有采取任何行动。在1929—1930年,搜寻非法学教材的工作由一名全职助理和两名兼职助理负责。然而,这只是问题的一个阶段;另一个阶段是更多地了解实际生活中出现的问题,并使课程与这些问题更密切地联系起来。两名助理被派去收集以下方面的数据:(1)财富分配;(2)临终者将资产留给遗嘱法庭管理的比例;(3)遗嘱处置的普遍性;(4)遗嘱无效的程度;(5)遗产资产种类的构成;以及(6)遗产在所有人去世后至最后分配前的缩水情况。这些研究仅限于纽约、金斯郡和布朗克斯郡的代理法院,并直接影响了一篇后来广为人知的法学评论文章的发表。他们还对遗嘱处置的现行做法、公司组织参与遗产管理的可能性以及影响生前承租人或受益人和后继利益持有者相对利益的会计业务进行了进一步研究。

1932—1933年,鲍威尔教授为该课程出版了他的信托和遗产案例集。批评者对鲍威尔教授是否完成了三个被取代课程的任何重大整合表示了质疑,他们对一些课题,特别是那些本来可以说明信托多功能性课题的遗漏或压缩处理表示遗憾。虽然已完成的非法学研究反映在题为《当前美国生活中的一些重要事实和趋势》的章节中,但这些非法学内容并不引人注目,也不会引起太多的评论。

1937年,鲍威尔教授出版了关于未来利益案例汇编的第二版,尽管这一主题已经包含在关于信托和遗产的各卷当中了;随后又出版了一本关于信托的单独案例汇编。综合课程的理念在其他学校尚未深入人心,所以新书主要是为它们而设计的。在哥伦比亚大学,信托和财产课程一直持续到1943—1944年,当时它被分为信托和财产Ⅰ(与1937年关于未来利益的案例书一起讲授)和信托和财产Ⅱ(与1940年关于信托的案例书一起讲授)。但在1948—1949年,信托和财产课程又恢复了。

4. 犯罪与犯罪学

犯罪本身并不是一个现成的功能类别。一些犯罪行为可以从家庭、市场和劳动等类型的事实情况材料中理解。其余的材料成了内部分类的难题。委员会早已达成一致意见的一点是:最好继续将刑事诉讼程序与实体处理分开,将程序作为国家控制的一种方法。如何处理实质性内容的问题比较麻烦。委员会审议了一种分类法,这种分类法需要对特定犯罪进行编目和单独处理,而且这种分类法"从实施行为的人和其实施行为的社会条件的角度来审视整个犯罪行为"。但是,关于犯罪原因的文献却不尽如人意。委员会将注意力转向一个研究方案,提出了一些项目,以确定某些法律规则的影响和调查起诉和审判的实际管理情况,以及研究侦查和逮捕的方法,并关注各种社会学问题和罪犯待遇问题。委员会还建议应当建立一所犯罪学学校。

就在这一问题尚无定论的情况下,出现了令人震惊的进展。应社会卫生局的要求并在其财政支持下,法学院主持进行了一项调查,目的是确定在美国建立一个犯罪学和刑事司法研究所是否可行,并在证明可行的情况下进行规划。这份调查报告"仿佛是用战斧写成的",对整个重组计划的基本假设提出了严峻挑战。作者们认为,他们的核心主题是法学与一般社会科学的关系;他们认为,"犯罪学与刑法的关系……可以被视为一种典型关系,例如,经济学和心理学与合同法的关系,以及一般的社会科学与法学的关系"。在对犯罪学文献进行了极其彻底的审查之后,他们宣布了以下结论:

1. 犯罪学领域没有科学知识。
2. 目前无法开展犯罪学方面的实证科学研究。

305　　　他们还建议设立一个研究所,认为有可能发展犯罪学的经验科学,但条件是这样一个研究所将放弃以前研究的"原始经验主义",并致力于发展犯罪学所依赖的心理学和社会学的理论和分析,同时彻底改变现有的研究方法。此外,该研究所还应该以伦理学和政治学的"科学"原则为基础,努力构建刑法的"理性科学"。调查的目的是调查研究机构的可取性,而不是调查本科专业教育的问题;但报告对即将进行的课程重组的影响是显而易见的,甚至是相当具有针对性的。

如果这些结论像作者的论调那样具有决定性,那么按功能重组课程并将其与社会科学联系起来的尝试大概就会突然中止。然而,事实并非如此。卢埃林教授在一次激烈的反击中总结了他的反应。"总的来说,这是我读过的最激动人心、最令人恼火、最睿智也最荒谬得无可救药的一本书。"他承认作者"完全有说服力地"证明了原始经验主义的弱点,但他指责他们有走向粗暴的理性主义的倾向。他们为实证科学建立的"喜马拉雅"式高标准使他们拒绝接受犯罪学研究在发现犯罪原因和控制犯罪行为方面取得的实质性进展。作者所忽略的许多知识仅仅是常识,"并不是普通人所共有的知识储备,而是某一特定行业的技术人员才共有的知识"。

调查报告发挥了作用。在教学人员有组织地修订课程的努力中,新的刑法案例集没有被立即编写出来。直到1929—1930年,比尔的案例集还像以前一样被使用着;此后到1934—1935年,案例集处于"待公布"状态;直到1935—1936年,案例集才得到印刷(油印)并以迈克尔(Michael)和韦克斯勒(Wechsler)《刑法及其管理案例和材料》的形式公布于世。我们可以合理地推测,它具有普遍的缓和作用,在寻求社会科学答案的过程中注入了一种怀疑成分,在废除分类的过程中注入了一点谨慎色彩,而这种分类对于法学的理性研究是有价值的。

5. **市场营销**

整个"商业关系"领域被认为可以分为四个或更多的部门:市场营销、商业组织、金融和信贷、劳资关系,以及可能的风险(生产)。另外,还有三个关于市场营销的基本文件。面对极其复杂的事实情况,委员会决定"主要从事实方面来解决这一领域的分歧,暂时不考虑将事实材料与法律相结合的问题"。在审查了市场营销的文献之后,委员会考虑了三种可能的分类依据。第一个问题涉及销售的过程;第二个问题涉及商品的类别;第三是积极参与销售过程的机构。他们最初的倾向似乎是建立在过程或功能基础上的组织,以便最好地促进法学和非法学教材的整合。然而,后来的意见似乎转向了这样的观点:"就我们在社会中发展起来的那些差别很大的专门营销机构或公职人员而言,只要有足够数量的重要法律问题集中在这些机构身上,就应该对它们进行特别处理。"在运输、仓储、风险承担等方面都有类似例子。只有这类分配后的剩余部分才会按基本的营销流程进行组织。

但是,课程设置并没有受到这一领域中这些工作模式的影响。贸易条例当然涉及销售过程,但它已经是一门成熟的课程;事实上,委员会似乎将其视为传统课程之一,采用更广泛的功能分类会引发争议。委员会提供的唯一一门课程大纲是关于竞争实务的内容。直到1937年,哥伦比亚大学的一名教师才出版了该领域的新案例集。虽然该书大量使用了"世俗"材料,但并没有被认为是非传统的。

1930年出版的卢埃林的《销售案例和材料》是对先例的彻底背离。它的关注重点在于商业交易而不是传统的法律范畴,但与教师研讨会的功能主义相去甚远。不管它有多么丰富的市场气息,也不管它对商业用途多么敏感,都很难说它直接利用了社会科学的材料。有三位评论家抱怨过这些世俗的内容。然而,总的来说,商业背景材料被热情地接受了,部分原因也许在于这些材料只是简单地提供了一些社会科学的内容。

6. 金融和信贷

关于金融和信贷问题的基本备忘录是商务关系领域的第三大分支,这一主题被划分为三个部分:商业银行信贷、证券商品和公司融资。其中的第三部分被迅速地交给了商业组织组。内部组织的问题是如此复杂,以至于委员会在其报告中列入了对课程组织的一般问题进行的最深入分析,这些分析可以在记录中找到。主要的重点放在三个内部部门中的第一个:"交换的媒介:商业银行信贷",在1927至1928年,商业银行信贷课程取代了旧的票据课程;但在1929年,昂德希尔·穆尔去了耶鲁大学,此后,票据课程在哥伦比亚大学的地位仍然没有受到挑战。

证券是另一个问题,也是商业银行信贷有点受到忽视的孪生兄弟。委员会的初步设想是划分出被称为商业信贷的类别——简而言之,即买方和卖方之间的信贷。但是,由于法定担保手段的复杂性和技术性,人们认为有必要对严格的功能或制度方法进行修改。在这一领域,法律概念是事实情况中如此重要和错综复杂的一部分,因此,必须特别注意制定一项组织计划,以便明确地突出这些概念。因此,该类别被重新定义为"法律担保手段,特别是商业信贷"。1927—1928年,卢埃林教授和道格拉斯教授首次开设了一门关于担保的课程,其后由汉纳(Hanna)教授继续开设;汉纳教授于1932年出版了他的《担保案例和其他材料》。该书除担保和不动产抵押外,还论述了质押、信用证、信托收据、动产抵押和有条件销售。"为了解释当代的商业背景,"这位编辑说,"我们已经花了很多精力,一部分通过对商业实践案例的阐述,一部分通过对当前的商业形式的研究,还有一部分是通过对非法学问题的注释进行的。"审稿人都一致热情地对组织计划和背景材料表示欢迎。1940年出版的第二版也同样受到欢迎,尽管当时的评论家可以把它的编排称为"正统"。简而言之,该书即使不是优雅的功能性处理,也实现了:(1)通过将担保和抵押材料及其他更多材料压缩成一门课程,在实质上节省了时间(尽管没有试图将各种手段"合并");(2)建立一个框架,在这个框架中,可以根据其商业效用,以比较的方式看待现有的法律手段。

没有任何环节提到无担保债权人和破产债务人的问题,尽管这个问题似乎与金融和信贷的一般领域不无关系。不过,斯通院长曾建议开设一门关于债权人权利的课程;1929—1930年,这样的课程开设了;1931年,汉纳教授出版了他的《债权人权利法案例和材料》。该书旨在促进"对保护无担保债权人各种方式进行的比较研究",除破产外,还涵盖了判决的执行、欺诈性转让、一般转让、债权人协议和破产管理。"就性质而言,这些材料主要集中于法学方面,与《担保》一书形成鲜明对比的是,该书似乎抓住了一个外在合法的机会纳入了大量的非法学讨论。"一位评论家称该书"具有划时代的意义",所有人都热情洋溢。在我看来,一个明显的例子是,尽管一个头脑强硬的律师处理的基本上都是程序性的材料,但可以成功地发挥比教师规划者们更大的作用,而且确实非常成功。

7. 劳动

由于劳资关系是课程牢固的组成部分,分配给商业关系领域第四分部委员会的任务谈不上是一种创新,而是提出进一步进展的方法和方向。一般来说,更进一步意味着扩大范围和寻找更多的相关非法学教材,这在法学教材成倍增加的情况下是不容易实现的。委员会建议调集大学各部门的人力资源,合作解决研究和课程组织方面的问题。它对劳动问题的经济方面的全面概述和讨论,旨在作为继续研究的基础,而非以立即进行课程建设为目的。直到1944年,哥伦比亚大学的一位教师才出版了一本新的劳动法案例集。

8. 风险和风险承担

1924年,埃德温·W. 帕特森(Edwin W. Patterson)教授发表了一篇题为《通过法律手段分摊商业风险》的文章。他承认风险是经济活动中一种普遍和重要的现象,并着手以一种试探性的方式,追踪法院通过适用或声称适用某些法律规范,有意识或无意识地确定风险分摊的方式。这种方法虽然温和,但也值得持怀疑态度,其所研究的法律概念仅限于与合同和其他与合意关系有关的四个概念,每一个概念都被认为是风险分摊的一种理论手段。有人认为,最好将所涉问题划为风险承担问题,而不是"在适用法律概念方面的问题,这些法律概念的依据是有关商业关系中纯粹的实际因素或其他偶然因素的抽象表达"。法院得出的结果是否符合社会和经济利益,只能以纸上谈兵的哲学家标准来判断。

这些见解可以丰富对法律的研究:洞察法律作为处理生活和商业基本危险手段的法律运作。这相当于一个批评的框架;但是,通常而且必然的是,它没有提供批评的标准。法律本身无法提供这些标准,而且这些标准很难找得到。直到教学人员们动员起来攻击课程重组的问题,将所有这些资源召集到火线上,事情才得以解决。如果风险是经济生活中普遍存在的重大问题,如果法律规则可以卓有成效地被当作风险分摊的工具,为什么不把有关这个问题的规则归类研究呢?这样的分类在商学院中也有对应的方法,人们或许希望问题的平行陈述和平行研究能够带来对经济理论和事实信息的了解,从而提供批评的标准。委员会的报告积极地探讨了这种可能性。它长达40页的"一门或多门关于风险和风险承担的课程"大纲列出了与风险有关的各种主题。

风险确实是一种普遍现象;围绕着它,可以聚集起各种令人吃惊的法学专题,结果不仅会侵蚀传统的课程,而且也会侵蚀新定义的课程组合。此外,虽然现有课程的很大一部分被包括在内,但并不是全部;侵权行为的情况尤其如此。采用这样的概念作为课程组织的基础,"引起了很大的争论",这并不奇怪,在教师们协同探索的热潮消退之后,面对着编写供法学学生使用的教材时,帕特森教授只承认保险学课程已经拥有功能性教材的组合支撑,这与其承担职业风险的重要核心内容有关。他的保险案例集"旨在介绍当前保险法与保险机构和商业惯例关系中的问题,而不牺牲历史发展或对法学理论的技术分析。"该组织以保险业务的主要方面为特色,包括:承运人在其法律和财务结构及其与国家的关系;被保险人的利益;风险的选择和控制;保险保障的营销;理赔。非法学教材穿插在案例中,收集在附录中。这些基本特征在后来的版本中得到了保留和补充。

9. 其他事项

涉及程序性主题的课程组提出了一个与实体法课程不同的问题。正如我们所看到的,一些程序法被纳入了有关安全、刑法及其管理课程的最终安排中。撇开这些不谈,在程序领域似乎没有关于诉诸非法学教材的讨论。然而,在组织这些教材方面存在着一些问题,由于这些问题往往会使人们对整个改组工作所提出的问题有所了解,因此必须简要地加以说明。

委员会的报告讨论了三种可能的组织计划:(1)基于实践中律师的观点;(2)在其他课程中分发教材,使它们与实体规则的功能联系起来;(3)基于社会观点,将程序事项作为实现法律控制人类行为目的之手段。第二种被认为没有采纳的必要。第一种观点由迈克尔和斯密教授支持,第三种观点由奥利芬特教授倡导,两者之间存在着一定的紧张关系。对奥利芬特来说,重组课程实质性部分的基本逻辑同样延伸到了程序性的部分。"就算我们从对实体法的研究中知道了我们希望人们如何行事,那么无论是直接的还是间接的,促使人们采取这种行动的所有手段究竟是什么?"这种处理方式将不仅在法律框架下理解诉状、实践、程序和证据,而且还将理解行政程序、立法以及宪法对立法行为的限制。它甚至会拓展得更为深远。奥利芬特对间接制裁在控制社会行为方面所起的重要作用印象深刻,例如税收和拒绝民事救济。迈克尔教授和斯密教授认为,从系统的角度来处理程序性问题是相当符合总目标的。"法律行政本身就是一种活动,该领域的法学教材已经按照功能进行了整理。"对教材进行重组是可取的,但主要是为了将注意力集中在规则目的上,从而避免把注意力集中在规则本身和逻辑完美的规则体系上。为了课程目的,委

附录二：法律公共职业培训：美国法学院协会报告（1971年）

员会成员建议将立法、非政府机构的行政管理以及非司法机构或非司法手段的行政管理排除在这一类课程之外。他们的目的是尽可能地整合各种程序课程，将司法和准司法行政作为一个连续的过程，并使这一过程更加生动和现实，更清楚地说明行政手段与实体法之间的关系。报告的主要部分是一项外交活动，目的是要把这些不同的观点综合起来——通过从拟议的课程大纲中省略间接制裁等事项，并将其归入由教学人员调查的事项表，从而完成了这一成就。

1927—1928年，迈克尔教授和阿德勒（Adler）教授（心理学系）与耶鲁大学法学院院长哈钦斯领导的一个研究小组合作，参加了对证据规则的逻辑和心理学基础的研究。这项活动的成果表现为一系列文章的发表，主要作者哈钦斯在几年后对这些文章进行了定性：

> 我们实际上发现的是，心理学对证据法所提出的观点鲜有涉及；而证据法的基本心理学问题，即什么因素会影响陪审团，以及以什么方式影响陪审团，则是心理学根本没有触及的部分。因此，心理学家可以教导你，"本能叫喊"（spontaneous exclamations）的规则建立在对真相的致命一击的错误观念之上。但是，他们不能证明，证据因为这个原因而应当被排除。他们对陪审团了解得不足，因此不能告诉你这一点；他们也不能提出任何方法来找出关于陪审团的足够信息来回答这个问题。

哈钦斯的结论是，研究法学的正确方法需要通过分析法律的基本概念和原则,而这些概念和原则来自伦理学和政治学等理性科学。哥伦比亚大学的参与者显然也得出了类似的结论。

最后,教师们对通识导论课程的建设和历史法学、比较法学的研究十分关注。法理学被广泛认为不仅包括法哲学,而且包括古代法、法律史和比较法。委员会感觉到这种研究在课程组织的特殊主义方法中隐含着一种威胁,大胆地呼吁建立一个精心设计的研究组织,并在本科生课程中注意逻辑、罗马法和普通法的历史等问题。它申明,法学研究可以而且应该"沿着功能或社会学的路线进行,即它不应该关注法律制度本身,而应该关注其社会和经济环境中的法律制度";它还建议,法学工作的一个主要特点是将社会科学工作与法学研究联系起来。

D. 后续

1927年春,在休格·W. 杰维(Huger W. Jervey)院长任期内,教学人员对修订课程进行了最为密集的工作。由于杰维院长的病情,在1926年和1927年都没有关于他的报道。因此,斯密院长在1928年的报告中,对教师的研究和导致这些研究的事件做了全面的叙述。该报告极富同情心地阐述了主要目标,总的来说,报告的基调是对已经取得的成就感到骄傲,并相信即将取得进一步的进展。然而,即使是在早期,麻烦也是显而易见的:人们担心对课程进行大刀阔斧修改的结果,甚至担心一些更热心支持者的目的,可能会损害学校提供的专业培训,使哥伦比亚大学变成一个单纯的研究机构,将法律作为社会组织进行"科学"研究。这种担心是有根据的。虽然一些教师坚持认为,主要目标仍应是为法律方面的公共服务提供充分的科学准备,但其他教师则认为,应建立一个"学者群体",将法律作为社会组织的一个方面进行研究。此外，后者认为，没有一所大学能够有效地实现这两个目标。斯密院长充分讨论了两种目标观点的优劣，并坚定地表示，在教师们看来，学院同时追求这两种目标是既可行又可取的。在哥伦比亚大学和其他地方，没有什么事情比这样的冲突更能妨碍人们对基本教育政策的接受。这场运动并不仅仅是面对那些误解其目标的人在不知情的情况下提出的反对意见；一些最热心的支持者明确宣布了它的非专业目的。那些回忆德怀特领导下学校的专业品格是如何从利伯和伯吉斯手中剥离（据推测）的人，一定是相当震惊的。然而，任何关于放弃学校专业目标或将其置于次要地位的建议，都是对基本主题不必要的背离。斯通院长根本没有考虑过这样的建议；他所提出的改革是为了加强和改进法律实践教育。史密斯院长在报告学院拒绝该建议时，可能比他更清楚地表明，本科生课程的改革是为了加强而不是削弱专业培训。

同年，两位基本教育理念的支持者——英特马（Yntema）教授和道格拉斯（Douglas）教授从学院辞职；基德（Kidd）教授回到加州大学。财政问题逐渐凸显出来：新的计划需要大量增加图书馆的藏书和工作人员，研究工作也需要人手。

1929年，斯密院长再次充分讨论了重组计划，这一次着重强调了改进法律实践培训的目标。人事问题和费用问题再次迫在眉睫。同年，重组小组的两位主要设计师穆尔教授和奥利芬特教授辞去了教职。

1930年，一种新的基调主导了报告——幻灭，甚至恼怒。斯密院长在重述了他早先对学院教学实验的描述后说："如果我们要实现对那些发展中目标的激励，我们正在进行的假设必须不断地通过实际结果进行检验。必须以同样的热情去认识和承认错误,就像宣告成功时的情绪一样。一个新的假说通常被假定为比它所取代的假说更好,但它作为真理的地位并不是通过把它变成教条建立起来的。"没有任何一位学者会不把这看作是暗地里个人冲突的硝烟。冲突已经不是什么秘密了。既然涉及到强烈的个性和坚定的信念,又怎会不是如此这般态势呢?当然,我们不清楚细节,这也无妨,因为探索它们没有任何意义。任务的艰巨性已经够让人感到压抑了。

事实证明,社会科学的贡献令人失望。获得社会科学可能提供的这种援助受到了巨大阻碍。最后,人们所进行的许多研究得出的结论并无重大价值。

1931年,斯密院长重新充满信心地回到了法律教育应通过广泛的社会科学培训来改进这一老路上。他强调的是知识和劳动专业化的影响,以及协调专门知识领域的必要性。律师以前是社会科学领域最重要的协调者,但由于专业化程度的提高,"从一个社会哲学家变成了一个法律技术人员"。现在,法学院被设想为培养法律和政府领域的协调者——这一任务只有通过提高法学学生的"社会科学整体知识"才能完成。1932年,斯密院长只是简单地谈到了整合计划。与法律教育的历史相对照,他似乎认为新的观点是优秀的、现代的,同时也是全日制法学院的共同特点,尽管他似乎也认为这种观点主要表现在教师的研究活动中;他还谨慎地补充说,法律史的研究和法学概念的分析并没有被放弃。1933年,他指出新政下的发展表明"法律与政府的相互依存关系,以及将法律的研究及其应用与那些社会、经济和政治目的的研究更紧密地联系在一起的重要性,但对这些目的来说,法律的存在是没有合理基础的"。正是在这一年,他宣布成立了一个访问委员会,"由每年选出的有代表性的校友和其他法官和律师团成员组成,通过访问学校,研究和评价学校的工作,报告学校的状况和需要,并向学院和大学董事会提出建议"。显然,人们对哥伦比亚大学专业教育质量提出的疑虑(我们清楚产生这种疑虑的理由)并没有消除,而校友们也提高了警惕。

1934年,院长报告第一次没有讨论课程修订方案,而是专门讨论了法律教育的其他问题。报告中提到了正在进行的研究工作,但唯一相关的发展是黑尔教授开设了在经济社会议题中含有法律因素的课程。到了1935年,一个新的课程修订主题吸引了教师们的注意:更加强调公法和私法的公共影响。1936年,方案吸纳的问题是律师团人满为患的处境。最后,1937年,斯密院长在他的第10次年度报告中总结了这10年的发展。关于课程在功能上的组织程度和纳入非法学教材的问题,他没有多说;但他指出,在学校提供的40门课程中,有36门课程是用哥伦比亚大学教师在过去10年内编写的教材集进行讲授的,有26本教材以案例集的形式出版,其中的许多已被其他学校广泛采用。在同一时期,该院教师在法学期刊和其他科学杂志上发表了28篇论文和356篇文章。无论如何,这些成果并不都代表着法学与社会科学相结合的进展;但其中大部分成果的创作可归因于教学人员对这一问题坚决攻关所形成的氛围。在这10年期间,他们获得了约44万美元的赠款,用于研究作为社会制度的法律以及编纂综合教材,这一事实也具体说明了该方案所需的成本。

新运动如此雄心勃勃,组织得如此严密,而且采取重组和改革整个课程的形式,这显然是令人遗憾的。简化课程和避免内容重复的理想最终被证明是一种幻觉。法学某些领域在功能上的组织可以取得惊人的成功;而其他领域则根本不可能得到处理;对课程进行任何彻底的功能性组织都有可能导致内容重叠,其规模远远超过在传统课程上叠加几门特别课程。其中一个原因是,"功能性"没有,或许也不可能有固定的含义。有时,它具有制度性的内涵,例如在讨论家庭的情况下;但是安全课程在某一种意义上是功能性的,"财富分配"在另一种意义上是功能性的,而"风险和风险承担"在某种意义上也与其中任何一个都不同。成功的功能分类也并不像人们所期望的那样,能够节省出足以吸纳课程中新教材的时间。恰恰相反,像许多卓有成效的工作一样,成功的努力往往暴露了法学的过度概括,需要更详细、更有区别、更有选择性地处理。商业组织的功能概念并没有将代理制和合伙制与公司融合在一起,而是确实有可能使公司分成三个独立的课程。就像在关于未来利益和信托的课程中,当课程压缩得以实现时,它是法学学术的产物,虽然受到功能方法的刺激但绝没有依赖性。这场自命不凡的运动相当突然地缓和下来,可能使保守的法律教师们松了一口气;但是,当发起这场运动的理由松动时,放弃这项充其量也只能算是有瑕疵的行动计划,既不是失败,也不是屈服。

过分强调商业作为法律的主要关注点和正当性理由是与教学重组相关的另一个困难。这并非因为哥伦比亚大学法学院对华尔街存在任何假设性的倾向,而是因为马歇尔和奥利芬特对芝加哥大学商学院毋庸置疑的立场倾斜。这一点在《研究概要》中有所体现,一共七个章节用来讨论课程的主要内容,其中就有五章专门讨论商业类别。第六章否定了法理学、法律史和比较法等事项,认为它们的重要性只体现在有助于对法律的目的论进行评判的场合——而且假定主要集中于商业和经济目的。在第七章中,奥利芬特教授以"公共标准和政治关系"为标题,集中讨论了一些没有其他规定的零星问题,如家庭、犯罪、不动产、公法和税收。这一点在关于几乎完全从商业风险的角度处理侵权行为法的建议中表现得最为明显。这也是可以理解的,因为人们普遍热衷于商学院课程,认为它是功能性优雅的典范;但即便在华尔街,法律不仅涉及商业内容,还涉及普通的人际关系,而且——正如罗斯福新政的出现对教学人员的警示——法律也涉及政府和政治。

在我看来,在吸纳非法律资料环节的多种困难中,最大的一个在于对这些资料所要达到的目标缺乏明确的概念,更具体地说,当构筑更远大的概念的目标落空时,挫折和背叛会随之而来。有时,人们感觉自己需要的仅仅是对法律学说运作所依据的商业背景的描述性说明;有时是对企业管理人员或家庭主妇行为的详细说明;有时,需要将有关机构(如家庭)的所有知识集中在一起,以便可以观察和理解其中所有可能的相互作用;而且,往往需要对犯罪的原因和法律作为纠正措施的效力等问题进行真实说明。询问其他学科的不适当问题以及对答复期望过高的趋势一直存在。由于社会科学未能迅速找到所需的解决办法而引起的挫折和背叛,它在人们心中的形象与其重要性远远不成比例。事实上,很难确定最有影响力的背叛(哈钦斯)是由于在哲学上拒绝经验方法引起的,还是由于财政障碍或者仅仅是由于错误的逻辑所引起的。

就法学院的课程而言，法学与社会科学之间的相互关系能否取得进一步进展，主要取决于个别教师的努力。即便曾经有必要，现在也已经没有必要对课程进行功能性分类以便提请人们注意其他学科知识的相关性了，或者也没有必要提醒我们，法律是达到目的的一种手段了。每一位教师在为可能分配给他的任何课程准备教学材料时，会依照材料来源进行理解和整合。他会经常质疑自己假设的有效性；他将对商业惯例、家庭习俗、遗嘱处分以及法律规则的效力和合理性感到好奇。如果没有其他领域专家的帮助，教师往往无法获得或者评价他所需要的信息，因此必须有足够的研究资源供他使用。如果他能够因此编纂一套教材，使非法学内容对法律所处理问题的某些分类产生重大影响，那么他的课程将会有一席之地，他的书也会畅销。即使他不这样做，其他人也会这样做。奥利芬特编撰了一本开创性的案例集，这就要求在课程中增加一门以对新颖教材分组为基础的新课；这门新颖的课程现在几乎是每所法学院的标准课程。如果他没有在同事们的阵营里纵火，而是把精力投入该书的改进和其他书的建设上，他可能会像兰德尔一样，作为法律教育新时代的奠基人而不是作为运动的领导者被人们记住。兰德尔并没有提出判例教学法的概念，但他编纂了第一本成功的案例书。

不仅必须向独立教师提供研究设施以便在需要时使用，当然，还必须有组织和系统地研究法学和社会科学，以便在不参考法学院课程的情况下发现新知识。这一成果将不可避免地反映在法律本科学生的培养中，因为它已被教材的编写者纳入其中；但是，没有必要在预期研究成果到来之前修改课程。

四、法学研究材料:1971 年

（莱斯特·J.马泽）

20 年前,布雷纳德·柯里回顾了 20 世纪上半叶的法律教育,并得出结论,认为这一时期最重要的发展是"呼吁按照'功能'路线重新组织法律课程,并扩大法学院的研究范围,以包括主要来自社会科学的非法学教材"的运动。尽管自柯里写作以来,法律教育可能还会有使其相形见绌的其他方面的发展,但拓宽法学教材的运动仍然有许多信徒。1969 年 12 月美国法学院协会年会选择的主题是"社会研究与法律",这表明法律教育机构对这一运动的尊重。在会议上,许多发言者宣讲了社会科学对律师和法律教师的重要性。用莫里斯·罗森伯格（Maurice Rosenberg）的话说,"为了发挥应有的作用,律师既需要了解社会科学家收集数据的方式,也需要了解他们分析和解释其调查结果的方式"。卡尔·奥尔巴克（Carl Auerbach）警告说,"到了那个时候,任何法律教师如果不具备社会科学某个领域的能力,都不会被认为是合格的"。(与会的准法律教师中有多少人领会了这一暗示?)由于会议是专门针对社会研究的相关性而召开的,因此,与会者在多大程度上会对法律与社会科学以外的其他科学(更不用说非科学领域了)之间跨学科活动的重要性有同样的主张并不重要。但在其他地方,这种呼吁更普遍地被认为是法学院与其他知识界建立更密切关系的需要。

在美国教育观察者或者某些法学生眼中,与跨学科方法对法学研究重要性相映成趣的是法学院的出现方式。在戴维·里斯曼（David Riesman）看来,"大多数大学里,法学院仍然是专制的代名词,只与文理科的本科生和研究生教育分享名义上的联系"。耶鲁大学法学学生协会在 1967 年的研究中发现,耶鲁大学对跨学科活动的承诺基本上没有实现。法学院的专制化与美国法律教育的传统特点是一致的,即由专业学校的概念所界定,与早期英国模式不同的是,它与大学有关;而与欧洲模式的不同点在于,它的教师由律师组成,学生由有志于从事法律工作的人组成。一直以来都存在一些离经叛道的人,但大体上直到最近,无论是教师还是学生,与其他学科进行的接触主要是通过法学院之前的正规教育,以及在法学院期间和毕业后基于之前获得的基础上不断进行研究和阅读来完成的。法学院非常珍惜自己的自主性和独立性。它没有提出要为大学其他学科提供任何伟大的教学或研究服务,但也没有为自己提出太多要求。

我们还无法确定对法学院开展跨学科研究的缺乏与必要之间明显的矛盾进行评估的意义。要做出这样的评估,我们需要对律师行业的运作有更多的了解,找出教育如何影响他们的行业模式,以及在法律教育中可以采取哪些步骤来支持他们预期的结果。这将是一项雄心勃勃的研究任务。在这一点上,我们甚至不能声称自己已经完成了"描述法学院跨学科活动现状"这一比上述构想小得多的任务。

法律教育的文献中有许多关于建立跨学科活动的呼吁,但关于正在进行活动的报告却很少。我们能够直接接触到的跨学科活动的唯一方面就是已发表的研究成果。1969 年的年会专门对这类研究的状况进行了评估,也有其他关于这类研究深思熟虑的评论。我们缺少对其他类型跨学科关系信息的获取途径。在这方面,《法律教育杂志》似乎让我们失望了,因为它试图效仿《法律评论》的形式,但并没有成为各法学院教育活动信息的交流论坛。虽然偶尔会出现一些关于教学和研究活动的报告,但如果不能披上学术意义的外衣,大多数法律教师都不愿意将自己所做的工作付诸印刷,许多人似乎认为,最安全的做法是完全依靠非正式的方式进行交流。随着法学教学事业规模的扩大,非正式的交流网已经显得愈发不足以传递有关法律教育新可能性的信息了。

收集数据太艰巨了,它使我们无法更好地了解法学院跨学科活动的性质和后果。柯伦特(Current)表示自己的任务是研究法学和社会科学的结合运动,但是由于使用了历史学家的传统研究方式,他发现有必要把研究范围缩小到哥伦比亚大学的发展模式,然后再缩小到课程或课程教学教材发生变化的方面。他的教材是来自学院会议的文字记录和哥伦比亚大学发表的作品。这一切对当时学生的影响,对法学院教师与校园其他教师之间关系的影响,运动对新教师选拔思维的影响——全都超出了他的能力范围。然而,对特定法学院的发展进行一系列详细的个案研究,再加上通过其他途径收集的教材,将是对我们理解跨学科工作的重大贡献,这些工作似乎足以证明进行这种研究的理由。

法学院的官方目录和公报是关于跨学科活动状况的另一个信息来源。鉴于法学院目录的构建方式,以及其向未来的法学学生通报学校特点的直接目的,我们可以肯定的是,它们并没有反映出我们可能感兴趣的所有发展状况。许多类型的跨学科成果被认为不具有在最终目录中公布的必要性。法学院的目录不足以确定在跨学科基础上教授的课程数量。课程说明的起草方式往往不能揭示课程中使用材料的性质,而且在许多情况下,过时的课程说明在主题或教学方法改变之后仍保留在目录中。同样,尽管一些学校列出了与其他院系合作的教师名单，但这种做法并不十分统一，无法使法学院的目录清单成为衡量与其他教师联合进行教授的课程数量的标准。有些课程的名称——法学与医学、法学与精神病学、社会科学与法学——表明了跨学科的特点，但其仅从目录中可以收集到的信息也很少，因此在这次调查中没有刻意对这些课程进行普查。

然而，作为某些正式跨学科关系存在的索引，法学院的目录通常是可靠的。为了确定这些正式课程的现状，本调查的第一部分涵盖了对 119 个法学院目录的审查。几乎所有这些目录都是在 1970 年或 1971 年初出版的。它们揭示了约 24 所法学院声称在这一点上特定类型的联合学位计划。少数法学院表示，该计划正在发展中，许多既定的项目似乎是最近才创建的。到目前为止，最流行的组合是法学博士与工商管理硕士的组合，目前大约有 15 所学校提供了这种选择。其他的课程则非常分散，但也有几所学校提供法学和城市规划或法学和经济学的联合课程。少数学校提供不止一个的联合学位课程，有些学校还提供了同时攻读两个学位的普遍机会。在某种程度上，这些计划下的经验应该足以保证对其运作进行审查。也许有些相关的学校已经对其课程进行了评估。目前，我们还没有资料表明有多少学生参与其中，更不用说评估这个计划对参与者们的影响，以及参与这个项目的院系之间的关系了。

法学院教学计划中跨学科活动的另一个指标是法学院和大学其他地方的学生为正式教学的目的而进行交流。以前在许多目录中出现的禁止法学院学生在其他地方选修课程的传统防御性立场现在正在消失。取而代之的是，许多目录现在包含了赞同法学院学生在法学院外选课的声明,尽管选课通常要在满足法学学位最高学分的特定限制之下,而且通常在任何情况下都需要院长或教职人员委员会的许可。大多数学校要求学生证明外部课程与一些特殊的研究兴趣或法学研究领域有关,有些学校还要求事先得到在该领域工作教师的批准。这些限制表明,法学院认为他们应该继续在很大程度上垄断学生的注意力。对于那些试图打破法学院学生被完全强制隔离状态的人来说,获准在法学院以外的地方学习课程显然是来之不易的胜利。关于另一个方向的通路,只有少数法学院提到院外的学生可以进入法学院学习。显然,这类活动还处于这样的阶段:来自其他学科的学生如果积极主动一些,有可能得到一个学习法学课程的机会,但法学院完全不想对此大肆宣传。

由于我们没有既定的法律教育研究传统——也就是说,我们不能指出任何广泛的法律教育研究项目,也不能轻易地说出任何法律教师的专业领域就是法律教育——这些现象都还没有得到任何实质性的研究。面对现有的法学院跨学科活动研究的缺失,在汉普郡学院的社会学家罗伯特·冯·德·利佩(Robert von der Lippe)教授的协助下,我们编制了一份调查问卷,并向从1969—1970年法律教师名录中随机抽取的250名法律教师邮寄了问卷。这次调查共收回103份问卷,提供了足够的数据以便进行分析。问卷是为初步调查设计的粗略工具,是考虑到问题的广泛性,试图根据这些问卷提供的少量数据进行过于详细分析相当不明智。然而,某些范例的出现为随后的调查指明了方向,而其他范例的缺失可能使我们有理由放弃某些调查方向。

问卷回执中最引人注目的一个方面是,对于17个学科中的

324 任何一个是否应该由一名在该学科接受过高级培训的人全职或联合任命的问题，得到了各答卷人的强烈赞成。103 名受访者在这个问题上共勾选了 258 个选项。这个数字如此之高，并不是因为少数几个希望拥有高度跨学科师资的法学院与不希望拥有这类教师队伍的法学院之间出现了尖锐的两极分化。超过七成的受访者对这一问题至少做出了一项肯定的回答。仅有不到一半的受访者希望他们的教师队伍中至少有一个但不超过四个这样的跨学科任命。有 29 名受访者不希望任何跨学科任命，只有三名受访者希望有 8 个以上的任命。我们无法准确认定，这与每个答卷人所在的教师队伍目前的情况有多大差距，或者说与法学院的普遍状况有多大差别。调查问卷没有特别要求答卷人透露他们自己的学校是否存在这样的任命；法学院的目录也并不能作为判断依据，因为在列出任教人名单和描述他们的资历方面，各法学院的做法大不相同。在《法律教师名录》中，约有 3% 的人拥有博士学位；约有 10% 的人拥有法学硕士以外的其他硕士学位。《名录》中没有披露一些担任联合职务的人，也没有填写年度信息调查表以便列入名录。在现有的资料中，几乎没有任何迹象表明，目前许多法学院有两名或更多的教师在所列的任何学科中受过高级训练，或有两名或更多的其他学科代表担任了联合职务，或两者兼而有之，从而达到大部分问卷答复者所希望的数字。当然，对这个问题的解释可能非常宽泛，因此，对答卷人而言，"高级培训"的含金量远不如博士学位。另一种可能是，列入联合任命的选择对答卷人来说意味着，如果他们同意在自己的教师队伍中加入在这一领域受过高级培训的人，也不代表具有更传统法学背景的人将会面临被取消任命的前景。至少，这些数据表明，我们

附录二:法律公共职业培训:美国法学院协会报告(1971年)

有必要对人们是否强烈希望其他学科人员参与法学院教学一事进行确认。我们需要确定将愿望转化为资金和职位所承诺的条件是什么。对于其他学科人员加入法学院后能否成功融入,以及他们发现自己与同事的疏远在多大程度上妨碍了工作的顺利开展,或许已经得到了更多的关注,但此次调查也需要对这个问题进行扩大和深化。由于问卷发放的随机性,他们的问题尚未在更深入的研究中得到应有的关注。

调查表中至少有四个问题,可以就法律教师比较认同哪些学科与他们工作有关得出一些初步结论。除了询问其一些代表性问题外,还有其为学生指定教材的学科、法律教师鼓励学生在学习法学时选修课程的学科、法律教师定期与其他教师讨论专业问题的学科以及法律教师正在或计划与其他教员进行联合研究的学科相关的问题。总的来说,学科排名具有高度一致性。经济学在所有情况下都名列前茅,其次是社会学,在前五名当中位列第四名。在与法学院产生教学互动的代表性问题上,精神病学、心理学、哲学、政治学、会计学和历史学紧随经济学之后。在给学生分配教材方面,历史学突破了四个"P"的水平。在鼓励学生在法学院以外的学院进行选课方面,会计学成为第三名,心理学下降到第7名。当定期讨论专业关心的问题时,政治学以微弱优势领先于社会学。只有在共同研究工作的问题上,才有陌生的学科上榜;工程学守住了第6名,排在哲学之前。自然科学、数学、语言、文学、宗教、演讲和新闻学在这五个问题上都没有引起什么波澜。在社会科学中,只有人类学得到了一些关注。

在这五个跨学科活动中,正如人们所预料的那样,最积极的反应是给学生分配教材的问题。但令人惊讶的是,这一答复并没有远远超过对法学院教学互动代表问题的答复。自称经常与其他学科教师讨论专业问题的答卷人大大减少(161人)，只有一半的答卷人(80人)再次表示自己正在或计划从事合作研究。不过，与其他一些问题相比，定期与其他学科人员讨论问题方面的总体答复更具有欺骗性，因为有6个答卷人对这一项目做出了45个正面答复，使答复的分布发生了倾斜。

这些问题以图表的形式出现在两页问卷中的第一页，在图表中，可以在所列的17个学科中相应的栏位上打勾，这些答复是对以下问题的一些验证：在随后的问题中，三分之二的答卷人表示他们或他们的学生参加了一些跨学科活动。他们对这些活动评价的答复是发散式的，这也无可厚非，因为这一部分问卷的确需要答卷人认真对待才行。从数字统计上看，答案能够显示出他们对这些工作的普遍热情。有25个答卷人认为跨学科活动很成功，应该继续开展；没有人表示有理由停止这些活动。然而，很可能许多对跨学科活动持敌意的人根本没有对调查表做出答复——这是在评估上述所有结果时必须考虑到的因素，而且问卷的结构使得对这些活动持敌对态度的人不大可能像持友好态度的人那样对问题做出答复。

对法学院跨学科活动的任何调查都很重要的一个部分是试图确定促进或阻碍这种活动的条件。问卷调查结果显示，那些非大学附属的法学院对跨学科活动的开展甚至是兴趣都偏低。然而，这些结果并没有显示出那些与大学其他学院同在一个校园内的法学院与那些单独设立的法学院之间的任何明显差异。然而，后一类学校的样本可能太少，因此无法揭示这种差异。其中一个问题旨在从答卷人那里了解他们对其他学科感兴趣因素的看法。

在建议答卷人考虑的五个因素中,最积极的反应集中在学科性质,其次是以前的教育经历、个人友谊、与其他部门的距离和是否有正式的跨学科课程。柯里认为,哥伦比亚大学的发展是学院内部几位强有力领导人的杰作。我们需要对其他案例研究,方能说明少数几所已经成功开展跨学科活动的法学院如何做出了有力的承诺。此外,还应该从知识传播的角度来探讨这一运动。我们可以研究具有浓厚跨学科兴趣的教员从一所学校转任到另一所学校时产生的影响,并设法确定具有浓厚跨学科课程学校的毕业生在其他地方从事法学教学时发挥的作用。

正如人们经常指出的那样,虽然法学院世界的分级没有得到正式承认,但事实上,不同法学院在职业水平方面培养出的学生确实存在实质性的差别。目前,这种职业取向的谱系与跨学科研究的兴趣程度谱系有着异曲同工之妙。然而,关于跨学科研究更适合某一类而不是另一类职业的判断是否合理,目前尚不清楚。这是跨学科研究对于律师的成长价值这一更大议题的一部分。其中一种方法是对受过不同类型培训律师的职业生涯进行追踪研究的调查。在一些学校正在扩大跨学科活动并开始改变其院系特点的时候,建立控制小组并开展这种研究是适当的。

尽管存在这些发展趋势,许多律师和法律教师仍然对跨学科活动在法学院生活中的重要性持高度怀疑态度。它被描述为导致"研究所衰落"的一个主要原因。在1969年的年会上,同时拥有法学学位和社会学博士学位的杰罗姆·卡林(Jerome Carlin)认为,社会科学既没有实现其承诺,也没有实现在传统教学法和法学理论日益增长的贫乏意识之外提供另一种选择。由于他将法律制度的最大问题定义为受过法律服务培训的人员供应不足,因而对跨学科活动只会增加法律教育不必要的开支和学制这一看法表示认同。少数接受问卷调查的人也表达了类似的观点,他们接受了问卷调查的邀请,在问卷中附上了一些关于他们跨学科经验和对跨学科活动态度的评论。而另一部分人似乎在某种程度上对跨学科工作的价值产生了强烈的信念。但是,几乎没有任何迹象表明这两种观点均基于实际经验,而不仅仅是建立在个人印象之上的。虽然那些否认对跨学科活动有强烈兴趣的人可能会采取举证责任与己无关的立场,但那些对跨学科工作价值做出承诺的人应该会愿意通过对这些价值进行更科学研究的方式来兑现自己的承诺。

附录三：法律现实主义的局限性：历史的视角

（卡尔文·伍达德）*

参加法律教育研讨会的历史学家自然是沉默寡言的。毕竟，这种专题研讨的目的是提出具有前瞻性的建议，而历史（正如柯尔律治很久以前所说的那样）不过是"一盏船尾灯，只能照亮我们身后的波浪"。鉴于目前法学与更发达科学之间发生的所有"互动"，历史学家几乎没有任何借口可以参与其中。

唯一的理由（如果算得上正当理由的话）是，尽管新的和令人兴奋的议题和实验正在进行，但许多学生和教学人员仍有一种不安的情绪。显然，现代创新和实验所产生的所有见解和知识，只起到了提出而不是解决法律教育最根本问题的作用。我们应该教什么？如何教？为了什么？正如安德烈·布雷顿（Andre Breton）曾经指出的那样，我们掌握了所

---

* 弗吉尼亚大学法学教授。1950年，北卡罗来纳大学学士；1953年，耶鲁大学法学士；1960年，剑桥大学博士。

有的新知识,却"迷失在一片满是路标的森林中"。[1]

如果说历史学在纯粹的学术研究之外还有任何现实价值,那么它应该能够在当前环境下提供一些有意义的见解,这并不是因为它能够提供比其他学科更好的选择,当然也不是因为它能够以任何决定性的方式预示未来的进程,而仅仅是因为它提供了另一种相当不同的观点。为了避免有人担心历史的观点因其来自于对过往的研究而导致只能对现状进行记录性辩护,我们至少可以保证的是在这种情况下,对于当前流行的法律教育体系,我们的结论会比那些努力探索前沿学科的社会科学家所提出的结论还要宽容。即使观测历史的有利位置可能会让我们"向后看",但在视野中并不仅仅是一个问题或一个时代。总而言之,它既包含了整体,也包含了部分。这也许就是历史观点的首要价值和最大承诺。

在本文中,我将关注整个法律教育,特别是关注法律"世俗化"对法律教育的目的、内容和方法的影响。之所以选择这个主题并认为它与本次研讨会特别贴切,是因为在我看来,拉

---

[1] 在很多方面,我们现在的困境就如同查士丁尼时代罗马帝国的困境。在谈到《文摘》的筹备环境时,吉本(Gibbon)写道:"当查士丁尼登基时,罗马法学的改革是一项艰巨而又不可或缺的任务。在10个世纪的时间里,无穷无尽的各种法律文本和法律意见已经写满了成千上万卷书,这些书是任何财富都买不到的,任何能力也无法消化的……那些无力消化全部书卷的法官只能被迫潦草地行使他们的自由裁量权。"The DECLINE AND FALL OF THE ROMAN EMPIRE 687(Mod. Lib. Ed. 1947)。这篇文章首次出现在《弗吉尼亚法律评论》,第54卷,第4期,1968年5月,第689—739页。

斯韦尔(Lasswell)教授和麦克道格(MacDougal)教授[1]的著名文章标志着法律和法律教育世俗化迈进的艰难一步。

世俗化过程

"世俗化"的概念在20世纪的讨论中越来越流行。事实上，在某些方面，它有可能像"进化论"那样危及现代人的智力。[2]然而，世俗化是一个具有启发性的概念，它之所以能引起现代世界居民的回应，正是因为它用一个词描述了一个我们都能感觉到的、事实上正在我们周围发生的过程。然而，尽管人们普遍认识到了这一现象，并对这一现象进行了大量的学术讨论，但令人惊讶的是，人们却很少努力考虑它对法学的影响。如果不研究这种影响，我们可能忽略了对当前法律教育一些争议的宝贵见解。

"世俗化"是一个含糊不清的术语，既可以用来表示历史变化的原因，也可以用来简单地描述其他原因所产生的特定结果。在这篇文章中，我将只关注作为一种效应的世俗化，而将因果关系这个复杂得多的问题（对历史学家来说，也是更有趣的问题）留

---

[1] Lasswell & McDougal, Legal Education and Public Policy — Professional Training in the Public Interest, 52 YALE L. J. 203(1943).

[2] 在被 A. O. 洛夫乔伊(A. O. Lovejoy)命名为"思想史"的一些最有趣的研究就是以"进化论"为中心的。他自己的《存在之巨链》(*Great Chain of Being*)(1936年)，虽然不涉及科学或自然，但仍然是最好的作品之一。其他更直接涉及进化论的著作有 R·霍夫施塔特(R. HOFSTADTER), *SOCIAL DARWINISM IN AMERICAN THOUGHT* (1944); C. GILLESPIE, *GENESIS AND GEOLOGY* (1951)。关于进化论对法律和法律哲学的影响，最好的论述也许就是 R. POUND, INTERPRETATION OF LEGAL HISTORY (1923)。

待讨论。[1] 具体地说,我所说的这个词是指由三种相互关联的倾向组成的集合,这些倾向在过去的400年中已经日益成为西方思想的特点。第一个特点是倾向于培养一种感知人类生活环境的独特方式("理性主义")。第二个特点是倾向于刺激发展系统的程序和学术制度,而这种程序和制度能够利用理性主义对规律进行认知,从而产生关于世界的新知识("科学方法")。第三个特点是倾向于激发技术和技能的进一步发展,通过这些技术和技能,科学知识可以很容易地适应人类和社会的实际需要("技术"和"应用科学")。

理性主义的发展、科学观的发展和新技术的发明,这三种倾向中的每一种都被认为在过去四个世纪中对英美法律的历史造成了影响,总体影响可以用已故的费利克斯·科恩(Felix Cohen)一篇著名文章的标题来概括:世俗化已经用法律的"功能方法"取代了"先验的废话"。[2]

我将简要地提一下这三种世俗化倾向中的每一种都是如何促成了长达几个世纪文明的全面发展的;因为每一种倾向都受到了一种早期集合的启发,并建立在早期集合的基础之上,也正是这些集合使包括律师在内人们的思想越来越接近目前的世俗化状态。

理性主义的影响

理性主义的传播使法律从云端降下,消除了几个世纪以来围

---

[1] 我在伍德《现实与社会改革——从自由放任到福利国家的过渡》中认为"工业主义"是这一发展的基本原因之一,72 YALE L. J. 286(1962)。
[2] Cohen, Transcendental Nonsense and the Functional Approach, 35 COLUM. L. REV. 809(1935)。

绕着它的神秘光环。这种说法的正确程度可以通过回忆早期法律几乎和教会一样的神秘感和仪式化来衡量。不仅有华丽的服饰(福蒂斯丘[Fortescue]说,创立一个高级律师是为了举行一个为期7天的宴会,"就像在国王加冕时举行的那样"[1]),还有礼仪性的服装(除了华丽的礼服和头饰外,法务官还戴着永远不会脱下的头巾,甚至在国王面前也不会脱下[2]),最重要的是,法律实践本身就是一种圣礼,它的形式非常类似于学院派的辩论。"正确的用词",马他伦(Maitland)指出,"必须不失时机地说出正确的话语,必须准时地履行应有的仪式,否则整个交易将化为乌有。"[3]而且,我们还可以补充一点,这种法律与宗教之间的密切联系,在19世纪[4]一直间接地影响着英国法律,在英国法律的跨大西洋移植过程中得以幸存。它是由敬畏上帝但厌恶形式的清教徒带到这个国家的,他们毫不令人奇怪地强调实质而不是形式。这个国家出版的第一本法律书籍是由马萨诸塞州一位神职人员起草的一部法典,其中特别规定,在所有没有明确规定的案件

---

[1] J. FORTESCUE, DE LANDIBUS LEGUM ANGLIE 123 (Chrimes ed. 1949)。福蒂斯丘说,高级律师一职不仅授予学位,而且授予不亚于神学博士的显赫地位。律师授予的强制性仪式不仅包括宴会,还包括向贵族、教会的王子和法官赠送戒指。

[2] Id. at 125。另见 S. PULLING, THE ORDER OF THE COIF (1884)对这一特权的讨论,以及许多其他关于早期法院的仪式性做法的说明。

[3] F. MAITLAND, SOCIAL ENGLAND 171.

[4] 甚至连普通法的坚定拥护者科克勋爵(Lord Coke)也被认为说过,"世俗法和宗教法是如此紧密地结合在一起,以至于二者缺一不可"。而哈德威克勋爵(Lord Hardwick),一位同样杰出的大臣,断言"基督教……是国家法律的一部分"。De Costa v. DePaz, 2 Swans. 532, 36 E. R. 715, 716 (Ch. 1743)。

中,法院将以"上帝的话语"为指导。[1] 而直到1833年,约瑟夫·斯托里在他作为哈佛大学戴恩教授的就职演讲中指出并肯定,"我们市政法学中最值得骄傲一点就是,基督教是普通法的一部分,它从普通法中寻求权利的认可,并以此来规范其教义"。[2]

我相信所有人现在都会同意,在过去400年里,甚至自斯托里时代以来,法律与宗教之间的关系已经发生了实质性的变化。此外,衡量这种变化的标准,与其说是关于教会和国家里程碑式的决定(例如最近的学校祈祷案[3]),不如说是上帝的律法与我们现在教授、实践和写作的律法完全不相干——不管这些律法是在《旧约》或《新约》、《古兰经》或任何其他受神启发的书中阐述

---

[1] 这里提到的书是 N. 沃德(N. WARD), *THE BODY OF LIBERTIES* (1905)。查尔斯·沃伦(Charles Warren)说它"有资格成为美国第一本法律书籍",他的结论是:"普通法被视为具有约束力,只是因为它表达了上帝的法律或殖民地的特定法规。"THE HISTORY OF THE AMERICAN BAR 66(1913)。

[2] MISCELLANEOUS WRITINGS OF JOSEPH STORY 517 (W. Story ed. 1852)。在演讲中,斯托里为这一主张辩护,"尽管我们一位杰出的政治家提出了似是而非的反对意见"。同上。当然,他指的是托马斯·杰斐逊,他曾在一封给卡特赖特(Cartwright)少校的公开信中否认了这一主张。1824年,在杰斐逊的信出现后不久,对杰斐逊和其他权威人士所依赖的《年鉴》案例进行了简短但极具特色的讨论。参见 9 THE AM. JURIST 346(1833)。

[3] E. g., Engel v. Vitale, 370 U. S. 421(1962)。注意到世俗化所带来的"自由权"和"自由"两个词的变化是非同寻常的。哈斯金斯(Haskins)教授告诉我们,马萨诸塞州的清教徒追求的是"自由权",意思是"在福音信仰中行走的自由,在行为上通过公义事奉上帝,在敬拜上通过虔诚事奉上帝的自由"。G. HASKINS, LAW AND AUTHORITY IN EARLY MASSACHUSETTS 17(1960)。

同样,1662年的《公祷书》至今仍被英国教会普遍使用,其中有一段著名的祈祷词,它说:"神啊,你是和平的创造者,和睦的爱人,我们的永生有他的知识为凭。他的事奉乃是完全的自由。"当然,今天,"自由"是指摆脱宗教及其约束的自由。

的。当然,我们认为自己已经超越了修道士一般的中世纪律师、狂热的清教徒神权主义者和虔诚"行善"的维多利亚时代的立法者,正是因为我们已经足够有"意志坚强"[1]的头脑,以理性地对待法律。我们不再受"先验的废话"的禁锢,这种禁锢自古以来就使律师们对法律的功能视而不见,我们第一次有能力利用法律来达到社会决定的目的。这种新的前景和希望是理性主义对法律的主要影响。

法学的兴起

理性主义把法律带到了现实,但是仅仅把法律带到世俗化的状态是不够的。这种理性主义的观点必须与同样理性主义的分

---

[1] 今天许多分析型律师引以为豪地使用的"意志坚强"一词,显然是由福尔摩斯的朋友威廉·詹姆斯在其著名的《洛厄尔学院实用主义讲座》(*Meridian Books ed.* 1955)中首次使用的。他将"意志坚强"和"意志薄弱"区分如下:

"意志薄弱"	"意志坚强"
理性主义(遵循"原则")	经验主义者(以"事实"为准)
知性的	耸人听闻的
理想主义的	唯物主义的
乐观的	悲观的
宗教的	不信教的
自由意志者	宿命论
一元论的	多元的
教条主义的	怀疑的

Id. at 22. 詹姆斯指出的"以原则为基础的理性主义"与"以事实为基础的经验主义"之间的第一个区别,正是约瑟夫·斯托里的"法律科学"概念与克里斯托弗·兰德尔的归纳判例教学法之间的区别(在下文注 24 中提到)。

析方法相结合,才能使法律转变为"法律科学"。

直到18世纪,普通法仍然是一个破布袋,里面收纳着几乎被遗忘的盎格鲁-撒克逊习俗、诺曼(Norman)式的腐败、失窃并且常常不被完全理解的圣典和罗马法教义、迂腐的程式要点(亨利·梅因爵士[Sir Henry Maine]注意到,这些要点隐藏在实体法中),以及一堆乱七八糟、无望和拙劣的以及不规则的决定。[1]

这一大堆未经消化、未经整理、实际上也未被探索的材料,加上大量的法规、特别权威和不成文的惯例,在物理科学产生的大约同一时间,以与"科学方法"本身相同的发展速度变成了一门科学。[2]

---

[1] 对18世纪晚期法治状况最生动的描述之一,出现在 J. S. 米尔(J. S. Mill)关于布莱克斯通同时代人杰里米·边沁(Jeremy Bentham)的著名文章中。根据米尔的说法,法律"像一个成年男子的服装一样,他从未脱下第一次上学时为他做的衣服。一层又一层的裂缝裂开了,随着裂缝的扩大,除了可能掉下来的那些以外,原本的内容物原封不动,破洞就补上了,或者从最近的商店里带来了一些新的规则,拆拆补补。" J. MILL, BENTHAM AND COLERIDGE 76 (F. Leavis ed. 1950)。

这种说法的真实性,不仅仅是一种比喻,还可以从一批审查有关不动产法律的专员于1829年被委任这一事实中得到证实。他们报告说,自爱德华一世(Edward I)——他在1272—1307年担任国王——以来,没有对该法律的分支进行过全面修订。见 C. CARR, A VICTORIAN LAW REFORMER'S CORRESPONDENCE 5 (Seldon Soc. Pub. 1955)。如果不进行全面修正,500多年历史的遗留问题不可能不造成一种绝对混乱的状态,而我们直到现在才逐渐摆脱这种混乱状态。

[2] 这里并非适宜之地,我也没有能力详细介绍科学方法的发展,毕竟这是一个近年来已经成为一门独立学术学科的巨大课题,即"科学史"。不过,我们可以指出文中所描述的法律世俗化与科学本身的兴起之间的一些相似之处。在中世纪,法律的职业和实践都笼罩在宗教仪式和神秘色彩中,科学却进展甚微。一位杰出的经济史学家和终生从事中世纪研究的 M. M. 波斯坦(M. M. Postan)教授把这种奇怪的、缺乏进步的现象解释为"中世纪生活中缺少一种我倾向于称之为科学激励的东西"。他继续说道:"中世(转下页)

附录三：法律现实主义的局限性：历史的视角

(接下页)纪是信仰的时代,在某种程度上,他们对科学的推测并不时髦。这并不是说科学家这样的人无法在社会中立足。因为总的来说,人们因其科学思想而受到迫害的情况是非常少见的:之所以少见,是因为有危险思想的人,或者实际上有任何科学思想的人,本身就非常少见;而且确实令人惊讶的是,竟然真的有这样的人存在。所以,这样的说法并不是说,这个时代不存在思想上的巨人,而是指,在一个信仰时代,有智力和精神的人发现信仰本身的召唤——对它的阐释、围绕它的争论和接受它的征服——是一项足以牵扯他们全部的任务,简单地说,他们没有时间去从事科学这样的职业。"(M. POSTAN, *Why Was Science Backward in the Middle Ages?* in A SHORT HISTORY OF SCIENCE 11, 12 - 13 [Anchor Books ed. 1959])

此外,波斯坦教授还得出结论,"保护精神"是导致这些行会将他们的方法和技术视为严格机密的一个因素。"律师学院"是中世纪行会中的一种;他们与其他行会一样,都努力保守自己的技术秘密——正如我们已经指出的那样,这一因素解释了早期法律包含的许多神秘主义和仪式的内容,以及以其残余形式存在的法律只有"法律头脑"才能解释的信念。

理性主义的传播,最初表现为作为行会的律师学院的消亡,以布莱克斯通将英国法律简化为理性体系的努力而告终,这与 A. R. 霍尔(A. R. Hall)教授描述的 1500—1800 年"现代科学态度的形成"时期相吻合。尽管科学界一些最伟大的名字属于那个时期——如哥白尼、伽利略和牛顿——但霍尔教授告诉我们,那只是一个"准备时期",而自 1800 年以来,则是一个成就期。A. HALL, The Scientific Revolution, 1500 - 1800 xii (2d ed. 1962)。如果说布莱克斯通的法律科学没有达到纯粹的理性,那么这一时期的科学也是如此(牛顿拥有一个黑匣子,里面装满了关于魔法的数据,罗伯特·波意尔(Robert Boyle)相信女巫的存在,据说约瑟夫·普里斯特利(Joseph Priestley)曾经利用一台电机进行驱魔)。

法律科学的时代始于布莱克斯通和他所激发的法律学术,以兰德尔的判例教学法达到顶峰——与科学成熟的时期不谋而合,威廉·休韦尔(William Whewell)创造了"科学家"一词,(引用 A. N. 怀特海[A. N. Whitehead]的话)"最伟大的发明……是发明方法的发明"。A. WHITEHEAD, Science and the Modern World 98 (Mentor Books ed. 1948 年)。科学方法的时代开始了。

接下来的时期大约是 1870 年至 1930 年,在这段时期内,自由放任(根据特威斯[Twiss]的说法)入了最高法院,法律界变得无比专业(实际上由詹姆斯·S·卡特[James S. Carter]创立的"克拉瓦斯体系"[Cravath system]就[转下页]

338　　我们所知道的法律科学在达到目前的世俗化状态时,经历了四个相当不同的阶段。首先,必须将这片巨大的沼泽地置于某种表面上的秩序之中(1750—1800年);其次,必须收集关于法律本身的大量事实和理论数据(1800—1870年);第三,必须推导出这些数据所依据的原则,并在真正科学的基础上重建法律科学(1870—1930年);最后——就我们现在所处的阶段而言——必须将法律科学纳入一个仍在发展的、仅被模糊感知的"科学中的科学"。

339　　我将就法律科学发展的每一个阶段都说上几句,作为所有对法律教育更具体影响的背景。然而,我将把对最后一个阶段的评论保留到以后,因为这一阶段融入并成为了第三种世俗化倾向的一部分,即发展一种将科学应用于实际问题的技术。

[接上页]是从这段时期开始的,威廉·克伦威尔[William Cromwell]在巴拿马运河案件中收取的第一笔百万美元费用也是从这段时期开始的)。与此同时,科学也萎靡不振。在整个19世纪的早期,科学是如此地强健和有活力("每一天,"龚古尔[Goncord]曾在19世纪60年代写道,"科学都又咬了上帝一口"),而怀特海在谈到本世纪最后25年的时候说:"然后,几乎是突然间,出现了一个停顿;在最后20年里,这个世纪在自第一次十字军东征以来最枯燥的思想阶段之一中结束了。它是18世纪的回声,缺少伏尔泰和法国贵族那种不计后果的优雅。这一时期的关键词是高效的、沉闷的和心不在焉的。它只颂扬专业人士的胜利。"(Id. at 103)

在这个法律和科学都处于沉寂和专业化的奇怪时期,"科学方法"采取了最教条又最流行的形式。在赫伯特·斯宾塞和托马斯·赫胥黎在物理和社会科学领域大肆宣扬其优点的时期,兰德尔将其应用于法律,而他的追随者则将其传播到全国的法学院。

在1930年后,法律现实主义者开始反叛,并严重破坏了超科学的判例教学法的权威性,这与现代科学家开始从早期形式"科学方法"的教条主义中退缩的时期相对应。因此,例如,在1947年,一位科学家引用了卡尔·皮尔逊(Karl Pierson)1892年出版的《科学语法》,他写道:"我倾向于认为,总的来说,科学的哲学分析及其方法的普及,并没有使人们对科学有更多的了解,反而导致了对科学的大量误解。"(J. CONANT, ON UNDERSTANDING SCIENCE 28, 1947)

第一阶段:从混乱到有序(1750—1800年)。布莱克斯通是第一阶段的大力神。尽管他直接借鉴了马修·黑尔(Matthew Hale)爵士的观点,而且他的努力也被伍德(Wood)和维纳所预见,但他比任何人都更了解律师们对法律进行分类最简单也是最基本的方案。他指出,英国的所有法律,要么保护"权利",要么禁止"错误"。受保护的权利分为人的权利和物的权利;而被禁止的错误行为也同样分为两类,即对私人的不法行为和对国家的不法行为。[1]

因此,布莱克斯通一气呵成,为普通法提供了一个有限制的框架;他把实体法和错综复杂的程序分离开来;他以不同程度的细节确定了几个类别的组成部分,并展示了它们之间的关系。一言以蔽之,尽管布莱克斯通本人并不是一位著名的理性主义者,[2]但通过这种史诗般的表现,他把混乱的法律变得有条不紊。通过这样做,他为"法律科学"发展的第二阶段扫清了道路。

第二阶段:创造批判性的法律文献(1800—1870年)。几乎在《评论》出版后,具备学术背景的律师和法官就开始对布莱克斯通的结论提出异议,更重要的是,他们试图改进他的努力。因此,法律在某种程度上摆脱了利特尔顿(Lyttleton)和科克压迫性的、有点神秘的暴政,[3]变得在智力上具有挑战性,而这种挑战已经有很多代人没有经历过了。随着数量惊人的各种法律书籍

---

[1] 参见 BLACKSTONE, COMMENTARIES。
[2] 杰里米·边沁对布莱克斯通所谓的"无意义"感到非常厌恶,以至于他写了一篇篇幅很长、言辞激烈的《评论》。对于布莱克斯通伟大作品中各种非理性因素的一般性讨论,参见 D. BOORSTIN, THE MYSTERIOUS SCIENCE OF LAW (1941)。
[3] 有关利特顿·科克影响的一系列生动说明,见 C. BOWEN, THE LION AND THE THRONE 513 - 15(1957)。

如雨后春笋般涌现出来,人们的投机情绪和兴趣也随之高涨。一些作家,如肯特、塔克和沙斯伍德(Sharswood),希望将《评论》改编成适合本国的作品;或者,如斯蒂芬律师和哈蒙德(Hammond),希望使其与时俱进。[1] 另一些人则致力于将特定的法律分支系统化,就像布莱克斯通将整个法律系统化一样。[2] 同时,还有一

---

[1] 布莱克斯通著作的各种版本本身就是19世纪法律发展的精彩记录。1841年,斯蒂芬爵士决定拒绝布莱克斯通的版本,并采用自己的版本,这充分说明了法律和政府活动的扩展程度。

他给出的理由是,该著作的原始版本事实上压根没有考虑,或仅仅从一个笨拙的、不协调的视角来探讨法律一个巨大的、日益重要的分支,即国家的社会制度,而不是政治制度:例如,与穷人和公路有关的法律被布莱克斯通分别视为教区监督员和教区测量员办公室里的个别事件。

H. STEPHEN, NEW COMMENTARIES ON THE LAWS OF ENGLAND V (12th ed. 1895)。

许多渊博的书籍都写过关于19世纪期间所发生的那些创伤性的动荡和变化。然而,没有任何一本能更有说服力地证明——由于斯蒂芬律师措辞谨慎、有些沉闷的推理,国家在处理卡莱尔(Carlyle)所说的"英格兰状况问题"中的角色实际上已经发生了怎样的变化。

[2] 在许多方面,19世纪是一个以论文为基础的法律时代。虽然法院拥有最终裁决权,但它们对文本作者作品的依赖程度往往体现出相当深刻的尊重。斯托里对海事法、法律冲突(这个领域有时被认为是他发明的)和美国衡平法的影响(以及斯托尔厄尔勋爵[Lord Stowell]的影响)就是著名的案例。我们可以再举一个例子,既可以说明该论著的影响,也可以说明该论著作者的高深莫测和自信,这个例子出现在乔尔·毕晓普(Joel Bishop)对其刑事诉讼论著的导言中。在为法律应通过教科书而不是通过编纂(他认为这种方法更适合于国家"衰落和死亡"的时期)来修正和完善的主张辩护时,毕晓普写道:"……正如我很久以前所相信的,并且现在声称已经证明的,由有能力的人按照上述计划编写的教科书……可以简化法律……减少诉讼……使法院的意见和裁决统一,……增加而不是减少法学研究的教学作用……读者不会指望我在目前这样简短的篇幅中进一步表明这一点,而只是期望知道在哪里可以找到证明。然后,让他仔细研究一下有关结婚和离婚的书籍以及法院的裁决,就像本作者所写的那样。他将了解到,我们的法庭从来没有在一个法律问题上发生过如此多的混乱和冲突……(转下页)

附录三:法律现实主义的局限性:历史的视角

些人则致力于对案件报告的混乱方式进行改革。尽管早在1785年,就有一个州(康涅狄格州)规定了最高法院判决的永久记录,但在整个19世纪的大部分时间里,私人报告制度(或制度缺失)仍然在本国和英国盛行。由于C.沃特斯金(C. Watkins)、W. T. S.丹尼尔(W. T. S. Daniel)和韦斯特伯里勋爵(Lord Westbury)等改革者以及韦鲁勒姆协会(Verulam Society)和法律修正协会(Law Amendment Society)等私人社团的鼓动,判例法的报告方法得到了极大的改进。[1] 此外,一些案例文摘(如考克斯[Cox]的《刑事案例文摘》、安吉尔[Angell]的《水道案例》[2]和斯密[Smith]的《主要案例》)继承并大大改进了早先由培根(Bacon)、维纳和科明斯(Comyns)编写的更为宏大的文摘。

在短短的五六十年时间里积累起来的庞大的系统性知识体系,将法律从一种包裹在神秘之中、孤立的迂腐学问,变成了一个充满智慧探索的动荡领域。因此,随着实体法的要点越来越优先

(接上页)然后让他的视线顺着我们法院的判决一直延伸到现在,他将会发现,我书中的观点经常被人看到和理解,它们终将被法院采纳;这不仅是规则,而且是没有例外的规则……应当披露的结果将是,今天,我国法院关于结婚和离婚的法律比任何其他方面的法律都要和谐。如果这本书被仔细研究过的话,剩下的大部分分歧,甚至是全部的分歧,都可以避免。"(序言 CRIMINAL PROCEDURE, 1880)

在承诺将同样的方法应用于刑法时,毕晓普承认,"这项事业将被认为只与卓越的才干相匹配"——他现在已经满意地解决了这一障碍。

有关法律文学及其在19世纪英国的影响的一般性讨论,请参见15. W. HOLDSWORTH, A HISTORY OF ENGLISH LAW, ch. 6 (Goodhart & Hanbury ed. 1965)。

[1] 关于英国法律报告改革的讨论,见W. HOLDSWORTH, supra note 20, ch. 5。
[2] 特别提到1824年出版的安吉尔的《水道案例》是因为据查尔斯·沃伦说,这是美国第一本案例书。根据约瑟夫·斯托里的建议,在96页的正文中增加了246页的案例。见C. WARREN, A HISTORY OF THE AMERICA BAR(1913)。

于程序上的细节,律师的标准大大提升;新"科学"的可能性和局限性引起了广泛和普遍的兴趣。法律科学发展的第二阶段以一代初出茅庐的律师寻求(引用1872年出版的一本学生手册的标题)对法学的系统观点而告终。[1]

第三阶段:使法律成为一门学术科学(1870—1930年)。在19世纪后半期,法律的世俗化有了新的形式,因为重点从孤立的学者们收集新数据和进一步阐述法律的特定方面转向由受过机构训练的、有基础的法律"科学家"[2]系统地寻找第一性原理。这一发展的主要推动力是兰德尔的"判例教学法"。判例教学法的规则与布莱克斯通的法律类别表述一样简单,但也一样充满了意义和影响力。

本世纪初的法律科学家们——兰德尔、埃姆斯、波洛克(Pollock)和霍兰(Holland)——和在他们之前的布莱克斯通一样,假设法律可以被分解成各个组成部分,而每个部分所依据的原则只能通过阅读所有相关的裁决案例来得出。判例教学法的核心是假设案例一旦被梳理并适当分类,其本身就会启动能够暗示真正基本原则的模式。毫无疑问,兰德尔本人对这种方法做了最好的陈述和解释:

---

[1] 文中引用的书由伦敦大学学院法学教授谢尔登·阿莫斯(Sheldon Amos)撰写。阿莫斯不仅继任了约翰·奥斯汀以前的职位,还为普及奥斯汀式的法律概念做了很多工作,这种概念在19世纪末——在奥斯汀痛苦、默默无闻和崩溃之后的很长时间里——变得相当有影响力。
[2] 在这篇文章中,我一直吹捧兰德尔是"法律科学"的倡导者。斯托里也不例外。然而,如上所述,无论真理是在案例、基督教、犹太教、罗马法还是在任何地方发现的,区别都在于基于从案例中得出的原则的"归纳科学"和基于从真理中得出的原则的"演绎科学"间。斯托里的态度也许最能说明他在哈佛大学模拟法庭上的发言。"先生们,这就是世界上所有其他法院的'高等错误及上诉法院'。不要告诉我上次引用的案例推翻了任何伟大的原则——根本没有。有谁能给我讲讲这个原则,哪怕你是在《印度教法》中找到的。"Keener, 1 Yale L. J. 146(1892)。

附录三:法律现实主义的局限性:历史的视角

法律被视为一门由某些原则或学说组成的科学,它的发展主要是通过一系列的案例来追溯的;有效掌握这一学说的最快捷和最好的方法(即便不是唯一方法)是研究它所体现的案例。但是目前,那些对达成这个目的来说有用和必要的案例与已报告的所有案例相比,所占的比例极小。对于任何系统研究的目的来说,这些案例绝大多数都是无用的,或者说比无用更糟糕。因此,在我看来,以合同法这样一个法学分支为例,在比较适度的限制以内,选择、分类或安排那些曾在所有情况下对其任何基本学说的成长、发展或确立做出过贡献的案例是可能的。[1]

---

[1] 序言 C. LANGDELL, A SELECTION OF CASES OF THE LAW OF CONTRACTS (1870)。在本文中,我倾向于将兰德尔与判例教学法划上等号。这样做也许相当于给他一份有些超越他成就的褒奖。因为该体系的发展和最终的推广,很可能更多的是归功于其他人的努力,尤其是艾姆斯。

在对巴尔·埃姆斯的赞美中,我们发现了以下启发性言论:一个奇怪的事实是,兰德尔是一位伟大的逻辑学家,他通过历史的发展来教授一种学说;埃姆斯是一位伟大的历史学家,他试图将法律主要作为一种哲学体系来教授。埃姆斯的方法更适合学生的需要,并且成功地在他的学生中建立起了"法律头脑"。埃姆斯把这一体系作为教学方法的成功……兰德尔有权获得发现者的巨大荣誉;但埃姆斯却将这一发现付诸实际应用。(Memoir of fames Barr Ames, in LECTURES ON LEGAL HISTORY 3, 8 - 9, 1913)

同样,另一位评论家也指出:"是埃姆斯真正固定了美国法学院的案例书类型。他所选择的判决,并不是为了用缓慢的步伐来追溯法律思想的历史发展,而是通过选择引人注目的事实和生动的意见,激发学生的思想,并一步一步地引导他们的思维,直到他们熟悉该主题的基本原则和理由。艾姆斯自己在每个题目中都制定出一两个基础原则,引导全班同学在讨论中采用这些原则,然后用这些原则来解决每一个出现的问题。他的方法至少对他的学生来说,形成一种典型的判例教学法……"(THE CENTENNIAL HISTORY OF THE HARVARD LAW SCHOOL, 1817 - 1917 at 81[1918])

因此,法律科学学者的适当职能是确定原则,并正确地陈述这些原则。然后,法官在受过这种科学方法适当训练的律师的协助下,可以正确地运用这些原则。这样,案件将根据真正的法律原则进行裁决,法律科学将更加接近一个完全合理的体系。[1]

换句话说,对兰德尔和他的弟子来说,法律是一门归纳科学,判例是数据,从中可以得出真正的法律原则。"在这一体系下,"将火种传递到哥伦比亚大学的弟子写道,"学生必须将法律看作是一门由一系列从已判决的案件中发现的原则组成的科学,对他来说,案件就像标本之于地质学家来说一样"。[2]

可以看出,兰德尔及其追随者将学生视为科学家,认为他们必须接受培训以进行教授们所做的那种研究和分析。因此,现代法学院——一种独特的美国现象——变得至关重要,与其说是为了培养律师,不如说是为了推进法律科学的发展。[3] 而需

---

[1] 围绕判例法通过传播科学观点而变得完善的可能性,也许最好的(也是最乐观的)论述来自弗雷德里克·波洛克爵士关于判例法科学的文章,转载于《JURISPRUDENCE AND LEGAL ESSAYS BY SIR FREDERICK POLLOCK 169》(Goodhart ed. 1961)。波洛克期待着各方"被纯粹的法律科学进步的热情所感动,以便将[重要]案件提交到最终上诉程序"。然而,他认识到,当事人的利益总是与科学利益相冲突,因此建议在这种情况下可以规定强制性上诉,或者再次规定,"有人负责不时地提请上诉法院注意这类困难,并为获得司法意见而向上诉法院提交案件,这种司法意见应与法院的实际判决具有同样的权威"。为了后一个目的,他建议设立"司法部、法律部,或其他名称"。(Id. at 172)

[2] 1 W. KEENER, A SELECTION OF CASES ON THE LAW OF QUASI-CONTRACTS (1888)的序言。关于判例法在哥伦比亚大学沉淀下来的戏剧性分裂的有趣讨论,见 J. GOEBEL, A HISTORY OF THE SCHOOL OF LAW, COLUMBIA UNIVERSITY, pt. 3(1955)。

[3] 庞德院长在一篇关于哈佛法学院历史的文章中指出:"一个世纪以来,法学院所宣称的唯一目标是办一所所谓的'国家'学校,寻求为学生在任何以英国普通法为基础的司法管辖区执业做好准备。从 1871 年到 1928 年,(转下页)

附录三：法律现实主义的局限性：历史的视角

要指出的是，法学院在美国的影响比在英国大，至少部分反映了自1870年以来，世俗化进程在这个国家得到的进一步发展。

尽管如此，直到1930年左右，法学依然意味着以判例分析为基础的法律科学。英美法学界一些最伟大的人物，如波洛克、埃姆斯、威利斯顿(Williston)、斯科特(Scott)和普罗瑟(Prosser)等，都含蓄地或以其他方式接受了这一法律概念。

法学思想的高潮是1920年成立的美国法学研究所。它的目的是以清晰和合乎逻辑的形式"重述"判例法，担心国家大量的司法管辖权对法律的真正原则造成不必要的混乱。[1] 美国法学会利用法学教授(法学专家)作为记者，声称自己拥有真正的科学超然性：当意见发生冲突时，记者们会有所觉察然后退到一边。只有在我们称之为法律世俗化新阶段的《第二重述》中，记者才敢于就有争议的问题发表自己的意见，而不再是简单地报道那些冲突。[2]

我们可以看到，到1930年，法律，至少是美国的法律，已经被牢固地确立为一门科学。150年前，在布莱克斯通的时代，法律

（接上页）目录中的声明只谈到'这种对英美法基本原则的培训，将构成在任何法律体系盛行的地方从事该职业的最佳准备'。自1928年以来，该校所宣布的宗旨就包括了这一点与另外两个目标：培养法学教师，以及研究人际关系的法律调整问题并发现如何有效地满足这些问题。"Pound, The Law School, in THE DEVELOPMENT OF HARVARD UNIVERSITY, 1869-1929, at 472, 476-77 (S. Morison ed. 1930)。

[1] 参见 H. GOODRICH & P. WOLKIN, THE STORY OF THE AMERICANLAW INSTITUTE, 1923-1961(1961)。
[2] 请参阅《侵权行为重述》中院长普罗瑟提出的批评，因为他并非要针对第402A条中判例法的内容而是要重申自己的观点，该案实际上对所有制造业产品的制造商施加了无过错责任。

还是一片混乱和无知的荒野。在这期间,律师和法律学者们表现出将混沌归于理性,并将结果系统化的倾向,成功彻底改变了当时的法律观念、法律渊源,当然还有法律教学。如果兰德尔和埃姆斯时代科学律师们的乐观主义在现实面前显得苍白无力——也就是说,如果法律科学未能发现法律的"第一原则",或者如果它发现的原则(这似乎更有可能)的重要性在某种程度上每天减少一点——即便如此我们也必须记得,法律科学也只是在遵循自然科学和物理科学的模式。自斯宾塞、赫胥黎和约翰·菲斯克(John Fiske)(与兰德尔和埃姆斯同代人)的时代以来,纯粹的科学家也失去了一些乐观主义和教条主义。[1] 大约在1930年以后,人们普遍放弃了对科学原则的确信,从而导致法律科学化第三个阶段的结束。

现代法律技术:使法律科学发挥作用

我们已经说过,世俗化带来的不仅仅是理性主义和科学方法的概念;它还包含着使科学知识变得有用的强烈驱动或倾向。

---

[1] 1933年,一位科学家发表了以下看法:"科学已经变得自觉和相对谦逊。我们不再被教导说,科学的方法是获得关于现实知识的唯一有效方法。著名的科学家们以一种奇怪的热情坚持认为,科学只给我们提供了关于现实的部分知识,同时也忽略了很多知识,而我们不再被要求把科学认为能够忽略的一切知识都视为虚幻的。"科学观的这种变化似乎是突然发生的。自从丁道尔在他的《贝尔法斯特演说》(Belfast's Address)中宣称只有科学才有能力处理人类一切重大问题起到现在,还不到60年的时间……J. SULLIVA, THE LIMITATIONS OF SCIENCE 138 - 39 (Mentor Book ed. 1952)。当然,廷德尔(Tyndall)是兰德尔的同时代人,他对科学的信仰与兰德尔对归纳得出的法律原则的信仰是相匹配的——正如沙利文(Sullivan)对科学的怀疑和缺乏教条主义在时间和意义上都与法律现实主义者从科学案例方法中退却相对应。

附录三:法律现实主义的局限性:历史的视角

到了1930年,法律科学,也就是对案例的分析,已经发展到了这样一个地步,以至于世界上某些顽固的人开始质疑它的有用性。瑟蒙德·阿诺德(Thurmond Arnold)妥帖地表达了他们的反应,他对古德里奇院长(Dean Goodrich)为《重述》所做的慷慨激昂的辩护写下了一篇尖刻、讽刺的答复:

> 当作者还在读法学院的时候,威利斯顿对合同的处理展现在一本书中,而这本书似乎足以说明这一主题的一般辩证法。当时美国法学院评论一共只有18篇。战后不久,威利斯顿的书籍增加到了5册,法学院的评论也达到了24篇。其后,《合同的重述》出版了。如今威利斯顿著作的新版已经增加到8册,美国出版的法学评论也有60多篇,目前英美法律的期刊约有250种。《重述》是学术界所能达成的最完美的作品。威利斯顿的《契约论》无疑是完善《重述》非常必要的补充,否则他也不会将其出版。众所周知,法学评论包含了法学的真谛。然而当它在所有其他所谓的法学领域重复出现时,开始成为一种巨大的负担。唯一能阻止它的是研究态度的彻底改变,这将产生一种不同的、更简单的法学文献。[1]

所谓的美国法律现实主义运动在30年代开始为法律的学术讨论定下基调;在随后的几年里,大多数较好的美国法学院至少部分

---

[1] Arnold, Institute Priests and Yale Observers — A Reply to Dean Goodrich, 84 U. PA. L. REV. 811, 822(1936).

地反映了现实主义的法律哲学。这种哲学[1],如果可以称之为哲学的话,那就是为了使法律——法律科学——变得更加有用。[2]莱昂·格林(Leon Green)院长在1928年的著作中,像所有人一样清楚地表达了一个基本上不拘一格的群体所拥有的共识:

> 任何一门法律科学,归根结底都是一门法律行政的科学……因此,这里所说的"法律"就是通过正式的政治机构为确保社会控制而进行判断的权力。[3]

与兰德尔的真正法学家不同,格林院长很愿意把法律渊源的学术问题(实际上也是认识论)视为不可解释的问题。然而,他像技术人员一样,把注意力集中在问题的实际方面。他补充说,只要法律的来源是显而易见的,"它们就存在于那些受委托有权做出这些判决的个人的判断中"[4]。因此,他的结论是,法律的

---

[1] 对法律现实主义运动所依据的哲学的怀疑,是基于阿诺德的一句俏皮话——然而这真的是俏皮话吗?用威廉·詹姆斯(William James)的话来说,大部分法学文献都是乏味的,并不像物理、数学等难学科目那样乏味,而是像扔羽毛一样无休止地、一小时又一小时地乏味。因此,耶鲁大学更多精力充沛的学生习惯于忽视这门学科。(Id. at 811)

[2] 关于最近对法律现实主义者富有同情心的讨论,见 E. ROSTOW, American Legal Realism and the Sense of the Profession, in THE SOVEREIGN PREROGATIVE — THE SUPREME COURT AND THE QUEST OF THE LAW 3 (1962)。有必要强调法律现实主义的"美国化",因为一些大陆法学作家已经独立于美国发展出了一个现实主义学派。例如,参见 K. OLIVECRONA, LAW AS FACT(1939)(一位著名的瑞典学者对作为法律制度现实武力的分析)。

[3] Green, The Duty Problem in Negligence Cases, 28 COLUM. L. REV. 1014 - 1016(1928)。

[4] (Id. at 1014)将格林院长的现代说法与18世纪一位世俗的神职人(转下页)

附录三:法律现实主义的局限性:历史的视角

法律的真正问题是想出一种语言技术、一种判断技术和一种统计技术,简而言之,法学可以用于解决那些可以被解决的问题。[1]

第二次世界大战以来,法学学者的努力正是出于这种实用性和技术性。因此,在最近一次关于公职人员罢工的讨论中,我们发现密歇根大学的校长说:

> 从理论上讲,这些罢工是否合法并不重要。这是一个纯粹的学术性问题……;必须认识到的是,无论合法与否,这些罢工都在发生,而律师的挑战在于找到有效处理罢工的手段。[2]

我认为,这种说法有意识地回避对"合法性"的关注相当不寻常。我相信,在本世纪之前的任何一个世纪中,没有任何一个律师能做出这样的声明,然而,也没有任何一个律师能够比他更符合当代的特征。正如开头所说,这类言论是法律世俗化影响的第三个表现。

(接上页)员班戈主教(Bishop of Bangor)本杰明·霍德利(Benjamen Hoadley)的以下言论相比较:"……谁拥有解释任何书面或口头法律的绝对权威,谁才是真正给予一切意图和目的的法律赋予者,而不是最先写下和说出法律的人。"B. HOADLEY, SERMONS PREACHED BEFING 12(15th ed. 1717)。主教布道会就"我的王国不属于'这个世界'"这段文字进行宣讲,试图确立有形教会没有神圣的权威。它激起了这个时代最激烈的争论之一,即所谓的"班戈(Bangorian)之争"——事实上,正如20世纪法律现实主义者以其严肃的态度对待法律一样。见 N. Sykes, CHURCH AND STATE IN XVIIITH CENTURY 332 - 62(1934)。

[1] 参见格林, supra note 35, at 1014。
[2] 密歇根大学的一份出版物引用了 R. W. Fleming 校长的话,12 LAW QUAD. NOTES 2(1967)。

法律教育的发展

到目前为止,我们试图在不做批评性评论的情况下,指出世俗化对法律的长期影响。我们这样做是为了给目前关于法律教育的辩论提供一个大致的背景,因为在这种背景下,我们可以很容易地看到,现代法学院实际上是我们已经提到的各种倾向的混合:理性主义、科学方法和技术。此外,尽管经历了漫长的世俗化探索过程,它仍然保留了一些法律神秘方面的残余,这些残余仍然没有被理性的明灯所照亮。

我们将分别考虑这几个因素,因为它们在当今法学院的课程中表现出来并发挥着作用。然而,首先,我们要对世俗化对法律教育本身的影响做一些概括性的评论。虽然法律教育显然是广义法学概念的一部分,因此也受到了我们已经讨论过的那些普遍影响,但它对世俗化也有其独特的反应和回应。

从广义上讲,世俗化在法律教育中产生了两种主要的反应。首先,法学院学生学习所学的法律在形式和内容上都发生了巨大的变化。其次,法律教师的类型和资格也发生了类似的变化。

在普通法发展的初期,法律的神秘光环简直是一种压倒性的存在:律师学院是事实上的行会,学生被当作学徒来训练。学习法律本身与学习成为一名律师几乎没有什么区别,是一种独特的生活方式,受到兄弟会规章制度的严格约束:

> 长期习惯,无论是对所讨论的主题,还是对他们在衡平法院和律师学院进行的各种活动中遇到的单方面案件,都倾向于使

那个时代的法律头脑在很大程度上充满对其专业的了解。[1]

简而言之,法律就像神职一样,既是一种生活方式,也是一种使命。

从16世纪的某个时候开始,律师学院逐渐衰落,大约在1650年之后,它们不再作为教学机构发挥作用。[2] 除了在18世纪和19世纪进行了几次不成功的实验外,它们完全停止了对年轻律师的教学,即便它们依然保留了对律师资格准入的垄断性控制。[3] 曾经引以为豪的学徒制,被誉为"英国第三所大学",却成了世俗化势力的牺牲品,而世俗化势力也摧毁了行业协会和教会修道院等同类机构。结果,法律专业的学生实际上被迫只能依靠他们自己的资源。[4] 他们倾向于在律师事务所读书,从而注

---

[1] P. SMITH, A HISTORY OF EDUCATION FOR THE ENGLISH BAR 39–40 (1860).

[2] 探讨律师学院作为教学机构倒闭的原因,参见 6 W. HOLDSWORTH, supra note 20, at 490。

[3] 1854年,一位曾在林肯律师学院学习过法学的人在一个法学教育委员会上所作的以下证词表明了律师学院衰落的程度。

> 当我还是一个学生的时候,经常被押到律师席,手里拿着一张纸,我说:"我扶着寡妇——"大律师鞠了一躬,我就走了;下一个人说:"我认为寡妇不应该——"大律师鞠了一躬,他就走了;这就是执业练习的残景。

ROYAL COMMISION APPOINTED TO ENQUIRE INTO THE ARRANGEMENTS IN THE INNS OF COURT AND CHANCERY FOR PROMOTING THE STUDY OF LAW AND JURISPRUDENCE, 1854–1855 PARL. PAPERS 54(威廉·惠特利[William Whateley]的证词)。

[4] 缺乏制度化教育是布莱克斯通在牛津大学讲课的动机之一(但也只是其中之一)。因此,在成为伟大的法律评论家之前,他曾经在一封信很久之前写过的信中感叹道:"我们可以借鉴每一位明智律师的经验,看看是否有什么事情会比法学研究的常规门槛更危险或更令人沮丧。一个生涩而缺乏经验的青年,在生命中最危险的季节,突然被植入到快乐的诱惑当中,(转下页)

定会接触到那些最狭隘、最技术性的法律态度,或者追捧著名律师和法官规定的一般阅读课程。[1]

这种非制度化的法律教育制度在英格兰盛行,可能在美国也是如此,一直到19世纪中叶,法律教育一直受到法律历史学家和其他人或多或少的批评;但是,需要提醒那些过度倾向于相信制度改革的现代读者,尽管这种制度或制度的缺乏,产生了许多心胸狭窄的律师,但通过它也产生了一些最文明和最有学问的律师,在英国和我们国家都有。事实上,相当矛盾的是,法律声称自己是一个学术性的职业,可以从很多方面追溯到1650—1850年。因为"法律学生法"是一个不受任何制度性定义的约束、被或多或少持续不断的思考和辩论的主题,像约翰·弥尔顿(John

---

(接上页)除了自己的谨慎,他不会受到任何约束和限制;他没有明确的方向去探索他的问题,没有私人的帮助来消除那些总是使初学者尴尬的痛苦和困难。在这种情况下,人们却期望他能够使自己与世隔绝,通过一个单调、漫长、孤独的过程,从大量未经消化的学问中提炼出法学的理论……"威廉·布莱克斯通的信,1745年1月28日,载于L. WARDE, THE LIFE OF BLACKSTONE 56-57(1938)。布莱克斯通举办讲座的另一个原因,也许也是更令人信服的原因,是他强烈地希望自己可以接触到牛津大学的学生,这些学生作为有产阶级,有朝一日会成为控制英格兰地主阶级的成员。他认为这些学生对他们将来要执行的法律一无所知是无比荒谬的。1 BLACKSTONE, COMMENTARIES *8-10(1770)。现代历史学家对布莱克斯通在这项改革中的政治动机的解释,见 Lucas, Blackstone and the Reform of the Legal Profession, 77 E.G. HIST. REV. 456 (1962)。

[1] 福尔贝克(Fulbeck)于1599年出版的 A Director or Preparative to the Study of Law 似乎是这一类型最早的书籍;但在17世纪和18世纪,这一数字大大增加了。编制此类清单和建议的著名律师和法官有马修·黑尔爵士、罗杰·诺思(Roger North)和曼斯菲尔德勋爵(Lord MansfielZd)。

附录三:法律现实主义的局限性:历史的视角

Milton)这样高尚的灵魂可以自由参与其中。[1] 也许只有在这种情况下,法官才会建议他的儿子:"没有什么比把希腊语和拉丁语的演讲翻译成英语更能提高你作为律师的资格了。"[2]在英国接受过培训的律师中,没有接受过机构教育的就有威廉·琼斯爵士[3]、布莱克斯通和边沁。在美国,几乎所有所谓的"开国元勋"都首先是法律哲学家,其次才是律师。

今天我们认为制度化学习是必要的,这无疑是正确的,尽管正如我们将要目睹的那样,可能我们并不都能接受兰德尔科学分析的理由——这种力量比任何其他力量都更能使法学成为一门大学学科。尽管如此,18世纪和19世纪初的经验——一个真正

---

[1] 参见 J. MILTON, Of Education, in JOHN MILTON: COMPLETE POETRY AND SELECTED PROSE 663, 670 – 71 (Mod. Lib. ed. 1950)。
[2] MEMOIRS OF THE LIFE OF SIR JOHN EARDLEY WILMOT 45。菲富特(Fifoot)先生在谈到18世纪法律界的领军人物时说:"在这一时期,法学教育是如此可怕的无组织状态。"萨摩斯(Somers)是洛克和牛顿的赞助人,瑟洛勋爵(Lord Thurlow)与考珀(Cowper)和约翰逊有交情,并与蒙博多勋爵(Lord Monboddo)就希腊口音这一遥远而又令人着迷的话题进行了通信,甚至哈德威克勋爵也不无得意地试图效仿艾迪生(Addison)和斯蒂芬(Steele)的成功"。C. FIFOOT, LORD MANSFIELD 32(1936)。
[3] 威廉·琼斯(William Jones)爵士(1746 – 1794)是印度高等法院法官,他学习波斯语,创立了孟加拉亚洲协会,并成为最早掌握梵文的西方学者之一。通过对这种古老语言的研究和翻译,他被誉为"比较语言学之父"。2 J. SANDYS, A HISTORY OF CLASSICAL SCHOLARSHIP 439(1908)。他的《保释法论》(1796)是有史以来最有学问的法律书籍之一,作者参考了印度教、罗马教和希腊教的资料以及普通法。他关于成为一名优秀律师的建议在当时颇具代表性。"一个英国人在他国家的真正重要性将永远是他的德行、知识和口才的综合比例;如果没有所有这些品质,或者剥离其中任何一个,都不会产生什么真正的效用。"P. SMITH, supra note 39, at 122。对于这位伟大的、而又太少被人记住的律师和伟人的最新研究,参见 R. MUKHERJEE, SIR WILLIAM JONES (1908)。

英雄思想家的时代——提醒我们,尽管制度化不足可能是一个严重的、代价高昂的错误,但任何事物的制度化,尤其是教育的制度化,都是要付出代价的。而法律教育越是成为律师的私事,就越有可能变得过分墨守成规,丧失其更高尚、更有启发的一面。

过度制度化也是有害的,有证据表明这可能是当前的一个问题。法学系中普遍出现的取消课程的要求,以及越来越多地允许学生选修法学以外课程的现象,都是对法律教育既定的制度性定义某种不信任或不安的表现。这种不安我认为是一种健康的信号。鉴于近年来世俗化的步伐,我认为"法学院法学"的定义应该成为长期争论的话题,以使法律教育符合人们对法律本身态度的变化。当然,取消必修课是一种消极的行为,几乎不能解决问题,但它的实际作用是消除不必要的束缚,否则会使更优秀、更有创造力的学生不敢学习法学。让我们稍后再回到这一问题上。

法律教育的制度化

自18世纪末法律教育首次在我国制度化以来,"法学院法学"经历了三个不同的发展阶段,清楚地反映了上述世俗化的进程。它已经从一套"规则",通过传授和死记硬背的方式,转变为一套"原则"体系,在案件中寻找和归纳提炼,然后转变为一套技能,这些技能将用于制定公共政策的法律或其他相关内容。

在制度化法律教育的第一阶段,教授通常是一位在律师界有长期经验的退休法官,他制定了"法律"。他的讲座与当时以惊人频率出版的论文一样,通常包括一系列的规则,以及适当的法律和司法权威。学生们不厌其烦地将它们尽可能地逐字抄录下来;后来,经过适当的装订和注释,它们成了律师们的圣经。虽然讲座成果经常出版(布莱克斯通的、肯特的和斯托里的论文最初都是以讲座的形式发表的),但大多数教授都把他们的讲座笔记锁得严严实实,从不允许学生查阅。讲座是用来听的,不是用来阅读的,课堂讨论按照欧洲的方式来衡量的话,几乎可以算作不存在。〔1〕约翰·奥斯汀是个例外,他显然鼓励他的学生在每一点上都把自己逼到墙角。然而,仅仅过了三年,他就因为学生出勤率不高而被迫放弃讲课。〔2〕

循规蹈矩、死记硬背的讲课制度一直到19世纪末仍在美国法学院中占据主导地位,该制度最重要的变化是引入了由不同的法律"课程"组成的课程设置理念,而不是一系列的讲座。1846年,斯托里去世后,哈佛大学将其法学研究分为三个部分。第一部分,即基础部分,包括对布莱克斯通和肯特的研究;第二部分,即基础课程,包括物权法、衡平法和宪法;第三部分,即非基础课程,包括答辩状、商业票据、家庭关系、证据、航运和海事、保释、遗嘱和合伙关系(保险和代理每隔一年开设一次)。〔3〕虽然这些课程仍然是以讲授的形式进行的规则教学,但将法学研究划分为不同的课程,是兰德尔后来发展科学法学院不可或缺的一步。

规则教学法的结果不难推测:它培养了将法律视为一套规则的律师,培养了根据规则辩论案件的律师协会,培养了根据规则判案的法院。因此,自然而然地,学生对规则知识的重视程度最高,以至于

---

〔1〕 在面对个判例教学法的巨大压力下,为欧洲大陆教学体系进行有力的辩护,参见 Tiedeman, Methods of Legal Education, 1 YALE L. J. 150(1892)。
〔2〕 奥斯汀给自己的便条上写道:"我……恳请你,作为你能给我的最大恩惠,要求你解释并向我提出反对意见……把我彻底推翻。我不应该站在这里,除非……"1 LECTURES ON JURISPRUDENCE 7 (Austin ed. 1863)。
〔3〕 CENTENNIAL HISTORY OF THE HARVARD LAW SCHOOL, 1817 - 1917, at74 - 75(1918).

当 1878 年美国最高法院的布拉德利(Bradley)法官在宾夕法尼亚大学法学院发表演讲时,他向学生们赞扬了一位榜样律师,后者阅读并重读布莱克斯通,直到他成为"一位名副其实的行走的评注"。[1]

显然,讲座形式法律教育的制度化加强了规则教学,而规则教学又使这一时期的"法学院法学"具有某些类似于早年律师学院的特点。讲课者作为权威规则的来源而被认为是全知全能的,[2]再加上死记硬背的学习,产生了一些对法律持有牧师态度的律师阶层。因此,19 世纪,在科学思想如此具有影响力,同时科学方法如此显著发展着的时期,律师们仍然认识到,法律是一套他们没有权力或权威去改变的既有规则,他们只有为法律服务以保护和维护其完整性的庄严义务。这些来自最高动机和最深刻信念的抑制,导致了一种影响深远的自由放任政策。法律现实主义者以其对"圣母、法律"恶作剧般的不尊重才动摇了这些禁忌,使律师摆脱了束缚。

因此,19 世纪法律教育的制度化,最初形成了一种与法律所处的理性、科学世界不相适应甚至是冲突的法律态度。在这一时期,使法学院及其规则教学制度世俗化变得越加迫切。而正是判

---

[1] 布拉德利(Bradley)法官对该律师(纽约律师协会的乔治·伍德(George Wood))使用的方法描述如下:多年来,在他职业生涯的早期阶段,不轮是否忙于业务,他习惯于在早上读一章布莱克斯通的书,然后走上很长一段路,并向自己重复之前所读到的所有内容,甚至是那些重要部分的单词和短语,例如一些定义。如果对第一次试读不满意,他就会在第二天重复这一过程,以这种方式一章接一章地阅读评注,直到它们在内容和形式上都被完美地掌握,最终使自己几乎成了"行走的评注"。J. BRADLEY, LAW, ITS NATURE AND OFFICE AS THE BOND AND BASIS OF CIVIL SOCIETY 39(1884)。

[2] 对于伟大的法律讲师西奥多·德怀特所激发的崇拜的例子,参见 J. GOEBEL, supra note 27, ch. 2。

例教学法满足了这一需求。

1870年后,当兰德尔的判例教学法首次在哈佛大学引入时,授课体系开始让位于新的"科学"法律教育形式。教授不再是把一套规则直接传授给学生,而是经常用尖锐的问题和讽刺的反驳,帮助新手自己寻找法律的原则。当然,"原则"是规则的基础。

这个系统的原理很简单。教授阅读某一领域的所有判例,选出那些最能说明基本原则的判例;而学生作为一个单纯的人,会像读报纸一样准确地阅读这些判例,这样,教授就可以通过一系列的问题,引导学生看到判例的"真正"含义。也就是说,他强迫学生归纳性地发现法律的"原则"。

判例教学法有几个内在的假设从来没有被完全接受,尽管其体系本身在大约1910年之后像野火一样蔓延开来。兰德尔在他为数不多已发表的关于该方法的声明中表示:

> 如果印刷书籍是所有法律知识的最终来源——如果每一个想把法律作为一门科学来掌握的学生都必须求助于这些最终来源,如果学习者可能得到的唯一帮助是在他之前走过同样道路的教师所能提供的帮助,那么一所大学,而且只有一所大学,才能为法律的教与学提供一切可能的便利。[1]

现在,这个建立在诸多"如果"基础上的体系基本上已不复存在了,至少在纯粹的形式上是如此。部分原因是法律现实主义者

---

[1] 兰德尔教授的致辞,1886年11月5日,printed in 3 L. Q. REV. 124, 125 (1887)。

的攻击,但更多的原因可能在于实际的、往往是相当缺乏哲学思维的教师所进行的"无声的革命"。

我的目的不是要辩论判例法本身的优点。没有任何一个主题能引起更多有学问的(和没有学问的)讨论。而且可以肯定是,尽管在特别是耶鲁大学的某些圈子里,贬低这种方法已经成为一种学术消遣,但它仍然是(在这里仅代表我自己的观点)美国对教育理论做出的最有创造性的、无二的贡献。詹姆斯·布赖斯(James Bryce)在1888年提到兰德尔的哈佛法学院时写道:"我不知道美国是否还有什么东西能比她在法律教育方面取得的进步更加超越于英国。"[1] 而1914年受卡内基基金会委托对美国法律教育进行研究的奥地利法学学者约瑟夫·雷德利奇(Josef Redlich),在对德国人的彻底性进行研究后得出结论:

> 无论对这一方法的意义和价值如何评判,有一点即使对欧洲大陆观察者来说也是一目了然的:它完全是美国思想在法学领域的独创,事实上也必须这样理解和评价。特别值得注意的是,这种普通法教学的新创立来源于一个人的思想和个人特点,克里斯托弗·兰德尔正是这种方法的创始人,他后来成为哈佛法学院的改革者,也是美国大学法学院的改革者。[2]

---

[1] L. Bryce, 2 THE AMERICAN COMMONWEALTH 487(1888)。关于波洛克对兰德尔的同等赞赏,见 F. POLLOCK, THE EXPANSION OF THE COMMON LAW 6-8(1904)。

[2] J. REDLICH, THE COMMON LAW AND THE CASE METHOD IN AMERICAN UNIVERSITY LAW SCHOOLS 9(1914).

附录三:法律现实主义的局限性:历史的视角

现代美国法学院的现行形式归功于判例教学法。虽然正如我所说,我不想对判例教学法的优点进行辩论,但我确实想强调判例法标志着美国法律教育世俗化的一个独特阶段,以及与此同时它在许多方面已经不再适用于今天的教育。判例教学法是19世纪一种最新的趋势,即以科学方法为基础,将一切形式的学习转化为"科学"。判例教学法不仅将理性应用于法律,而且使法律成为一门科学;它不仅使法律成为一门科学,而且使它成为一门归纳科学。

最后这一点至关重要,因为它使法律在学术界与蓬勃发展的物理和社会科学处于同样的地位,而不是处于昏昏欲睡的道德科学的地位,它首先在欧洲大陆,后来在英国都占据了这一地位。[1]

----

[1] 牛津大学的起源,以及一部分剑桥大学的起源,都被笼罩在神秘和传说中,引起了许多学者的争论。例如,《中世纪的欧洲大学》(F. Powicke & A. Emden eds. 1936)第1、3章的序言和注释。然而,即使如此,这些机构的法律教学历史至少在这方面是明确的:在作为普通法教学机构的律师学院崛起之前,实际上在皇家法院永久设在威斯敏斯特之前(按照《大宪章》中男爵们的要求),教规和民法的教学在牛津和剑桥都得到了牢固的确立。事实上,在1271年,罗杰·培根(Roger Bacon)就曾抱怨说:"一个民事律师在上帝的教会中比一个神学硕士更受赞誉,即使他只精通民法,对教规和神学一无所知,他也会很快被选任教会的要职。"转引自 H. MAXWELL-LYTE, HISTORY OF THE UNIVERSITY OF OXFORD 55(1886)。但在宗教改革时,教士律师们逐渐失宠。亨利八世"被罗马那些拖延已久的圣徒们的恳求所刺痛,在报复中摧毁了他们整个大学的蜂巢"。WORDSWORTH, SCHOLAE ACADEMICAE 137(1877)。但这个过程的时间并不长。由于需要文职人员担任外国的大使和谈判代表,1540年,他被迫在两所大学设立民法教授职位。

直到1758年,布莱克斯通的维纳教席在牛津大学设立——这是两所大学中第一个用于研究普通法的教席——两所大学的所有法律教学都由雷吉斯教授负责。乔治·唐宁爵士(Sir George Downing)于1749年去世,他将自己的财产交给剑桥大学托管,以建立一所新的学院:遗嘱被拿给(转下页)

357 因此,法律成为现代教育实验和发展主流的一部分;作为一门归纳科学,它成为19世纪末新的世俗化和研究型大学的创始成员。正如雷德利奇所言:

358 如果采纳美国顶尖法律教师所持的这一观点——根据这种观点,兰德尔的教学模式不过是将科学方法应用于法学研究,那么当然,他的改革不再是作为对历史上形成的美国法律教育体系的一种有机的、互不相干的侵入,而是作为普遍改革链条中的一个自然环节,这种改革在过去半个世纪中影响了特别是美国大学的所有美国高等教育机构,而且在1870年以后影响最为强烈……在舆论的压力下,由古典教学所主导的、从这一点上看已经死气沉沉的旧学习课程无法继续下去。相反,它必须适应现代化趋势的压力,这种趋势源于所有美国教育,源于技术和自然科学的无限进步……兰德

(接上页)了法院,直到1800年才被解除,尽管财政上得到了补充,但其宏伟的计划也因此大打折扣;然而,一个结果是,1800年根据布莱克斯通的建议设立了英国法律的唐宁教席,并由《评论》的编辑爱德华·克里斯蒂安(Edward Christian)担任。D. WINSTANEY, EARLY VICTORIAN CAMBRIDGE, ch. 1(1955)。

尽管剑桥最著名的现代历史学家告诉我们,"按现行标准判断,民法教授是个体面的人物", D. WINSTANLEY, UNREFORMED CAMBRIDGE 125 (1935),然而,"哈里·索普(Harry soph's)的长袍和法学学位是懒惰和笨蛋的避难所"仍然是事实。WORDSWORTH, supra, at 140-41。在19世纪,法学院与大学的其他院系一起进行了实质性改革。当然,尽管威望大大下降,牛津大学的维纳教席仍然存在,直到1882年戴西(Dicey)获得任命,这也如同剑桥大学的唐宁教席一样,直到1900年马他伦(Maitland)获得任命。关于牛津大学和剑桥大学法学院(相对于法律教席而言)的发展,请参见 F. LAWSON, THE OXFORD LAW SCHOOL (1968); D. WINSTANLEY, LATER VICTORIA CAMBRIDGE (1947)。

尔和他学生们的方法,与同时出现放如塞耶(Thayer)、比奇洛(Bigelow)等法律史上重要调查者的方法,一举将法学院提升到了真正"科学"的同一水平。[1]

当然,雷德利奇所指的"现代趋势"就是我所说的"世俗化";没有什么说法能比这更清楚地说明,法律和法律教育已经被改造成符合美国技术社会的形式。

我们可以补充一点,查尔斯·W.埃利奥特(Charles W. Eliot),这位在哈佛大学现代化改造中做出巨大贡献的人,[2]任命兰德尔为教授,后来成为法学院院长,都绝非偶然。而且这一任命并非例行公事。埃利奥特费尽心思把他从相对默默无闻的纽约律师事务所里挖了出来。"董事会成员对他知之甚少,"艾略特后来回忆说,"他们让他找一些纽约律师,确保这些律师可以回答有关他是否具备法学教授资格的相关问题"。[3]

---

[1] J. REDLICH, *supra* note 54, at 17.
[2] 关于埃利奥特对哈佛大学的影响,请参见 THE DEVELOPMENT OF HARVARD UNNIVERSITY, 1869–1929 (S. Morison ed. 1930)。有关这位伟大的教育家的工作的一个更全面的介绍,请参见 H. JAMES, CHARLES W. ELIOT (1930)。
[3] CENTENIAL HISTORY OF THE HARVARD LAW SCHOOL, 1817–1917, at 228(1918)。埃利奥特选择兰德尔显然完全是出于个人原因。正如他所说:"我记得在1851—1852年,当我还是一名大三学生的时候,经常在傍晚的时候去一个就读于神学院的朋友的房间,听一个年轻人给帕森(Parson)的'契约论'做的笔记,谈论谈论法律。他一般都在吃晚饭,站在火炉前,胃口很好地吃着一碗黑面包和牛奶。我当时只是个孩子,只有十八岁;但我清楚地意识到,自己正在听一个天才讲话。1870年,我回忆起那个年轻人非凡的谈吐,便在纽约找到他,并诱使他成为戴恩教授。"引用于 J. AMES, Christopher Columbus Langdell, in LECTURES ON LEGAL HISTORY 464, 473 (1913)。

兰德尔和他的判例教学法就这样使法律教育横空出世,成为大学学习一个正式的、合法的组成部分——这种地位在1870年以前的美国几乎不存在,而在英国也只是最近才取得的(1900年马他伦宣读了一篇题为《大学里有法学的位置吗?》的论文——然而他充其量只是含糊其辞地回答了这个问题)。[1] 如果说少数大学教师(我想说的是那些"纯粹主义者")曾经反对专业学校成为大学的一部分(1921年,托尔斯泰·韦布伦断言"法学院在现代大学中的地位,不比击剑学校或舞蹈学校更重要"[2]),那么今天几乎再没有人打算挑战法学院在大学中地位的恰当性。这一成就是兰德尔对法律教育和法律史的最大贡献。这也是世俗化对法律教育影响的最好证明,因为兰德尔并没有通过"人性

---

[1] 参见 F. MAITLAND, COLLECTED LEGAL PAPERS (1911)。另外,比较一下戴西在1883年作为牛津大学维纳教授的介绍性讲座中的言论:"如果英国法律能否在大学里教授的问题可以以案例的形式提交给一个著名的律师团体,他们会给出什么答案简直毫无悬念。他们会毫不犹豫地一致回答说,英国法律必须学习,不能通过教授的方式学习,可以学习的唯一场所在法院和法庭。" W. HOLDSWORTH, SOME LESSONS FROM OUR LEGAL HISTORY 171(1928)。

[2] T. VEBLEN, The HIGHER LEARNING IN AMERICA 211(1918)。凡勃仑(Veblen)在发表这番辛辣的言论时,显然不了解福蒂斯丘对十四世纪"黄金时代"律师学院法学教育的描述。福特斯库告诉我们:"无论再大一点的律师学院还是小一点的律师学院,除了有一所法律学校外,还有一种贵族们学习所有礼仪的学院。在那里,他们学习唱歌,练习各种和声。他们还在那里学习舞蹈和所有适合贵族的游戏,因为那些在国王家中长大的人习惯于这样做。在职业方面,他们中的大多数致力于法律科学的研究,节日期间,他们在神圣的仪式之后阅读《圣经》和编年史。这的确是一种美德的培养和对一切罪恶的放逐。"J. FORTESQUE, supra note 6, at 119(强调是后加的)。关于凡勃仑、他的教育思想及其对法律和法学教育的影响的敏锐论述,参见 D. RIESMAN, THORSTEIN VEBLEN: A CRITICAL INTERPRETATION (1953)。

化"的方式使法律教育成为大学学习的一部分,法学成为一门归纳性的科学,而当时大学的理念以及间接知识本身,也同样在科学方法上被世俗化了。

在兰德尔将法律教育转变为一门归纳科学的同时,他也使负责培训法学学生的人的资格发生了巨大变化。他坚持认为,法学教授必须是法律科学家——对司法意见中所体现的法律进行研究的人。他特别明确地表达了自己对这一点的看法,表明了他正在促成的变化的性质:

> 我想强调的是,法律教师应该是陪伴他的学生走上一条他们所不熟悉道路的人,由于教师曾经走过这条道路,所以对其相当熟悉。因此,一个有资格教授法律的教师应具备的不是律师事务所的工作经验,也不是与人打交道的经验,也不是审判或辩论案件的经验——简而言之,不是使用法律的经验,而是学习法律的经验。[1]

这种教授资格变化的结果是戏剧性的,兰德尔任命詹姆斯·巴尔·埃姆斯为助理教授,当时他的年龄为 27 岁,而在他 30 岁时成为了正教授,32 岁时成为伯西(Bussey)教授。这位年轻人在被任命时还没有从事过哪怕一天的法律工作。[2] 人们只需回顾一下早期法学教授的年龄和背景,就会明白这种创新的重要性。这些人包括塔平·里夫法官、首席大法官帕克(哈佛大学第一位

---

[1] 引用于 J. AMES, *supra* note 58, at 478。
[2] CENTENNIAL HISTORY OF THE HARVARD LAW SCHOOL, 1817–1917, at 175(1918)。

罗亚尔教授）、詹姆斯·肯特校长和约瑟夫·斯托里法官。当然，理由是埃姆斯虽然年纪尚小，在律师界完全没有经验，但却是他所教授特定法律领域的专家。埃姆斯曾阅读和分析过侵权行为领域的所有判例，并科学地得出了一些原本很难发现的原则。因此，这位年轻的教师比所有的法官或律师协会的律师都更有资格教授他的课题。因为，与霍姆斯的著名论断相反，法学院的本质是逻辑，而不是经验。[1]

一旦法律教育成为学者型律师的责任，就像判例教学法的传播一样迅速，法学院法学的性质以及它所培养的律师类型自然也就发生了变化。早在1914年，就有评论家指出：

> 毫无疑问，美国大学法学教授对美国法律职业基本问题的认识和处理所产生的影响越来越大，而且这些教授在整个法律制度发展中的重要性也得到了承认，这应被视为美国公共生活中最令人鼓舞的特征之一。[2]

这种变化的性质是双重的。纯粹的理论教育确实变得过于象牙塔化，过于追求能给法律带来"确定"的原则，但对"实质正义"的关注太少了。

法律教育掌握在学术型律师手中的第二个可能更重要的结果也许不那么明显。对判例教学法过度抽象的反应主要发生在

---

[1] 虽然霍姆斯不止一次地使用了这一短语，O. HOLMES, THE COMMON LAW 1(1881)，但我认为重要的是，他在评论兰德尔关于合同的案例书时第一次说："法律的生命不是逻辑：而是经验"。14 AM L. REV. 233, 234(1880)。

[2] J. REDLICH, *supra* note 54, at 5.

法学院里,主要是发生在那些没有比埃姆斯具有更多实践经验的学者型律师的头脑中。而且,正如人们所预料的那样,他们的反应以学术术语的形式表现出来,成为新的理论或思想流派。"法律实用主义""社会法学""法律现实主义"或"功能主义",所有这些运动都是由法学学者而非从业人员发起的,目的是抗议一种脱离现实的法律教育形式。总之,他们寻求的是一种更注重结果的法律形式。"他们(美国法律现实主义者)所极力主张的'功能方法'的主要信条是,"麦克杜格尔教授写道,"法律只是工具性的,是达到目的的手段,只能根据它所达到的目的来评价。"[1]

从我们的角度来看,这意味着接受过法律科学训练的律师正在反抗他们科学的过度抽象性。当科学家们从理论转向实用科学时,他们就成了"应用科学家"或"技术人员",而这正是自1930年以来法学学者日益成为的样子。这就是我说法律教育在20世纪从以判例法为基础的归纳科学转变为以实践为基础的应用科学的理由。我想,这就是世俗化对美国法律的影响。

阻碍法律改革道路的遗存

如果像我所说的那样,英美法律和法律教育实际上已经世俗化,那么人们就会发现,现代法学院主要致力于培养学生成为熟练运用法律工具的技术人员,以达到社会所期望的目的。在某种程度上,这也确实是他们的社会定位。不过,如果说今天大多数法学院都在这样做,那也是一种严重的夸张,甚至是一种草率的

---

[1] McDougal, *Fuller v. The American Legal Realist: An Intervention*, 50 YALE L. J. 827, 834 – 35(1941).

错误陈述。虽然作为一般规则,越好的法学院越有可能世俗化也是事实,但当代的法律教育在内容上绝非如此统一,在质量上也绝非如此同质,以至于在很多具体案例中,这一结论是正确的。原因很简单:世俗化像所有的长期发展一样,与其说是摧毁了过去,不如说是建立在过去的基础上;在这种长期发展的过程中,某些做法有时会被惯性延续成约定俗成的常识,在其存在的理由被遗忘后,这些常识依然可以长期存在。现代法律教育也是如此;两种被广泛接受为老生常谈般的遗存,人为地限制了关于法律教育真正目的和手段的辩论范围,严重地助长了法律教育目前发展状况的不尽人意。

首先,一种中世纪的神秘光环仍然围绕着被吹嘘为"法律头脑"的法律教育最终产物,在某种程度上,我认为这对当代的需求是有害无益的。

其次,兰德尔的超归纳科学方法的某些方面仍然被不加批判地接受,甚至被那些拒绝他推理的人所接受。我将对这些遗留问题的每一个方面都说上几句,以便说明它们是如何共同阻碍世俗化的进程以及围绕法律教育目的和手段的充分、公开的辩论的。

对"法律思想"的崇拜

我们已经看到,英美法律教育是如何在行会式的律师学院中构思的,是如何作为出庭律师兄弟会礼仪和仪式的一部分来进行培养的,是如何被特别的垄断权力小心翼翼地保护起来并使其不被与无师自通者相提并论的。人们只能期望,这种传统的遗产之一,是对这一职业本身以及由此产生的特殊且强烈的自豪心态。因为律师从很久之前起,就对自己所从事工作的特殊难度和艰深性产生了一种近乎受虐狂般的快感。伊拉斯穆斯(Erasmus)告诉我们,在所有的学问行业中,法律最应该归功于愚行。他补充说:"还有哪个阶级会是如此这般自满;因为他们辛勤地把600条法律编织在一起,卷起西西弗斯的石头;不管他们的目的是多么地微不足道,他们总是通过一篇又一篇的注释和一篇又一篇的观点,设法使他们的职业看起来是最困难的。真正乏味的东西,在他们看来却是光辉灿烂的。"[1]

这种对法律头脑的职业自豪感仅有一部分源于行会的传统。在律师学院不再是一个教学机构,学生在取得律师资格方面几乎没有得到任何制度上的启蒙之后,关于法律头脑具有独特品质的想法仍然存在。法律的超然性,就像神学的超然性一样,使它成为比纯理性更重要的东西,并使它与其他学术和学术活动区别开来。每个学生都熟悉国王詹姆斯一世和科克勋爵之间那场著名的交锋。尽管那场交锋以这位高贵的勋爵四肢发颤的方式结束,但他也捍卫了法律和法律思想的独特性。用科克的话说:

> 国王说,他认为法律是建立在理性基础上的,他和其他人都有理性,法官们自然也是如此。我回答说,确实如此,上帝赐予国王陛下卓越的科学知识水平和伟大又自然的天赋;但国王陛下对英格兰王国的法律并不精通,与他臣民的生命、继承、财产或命运有关的事情,不是由自然的理性决定的,而是由人为的理性和法律的判断决定的,法律是一门艺术,需要长期的研究和经验,才能让人对它的熟知。法律是检验臣民事业的金杖和法宝,保护着国王陛下的安全与安

---

[1] D. ERASMUS, THE PRAISE OF FOLLY 76 (Hudson transl. 1941).

宁。国王大为恼怒,说这样他自己就要受律法的约束,正如他所说的,那是叛国罪;但我说过,布拉克顿·赛恩(Bracton Saith)也曾说过:王不应服从于任何人,但应服从上帝和法律。[1]

由于科克肯定法律是"凌驾"于人之上的,是一种特殊推理的产物,所以法律专业的学生仍然把学习法律等同于接受圣旨。因此,当著名的《论不确定剩余地产权》的作者费恩"决心献身于法学研究时,他烧毁了自己的世俗图书馆,对着火焰哭泣"[2]——正如诗人杰拉德·曼利·霍普金斯(Gerard Manley Hopkins)在成为耶稣会见习生后烧毁了他所有诗歌一样。

尽管现代法学院很少强调,事实上也常常否认法律的超然性,但科克的态度直到今天仍在以略微内敛的形式影响着法律教育。因此,法学专业的新生仍然被视为初学者,只能逐步被带入圣殿的内部;而许多法学教授也认为自己有责任使入门成为学生难忘的经历。哈佛大学已故的、人称"公牛"的沃伦教授,有充分的理由出版一卷题为《斯巴达教育回忆录》的书。[3] 通过严密的推理和刻苦的分析来培养"法律思维"仍然是法学院一年级的特点。

我的目的不是要谴责传统。对丰富的专业传统产生自豪感是一件很好的事情——只要它有助于维持高水准和激励有创造

---

[1] 6 *Coke's Reports 63*(1619)(强调是后加的)。
[2] 在 REMINISCENCES OF CHARLES BUTLER, ESQ. 119(4th ed. 1824)中被引用。巴特勒(Butler)是当今最博学的传播者之一,他也是科克的《利特尔顿》的著名作家。
[3] C. WARREN, MEMOIRS OF A SPARTAN EDUCATION (1943).

力的律师。如果妨碍或有损于这些目的,它便不再风光无限。如果正如我所说,法律已经世俗化——也就是说,某种功能主义取代了超验的废话——那么,传统和职业自豪感可能会延续过时的教学分离,从而阻碍法律教育中一些非常必要的改革。

法律是指由技术人员掌握的一种社会工具,它并不具有超凡的独特性。因为所有其他社会科学也声称要创造技能和工具,使人类能够更好地控制其社会环境。在一个非常现实的意义上,世俗化的法律只是现代社会科学家工具箱中若干工具的其中一种。虽然法律作为社会改革的工具,在内容上不同于其他社会科学,但这种不同只是像人类学与经济学的区别那样。否则,正如霍姆斯早就预言的那样,法律已经更接近于社会科学[1]——事实上

---

[1] 在我本文中经常引用的兰德尔《合同案例》的评论中,霍姆斯对法律与社会科学的关系表达得非常清楚。正如他所说的那样:"如果一个人不能习惯性地考虑使法律成为现在这样的外部力量,那么他就不可能真正掌握法律的哲学。不仅如此,他必须记住,法律体现了一个国家经过许多世纪的发展历程,因此,法律并非能在自我一致性中找到其哲学,只要它继续发展,就一定会在自我一致性中失败,只能在历史和人类需求的本质中找到其哲学。作为人类学的一个分支,法学是一门科学,立法理论是一门科学研究……"14 AM. L. REV. L. REV. 233, 234(1880)。

在一篇比较著名的文章中,霍姆斯对这一点做了如下阐述:

每个律师都应该寻求对经济学的理解。目前政治经济学和法学学派之间的分歧在我看来是哲学研究仍然有待进步的一个证据。事实上,在目前的政治经济状况下,我们确实在更大的范围内重新审视着历史,但在那里,我们需要对和权衡立法的目的、达到这些目的的手段以及成本相关的内容进行考量。我们只有学会放弃才会有所收获,我们在利弊权衡中获得教益,在所选所为时胸有成竹。The Path of the Law, in COLLECTED LEGAL PAPERS 195。

我们将在下面的文本中考虑"哲学研究计划"是否使法学和经济学更紧密地联系在一起,如果是这样,又是如何联系在一起的。目前,我的目的的仅仅是为了证明霍姆斯期待并预见到法学与社会科学结合的趋势。

也确实如此接近了,以至于人们可以合理地怀疑,功能主义的"法律教育"与"社会科学"的培训之间是否有或应该有任何区别。各种跨学科性质的实验似乎引起了一些法学院的不安,他们怀疑目前的这种差别被夸大化了。

我认为,关于当前法律教育的辩论不应受到对这一职业独特性虚浮的骄傲或对培养"法律头脑"美德的过度关注所阻碍。相反,它应该首先认真考虑法律思维与任何其他训练有素的思维有什么不同;如果有,这些不同是应该被强调还是尽量减少;如何通过利用其他学科所采用的技术来丰富和扩大法律教育;以及最重要的是,法律教育本身应该在多大程度上与其他社会科学合并(也可以说"整合")。

世俗化的趋势似乎表明,作为社会科学技术人员的法律教育必须像行会学徒的教育一样广泛。对法律独特性的古老信仰——法律被赋予了超凡色彩的神秘过往的残余——不应妨碍我们打破行会壁垒以提高法律教育质量,并设法使法律对社会更有用。

超归纳法学

美国现代法学院对兰德尔保有深厚的感激之情;而美国法律教育史上最值得骄傲的一章,也必定涉及到判例教学法的兴起和发展。不过,正如法律现实主义者所充分证明的那样,兰德尔的遗产也并非是不折不扣的好东西。目前对法律教育的不满,相当一部分要归咎于他的思想对美国法学院非凡的控制力。

具体来说,判例教学法继续在三个方面主导着法律教育。首先,"基础课程"的概念,即其他一切课程都依赖于构成法学院第一年的那些课程,直接源于兰德尔的法律科学观念。第二,要求学生掌握的知识体系(法学院法学)仍然存在于"判例书"中。第三,上课时仍然采用某种变异后的苏格拉底教学法,似乎教师的首要目的是教学生科学地从判例中提取原则。

我必须再次重申,这些特征中的每一个,都是在1870年以后才成为法律教育的一部分,成为兰德尔判例教学法的附属品的。这并不是说,这些观点被兰德尔和他的弟子们提出就意味着它们必须被其他东西所取代。然而,我们可以说,这三种理念(即"基础"一年级课程、判例书和按苏格拉底思想开设的课程)的理由首先是由判例法提供的,只要这个理由不再可行,就应该认为这些辅助性的东西也同样是值得怀疑的,除非它们出于某种其他原因,而并非基于兰德尔提供的那些原因而有效。它们很可能确实如此这般,但我还是怀疑,目前法学院的动荡很大程度上源于这样一个事实:没有向越来越多具有社会科学意识的律师提供令人满意的理由来继续这种极其风格化的法律教育形式。

判例教学法或归纳法的基本原理受到三种不同趋势的破坏,这三种趋势在某种程度上与法律现实主义者更直言不讳的攻击无关。首先,许多法学教授显然不再像兰德尔和埃姆斯那样相信案例体现了法律的"原则"。事实上,霍姆斯的法律实用主义似乎是相当有效,以至于他们中的许多人(包括本文作者在内)怀疑在案件中或其他任何地方是否存在这样的原则。我之所以这样说,部分原因在于当前判例书的存在形式。人们会记得,兰德尔的判例书中除了判例之外,什么也没有,绝对没有。学生在教授的帮助下,理应归纳发现隐藏在其中的法律原则。然而不久之后,"纯粹的"判例书开始被允许修改。以法学评论和法学以外来源读物为形式的无关材料充斥其中,以至于到1940年,一份评论指出：

> 如今，所谓的判例书从离奇到平凡，从仅仅是已报告的判决和其他意见的转载，到各种不同材料的收集，人们可能会质疑典型的判例书是否还存在。[1]

而到了1953年，哈诺（Harno）教授发现：

> 在判例书中加入法学以外的材料代表了法律教育的一种趋势，在过去的二三十年中，这种趋势变得越来越明显。今天，逐字逐句的判例教学法教师已经很少见了。新一代教师正在取而代之。新教师认为，判例教学是法律教育中的一个重要因素，但他也认识到，法学并不是在真空中运行的。[2]

这种在判例中加入法学以外材料的趋势表明，人们对判例包含的法律主张失去了信心，或者对法律是一套科学上可推导原则的主张失去了信心，又或者对两者都失去了信心。尽管判例法的理由已经消失，但判例书的形式和归纳分析法仍然存在。

判例教学法受到破坏的第二个迹象是非普通法课程的增长。兰德尔通过其判例法将法律教育的范围限制在法官制定的普通法上。在这方面，他与他的同代人和崇拜者、英国第一本宪法书

---

[1] Wilson, Book Review, 25 CORNELL L. Q. 653, 655(1940).
[2] A. HARNO, LEGAL EDUCATION IN THE UNITED STATES 69(1953).

附录三:法律现实主义的局限性:历史的视角

的作者 A. V. 戴西颇为相似,对法官制定的"法治"的尊重导致了对行政法近乎病态的恐惧。[1]在这个国家,立法和行政法的扩

---

[1] 兰德尔的法学院没有比 1882 年至 1909 年牛津大学英国法学维纳教授 A. V. 戴西更坚定、更有影响力的支持者了。1900 年,戴西在《当代评论》(Contemporary Review)(1899 年 11 月)上写了一篇关于"哈佛大学英国法教学"(Teaching of English Law at Harvard)热情洋溢的评价[转载于 13 HARV. L. REV. 422(1899)]其中他赞扬"哈佛大学的教授们,在整个美国,终于消除了一种顽固的错觉,即法律是一门手艺,只能通过在会议室里或办公室里当学徒来学习;他们使律师协会的领导人相信,英国的普通法是一门科学,它建立在有效的理性基础上,可以由掌握其原则的人加以解释,以便让那些目标是在法律实践中取得成功的学生们彻底理解。"13 HARV. L. REV. 422, 423 - 24(1899)。有关他对英国律师界态度的评价,请参阅 note 59 supra。

如文中所述,戴西对普通法的拥护不亚于兰德尔及其同事。后者通过将"法学教育"等同于研究(普通法)案例来表达他们对普通法的奉献,而前者则通过对立法和行政法等其他形式法律的发展,对减损(按他的设想)法官制定的普通法而日益激动或沮丧的情绪来表达他的消极奉献。因此,在他的《英国的法律和舆论》(1905 年)(最初是在哈佛大学发表的演讲,并以此献给查尔斯·W·埃利奥特)中,他对他所谓的"集体主义"表示忧虑——并在十年后第二版的导言中表达了近乎歇斯底里的恐惧。他观察到,公众舆论(谈到世纪之交的"社会正义"运动)越来越多地要求通过立法来改变普通法,以便解决特定的紧迫问题;而每一项颁布的法规,反过来又创造了一种新的公众舆论,引起了更强烈的要求,要求更多的,而且是逐渐变得更激进的立法。简而言之,每一项法规都引发了连锁反应,有可能以强制手段摧毁普通法,最终形成个人权利得不到保护的集体主义社会。

同样,在他的《宪法法》(1885 年)(与历史相反,这是第一部关于英国宪法法的论著)中,狄奇通过使英国宪法依赖于"法治"(一个他带入现代用法的短语)来鼓吹普通法。他断言,宪法是以普通法为基础,由无数个世纪以来头脑公正的法官慢慢地、默默地建立起来的,为英国人提供了对抗政府专制的基本保障。因此,他在对法官制定的宪法自由表达热爱的同时,也对当时新出现的"行政法"领域产生了同样强烈的憎恨,认为这是政府官员对普通法保障措施的系统性回避。因此,对他来说,法国"行政法"的例子——当时吸引了许多律师和学者的想象力——对普通法构成的威胁与"集体主义"本身的威胁同样强大。

自兰德尔和戴西时代以来,法学教育的历史在某种程度上是(转下页)

369 当然张在某种程度上已经使普通法失去了地位;大多数法学院都承认这一现实,尽管其对于判例教学法垄断法律教育的真正意义几乎没有人知道。哈佛大学值得赞扬的功劳是,近年来出现的一种更为全面的法律处理方法——包括立法、行政法、"私人秩序"以及普通法——都来自兰德尔自己的机构。当然,我指的是哈特(Hart)教授和萨克斯(Sacks)教授关于《法律程序》的教材。[1]

从判例教学法退缩的另一个证据是自兰德尔时代以来对"基本课程"的逐步重新定义。我们可以以侵权行为为例。侵权行为当然是一门比较新的学术课程。众所周知,关于这一主题的第一

(接上页)一种长期的努力,目的是将法学院的法学基础扩大到普通法之外,并将对法官制定的法律以外其他形式法律的适当理解纳入基于判例教学法的体系。我认为,面对戴西的严格限制思路和兰德尔-埃姆斯集团的教条主义,费利克斯·弗兰克福特(Felix Frankfurter)激发了学者对立法法和行政法的兴趣,这一点也必须归功于他。弗兰克福特在《行政法的任务》(The Task of Administrative Law)一文中攻击了戴西的行政法观,75 U. PA. L. REV. 614(1927)。此外,我认为在这方面改革法学教育的一些最具建设性的动力来自他的学生,我指的是亨利·哈特(Henry Hart)教授、保罗·弗罗因德和我的同事卡尔·麦克法兰(Carl McFarland)。

关于戴西的简要介绍,请参见 W. HOLDSWORTH, THE HISTORIANS OF ANGLO-AMERICAN LAW 91 – 94(1927);对他影响力的全面调查,见 Professor E. C. S. Wade's Introduction to A. DICEY, LAW OF THE CONSTITUTION (9th ed. 1939);对他最严厉的批评,请见 I. JENNINGS, LAW AND THE CONSTITUTION (1933);以及当代对他的杰出评价,请见 Lawson, Dicey Revisited, 6 POL. STUDIES 109, 207(1959)。

[1] H. HART & A. SACKS, LEGAL PROCESS: BASIC PROBLEMS IN THE MAKING AND APPLICATION OF LAW (1958)。最为恰当的解读是,也许这本资料就像兰德尔的第一本判例书一样,并非一本普通出版物,而是为哈佛法学院的学生准备的;尽管哈特教授和萨克斯教授像兰德尔一样,对此书的出版和普遍发行漠不关心,但这资料的名声和激发的兴趣已经远远超出了剑桥大学的范围。我被告知,哈特·萨克斯的教材目前被包括弗吉尼亚大学在内的大约25所法学院以油印的形式刊发并使用。

本法律书籍直到1859年才出版,当时美国人弗朗西斯·希拉德(Francis Hilliard)出版了《侵权行为法与私人违法行为》。一年后,英国人C. G. Addison,发表了《论侵权行为法及其救济》(A Treatise on the Law of Torts or Wrongs and their Remedies)。而在1870年,当尼古拉斯·圣约翰·格林(Nicholas St. John Green)准备将艾迪生的论文删节后供哈佛大学使用时,霍姆斯在审阅该书时说出了他最非凡的判断之一。"我们倾向于认为,"他说,"侵权行为不是一本法学书籍的适当主题。"[1]我们还可以补充一点,兰德尔之前的教授们也没有认为它是一门法学课程的适当科目,因为直到1870年兰德尔担任专业职务时,哈佛大学才开始教授侵权行为。此后,立即对课程进行了全面的改革,以便把某些"基础课程"放在第一年。在这些课程中,就有一门新进的课程——侵权行为。用《哈佛法学院百年史》的话说:

> 随着兰德尔的出现,课程设置发生了全面变化,那些应该在第一年学习的课程和那些应该在以后学习的更高级课程之间出现了分歧……物权继续作为一门基础课程开设。而诉状也成为第一年的科目。第一年的其他课程是以前不定期讲授的《合同》和《刑法》,以及全新的《侵权行为》。这五门课程构成了第一年的学习工作,或者说是第一年学习的大部分。[2]

---

[1] 书评,5 AM. L. REV. 340, 341(1871)。这篇未署名的评论是沃伦·西维在《侵权行为原则》(Principle of Torts)文章中对霍姆斯的评论,56 HARV. L. REV. 72(1942)。

[2] CENTENNIAL HISTORY OF THE HARVARD LAW SCHOOL, 1817‐1917, at 76.

在 1870 年,侵权行为还是一个如此新颖的主题,但在此后立即变得如此基础化,这似乎相当奇怪。我对这一难题的唯一解释是基于我自己的猜测。[1] 我相信,兰德尔知道侵权行为和合同是普通法中相当于罗马私法的两个基本类别,即违法行为和义务。他还知道,这两类法律以及一般的罗马法所依据的原则,已经被几代罗马律师充分发展、阐明和完善了。从这些前提出发,兰德尔可以用奥斯汀的话总结:"由于这种对原则的掌握,由于对其完美一致性和'优雅'的掌握,由于安排方法的清晰性,没有任何其他真正的法律体系能够如此容易地作为一个整体来把握。"[2] 如果兰德尔确实这样做了,我们可以推测,他决定利用对案件的归纳分析来识别、确立和延续被过往经验证实可行的两个领域中的同等普通法原则。真正的法学学者把握的法律教育

---

[1] 关于我无法记录文本中提出的猜测,请读者比较一下两句话。H. T. 巴克勒(H. T. Buckle)(维多利亚时代伟大的、并不实事求是的泛泛之谈者)说:"人们期望作者为论断提供证据是多么的不近人情,而作者自己提供证据又是多么的愚蠢!"A·胡思(A. HUTH),《亨利·托马斯·巴克尔(Henry Thomas Buckle)的生平与著述》94(1880)。另一个也许是巴克尔的答案——亨利·沃恩(Henry Vaughn)主教的格言:"权威在哪里结束,影响就在哪里开始。"CUNNINGHAM, WILLIAM CUNNINGHAM 108。

[2] J. AUSTIN, The Uses of the Study of Jurisprudence, in THE PROVINCE OF JURISPRUDENCE DETERMINED 366, 378 (Library of Ideas ed. 1954)。这整篇文章作为对罗马法作为现代法学教育基础的辩护,是经得起推敲的。

乍一看,奥斯汀的观点似乎与兰德尔的观点截然相反,因为他坚持认为,一个法学学生最不应该学习的是他所在特定管辖区的法律(大概也包括判例)。相反,学生应该首先彻底扎根于平民制定的法律"原则"。在掌握了规范基本法律关系的法律原则(这些原则是所有法律体系所共有的)之后,学生才可以,也只有这样,才能转向并掌握他自己或实际上任何司法管辖区的法律。如文中所述,我认为,兰德尔试图利用特别挑选的判例,而不是罗马法的泛论,向新手灌输我们美国法域共同的基本原则,并借此达到同样的目的。

可以成为普通法系统化的中介。而这其中就蕴含着希望——它将成为基于科学分析的事实准则。如果这一理论属实,那么就可以解释为什么兰德尔本人对合同感兴趣,而他最优秀的学生(埃姆斯对侵权行为感兴趣,基纳[Keener]对准合同感兴趣)对"基本"学科感兴趣,这些学科具有明显的罗马法等同性。

尽管如此,兰德尔仍在1870年将侵权行为作为一门基础课程引入,直到今天依然如此。然而,这门课如此基础,却经历了创伤性的变化。首先工人赔偿案件被从课程中划出,现在汽车过失致损案件也可能被删除。同时,保险法已经广泛地渗透到这一领域中,风险分担的经济学变得如此重要,对损害赔偿和陪审团控制等方面的关注也变得如此普遍,以至于侵权原则甚至在侵权行为中也显得无关紧要。此外,最高法院对第一修正案的解释过于宽泛,以至于严重侵犯了普通法中诽谤和隐私权的范围。简而言之,侵权行为法现在已经和任何课程一样缺乏可能的"基本原则"。然而,正如在兰德尔的时代一样,它仍然被认为是法律教育必须建立的"基石"之一。

这很了不起,因为我一直试图说明判例教学法是如何被破坏的。不过,兰德尔的第一年仍然是我们的第一年;他的方法——判例简述、财产分析、苏格拉底式探究——就是我们的方法。换句话说,法律教育仍然处于一种"普洛克路斯忒斯之床"的形式,律师的所有学习都被迫符合同一标准。我想我知道兰德尔和他的同事们为什么会这么做。但坦率地说,我不知道我们现如今为什么还要这样做,除非出于纯粹的惰性。

基于上述原因,我的结论是,尽管我们或多或少地彻底否定了判例法的哲学,但就像梅特兰的行动模式一样,它仍然在坟墓中统治着我们。

当前的挫折

目前美国法学院不满情绪的原因可以说是：对法律的态度比对法律教育的态度世俗化得更快。

对于大多数法学专业的学生、教授和校友来说，这或许并没有什么不妥，法律教育也没有错。毕竟，律师协会人员充足，公司人员稳固，司法标准提高，法律学术研究继续快速发展，而且大部分理想主义改革者都是法学院毕业生。那些将不满情绪降到最低的人无疑会言之凿凿地说，世俗化使法律教育与时俱进，同时又保留了过去的优点。他们会指出，判例教学法的优点如今与来自归纳法学实验室之外的明智见解结合在了一起。因此，现代判例书并不像埃姆斯时代那样，仅仅是一本判例的合集，而是一本说明所涉及的各类"问题"具体判例（案例）的选集，以及对这些问题最博学的法学和其他方面的讨论。即便这个系统不是完美的，但它依然可能是有史以来最好的。因此，他们会得出这样的结论：世俗化的进程使法律教育变得更加开明，更加有用，这正是它应该有的样子。我想，这就是今天绝大多数法学专业学生、教授和校友对这个问题的答案的摹本。而且，正如我所说，他们很可能是正确的。

然而，正如我们已经指出的那样，在人们心中依然存在着相当大的不满情绪，我们必须考虑这些不满情绪可能对世俗化现象做出怎样的反应，以及这在多大程度上助长了他们的不满情绪。正如我们所预料的那样，持不同意见者有两大阵营：一派认为世俗化已经走得太远，另一派则因为世俗化没有进一步发展而感到沮丧。

那些因世俗化走得太远而感到沮丧的人,同样可以细分为两类:一类是归纳科学家(即兰德尔主义者),另一类是理想主义者。兰德尔主义者我们不必再讨论。我只想说,他们对判例教学法有着共同的基本信念:他们认为,法学根据理性确定的"原则"划分为相当明确的领域;这些领域(主要是1870年以来的定义)是法学本身固有的性质;相应地,他们义不容辞的职责就是教导学生以独立的方式分析判例,直到他们触及基本的、不可改变的"原则"。在这类法学学生和教授、校友看来,世俗化培养了一批思想模糊、以政策为导向还以律师自居的社会学家;而世俗化的主要问题是维护法学的完整性,保障法律教育不受他们善意却无知的影响。

另一类认为世俗化走得太远的持不同意见者是那些理想主义者。这些人不是技术意义上的、哲学意义[1]上的理想主义者,而是他们普遍认为,法律教育在某种程度上已经被"功能主义"和"结果导向的法学"所贬低,而正是这些能够将法律从学者主义中拯救出来。他们会告诉你,法律不仅仅是功能主义,不仅仅是政策,事实上不仅仅是麦克杜格尔教授和拉斯韦尔教授等价值

---

[1] 霍姆斯认为兰德尔的判例教学法是一种非常接近哲学唯心主义的抽象形式。

如果兰德尔先生被怀疑曾经为赫格尔(Hegel)的事情烦恼过,我们可以称他是一个变相的赫格尔主义者,因为他完全是对事物或逻辑形式的联系感兴趣,这与构成逻辑内容与实际上影响法律实质的感情并不相同。

Book Review, 14 AM. L. REV. 233, 234(1880)。我承认自己无法区分哲学理想主义者、自然律师和法律实证主义者。边沁和奥斯汀都反感布莱克斯通的自然法,他们被称为自然法信徒,是因为他们致力于"最大幸福"原则;拉斯韦尔教授和麦克杜格尔教授(他们同样憎恶凯尔森[Kelsen]教授的实证主义)也被称为自然律师,因为他们把自由、民主社会的价值和人的尊严作为法律制度必须追求的目标。

分析家赋予它的目的。他们会告诉你们，法律比功能主义、比政策、比麦克杜格尔教授和拉斯韦尔教授等价值分析家赋予它的目的更多。而无论比这更多的律法是什么，它肯定比人类本身更伟大。在这一阵营的理想主义者中（也包括我自己），富勒（Fuller）教授对法律道德性的信念是相当坚定的，[1]而迪·恩特里夫（d'Entreve）教授在一个相对主义的时代对自然法的重申也同样引人注目。[2]

然而，对于世俗化的观察者来说，这些法律理想的捍卫者是世俗化本身的证据——甚至能证明更多。因为正如法国著名人类学家 M. 伊利亚德（M. Eliade）所指出的那样，世俗化的过程带有一种内在的挫折感：对我们过去的神话失去了安全感。[3]他指出，无论我们变得多么理性，我们仍然拥有一段漫长的过去作

---

[1]　请参见 e.g., L. FULLER, THE MORALITY OF LAW (1964)。

[2]　参考书中提到 A. D'ENTREVES, NATURAL LAW (1951)。这是一篇关于现代科学法世界中某种形式的自然法的作用和必要性的热情、人道、文明的讨论。笔者清楚地记得迪·恩特里夫教授向耶鲁大学法学院教师宣读一篇论文的情景。他雄辩地恳求用某种超理性的"合法性"标准去衡量"合法性"本身，受到那群"意志坚强"面向社会科学的律师友好和礼貌的欢迎；但人们仍然感到，他们中的许多人认为这一信息毫无意义。上述论文后来以《合法性与法律》为题发表。

[3]　M. ELIADE, THE SACRED AND THE PROFANE: THE NATURE OF RELIGION 8–18(1959)。

　　我认为这本书具有极大的启发性，因为它似乎同法律乃至整个现代社会一样，与宗教本身有着一样的相关性。因此，M. 伊利亚德指出："他的目的是要表明，宗教徒是以何种方式试图可能长时间地停留在一个神圣的宇宙中的，以他的全部生活经验与那些没有宗教感情并且已经生活或者希望自己生活在一个祛魅的世界中的人的经验相比。"Id. at 83。

　　读者从本文前面的部分可以看出，我确实认为法律已经像宗教本身一样被"非神圣化"了。M. 伊利亚德所定义的"祛魅"，实际上与我所定义的"世俗化"是消极对等的——或者更简单地说，是我所定义"世俗化"的代价。

为我们遗产的一部分,在这个过去中,各种形式的"神圣"的、非理性的神秘主义扮演了首要角色。虽然我们可以说服自己走出过去,但我们无法从心理上忘记它。他告诉我们,记忆,对被遗忘神话的渴望,是挫折和摩擦的根源。

M.伊利亚德把这种世俗化的必然伴生现象称为"祛魅"。我认为,这也是理想主义者对法律世俗化不满的基础,因为埃利亚德对现代非宗教人士的描述与我们所描述的现代世俗化法律几乎完全吻合:

> 现代非宗教人士认为自己只是历史的主体和代理人,拒绝一切对超越性的诉求。换句话说,他不接受在各种历史情境中可以观察到的人类状况之外的人类模式。人造就自己,而且只有在他把自己和世界祛魅后,才能完全均衡地塑造自己。神圣是他获得自由的主要障碍。只有完全消除神秘感,他才能成为他自己。只有当他杀死最后一个上帝才会真正获得自由。[1]

读到这段话时,人们不能不想到 20 世纪法律哲学的主要运动——社会法学、法律实用主义和美国法律现实主义,以及它们为以"功能方法"取代"超验的废话"而进行的斗争。因为正如我们已经指出的,这些学派之间的一个共识是,他们坚信无论法律可能是什么,至少它既不是一套神化的"规则",也不是一套逻辑上可发现、科学上可推导的"原则"体系。而在较好的法学院中,

---

[1] Id. At 203.

越来越多的人达成了这样的共识：法律，至少是构成法律教育实质的法律，实际上是社会偏好的表现。正如我所说，这种广受赞誉的、开明的观点，不过是将 M. 伊利亚德关于祛魅人士对信仰的定义应用到了法律身上。现代法律教育者实际上是在教他们的学生（套用 M. 伊利亚德的上述言论），正如人造就自己一样，律师也造就了法律；但他们这样做的程度与他们将自己和法律进行祛魅的程度相同，因为真正的法律改革（将带来真正的自由）的主要障碍是他们对自身以及法律中的神秘主义挥之不去的信念。

如果 M. 伊利亚德是对的，那么世俗化的发展所带来的唯一挫折似乎就是对过去无意识、非理性的执着和向往。而在这个意义上，理想主义者的不满是不可避免的，也是进步的代价之一。同时，这或许也是对困难时期的一种警告，除非我们能以某种方式调和我们神秘的过去和极端理性科学主义的现在，否则，困难时期将以对法律和世俗化世界日益增长的不满和政治对抗的形式到来。

剩下的不满者是那些完全赞同法律功能性方法的人。对他们来说，世俗化的进程相当于启蒙的传播，他们唯一的哀叹是世俗化还远远不够。因此，他们的挫败感来自失望，在他们看来，现代法律教育的主要问题是设法使法律的应用科学或技术更有用。

这个群体——而且按比例来说，它所包括的学生可能比教职人员更多——他们遇到了两种类型的阻力："保守派"和新派。上文所述的"保守派"倾向于将法律教育等同于兰德尔加上埃姆斯在 1870—1910 年之间所建立的法律教育——第一年的课程建立在处理法律制度、侵权行为、合同、财产、公法（刑法和宪法）和诉讼程序原则的判例之上；致力于将"判例书"作为法律知识的基本来源；以及对苏格拉底教学法进行一些改变，旨在提高分析技能，而不是以更古老的教学系统方式传授那些积极的知识。

在一个充斥着国际紧张局势、种族冲突、城市困境、货币交换问题和犯罪率急剧上升的世界里，学生和教授们的目标是使法律工具更加有用，对他们来说，传统的法律教育世界似乎是令人震惊的，而且很可能是有害的，因为它不能使那些必须以律师身份处理这些问题的人做好充分准备。具体来说，它教导他们笃信世上只有一种形式的法律，即普通法；它过于重视许多需要技能中的一种，即分析技能；它极度缺乏必要的正面知识，甚至连与这类准法律问题更直接相关的社会科学的语言都无法理解。因此，当遭遇到以传统为导向的兰德尔同盟们不屈不挠和毫无同情心的抵制时，这些热衷于推动教育实验以弥补这些缺陷的"功能主义者"只能变得苦不堪言。

如果说这种苦闷是目前对美国法律教育一些不满的原因，那么它并不像有些人想让我们相信的那样是一个举足轻重的原因。至少在较好的法学院中，"功能主义者"和"现实主义者"不再是一个充满敌意的世界里孤独的外来者。事实上，即使不比数量，他们的影响力也可能超过了兰德尔主义者。霍姆斯、庞德、杰尔姆·弗兰克（Jerome Frank）、卢埃林、拉斯韦尔和麦克杜格尔已经打赢了这场争取认同的战斗。现在的问题在于如何去实现。对于那些希望使法律成为社会政策工具的人来说，大门是敞开的，道路是清晰的。他们所要做的正是付诸行动。

换句话说，今天令许多学生和教授感到沮丧的问题，是对现行法律教育制度的深深不满,再加上他们甚至对那些有必要进行的改进根本就毫无头绪。兰德尔和他的门徒们不再是现实的抨击目标,而这一事实只会增加他们的挫败感。

总结

我们试图表明,从广义上讲,全社会的世俗化趋势是经过几个世纪的发展达到顶峰的结果,它使法律从"天空中无处不在的沉思"转变为社会改革的实际工具,同时使律师从一个准神职人员转职(用一个规范术语来说)为一个社会工程师。我们还坚持认为,法律教育既反映了这一长期趋势,也促进了这一趋势的发展。"法学院法学"也经历了相应的演变,从中世纪以礼教行会的学徒制——其特点是对行动形式或其他程序要点的极度关注——再到对归纳科学家或应用科学家的大学培训,有意识地关注社会政策的制定。

我曾说过,对当代法律教育的任何讨论,都应该考虑到世俗化现象及其长期影响;因为我深信,世俗化是美国法学院乃至美国社会许多令人苦恼的不满情绪的根本原因。

虽然承认(希望有些读者也会这么认为)上述论断的优点,但仍有许多读者会抱怨说,这也不能证明我们对过去的长期探索是一种正确的选择。毕竟,它让我们回到了起点——现在所有的问题都压在我们身上,未来所有的困惑都摆在我们面前。读者有权利期待作者在经历了如此漫长的岁月后,至少也要大胆地走向未来。而这一点我想简单地说明一下,牢记历史学家的职业危险性,即(用马拉普罗普夫人[Mrs. Malaprop]相当精彩的一句话来说)"期待过去"。我们将从法律教育世俗化的消极方面和积极方面进行思考,并对今后的发展提出一些具体建议。

世俗化的消极方面

世俗化最明显的影响是,法律和法律教育与我们的集体经验和解决社会问题的关系越来越紧密。这样说来,这种影响是值得称赞的。然而,正如大多数事物一样,世俗化既有善的一面也有恶的一面,它邪恶的一面确实是邪恶的。

正如我们所指出的那样,使法律变得更加实用的过程不可避免地唤起了某些对确定性和全知性的非理性渴望,而这种渴望是由不再合理地站得住脚的先验法则或超人类法则的形式所提供的。尽管渴望本身通常不会困扰我们,但这些对神秘法律形式的渴望是危险的,因为它们不可避免地会导致社会成员将相当简陋、世俗、摇摇欲坠的人造法律进程与神圣法则或自然法则或简单的"法律法则"进行比较。在一个专门的系统中,这种比较不可能不令人厌恶。因为社会工程师无论动机多么强烈,都无法与先知的启示相匹敌;功能主义无论多么开明,仍然带有人类自身不可原谅、甚至是无法根除的污点。因此,世俗化在满足人们思想的同时,也折磨着人们的灵魂。

目前这种内部冲突的表现形式是,正当法律因其人道主义和平等主义目标而受到大力推崇时,却失去了对作为社会制裁"合法性"的尊重,这是很矛盾的。现代人不再是上帝和律法之下的人,他感到自己在道德上摆脱了那些与自己内心深处信念相冲突的、外部强加的法律要求。可想而知,结果是一代法律教师发现很难相信——我的意思是深刻地相信,在不靠谱法院的空口保证之外还有法律存在;一代法学生也因此不会去学习受法律约束的必要性;一代普通人明显不愿受法律制裁的约束,甚至蔑视法律的制裁。在这种情况下,呼吁"法治"是相当可悲的,几乎是无望的。

我认为,所有这一切,至少部分归因于法律的世俗化和去神圣化(祛魅)。而理性的人,对以功能主义取代超验的废话所取得的进展感到自豪,这是可以理解的,但又对启蒙的不良后果感到困惑和沮丧。如果人们既不承认也不服从法律,那么一种工具,无论多么有力,一支科学技术部队,无论多么熟练,又有什么用呢?

那么,现代法律教育必须面对的法律世俗化所提出的重要问题是,如果说"功能"的法律方法比以往任何时候都更善于解决问题,那么,是否意味着它也同样能够有效地赢得人们的尊重?如果不是,那么任何解决问题的技术或者任何一组法律技术人员是否值得我们为功能主义所付出的代价呢?更糟糕的是,功能主义的方法岂不是教会所有人把法律看作是他们私人或个人处置的工具吗?毫无疑问,任何"社会问题"都不能像人们把法律作为满足自己欲望的手段那样,只是顺便把责任强加给他们的同胞和社会那样的严重或长期存在。

悲观主义者在看到周围无法无天和由现代政策导向的法律教育泛滥时,很可能会发现这两者之间的因果关系,并将世俗化的不幸结果归咎于30年代那些不敬和冷嘲热讽的法律现实主义者及其不加批判的追随者。尽管很少有人能像 E. M. 福斯特(E. M. Forster)那样雄辩地指出这一点,但许多人在回顾他们的努力时,必定会带着他在20世纪改革进程中所表现出来的那种平静的犬儒主义情绪。

50年前,当我还年轻的时候,有关"问题"的想法都很令人振奋。19世纪强调的是"进步"。20世纪初,人们虽然不拒绝进步,但觉得如果通过问题来处理进步问题会更加现实。这些问题就像欧几里得(Euclid)撕下来的床单一样,无懈可击地摆在那里等待着被解决。"这是一个全新的问题。"政治家会热情地赞叹道。尽管人们偶尔会说,一个问题往往会导致另一个问题,但没有人意识到这句话有多么险恶。只要给予适当的关注和足够的商业资源,所有问题都会迎刃而解,上帝的伟大使命也会圆满完成。

这种态度没有被第一次世界大战所扼杀,而是被平息了……对问题的幻灭和不信任始于20世纪20年代——这是半个世纪以来最清晰的十年。它意识到什么问题都没有解决,所谓的解决方案就是被砍掉的人头比被砍头的人还多。[1]

然而,历史告诉我们,强制执行一项将法律脱离神灵或道德制裁的问题既不是20世纪改革者的原创,也不是我们目前世俗化运动的独特产物。相反,它以这样或那样的形式长期威胁着所有社会。因此,一位18世纪世俗的教士以独特的方式清晰地提出了当今法律教育所面临的问题。托马斯·舍洛克(Thomas Sherlock)主教在1750年写道:

> 不忠和不道德几乎是不可分割的;虽然有些人依靠假装没有宗教的帮助而保持一种美德,但经验表明,对另一个世

---

[1] E. M. FORSTER, 在 London Times Literary Supplement (1964) 中被引用。

界既无希望也无恐惧的人,很快就会放纵自己最坏的激情而滥用这种美德;他们一旦学会藐视神,就不再尊重人。[1]

因此,20世纪中叶的问题与20世纪或其他任何世纪的问题是一样的:如何使无神论者遵守法律?对我们来说,宗教的制裁——永恒诅咒的威胁——已经消失了。但是,我们不能再依靠火与硫磺,并不意味着我们失去了一切,也不意味着我们的问题会变得更容易解决。它只是意味着法律或法律的制裁更加需要负担起维持人与人之间和平与和谐的责任。因为在所有的社会制裁中,法律是最合理的(或者说最符合逻辑的)。在一个世俗化的世界里,社会对它的依赖程度必定超过对宗教的依赖程度。这是对法律教育的挑战。而这也是功能主义的缺点:它的视野实在是太局限了。无论它多么开明,多么积极,都过于以结果为导向而无法超越不寻常的个案,也过于世俗以至于无法抽象地激发灵感。它的主要愿望来自于对"正义"理想的过度奉献——这一点永远不应该被忘记——与此同时,超验的法律形式本身也被合法性所束缚和禁锢。

世俗化的积极方面

如果像我们所说的那样,世俗化破坏了宗教的影响,并使作为社会制裁的合法性失去信誉,那么我们的世界必然面临毁灭的巨大危险之中——事实上很可能是这样。但是,世俗化不仅摧毁了世俗,也创造了世俗。我们决不能忘记我们所描述的长达数百年发展的积极一面。它高举了正义的理想,而世俗化的进程几乎

---

[1] T. SHERLOCK, SERMONS 8-9(1750).

毫无例外地是由寻求实质正义的人们领导的。这就是现代法学院的线索——一根风中的稻草。在一个充满了极端理性的人的世界里,法律必须在正义而非合法性中找到它的力量。

法学院必须摆脱过去那种让非专业人士对法律和合法性心存敬畏的神秘主义残余;必须训练学生将自己视为正义的代理人和法院官员。更重要的是,他们必须明确地知道这种责任意味着什么。立一门为此目的服务的教学课程应该成为当今法律教育的重大课题。

我无意说明如何解决这一问题,只是就这一问题提出一些意见。未来的法律教育必须以两个格言的结合为准则。第一,在法律的殿堂里有许多宅院,在这些宅院里,各种从业人员、参赞、法官、公务员、学者和哲学家以他们各自的方式,为推进正义的进程和实施正义而努力。其次,法律教育作为正义的辅助,必须从"以大见小,以高见低"的命题出发,而不是反之。也就是说,法学院必须假设,不论正义到底是什么,都需要把明确自己对正义的义务当做基本前提,人们才能更好地履行其法律"职能"。一句话,正义必须优先于法律。

在这个前提下,我们可以看到,法学院的课程应该从三个方面来促进正义:第一,服务于私人的需求("实践方面");第二,处理那些过于复杂或影响深远而无法零碎解决的问题("整体方面");第三,鼓励对法律的性质和作用进行各种形式的猜测("哲学或理论方面")。在这三个方面中,只有第三个方面是不言而喻的。因此,我将就前两个方面说几句。

我所说的正义的"实践方面"指的是涉及并可以通过满足私人当事人要求而实现的正义。像"动产抵押"和"买卖回租"等律师事务所的发明，都是在这个意义上对正义的显著贡献。在法律教育中，"实践方面"是通过培养律师为个人提供实现其合法目的的法律手段来实现的，也许更重要的是，通过培养律师和法官明智地、公平地参与解决私人纠纷来实现的。律师事务所和法庭是"实践"司法过程中的主要场所，法律现实主义者以其对影响司法决策因素的关注，为推进这一方面的司法做出了重要贡献。

正义的"整体"指的是必须从整体而不是个人的角度来处理问题。我在此特指那些所谓的"结构性"问题，如贫困、贫民窟生存条件、经济萧条和种族歧视。立法以及小范围的行政命令是实现并必须实现正义的"整体方面"的主要手段（而不是"法官造法"）。在主要处理私人当事人在法庭上问题的法学院课程中，这些更广泛的整体问题很可能被忽视或处理不当。

传统上，大多数法律教育都集中在这些方面的第一方面（"实践"）和第三方面（"理论"）。大陆法系强调的是第三方面；美国法学院，尤其是采用判例法的法学院，强调的是第一方面。令人惋惜的是，第二方面普遍被忽视了。因为它迫使法学院强调——应该说是过分强调——法官是通过法律改革实现正义的一种手段。就像曼斯菲尔德勋爵为将商法纳入普通法而做出的英勇但徒劳的努力一样，最开明的法官作为创新者也确实受到了真正的限制。

法官的作用被过分强调，司法的整体方面也被忽视；因为处理整体问题的适当手段从来都处于缺乏的状态。当然，还有立法。但是无知的立法充其量是危险的。现在，作为五十年社会科学研究的结果，我们第一次拥有了几乎所有学科的知识体系。这些知识如果运用得当，将使我们有能力以过去根本不知道的方式处理复杂的社会问题。

附录三：法律现实主义的局限性：历史的视角

我们现在需要的是获得所有这些知识。我们需要一种力量，能够把几门社会科学组织成一个单一的综合知识体系。

在中世纪的大学里，神学是科学的女王。在现代大学里，这种统一性十分缺乏，但我们依然要寻求正义。神学在多面性中的逻辑继承者便是法律——社会科学的女王。

这种说法并不牵强。历史上最古老的社会科学——经济学，与法学有着密切的联系。它最初是道德哲学，在18世纪末转变为政治经济学。而早期的政治学家们几乎都关注着法律。亚当·斯密讲授"法律与警察"以及管理国家财富的法律；杰里米·边沁从他憎恨的法律转向他所崇拜的政治经济学；詹姆斯·密尔、J. R. 麦克洛克（J. R. McCulloch）和 J. S. 密尔都在他们的政治经济学论著中加入了"法理学"的章节。事实上，沃尔特·白哲特（Walter Bagehot）甚至将里卡多（Ricardo）对政治经济学的处理与奥斯汀对法理学的处理进行了比较。[1] 直到19世纪90年代，随着经济理论中边际分析的发展，"政治"才从"经济"中脱离出来，法学和经济学才走上了各自的学术道路。

现在，经济理论作为经济学，早已成为一门独立的学科。但这也迎合了律师们的需要，不仅体现在私人服务的层面，更是体现在司法集体服务的层面。这两门学科必须重新结合起来，法学与社会学、法学与政治学、法学与心理学、法学与其他一切社会科

---

[1] 反映该学科名称变化的第一部重要著作是阿尔弗雷德·马歇尔（Alfred Marshall）的《经济学原理》（1890年第1版）。有点自相矛盾的是，在1879年——正当"政治学"被从"经济学"中抽离出来，一个新的教学科目即将诞生的时候，霍姆斯竟然对"目前政治经济学和法律学派之间的分裂"感到痛心疾首，并期待着两者能够更加紧密地结合起来。参见 note 70, supra。

学也必须重新结合起来。当然,如何将它们重新整合是个问题。作为法律教师,我们对这个问题暂时还无法给出一个满意的答案,但这并无大碍。作为法律教师,我们至少可以保证终有一天律师们将会回答这个问题——他们受到的教育是成为正义的代理人,并使他们的学科宛如牛顿理想化大学中的神学那般重要。

索引

A

阿德勒(Adler)
阿尔弗雷德·康拉德(Alfred Conrad)
阿尔弗雷德·马歇尔(Alfred Marshall)
阿尔弗雷德·里德(Alfred Z. Reed)
爱德华·克里斯蒂安(Edward Christian)
爱德华·利维(Edward Levi)
爱德华兹(Edwards)
埃德温·F. 盖伊(Edwin F. Gay)
埃德温·W. 帕特森(Edwin W. Patterson)
艾迪生(Addison)
埃伦(Ellen)
艾伦 D. 卡利森(Alan D. Cullison)
艾萨克·罗亚尔(Isaac Loyall)
艾萨克·帕克(Isaac Parker)
艾希曼(Eichmann)
埃兹特·卢茜尔·布朗(Esther Lucile Brown)

阿伦·伯尔(Aaron Burr)
安德烈·布雷顿(Andre Breton)
安德鲁·杰克逊(Andrew Jackson)
昂德希尔·穆尔(Underhill Moore)
盎格鲁-撒克逊(Anglo-Saxon)
安吉尔(Angell)
奥斯汀(Austin)
阿瑟·特雷恩(Arthur Train)

B

H. T. 巴克勒(H. T. Buckler)
巴纳德(Barnard)
保罗·弗罗因德(Paul Freund)
保罗·卡林顿(Paul Carrington)
保罗·塞尔(Paul Sayre)
鲍威尔(Powell)
巴特勒(Butler)
贝尔法斯特(Belfast)
贝拉米(Bellamy)
贝利斯·曼宁(Bayless Manning)
本杰明·霍德利(Benjamen Hoadley)
比尔(Beale)
比奇洛(Bigelow)

A. A. 伯利(A. A. Berle)
波斯坦(Postan)
伯西(Bussey)
布拉德利(Bradley)
布拉克顿·赛思(Bracton Saith)
布兰代斯(Brandeis)
布雷纳德·柯里(Brainerd Currie)

C

查尔斯·A. 比尔兹利(Charles A. Beardsley)
查尔斯·F. 阿雷斯(Charles F. Ares)
查尔斯·W. 埃利奥特(Charles W. Eliot)
查尔斯·沃伦(Charles Warren)
查士丁尼(Justinian)

D

戴维·霍夫曼(David Hoffman)
戴维·卡弗斯(David Cavers)
戴维·里斯曼(David Riesman)
戴西(Dicey)
道格拉斯(Douglas)
W. T. S. 丹尼尔(W. T. S. Daniel)
W. 德雷珀·刘易斯(W. Draper Lewis)
德里克·博克(Derek Bok)
迪恩·艾奇逊(Dean Acheson)
蒂克纳(Ticknor)

E

恩特里夫(d'Entreve)

F

法律专业委员会(Board of Legal Specialization)
法律助理特别委员会(Special Committee of Legal Assistants)
法学院入学考试(LSAT, Law School Admission Test)
菲富特(Fifoot)
费利克斯科恩(Felix Cohen)
费利克斯弗兰克福特(Felix Frankfurter)
福尔贝克(Fulbeck)
伏尔泰(Voltaire)
福蒂斯丘(Fortescue)
弗朗西斯·培根(Francis Bacon)
弗郎西斯·希拉德(Francis Hillard)
弗朗西斯·利伯(Francis Lieber)
弗朗西斯·韦兰(Francis Wayland)
富勒(Fuller)
弗雷德里克·波洛克爵士(Frederick Pollock Sir)
福斯特(E. M. Forster E. M.)
福特基金会(Ford Foundation)

G

哥白尼(Copernicus)
戈贝尔(Goebel)
格劳秀斯(Grotius)
龚古尔(Goncord)
古德里奇(Goodrich)
国家科学基金会(National Science

Foundation）
国家劳动关系委员会（National Labor Relations Board）
国家人文基金会（National Endowment for the Humanities）
国立大学司法与执法研究所（National Institute for Justice and Law Enforcement of the University Research Corporation）

H

哈德威克（Hardwick）
哈里·索普（Harry Soph）
哈伦·菲斯克·斯通（Harlan Fiske Stone）
哈蒙德（Hammond）
汉密尔顿（Hamilton）
汉纳（Hanna）
哈诺（Harno）
哈斯金斯（Haskins）
赫伯特·L. 帕克（Herbert L. Packer）
赫伯特·斯宾塞（Herbert Spencer）
赫尔曼·奥利芬特（Herman Oliphant）
赫格尔（Hegel）
亨利·哈特（Henry Hart）
亨利·梅因（Henry Maine）
亨利·普利切特（Henry Pritchett）
亨利·圣乔治塔克（Henry St. George Tucker）
亨利·史汀生（Henry Stimson）
亨利·托马斯·巴克尔（Henry Thomas Buckle）
亨利·韦德·罗杰斯（Henry Wade Rogers）
亨利·沃恩（Henry Vaughn）
霍尔（A. R. Hall）
霍菲尔德（Hohfeld）
霍夫施塔特（R. Hofstadter）
霍兰（Holland）
霍姆斯（Holmes）
霍普森（Hopson）
A. N. 怀特海（A. N. Whitehead）
辉格党（Whigs）
A. 胡思（A. Huth）

J

伽利略（Galileo）
加德纳·C. 米恩斯（Gardiner C. Means）
吉本（Gibbon）
杰尔姆·弗兰克（Jerome Frank）
杰尔姆·卡林（Jerome Carlin）
杰弗里·哈泽德（Geoffrey Hazard）
杰拉德·曼利霍普金斯（Gerard Manley Hopkins）
杰拉德·韦伯（Gerald Weber）
杰里米·边沁（Jeremy Bentham）
杰克逊·伊莱·雷诺兹（Jackson Eli Reynolds）
杰西·鲁特（Jesse Root）
基德（Kidd）
基顿（Keeton）
基纳（Keener）
金曼·布鲁斯特（Kingman Brewster）

417

继续教育机构(Continuing Education of the Bar)

军人安置法案(G. I. Bill)

K

卡尔·奥尔巴克(Carl Auerbach)
卡尔霍恩(Calhoun)
卡尔·卢埃林(Karl Llewelleyn)
卡尔·麦克法兰(Carl McFarland)
卡尔·皮尔逊(Karl Pierson)
卡尔文·伍达德(Calvin Woodard)
凯尔森(Kelsen)
凯特(Cheit)
卡莱尔(Carlyle)
卡林顿报告(Carrington Report)
卡内基委员会(Carnegie Commission)
卡内基教学促进基金会(Carnegie Foundation for the Advancement of Teaching)
考珀(Cowper)
考克斯(Cox)
卡特赖特(Cartwright)
柯尔律治(Coleridge)
科尔宾(Corbin)
科克(Coke)
克拉克·克尔(Clark Kerr)
克里斯托弗·兰德尔(Christopher Langdell)
柯伦特(Current)
科明斯(Comyns)

L

拉尔夫·纳德(Ralph Nader)
莱昂·C. 马歇尔(Leon C. Marshall)
莱昂·格林(Leon Green)
莱斯特·J. 马泽(Lester J. Mazor)
劳伦斯·马克斯韦尔(Lawrence Maxwell)
拉斯韦尔(Lasswell)
拉希·费恩(Rashi Fein)
理查德·E. 彼得森(Richard E. Peterson)
理查德·T. 威廉姆斯(Richard T. Williams)
里卡多(Ricardo)
利特尔顿(Lyttleton)
H. 李·特纳(H. Lee Turner)
联邦通信委员会(Federal Communications Commission)
联邦贸易委员会(Federal Trade Commission)
罗本·W. 弗莱明(Robben W. Fleming)
罗伯特·玻意耳(Robert Boyle)
罗伯特·戈尔曼(Robert Gorman)
罗伯特·F. 德里南(Robert F. Drinan)
罗伯特·冯·德·利佩(Robert Von Der Lippe)
罗伯特·L. 黑尔(Rober L. Hale)
罗伯特·M. 哈钦斯(Robert M. Hutchins)
罗伯特·斯蒂文(Robert Steven)
A. O. 洛夫乔伊(A. O. Lovejoy)
罗杰·诺思(Roger North)
罗杰·培根(Roger Bacon)

洛克(Locke)
罗斯科·庞德(Roscoe Pound)
英国律师学院(English Inns of Court)

M

马吉尔(Magill)
迈克尔(Michael)
麦克杜格尔(MacDougal)
J. R. 麦克洛克(J. R. McCulloch)
马拉普罗普(Malaprop)
曼斯菲尔德(Mansfield)
马他伦(Maitland)
马修·黑尔(Matthew Hale)
梅迪纳(Medina)
美国法律教育专业责任理事会(Council on Legal Education for Professional Responsibility)
美国法学会(American Law Institute)
美国法学院协会(American Association of Law School)
美国教育考试服务中心(American Educational Testing Service)
美国经济机会局(U. S. Office of Economic Opportunity)
美国律师协会(American Bar Association)
美国历史协会(American Historical Association)
美国社会学协会(American Sociology Association)
梅因(Main)
美国医学会(American Medical Association)
美国政治科学协会(American Political Science Association)
蒙博多(Monboddo)
孟德斯鸠(Montesquieu)
米兰达规则(Miranda rule)
民用航空局(Civil Aeronautics Board)
莫利(Moley)
默里·F. 施瓦茨(Murray F. Schwartz)
莫里斯·罗森伯格(Maurice Rosenberg)
莫伊(Moe)

N

南希(Nancy)
内森·戴恩(Nathan Dane)
尼古拉斯·圣约翰·格林(Nicholas St. John Green)
牛顿(Newton)
诺埃尔·T. 道林(Noel T. Dowling)
诺曼(Norman)

O

奥康奈尔(O'Connell)
欧几里得(Euclid)

P

帕金森(Parkinson)
判例教学法(Case Method)
普芬道夫(Pufendorf)
普雷贝尔·斯托尔兹(Preble

Stolz)
普罗瑟(Prosser)

Q

乔尔·毕晓普(Joel Bishop)
乔治·尼古拉斯(George Nicholas)
乔治·唐宁(George Downing)
乔治·威恩(George Wythe)
乔治·伍德(George Wood)
琼·韦伯(Joann Weber)

S

塞尔登·P. 斯潘塞(Selden P. Spencer)
萨科-范泽蒂(Sacco-Vanzetti)
萨克斯(Sacks)
萨利·舒尔茨·尼利(Sally Schultz Neely)
萨摩斯(Somers)
塞耶(Thayer)
瑟洛(Thurlow)
瑟蒙德·阿诺德(Thurmond Arnold)
尚克斯(Shanks)
沙斯伍德(Sharswood)
斯蒂尔(Steele)
斯蒂芬·佩珀(Stephen Pepper)
斯科特(Scott)
斯特恩斯(Stearns)
斯托厄尔(Stowell)
苏格拉底式(Socratic)
索尔斯坦·凡勃仑(Thorstein Veblen)

T

塔夫特(Taft)
塔平·里夫(Tapping Reeve)
特威斯(Twiss)
廷德尔(Tyndall)
托马斯·欧利希(Thomas Ehrlich)
托马斯·黑德里克(Thomas Headrick)
托马斯·赫胥黎(Thomas Huxley)
托马斯·杰斐逊(Thomas Jefferson)
托马斯·舍洛克(Thomas Sherlock)

W

W. R. 万斯(W. R. Vance)
韦克斯勒(Wechsler)
威廉·布莱克斯通(William Blackstone)
威拉德·赫斯特(Willard Hurst)
威廉·惠特利(William Whateley)
威廉·克伦威尔(William Cromwell)
威廉·平卡斯(William Pincus)
威廉·琼斯(William Jones)
威廉·休韦尔(William Whewell)
威廉·詹姆斯(William James)
威利斯顿(Williston)
韦鲁勒姆协会(Verulam Society)
维纳(Vinerian)
韦斯特伯里(Westbury)
N. 沃德(N. Ward)
沃尔科夫(Warkov)
沃尔特·白哲特(Walter Bagehot)
沃尔特·惠勒·库克(Walter

Wheeler Cook)
C. 沃特斯金(C. Watkins)

X

西奥多 W. 德怀特(Theodore W. Dwight)
谢尔登阿莫斯(Sheldon Amos)
锡纳夫斯基(Sinavsky)
休格 W. 杰维(Huger W. Jervey)

Y

亚伯拉罕·弗莱克斯纳(Abraham Flexner)
亚伯拉罕·S. 戈德斯坦(Abraham S. Goldstein)
亚当·斯密(Adam Smith)
雅各布斯(Jacobs)
伊弗雷姆·柯比(Ephraim Kirby)
伊拉斯穆斯(Erasmus)
伊莱休·鲁特(Elihu Root)
M. 伊利亚德(M. Eliade)
英特马(Yntema)
约翰·奥斯汀(John Austin)
约翰·菲斯克(John Fiske)
约翰·弥尔顿(John Milton)
约翰·T. 洛马克斯(John T. Lomax)
约翰·W. 伯吉斯(John W. Burgess)
约翰·威格莫尔(John Wigmore)
约翰逊(Johnson)
约瑟夫·雷德利奇(Josef Redlich)
约瑟夫·普里斯特利(Joseph Priestley)
约瑟夫·斯尼德(Joseph Sneed)
约瑟夫·斯托里(Joseph Story)

Z

泽兰(Zelan)
张伯伦(Chamberlain)
詹姆斯·巴尔·埃姆斯(James Barr Ames)
詹姆斯·布赖斯(James Bryce)
詹姆斯·古尔德(James Gould)
詹姆斯·卡特(James S. Carter)
詹姆斯·肯特(James Kent)
詹姆斯·米尔(James Mill)
詹姆斯·威尔逊(James Wilson)
证券交易委员会(Security and Exchange Commission)
职业道德准则(Canons of Professional Ethics)
执业律师协会(Practicing Law Institute)
咨询委员会(Advisory Committee)

参考文献

American Assembly: Report on Law and the Changing Society, Center for Continuing Education, University of Chicago, March 14 – 17, 1968.

American Bar Foundation: *The Legal Profession in the United States*, rev. ed., Chicago, 1970.

Carnegie Commission on Higher Education: *Quality and Equality: New Levels of Federal Responsibility for Higher Education*, McGraw-Hill Book Company, New York, 1970.

Carnegie Commission on Higher Education: *Less Time, More Options: Education Beyond High School*, McGraw-Hill Book Company, New York, 1971.

Cheit, Earl F.: *The New Depression in Higher Education*, McGraw-Hill BookCompany, New York, 1971.

Clinical Education and the Law School of the Future, University of Chicago Law School, 1969.

Conard, Alfred: "Macrojustice: A Systematic Approach to Conflict Resolution," 5 *Georgia Law Review* 415, 1971.

Currie, Brainerd: "The Place of Law in the Liberal Arts College," 5

Journal of Legal Education 428, 1953.

Currie, Brainerd: "The Materials of Law Study," in Association of American Law Schools, "Training for the Public Professions of the Law: 1971," *Proceedings*, 1971 annual meeting, part one, sec. II, 1971, pp. 184 – 239.

Fein, Rashi, and Gerald L. Weber: *Financing Medical Education: An Analysis of Alternative Policies and Mechanisms*, McGraw-Hill Book Company, New York, 1971.

Freund, Paul A.: *On Law and Justice*, The Belknap Press, Harvard University Press, Cambridge, Mass., 1968.

Hazard, Geoffrey C. (ed.): *Law in a Changing America*, The American Assembly, Prentice-Hall, Inc., Englewood Cliffs, N. J., 1968.

Hurst, James Willard: *The Growth of American Law: The Lawmakers*, Little, Brown and Company, Boston, 1950.

Hutchins, Robert M.: "The Autobiography of an Ex-Law Student," 1 *University of Chicago Law Review* 511, 518, 1934.

Johnstone, Quintin, and Dan Hopson: *Lawyers and Their Work*, The Bobbs-Merrill Company Inc., Indianapolis, 1967.

Keeton, Robert E., and Jeffrey O'Connell: *Basic Protection for the Traffic Victim*, Little Brown and Company, Boston, 1966.

Levi, Edward H.: "The Political, the Professional, and the Prudent in Legal Education," 11 *Journal of Legal Education* 457, 1959.

Llewellyn, Karl: in Association of American Law Schools, "Training for the Public Professions of the Law: 1971." *Proceedings*, 1971 annual meeting, part one, sec. II, 1971.

Main, Jeremy: "Only Radical Reform Can Save the Courts," *Fortune*, August 1970.

Manning, Bayless: "American Legal Education: Evolution and Mutation-Three Models," address delivered before the Western Assembly on Law and the Changing Society, San Diego, June 12, 1969a.

Manning, Bayless: "Financial Anemia in Legal Education," *American Bar Association Journal*, December 1969b.

Packer, Herbert: "Piling Higher and Deeper," *Change*, November-December 1970.

Pincus, William: "The Clinical Component in University Education," address delivered at Ohio State University, November 3, 1970.

Prelaw Handbook, The Official Guide to Law Schools, Association of American Law Schools and the Law School Admission Test Council, 1971–72.

Reed, A. Z.: "Training for the Public Profession of the Law (1921)," in Association of American Law Schools, "Training for the Public Professions of the Law: 1971," *Proceedings*, 1971 annual meeting, part one, sec. II, 1971.

Schwartz, Murray L.: "Changing Patterns of Legal Services," in Geoffrey C. Hazard, Jr. (ed.), *Law in a Changing America*, The American Assembly, Prentice-Hall, Inc., Englewood Cliffs, N. J., 1968.

Stevens, Robert: "The Crisis in American Legal Education," unpublished paper delivered at Queen's University, Belfast, June 1969.

Stolz, Preble: "Training for the Public Profession of the Law (1921): A Contemporary Review," in Association of American Law Schools, "Training for the Public Professions of the Law: 1971," *Proceedings*, 1971 annual meeting, part one, sec. II, 1971, pp. 142–183.

"Symposium on Legal Paraprofessionals," 24 *Vanderbilt Law Review* 6, 1971.

Warkov, Seymour: *Lawyers in the Making*, National Opinion Research Center, Aldine Publishing Company, Chicago, 1965.

Woodard, Calvin: "The Limits of Legal Realism: An Historical Perspective," 54 *Virginia Law Review* 689, 1968.